农林经济管理系列丛书

农业政策学

佟光霁　主编

科学出版社
北京

内 容 简 介

本书在借鉴、吸收国内外农业政策学教学改革、教材建设和研究成果的基础上，紧密结合当前中国农业政策的变革实践，核心部分分为农业政策学基础理论和农业政策学各论上下两编共十四章内容，详细介绍了农业政策的相关基础理论，从目标、任务、手段等方面讨论了主要农业政策。为了适应发展变化，追踪最新的政策变化，本书介绍了“新常态”“供给侧改革”等一系列新的农业政策的制定背景。为使读者了解改革开放以来农业政策的变迁历程、中国农业法规建设的完善程度、世界农业发展的一般规则，本书还设置了五个附录，对其予以描述。而书中穿插的一些案例与专家观点，则力图使本书能够更有效地解释丰富、生动的经验事实，并使其通俗易懂。

本书可作为农林经济管理专业学生的教材用书，也可作为相近学科研究生教材、涉农经济管理干部培训教材和政府相关部门工作人员参考用书。

图书在版编目（CIP）数据

农业政策学/佟光霁主编. —北京：科学出版社，2017

（农林经济管理系列丛书）

ISBN 978-7-03-051695-4

Ⅰ. ①农… Ⅱ. ①佟… Ⅲ. ①农业政策—中国—教材 Ⅳ. ①F320

中国版本图书馆 CIP 数据核字（2017）第 022863 号

责任编辑：王京苏 / 责任校对：邹慧卿

责任印制：赵 博 / 封面设计：蓝正设计

科学出版社 出版

北京东黄城根北街 16 号

邮政编码：100717

http://www.sciencep.com

三河市骏杰印刷有限公司印刷

科学出版社发行 各地新华书店经销

*

2017 年 3 月第 一 版 开本：787 × 1092 1/16

2024 年 8 月第十次印刷 印张：19

字数：436 000

定价：65.00 元

（如有印装质量问题，我社负责调换）

序

政策学兴起于第二次世界大战结束后的市场经济体成熟国家，是一门跨学科、应用型的全新学科，它的出现被誉为社会科学的一场“科学革命”。自出现，它就以独特、新颖的研究视角、范式和对决策科学化、民主化的影响，促进了经济社会的发展，引起了理论界与实务界的共同关注，成为社会科学和管理科学领域一个不可或缺又充满活力的学科分支。

政策学自 20 世纪 70 年代引入中国，一直伴随着改革开放的步伐丰富和发展，实现着中国化。这期间引领中国改革发展的农业政策一直是政策学关注的重点，到 90 年代初期，以党的十四大确立社会主义市场经济体制的改革目标为标志，政策学在中国有了清晰的范畴和发展方向，开始走向成熟，并逐渐凸显特色。其后，农业政策变革依然是中国政策创新的引擎，尤其是 2004~2016 年，中央连续下发了 13 个一号文件，彰显出农业政策在中国的重要性和影响力。

作为转型期的农业大国，中国农业政策的变革引领改革的不断深入，并不意外。但跟踪描述这种变革，却是困难的。作为教材的《农业政策学》，这些年来很难跟上变革。为此，我们决定编写这部教材，尽可能去弥补这一缺陷。可在成稿的过程中又有了“三期叠加”“新常态”“供给侧结构性改革”等一系列新的农业政策制定背景。为了适应发展变化，参编人员一直在调整完善，数易其稿，努力在书稿中反映这些内容。除了尽力追踪最新的变化，本书还试图通过附录中的有关中央一号文件的简述，向读者描述改革开放以来农业政策的变迁历程；通过《中华人民共和国农业法》等法律法规，读者了解中国农业法规建设的完善程度；通过世界贸易组织《农业协议》等，读者对世界农业发展的一般规则有所认识。而书中穿插的一些案例与专家观点，则力图使本书能够更有效地解释丰富、生动的经验事实，并使其通俗易懂。

全书分上下编及附录，共十四章和五个附录，由佟光霁任主编，朱丽娟、王永德、郝庆升任副主编。各章分工如下：佟光霁编写了第一章，选定并编撰了附录，并总纂了全书；朱丽娟编写了第二、四、六、十一、十四章，其中王永德参与了第二、十一章的编撰；张尧编写了第五、九、十、十三章，其中郝庆升参与了第五章的编写；朱美荣编写了第三、七、八、十二章，其中郝庆升参与了第十二章的编写。主编、副主编们还多次一起讨论了本书的写作框架和核心内容。

国内发行量较大、较成熟的《农业政策学》教材分别是由杨德祥教授、钟甫宁教授主编的两个版本，两部教材结构基本一致。我们在编写过程中借鉴了它们的结构，即先介绍原理，再介绍具体政策，并根据农业经济专业的特点和课程教学大纲的要求，以及农业政策发展的现状和趋势，在具体内容上做了相应的修订、补充。在编写过程中，本书吸收了政策科学和农业政策研究领域中的一些成果，参考文献已列入书中。我们在此向被引用文献的专家学者、组织致以诚挚的谢意。

由于编者水平有限，书中难免会有不足之处，敬请读者批评指正。

佟光霁
2017 年 1 月于哈尔滨

目　　录

上编　农业政策学基础理论

下编　农业政策学各论

上编　农业政策学基础理论

第一章　导　论

【本章导读】

政策是最古老的话题，农业政策是人类史上最早的政策。把握政策的含义、要素，了解政策科学的产生、发展，结合农业的特征、地位及市场环境对政策的影响，对理解农业政策的本质、内涵，正确认识农业政策的作用，科学合理地制定市场环境下的农业政策至关重要。

【核心概念】

政策；政策科学；农业；农业政策；市场

第一节　政策与政策科学

一、政策

政策是国家政权及其职能部门或政党为了实现政治、经济、文化等方面的目标，根据历史条件、当前国内状况和国际背景而制定的一系列谋略、法令、措施、办法、方法、条例等的总称。由于人们所处的利益集团不同，政府政策与不同人群利益的关联度有所区别，同一项具体政策所带来的影响也不一样，不同的人或利益集团会从不同的角度认识政策，并试图在力所能及的范围内影响政策的制定和执行。因此，一项具体政策的制定、执行、检查、修订、构成是个人、家庭、企业、社会团体和政府机构相互作用的结果，是利益集团博弈的结果，其中政府行为发挥着主导作用。

早期的资本主义提倡自由放任的市场经济，除维持社会秩序外，排斥政府对社会、经济和文化等领域采取任何形式的干预行动。自 19 世纪后半期以来，反复发生的经济危机揭示了资本主义社会制度内在的深刻矛盾，两次世界大战宣告了自由放任政策的破产，各主要资本主义国家纷纷采取积极的干预政策，以维护社会经济的正常发展，世界经济发展进入了所谓的现代资本主义阶段。1933 年时任美国总统的富兰克林·罗斯福推行的“新政”，就是这一阶段政策取向调整的典范。对其《农业调整法》产生影响的关注，更是任何关心农业政策的人士都无法绕开的。

另外，高度集中统一的计划经济制度片面强调政府的作用，基本上破除了个人、家庭、企业和社会团体在制定、执行、检查修正政策过程中的作用。在经历了一定时期的高速发展后，实行中央计划经济的国家都面临资源配置效率低下和经济缺乏活力的困境，因而自 20 世纪 70 年代后期以来先后进行市场导向的社会和经济改革，逐步减少政府对社会生活的全面行政干预，充分发挥个人、家庭、企业和社会团体在社会经济发展中的积极作用。到目前为止，以农业政策改革为发端和核心的中国改革最为成功，不仅经济增长速度快，而且个人、家庭、企业和社会团体越来越多地参与政策制定、执行和检查修正的过程，社会经济生活充满活力，人民福祉显著改善。

进入21世纪后，强化公共服务、增强政府对公民负责程度和实现可持续发展成为各国政府政策制定的核心理念；加强城乡公共设施建设，发展教育、科技、文化、卫生、体育等公共事业，为社会公众参与社会经济、政治、文化活动等提供保障，维持社会的可持续发展，成为政策制定的重点。政策制定，呈现出与上一个百年完全不同的特征。经历了新一轮的金融危机后，后金融危机时代的经济调节、市场监管等政策也在不断调整，政府主导向政府服务的转变正在快速推进。与此同时，个人、家庭、企业和社会团体越来越积极地参与到政策的制定、执行和检查修正过程之中。中国政府适时推出的“均等化”等发展理念，就是结合国情顺应这一变化趋势的最好体现。而随着经济全球一体化进程的不断深入，社会和经济发展中的一些问题，也日益表现出全球化特征。因此，政府和个人、家庭、企业、社会团体之间的交互活动也逐渐超越国界，一些政策的制定、执行和检查修正必须放在全球的背景下，在地区和世界范围内相互协调。

在现代社会经济条件下，政府在政策的制定、执行和检查修正过程中既要充分发挥个人、家庭、企业和社会团体的积极性，又要积极承担起自身的主导责任，使整个社会的发展既充满活力，又协调一致，保证社会全体成员最大福利的可持续发展。

依据政府行为影响的范围分类，一般可以把政府政策分为不同类型和层次，如社会政策、经济政策、技术政策、农业政策、农业市场政策等。

政策作为在一定信念、价值观和目标基础上的计划性制度。它是由政策主体、政策客体、政策环境三大要素组成的一个严密的逻辑体系，三者相互联系和相互作用，呈现出一个动态的运行过程。政策主体可以是直接或间接参与政策制定、执行、监督的个人、团体或组织，其构成要素一般包括立法机关、行政机关、司法机关、政党、利益团体、智库、大众传媒和公民（选民）等。由于各国国情不同，政策过程也存在差异，要素构成及其作用方式也就有所不同。政策客体包括政策所要处理的社会问题和所要发生作用的社会成员两个方面。从事的角度看，政策要处理的有社会问题、公共问题和政策问题。从人的角度看，政策发生作用的对象是社会成员，这些受规范、制约的社会成员通常被称为目标团体。政策要调整和规范的就是人的行为和人与人之间的关系，尤其是利益关系。政策环境是指影响政策产生、发展的一切因素的总和。从系统论的角度看，凡是影响政策存在、发展及其变化的要素皆是政策环境要素，可以分成自然环境和经济社会环境两大类，如地理位置、辖区面积、气候条件、经济社会状况、体制或制度条件、政治、文化、国际环境等。

二、政策科学

政策科学是人们对政策运动规律的总结，是一门运用现代科学决策理论和定性与定量相结合的系统方法，对政策制定和执行过程给予分析、评价并探索其规律的综合性新兴学科。它同许多学科一样，是在人们的研究视角由微观到宏观，不断扩展后，得以形成、发展和完善的。以经济学为例，人们一度把主要的精力用于企业和居民家庭的微观经济问题研究。随着不同缘起和形式的经济危机的迭现，经济学家逐步把宏观经济问题及政府行为也作为重要的样本来研究，宏观经济与经济政策等也成为经济学研究的对象。“一个好的经济学家和坏的经济学家区别在于，后者只看经济政策的局部效果和直接效果，而前者则计算它的整体和长远效果。”罗斯福时代著名的经济专栏作家亨利·黑兹利特的这段话，很好地印证了这一转变。

19 世纪 40 年代，德国历史学派经济理论家曾经提出，国家要干预经济生活，要把经济政策作为经济科学的研究对象。1890 年，资本主义世界经济危机发生以后出现经济政策论，这可以说是研究经济政策的先声。但一般认为，最早提出“政策科学”概念的是美国学者拉斯韦尔（H. Lasswell）。1951 年美国著名政治学家拉斯韦尔与勒恩（D. Lerner）合著的《政策科学：近来在范畴与方法上的发展》一书的出版是政策科学诞生的标志。可以看出，政策科学是一门在第二次世界大战之后兴起和发展的新兴学科。

在 20 世纪 70 年代，政策科学被普遍接受并且迅速发展。这一时期，不仅涌现了大量的有关政策科学的专业性研究组织和学术期刊，而且发达国家的许多大学也将政策科学列为主要的进修课程。在整个 70 年代，政策科学的理论和技术不但在许多国家的各级政府得到了广泛应用，而且由于其潜力和普遍的适用性，同时也在私营部门得到了推广。进入 80 年代后，政策科学的理论和方法已经成为工业发达国家政府乃至实业团体管理决策的基本方式，以至出现了未作政策分析，不作政策决定的现象。

政策科学主要研究政府行为。就经济政策科学领域而言，要研究的是政府为什么要干预经济活动，干预哪些经济活动，怎样干预经济活动。政府是经济活动中一个非常重要的主体，其活动也应遵循一定的规律和准则。例如，企业的行为决定于它能够获得多少利润，一切活动都要考虑其成本和收益的关系；政府的活动则是为了宏观经济效益、综合经济利益、长远经济利益，直至社会和环境利益，因此也要考虑成本和收益的关系。政府成本和企业成本都很重要，政府不能不计成本地随性而为。政府的行为必须有科学的决策，对政府的行为也必须做出科学的评价。这一系列问题都是政策科学要研究和回答的。

中国社会主义市场经济体制正在建设和完善，真正意义上的中国政策科学刚刚形成，仍处在成长初期，不断地发展和完善政策科学意义重大。一方面要避免对政策科学现有体系和理论的盲从导致的“唯科学主义”；另一方面更要立足于中国国情和实践，从中总结经验，发现社会发展的必然，这样才能构建话语、提炼思想、创新理论。只有不断发展、完善适合中国国情的政策科学，才能使中国各项政策的制定、执行和评价不断科学化。

第二节 农业政策的本质及内涵

一、农业的概念、地位及作用

（一）农业的概念

农业是农业政策作用的对象，要研究农业政策首先要弄清楚什么是农业。农业是人类利用太阳能，依靠生物生长发育机能以获取劳动产品的社会物质生产部门。农业生产的对象是生物体，获取的是动植物产品。

农业一般包括植物栽培业和动物饲养业。植物栽培业是指绿色植物利用太阳光、热和自然界的水、气以及土壤中的各种矿物质养分，加工合成植物性产品的产业；动物饲养业是指利用动物的消化合成作用，把植物性产品转化成动物性产品的产业。我国习惯上把农业分为农（种植业）、林、牧、渔业。在一些发达国家，农业产前（如饲料加工等）和产后（如农产品加工等）部门有时也算在农业范畴内。在一些情况下，农业教育、科研、推广等也属于农业的内涵。

农业与其他部门相比具有显著的特点。农业最根本的特点是经济再生产和自然再生产的过程相互交织在一起。所谓经济再生产，是指社会生产过程中经济方面的投入和产出周而复始、不断更新，包括物质资料、劳动力和生产关系的再生产。所谓自然再生产，是指生物依靠其新陈代谢机能，借助自然力和外界环境条件，通过生长发育和繁殖等一系列生命活动，自身不断更新繁衍。在现实的农业生产中，既没有脱离经济再生产的纯自然再生产过程，也没有脱离自然再生产的纯经济再生产过程。

另外，农业还有一些其他特点。例如，土地不可替代；自然环境因素对农业有较强的影响力；农业生产周期长；农业生产时间和劳动时间不一致；农产品体积大、价值低、易腐烂、难储运；农业生产单位往往是一家一户；等等。

（二）农业的地位

农业是国民经济中最重要的物质生产部门，同时也是最古老的基础产业。由于农业的发展，催化了产业分工，其他国民经济部门才得以产生和发展。如果没有农业劳动生产率的提高，农业剩余的增加，其他国民经济部门的产生和发展是不可能的。

经济、社会的发展过程表明，什么时候农业发展了，国民经济其他部门也就随之发展，反之亦然。世界上的国家大体上可以划分成发达国家和发展中国家。发达国家的农业都比较发达，如北美和西欧；发展中国家最大的难题是农业问题，如果农业问题没有解决，就不可能实现工业化。这是世界各国发展的一般规律。

在经济发展的早期，农业是国民经济中的主要部门，其他国民经济部门的发展有赖于农业发展，农业要为整个国民经济的发展积累资金，做出贡献，这一阶段可称为农业支持国民经济发展阶段。随着经济的发展，农业发展速度渐缓，农业在国民经济中的份额随之下降，一些国家开始对农业实行保护，这一阶段可称为国民经济保护农业阶段。不同的发展阶段，农业在国民经济中的地位有所不同，农业政策也就有所区别。总体来说，中国农业目前正处在发展的第一阶段向第二阶段转变的过程中。2005 年 12 月 29 日，第十届全国人民代表大会常务委员会第 19 次会议经表决决定，《中华人民共和国农业税条例》自 2006 年 1 月 1 日起废止，延续了 2600 多年的“皇粮国税”退出了历史。农业税的废止是标志这一转变的历史性事件。

（三）农业的作用

经济社会的繁荣靠二三产业，但农业却是社会的生存安全保障，农业的兴衰对经济发展的进程有着重大影响，这一切均源于农业在国民经济发展过程中所发挥的主要作用。

1. 为社会发展提供安全保障

农业是人类衣食之源，无粮则乱的客观事实促使世界各国高度重视农业，尤其是粮食生产。没有农业的发展，社会稳定就会失去安全保障。“仓廪实，天下安；稻谷欠，天下乱”“为政之要，首在足食”，粮食自古以来就是安天下之本。要维护社会的长治久安和持续发展，就必须首先解决吃饭问题。新中国成立后毛泽东曾指出：吃饭问题最大。邓小平谈及这个问题时也说过，谁有了粮食，谁就有了一切。国际问题专家基辛格认为：如果你控制了粮食，你就控制了人类。

2. 为经济、社会发展做出贡献

在经济发展的过程中，农业的重要贡献突出地表现为为其他经济部门的发展提供土地、资金和劳动力等生产要素。农业的发展引致了社会分工，演化出一种又一种新的社会形态。劳动过程中，不同资源禀赋的影响和农业生产力的提高带来了社会文化的嬗变。

3. 为其他经济部门提供市场

农业生产所需的投入部分由本部门自己供给，部分是来自非农部门的产品。在农业部门的消费方面，即农村人口消费方面，部分生活消费品来自农业产出（如粮食、蔬菜等），部分来自非农部门的产出（如衣着、日用品等）。农业部门对非农部门生产资料和消费品的需求，扩大了非农部门的销售市场，促进了非农部门的发展。从这个意义上说，农业部门为非农部门提供了市场。

4. 为经济发展提供紧缺的外汇

经济发展的进程表明，农业可能是外汇的一个主要来源。尤其是早期发展阶段，出口商品主要是农产品。对此，创汇是最有代表性的词汇，大量的农产品使创汇成为可能。另外，用国内农产品代替进口以节约外汇也是缓解国家外汇紧缺的可能途径。出口导向和进口替代不仅对工业部门有积极意义，对农业也同样具有重要意义。

5. 为人类提供良好的生态环境

农业是国家的绿色资源，是自然景观、乐生环境的供给者。没有遭受污染之害的农业及与之相联系的自然环境，不仅可以保持生态平衡，在发展观光旅游和假日休闲方面也具有重要价值。

二、农业政策及其重要性

农业是最古老的也是永远年轻的产业，人类社会发展须臾也离不开农业。农业政策是人类史上最早的政策，也是不断创新的政策。农业政策是政府为了实现一定的社会、经济及农业发展目标，对农业发展过程中的重要方面及环节所采取的一系列有计划的措施和行动的总称。农业政策的主体部分从属于一般经济政策，属于部门经济政策，是公共政策的一个重要组成部分。作为部门经济政策，农业政策的主要目标是保持农业生产长期稳定增长。为了实现这一共同目标，各国政府通常在农业的生产结构、组织形式、资源配置、生产要素和产品流通等领域制定一系列相互联系的政策，引导市场中各行为主体做出符合总体利益的决策，并且保障最终目标的实现。

由于农业问题和农民、农村问题的密切关系，广义的农业政策也涉及农业、农民和农村的其他领域。例如，农业环境政策和农村社会发展政策超出了农业生产的范畴，也超出了经济范畴。它们不仅涉及社会学领域，而且涉及政治学和自然科学领域。尽管它们不是严格意义上的农业政策，但是，由于研究、制定和实施政策的机构相同或重叠，实施政策的地域范围和受影响的人群相同，加上与主要农业政策之间的相互影响非常明显，我们将这一类政策也包括在农业政策的范畴之内。毫无疑问，这些政策都与农业生产的长期稳定发展相关。但是，这些政策本身更关注农民收入和生活质量，以及农村的社区发展。

农业是高风险的基础产业，农业政策与其他部门经济政策相比有显著不同，这是由农业自身的特点决定的。由于农业进行的是动植物生产，受自然环境条件影响大，且人类对自然规律的探索和认识永无止境；农产品（特别是粮食）的刚性需求，使农业生产不可能坐等风调雨顺；农产品（特别是粮食）又是人类生存的基本物品，其价格不能有较大波动，否则就会转化成严重的社会问题。凡此种种，要求政府必须采取有力的政策措施，保证农业在市场经济条件下的市场地位和市场竞争能力，从而保证整个社会经济稳定。

随着经济的发展，人们消费支出中用于食品的部分不断下降，加上社会食品支出中加工和流通领域获得的比重在不断上升，初级产品的生产者（即农民）获得的总收入在国民收入中所占比重必然以更大幅度下降。如果农民占全国人口的比重不能相应减少，农民人均收入就可能持续下降。从大多数国家的经验来看，农村人口和劳动力向非农产业和城镇转移是一个漫长的过程。这一过程不但艰辛，而且通常滞后于国内生产总值中农业所占比重的下降速度。这一现象同时也严重阻碍了农村社区的社会发展。因此，政府有必要制定和实施一系列政策，减少这一过程中可能产生的阻滞和阵痛，使城乡居民收入不至于差距过大，保证农村社区的社会发展与城镇保持相对均衡。

在我国经济社会发展过程中，农业政策对发展农业生产和提高农民生活水平有着极其重要的意义。我国农业发展过程中的正反两方面经验也足以证明政策的威力。农业政策正确与否对农业生产和农民生活有着极其深刻的影响。十一届三中全会以后，由于实行了以联产承包责任制为基础的一系列正确的农村政策，农民积极性普遍高涨，农村经济得到迅速发展，农民生活也有了明显改善。

第三节　政府、市场与农业政策

一、政策形成的逻辑起点

各国经济发展的事实表明，在生产力达到一定水平后，国家经济的进一步发展必须以市场为导向。正是市场这只“看不见的手”引导着经济逐步向前发展，并最终促成国民经济现代化。然而，市场经济也有其自身不可避免的缺陷。为弥补市场缺陷，需要政府制定必要的政策加以补救。政府政策对市场的干预，其必要性仅以市场失灵为限。市场机制的有效性在大多数场合必须得到肯定，但在某些情况下，也会出现市场失灵。政策的基本作用就是补救经济生活中这种现实的失灵或可能出现的失灵，弥补市场机制的缺陷。这就是政策形成的逻辑起点。

市场经济自发调节存在着一些固有的缺陷或局限性，对某些经济活动领域，无法实施有效调节。

1. 市场机制本身不能解决所有社会目标问题

市场经济追求的首要目标是各决策主体自身的效率，是其自身资源的最优配置。对资源最优配置的评价受社会集团的偏好、社会目标的取向制约，市场调节并不能保证资源配置与社会的偏好和目标取向一致，有时会造成对社会公正的严重损害，或激化社会矛盾。

2. 市场经济无法承担所有公共职能

一个社会总有出自全民需要的公共产品，如国防、教育、基础设施、环境保护等。这些公共产品具有“外部性”特征，它们有些是生产私人产品的部门不愿提供的，有些是生产私人产品的部门无法提供的。因此，单靠市场机制的调节不能保证它们有足够的供应，需要发挥政府的经济和行政功能，将市场缺口填平补齐。

3. 市场经济的调节作用具有一定的局限性

这种局限性通常表现为盲目性、自发性和滞后性。市场机制是自发的经济运行机制，仅仅依靠市场调节的经济运行是难以避免局限性的，甚至会出现无政府状态，导致社会经济的不稳定。因此，现代市场经济国家政府通常采取反周期政策，以弥补这一缺陷。例如，在经济高涨时采用紧缩的财政和货币政策，在经济萧条时采用扩张的财政和货币政策。

二、政府政策干预的目标及其缺陷

由于市场失灵的存在，需要政府介入社会经济生活。但政府的介入并不意味着政府完全替代市场，而是要以市场机制为基础，运用政府的力量，协调局部利益与整体利益的矛盾，保证公共产品的供应，同时遏制或限制市场机制自发运行所产生的经济波动。在经济发展过程中，市场机制始终是第一位的，政府的干预则是第二位的。政府干预的基本目标是对宏观经济进行总量控制和政策控制，从而使国家经济的总供给和总需求达到基本平衡，以实现经济的稳步增长。无论是20世纪70年代末到80年代的“里根经济学”“撒切尔主义”，还是2016年中国推出的“供给侧结构性改革”，都是出于这一目的。

但是，政府的政策干预也存在一定缺陷。首先，政策的制定和实施是一种政治和行政行为，其目标不可能与市场经济的理想目标完全一致，其措施也不可能与市场规律及机制完全吻合。如果政府有关部门和机构的政治、经济利益及职权等方面的矛盾和冲突得不到有效的控制和协调，实际制定的政策或政策的实施结果可能与初始目标相去甚远。因此，政府的政策干预必须严格限制在必要的范围内，即仅仅针对那些市场机制无法自行解决的政策问题，同时尽量遵守市场经济的行为准则。其次，政策的制定和实施离不开具体的人，而每一个抱有良好愿望的人都可能犯错误。不了解实际情况或者缺乏应有的理论素养和思想方法都可能导致政策的失败。这些问题不容忽视，即使是罗斯福广受赞誉的《农业调整法》，在《剑桥美国史》中也被评价为“政府对农业的干预，既是规模壮观的胜利，也是代价昂贵的失败”。因此，必须强调政策科学的重要性，加强政策制定和实施过程中的科学性。

三、市场经济条件下的农业政策

经济活动中市场失灵存在的客观事实导致政府干预的必要性，而政府的干预活动主要是通过政策来实现的。政策的作用是按照政府的目标去修正市场失效，所以政策的制定与实施，就是要在政府与市场的关系中找到一个相对满意的平衡点。

市场经济中政府干预的作用举足轻重。但政府要真正发挥好它的作用，就应当弄清楚它在市场中的地位。在市场经济活动中，政府的作用是充当市场竞争的裁判，制定比赛规则，以消除竞争障碍，维护竞争秩序，提高竞争质量。这些竞赛规则多数是以政策形式来表现的。市场经济活动中政府所处的裁判位置，决定了它只负责裁决、监督，而不直接参与任何一个市场经济主体的活动。“不与民争利”是各国政府行为最基本的准则。

由于农业自身的特点和它在国民经济中所处的地位，需要政府采取措施对农业进行干预，几乎所有的国家都毫无例外地干预农业经济事务。在传统自给自足经济条件下，农业生产不需要政府进行宏观调控。只有在商业性农业生产发展到一定阶段后，由于农业生产和农产品需求之间出现了脱节现象，农产品市场成为现代农业经济发展的核心因素，此后，政府调控才成为必要。这也是为什么经济发达国家往往都有发达的农业的主要原因之一。

政府通常采取法律、经济和行政手段对农业实行干预。干预的目标主要有：①保护农业，提高农民收入；②提高农业生产率，满足社会对农产品量与质的需求；③培育农业市场机制，稳定农产品市场；④保护农业资源，改善生态环境。干预的内容包括：①为农民提供直接补贴；②提供农业信贷服务；③加强对农产品市场的宏观调控；④提供农业教育和科技服务；⑤对土地资源和环境进行保护；⑥建立农产品储备制度；⑦实行食物分配计划。这些干预措施的最终目标是要提高农业劳动生产率，增加和稳定农民收入，促进农村发展。

第四节　本书的主要内容与结构

农业政策与经济理论密切相关。有什么样的经济理论，就有什么样的经济政策。经济理论是对现实经济活动的科学概括和总结，是经济政策科学得以建立和发展的基础，也是指导经济实践活动和完善人们经济行为的基本原则。因此，农业政策科学必须重视将经济理论的基本原则通过农业政策的制定和实施贯彻到经济实践中。

在计划经济国家中，有关经济政策学包括农业政策学的概念的提出是在 20 世纪 80 年代以后，但运用经济理论研究经济政策的现象早在马克思时代就已经出现。马克思关于对小农不能剥夺的思想、按劳分配的思想、大力发展生产力的思想等都明显地带有政策主张的色彩。列宁提出，管理俄国必须把提高劳动生产率放在首位，发展合作制，把经济建设建立在关心个人利益的基础上，以及实行“新经济政策”等，也明显反映出他的政策主张。毛泽东提出的正确处理农轻重关系，正确处理各种经济利益关系和权力关系的思想，也都对社会主义经济政策的制定和实施有极大的影响。总之，经济理论与经济政策是密不可分的。

农业政策科学把农业政策过程作为自己的研究对象，研究和探讨农业政策过程的基本环节、规律，以及政策制定、执行和评价的方法与手段，提高人们掌握政策的能力，从而提高政策科学的民主化和科学化水平，更好地运用农业政策来管理和调节农业经济运行。

农业政策科学研究的内容可以概括为：①农业政策的概念、指导原则、作用，包括主要政策方向、任务、目标，以及对影响农业政策的研究和制定的诸要素的识别；②研究和制定农业政策的方法，包括调查研究方法、经济理论和系统分析方法，识别或发现各种农业政策问题的技巧；③农业政策模型的研究和对农业政策的分析与评价；④农业政策制定体系的改善，包括研究和制定农业政策的过程、机构以及农业政策工作者工作条件的改善和素质的提高；⑤农业的未来和发展战略，以及相应的政策研究；⑥各国农业政策的比较和制定农业政策的历史经验研究。

本书只涉及上述内容的一部分，主要从经济理论、政策原理（政策的制定、执行和评价）、农业政策内容等方面来研究农业政策。全书主体部分共分十四章，分上下两编。

上编为农业政策学基础理论，包括：第一章，导论，介绍政策的一般概念及农业政策的功用。第二章，农业政策分析，介绍农业政策分析的经济理论模型及政策分析的方法。第三章，农业政策的制定，主要介绍农业政策问题的确定、农业政策目标、政策手段选择及政策方案的论证。第四章，农业政策执行，介绍农业政策执行的影响因素、政策执行过程和我国农业政策执行偏差。第五章，农业政策的评估及调整，介绍政策评估的内容、方法、程序及政策调整。

下编为农业政策学各论，包括：第六章，农业结构政策，介绍农业结构政策目标、农业区域结构政策、农业部门结构政策、农业规模经营政策以及我国农业结构政策发展历程及经验启示；第七章，农业土地政策，介绍农业土地政策目标、农业土地产权政策、农业土地流转政策、农业土地保护政策；第八章，农村人力资源政策，介绍农村人力资源政策目标、农村就业政策、农村人力资源流动政策、农村人力资源开发政策；第九章，农业科学技术政策，介绍农业科技政策目标、农业科技体制改革、农业科技组织管理、农业技术推广政策；第十章，农产品流通政策，介绍农产品流通政策目标、农产品国内价格政策、农产品对外贸易政策、农产品市场政策；第十一章，农业财政与金融政策，介绍农业财政金融政策目标、农业税收政策、农业补贴政策、农业金融政策；第十二章，农业可持续发展政策，介绍农业可持续发展政策目标、农业环境保护政策、农业自然资源保护政策；第十三章，农村社会发展政策，介绍农村人口政策、农村教育政策、农村扶贫政策、农村社会保障政策；第十四章，世界贸易组织（World Trade Organization，WTO）与中国农业政策，介绍 WTO 农业规则的框架及新一轮农业多边贸易谈判、中国加入 WTO 的农业谈判及政策调整、多哈农业谈判对中国农业的影响与农业支持保护政策体系建设。

为反映中国改革开放以来农业政策的发展与变迁、农业法规的建设现状，以及世界农业发展的一般规则，书后还设置了附录，收录了“改革开放以来中央一号文件简述”、《中华人民共和国农业法》（简称《农业法》）、WTO《农业协议》等。

【思考题】

1. 政策的含义是什么？政策是如何产生的？
2. 什么是农业政策？农业政策要素包括哪些？
3. 农业的特点对制定农业政策有哪些启示？
4. 试析政府、市场与农业政策之间的关系。
5. 谈谈你对农业政策在农业发展中的作用的看法。

【推荐阅读】

蔡昉，王德文，都阳. 2008. 中国农村改革与变迁. 上海：格致出版社.
凯恩克劳斯 A. 1990. 经济学与经济政策. 李琮泽译. 北京：商务印书馆.
里特森 C. 1988. 农业经济学：原理与政策. 章景瑞译. 北京：农业出版社.
卫龙宝. 1990. 农业政策目标的多重性及其在现实中的矛盾. 经济研究，（1）：61-65.

参考文献

陈振明. 2004. 公共政策学. 北京：中国人民大学出版社.
宁骚. 2003. 公共政策学. 北京：高等教育出版社.
谭向勇，肖海峰，李秉龙. 1997. 农业政策原理. 太原：山西经济出版社.
杨德祥. 1993. 农业政策学. 北京：中国农业大学出版社.
钟甫宁. 2011. 农业政策学. 第 2 版. 北京：中国农业出版社.

第二章　农业政策分析

【本章导读】

政策分析在政策科学学科是一个全新的领域。不论是政策的制定与实施过程，还是对政策内容本身的研究，都要进行政策分析，农业政策也不例外。那么，农业政策分析包括哪些内容？常采用的具体方法和手段有哪些？

【核心概念】

农业政策分析；理性决策模型；渐进决策模型；过程模型；集团模型；精英决策模型；系统决策模型；系统分析法

第一节　农业政策分析的概念及作用

一、农业政策分析的含义

（一）一般政策分析的认识

自公共政策产生以来，就有了政策分析。但作为一个学术概念，第一个提出政策分析（policy analysis）的是美国政治经济学家林德布洛姆（Charles E. Lindblom）。1958 年，他在《美国经济家评论》上发表了《政策分析》一文，认为政策分析是一种定量与定性相结合的渐进比较分析类型。国外学者对政策分析的理解可谓众说纷纭，大体分为以下两种观点：

一是侧重政策分析中的理论因素，对政策分析的理解较为宽泛，把政策分析等同于政策科学。例如，奈格尔（Stuart S. Nagel）认为，政策分析是政府对社会问题决策的性质、原因和效果的研究。托马斯·戴伊（Thomas R. Dye）认为，政策分析关心的是政府做什么，为什么要做以及做出什么差别，描述和解释政府行为的原因和结果。

二是侧重政策分析中的技术因素。例如，奎德（E. S. Quade）认为，政策分析是应用研究的一种形式，用来获得对社会技术问题的更深刻理解，并提出更好的解决方法，它试图利用现代科技去解决社会问题，寻求可行的行动过程，产生信息，排列有利证据，并推导出这些行动过程的可能结果，其目的是帮助决策者选择最优的行动方案。邓恩（William N. Dunn）认为，政策分析是一种应用性的社会科学学科，它使用各种研究和论证方法，产生并转变政策相关信息，以便政治组织解决政策问题。还有一些侧重技术的学者对政策分析的理解更为狭义，认为政策分析是对政策制定或者政策评估环节的分析，如小麦克雷（Ducan MacRae Jr.）认为政策分析是凭借推理和证据的运用，在一组备选方案中选出最好的政策。巴顿（Carl V. Patton）认为政策分析是关于备选方案的技术和经济可行性、政治的可接受性、执行战略和政策选择结果的系统的评估。

（二）农业政策分析

我们认为农业政策分析是依据一定的政策和农业理论知识，运用各种分析方法和技术，帮助决策者发现农业政策问题、制定和优化具体农业政策的过程。

农业政策分析必须以一定的政策和农业知识为基础。关于政策的理论和知识主要包括：有关政策的本质、结构、类型、功能、过程等理论，用于政策分析的认识理论、因果理论和系统理论；关于农业的理论和知识主要包括：农业的本质、特征、作用等专业知识，以及一些农业经验知识。

农业政策分析是运用一定的方法和技术的思维和实验过程，政策分析人员必须掌握一定的分析方法和技术，才能确保农业政策分析的客观性和科学性。农业政策分析的内容有很多，一些基本的要素包括农业政策问题、农业政策目标、农业政策方案、农业政策标准、农业政策模型、农业政策资源、农业政策效果等。

二、农业政策分析的作用

农业政策分析的作用主要体现在两个方面。

（一）减少政策失误

政策失误分为两种情况：一种是难以避免的政策失误，另一种是可以避免的政策失误。

难以避免的政策失误是指政策所必需的信息、资料、证据不充分，或者有关事件的未来发展尚未充分展现出来，或者政策所涉及的问题复杂，带有大量的不确定因素，从而导致的政策失误。

可以避免的政策失误是指政策所必需的信息、资料、证据完全具备，但由于缺乏科学的决策方法和程序造成的政策失误。这种政策失误虽说不是分析的责任，但缺乏分析是一个重要的原因。

全面、系统、科学地进行农业政策分析，能准确地发现农业政策问题，制定合理的政策，并对症下药地实施农业政策，从而有效地解决农业政策问题，实现农业政策目标，极大地提高政策能力。反之，如果农业政策分析不到位或不周全，政策出台后就会产生“上有政策，下有对策”的现象，致使政策目标无法实现，导致“政策失效”。

（二）提高决策效率

农业相关机构的决策不仅存在失误的问题，还存在低效的问题。出现决策低效的原因主要有以下几个方面：一是政策制定主体系统中不同的决策者（或者是个人，或者是各种不同的团体）之间利益矛盾较大，意见分歧过多，相互讨价还价，常常议而不决，造成决策低效；二是某些决策方法落后，决策技术陈旧，引起巨大社会危害的“试错法”是最常见的决策方法；三是参加政策制定的人员素质差，既缺乏必要的政策知识，又不熟悉政策制定的方法、技术和程序，也没有受过政策分析的训练。

有效地进行农业政策分析，运用科学的分析方法，如线性规划，能使资源配置达到最大化，从而提高政策决策效率。

第二节 农业政策分析的模型

一、理性决策模型

理性决策模型，也被部分学者称为科学决策模型。它的基本出发点是，人们在决策时遵循最大化原则，抉择最优方案，谋求最大效益。为了选取一个理性的决策，政府的决策应具备以下条件：一是把决策行为视为整体行为而非群体行为，因为整体才会有一致性的价值判断，如果是群体就必然会出现价值观方面的差异，所以在目标选择和最优认定方面会产生分歧；二是决策者具有绝对理性，表现在他们具有完备的知识和信息，能穷尽备选方案并预测所有结果；三是决策目标单一、明确和绝对；四是决策者在决策过程中具备一以贯之的价值偏好；五是决策过程中不考虑时间和其他政策资源的消耗。上述基本条件，在现实生活中几乎是无法实现的，因此遭到了许多学者的批判。

有限理性决策模型（又被称为满意模型或次优模型）是相对于完全理性决策模型而言的。西蒙（Herbert A. Simon）在《行政行为》一书中提出了有限理性决策模型。他认为，由于种种条件限制，无论是个人决策还是群体决策，很少发现和选择最优方案，多数发现和选择满意方案。有限理性决策模型的指导观念如下：以理性决策方法的目标为方向，从几种备选方案中寻求一种收益大于成本的方案，即只需要找到一种能够令人满意的方案即可，而不是全面分析所有的政策方案。经常使用并被大家接受的方法是可行性研究和成本效益分析。总之，有限理性决策模型对人们的实际决策行为做了比较真实的解释。

二、渐进决策模型

渐进决策模型的代表人物是美国政治经济学家林德布洛姆，这是他在批判完全理性决策模型的基础上提出的。他认为，政策的制定过程有赖于过去政治决策的经验，是对以往政策行为的不断补充和修正的过程；只要依据现有的方案，并对它进行局部的小范围的调适，并将其与以往的政策进行比较，不断适应环境变化的需要，就可以作为新的政策而被采纳。

渐进决策模型的内涵如下：

（1）渐进决策模型要求决策者必须保持对以往政策的承诺。

（2）决策者注重研究现存政策的修改与补充。决策者不必过于分析和评估新的政策方案。

（3）渐进决策模型着重于目标与备选方案之间的相互调适。这样会使问题比较容易处理，它并不关心基础的变革。

（4）渐进决策模型在面对同一社会问题的不同解决方案时，只着重于减少现行政策的缺陷，不注重目标的重新改进，也不注重手段和方案的重新选择。

渐进决策模型需要具备如下基本条件：

（1）国家的政局较为稳定，社会安定团结，人心思定，社会变化的速率不大。

（2）现行政策基本上能满足社会公众利益，符合政府的功能和目标；局部的政策调整能得到社会的认同。

（3）政府制定公共政策所需要解决的公共问题具有稳定的持续性。

（4）政府在制定和实施公共政策时，手段和方法具有持续性。

综上可知，渐进决策模型是一种比较保守或者谨慎的补救措施，适用于高度稳定发展、变迁速度缓慢的社会形势。例如，在不少西方国家，这种理论被广泛用于缓和党派权力角逐和利益重新分配的矛盾等方面。但它也有很大的局限性，即不符合变革社会发展的需要。尤其是在人口膨胀、资源匮乏、环境污染、社会动乱、战争爆发等领域内，渐进决策模型就显得无能为力。渐进决策模型这种墨守成规、维持现状、不求改革与创新的倾向，对不少发展中国家，尤其是在需要进行改革规划的许多领域都是不适用的。

三、过程模型

农业政策的过程模型有时候也被称为政策生命周期理论，其本质上强调农业政策制定是一个动态的过程。这个过程大致如下：

（1）农业问题的出现。在社会的发展过程中，总会存在一些偏差或者障碍，所以，就不可避免地存在着需要解决的农业问题。

（2）农业问题的确认。这是对农业问题的一种分析和界定的过程。

（3）政策议程的确立。这是农业问题转化为政策问题的关键。只有政府将农业问题列入议事日程，才可能产生相应的农业政策。

（4）制订和选择政策方案。决策者会对现有的各种备选方案进行全面的分析和研究，从中选择一个较为理想的方案。

（5）政策的执行。政策执行是政府为了解决一项农业问题而采取的实际行动，而不是仅仅停留在文件上或口头上的承诺。

（6）政策的监控。政策的监控包括的内容很多，如政策的执行，政策的评估，政策的调整、修正与终结。

一般而言，农业问题大多是先于政策制定而存在的，政策制定仅仅是政府试图对问题加以干预时才发生的事情。但有时政府的一项农业政策也可能使社会步入良性循环，许多农业问题得以相应解决，因此原来意义上的社会问题就没有出现，程序中的有关问题的确认、议程的确立等可能就没有发生。因此，一项政策实际的生命过程，不一定会与上述过程完全相符。

四、集团模型

集团模型理论源于政治学对组织问题的思考。该模型理论认为：只有当社会中的个体以集团的名义并为集团利益而进行活动时才能成为政治生活的一部分。人们总是以集团的形式参与和影响政治生活，因此，集团间的互动是政治生活的核心。当利益集团正式或者非正式地向政府提出自己的利益要求时，就涉及了公共政策。此时，政治则表现为各个利益集团为影响公共政策而进行的竞争。政府以及整个政治系统的使命在于保持国家利益的根本一致性原则，并在这个基础上使用政策手段解决集团冲突，为各个利益集团之间的争斗制定范畴、规划，调和或者平衡利益，以公共政策的形式达成妥协方案，并使用行政手段实施达成的公共政策。

从集团模型的角度看公共政策，它不过是利益集团竞争后达成的一种均衡，这种均衡以公共政策的形式被合法化。我们可以把这种均衡理解为政府承受集团压力的综合表现。由于压力的作用，公共政策往往会偏重于压力较大的集团一方，而失势的集团则处于妥协方案中的让步一方。集团互动与竞争处于均衡状态时，公共政策相对稳定，当均衡状态被打破时，公共政策也随之发生变化，从而形成新的政策，达到新的均衡。政治学家厄尔·莱瑟姆在《政治的集团基础》一书中论述说：“公共政策实际上是在任何特定的时候，通过利益集团的斗争而形成的一种均衡，在它所代表的这种均衡之下，派别和集团不断为获取自己的最大利益而斗争……立法机关仲裁集团间的斗争，认可成功的集团，记录失败、和解与征服。”

政策制定过程就是集团斗争对政府施加压力从而使政府不断做出反应的过程。这种反应就是通过协调、妥协、讨价还价而制定的一系列公共政策。

在我国，随着市场经济的不断发展与逐步完善，伴随着利益多元化的出现，也必将出现众多数量的利益集团。因此，团体理论有助于我们认识、分析和处理具有利益冲突的各种政治、经济和社会行为。

五、精英决策模型

精英决策模型又称为杰出人物模型，是托马斯·戴伊和哈蒙·齐格勒于1975年在《民主政治的讽刺》一文中提出的。这一政策模型的假设前提是，社会上存在着两大集团，一个集团是有权力的少数人，另一个集团是没有权力的多数人。前者垄断国家权力、执行政治功能，是由少数杰出人物组成的统治阶级，如执政官、立法官、法官、行政官员、地方议会议员、专制君主等权威角色的承担者。后者是接受统治、控制和指挥的，由多数人组成的被统治阶级。

精英决策模型的主要内容有：

（1）社会分化成掌权的少数人和无权的多数人。只有少部分人才有权为社会分配价值，而群众则不能决定公共政策。

（2）少数的统治者与杰出人物不是被统治的群众代表，他们主要来自社会中社会经济地位较高的阶层。

（3）非杰出人物向杰出人物的转化必然是一个缓慢而又持续的过程，从而才能保持社会的稳定并避免发生革命。在非杰出人物中，只有那些接受了杰出人物的一致意见者，才被允许进入统治集团。

（4）在社会制度的基本价值观和维护这一社会制度方面，杰出人物的看法是一致的。

（5）农业政策所反映的不是大众的要求，而是杰出人物的主要价值观，农业政策的变化将是渐进性的，而非革命性的。

（6）精英是活跃的，公众是麻木的，两者信息严重不对称，活跃的杰出人物很少受群众的直接影响。相反，杰出人物对群众的影响远远超过群众对他的影响。

应当说，随着民主的发展，公众参与农业政策制定的人数会越来越多，在决策中起的作用也会逐步加强。但是，在农业政策的实际运行中，精英决策模型仍是有效并且实用的决策模型。这是因为，在民主政治发展还不充分的过程中，公众（尤其是农民）所掌握的决策必需的知识和技能还十分有限；同时代议制民主走向直接民主还需要一个漫长的过程，精英在政策决策过程中仍然起着主要作用甚至决定作用。

六、系统决策模型

系统决策模型强调政治系统的环境作用，将农业政策制定放在政治、经济、社会与文化等环境中进行考察和解释。它把农业政策视为政策系统与外界诸多环境因素相互作用的一种反映。在系统决策模型下，农业政策是系统的产出。系统决策模型如图2-1所示。

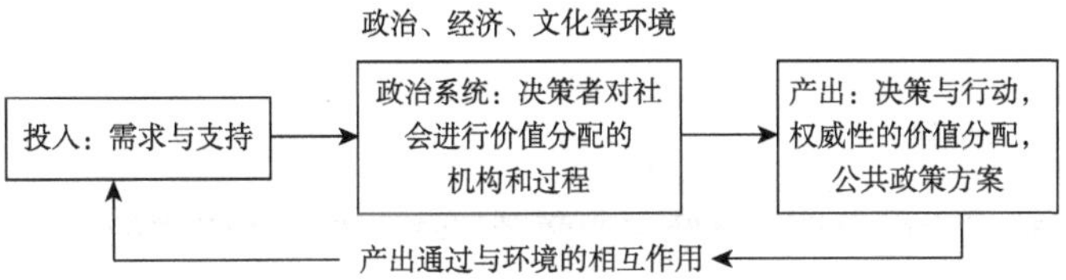

图 2-1　系统决策模型

当个体和团体为适应环境而采取行动去试图影响农业政策时，就会向政府提出要求，包括修改已有的或建立新的农业政策，这就是“需求”；在特定环境下，各政治个体和团体赞同政府的干预行动时，就称为“支持”；这种“需求”和“支持”都是在环境作用下社会政治个体或团体对农业政策的反映，它们构成了系统的“投入”。而政治系统则被看做动态的、对社会进行权威性价值分配的结构与过程的集合体。系统的“产出”被视为该政治系统根据社会的“需求”与“支持”做出的价值再分配的政策方案。这些分配方案、规划的总和就构成了公共政策。

在使用系统决策模型进行政策分析时，应该注意以下一些具体的问题：

（1）什么样的政策环境会影响投入（需求和支持）从而对系统产生影响。

（2）政治系统本身的哪些特性能将投入转化为产出，产出的农业政策具有哪些持久的效用。

（3）环境如何影响农业政策产出的实质内容。

（4）政治系统本身的特性如何对系统产出的农业政策实质内容产生影响。

（5）环境如何影响政治系统的特性。

（6）农业政策，即系统的产出如何作用于环境并反过来对政治系统产生作用。

系统决策模型有很多优点，它对环境有较大的适应性：一方面，当政策的支持力度不够时，它有修改的弹性；另一方面，决策者可以借助环境机制向公众解释政策制定的目的与手段，从而加强这种支持。

当然，系统决策模型也有自身的不足之处，主要是它没有很好地指示农业政策的具体形成过程，使它在政策实践中的应用受到很大的束缚。

第三节　农业政策分析的方法

农业政策分析的方法有很多，并且可以从不同角度进行分类，如从政策分析的内容角度、方法论角度、学科角度等。比较流行的一种分类是定性分析方法和定量分析方法，但很多方法无法严格划分，是定性和定量方法的结合，如系统分析法、情景分析法等。

一、定性分析方法

定性分析方法是指在政策制定过程中对各种有关的资料、依据、信息等不能用确切的数字计算出来或表示出来，而只能依据政策制定依靠自己的经验、知识、智慧、能力，综合运用理论思维、逻辑推理，对政策对象进行质的分析、判断，从而进行决策的一种技术方法。

常用的定性分析法包括连续接近法、举例说明法、比较分析法（一致比较法和差异比较法）、流程图法、系统分析法、专家分析法、情景分析法、运筹博弈法。本书仅介绍以下三种主要方法。

（一）系统分析法

系统分析可以被视为由定性、定量或者两者相结合的方法组成的一个集合，产生于 20 世纪 40 年代末期，是美国兰德公司提出的一种重要政策研究方法。目前，系统分析作为一种一般的科学方法论，已被各国所认可和采纳，特别是在有风险和不确定性的经济社会政策的制定以及公共决策系统的改进上。随着应用数学（特别是运筹学）的发展以及高容量、多功能电子计算机的出现，系统分析方法自身及应用范围不断深化和扩展，已成为政策研究及政策分析的主导性或基础性的方法。

系统分析或系统方法是指按照系统的特性和规律，运用系统思维，认识和分析客观事物的方法，即把对象放在系统的形式中加以考察的一种方法。根据系统的本质及其基本特征，可以将系统分析的内容相对地划分为整体分析、结构分析、层次分析、相关分析和环境分析五个方面。

1. 整体分析

用整体分析法进行政策研究的核心是，从全局出发，从系统、子系统、单元、元素之间以及它们与周围环境之间的相互关系和相互作用中探求系统整体的本质和规律，提高整体效应，追求整体目标的优化。因此，整体及其目标的优化是整体分析的主要内容。面对一些复杂的、较大的系统时，我们需要把系统分解为一组相关联的子系统，在整体的指导下，协调各个子系统的目标，从而达到系统所要求的总目标，即通过求局部最优化得到局部解，经过协调而得到整体的最优解（陈潭，2003）。

2. 结构分析

结构分析是系统分析的一个组成部分。所谓的系统的结构是指系统内部诸要素的排列组合方式。同样一些要素，排列组合的方式不同，就可能具有完全不同的性质、特征与功能。对于一个复杂的系统来说，如果没有一个确定其合理结构的方法，没有一个考虑整体优化的方案，那么系统的分析和设计也就无法进行，将对系统的运行产生不良的后果。因此，正确掌握结构分析法，确定政府系统的合理结构，要求各种政策的有机配合，是政策研究工作的一个内容。

3. 层次分析

系统论认为，任何复杂的系统均具有一定的结构层次，系统结构的层次性既指等级性，又指侧面性。前者是指任何一个复杂系统，都可以从纵向把它划分为若干等级，即存在着不同等级的系统层次关系，其中低一级的结构是高一级结构的有机组成部分。例如，我国政府体制从中央人民政府（国务院）到省、市、县、乡地方各级人民政府；军队编制从军、师、团、营到连等。后者是指任何同一级的复杂系统，又可以从横向上分为若干相互联系、相互制约又各自独立的平行部分，如国务院分各部、委，省级人民政府划分厅、局等。系统的结构层次性是系统的稳定性和连续性的重要保证，也是系统发挥其最佳功能的前提条件之一。

系统分析中的层次分析法产生于 20 世纪 70 年代，是美国著名运筹学家萨蒂提出的。层次分析的基本思路如下：明确问题中所包含的因子及其相互关系，将各因子划分为不同层次，从而形成多层次结构。通过对各层次因子的比较分析，建立判断矩阵，并通过判断矩阵的计算将不同政策方案按重要性或适用性大小排列，为最优方案的选择提供依据。层次分析首先要解决系统分层及其规模的合理性问题，层次的划分要考虑到系统传递物质、能量和信息的效率、质量和费用等因素；其次要使各个功能单元的层次归属合理。

4. 相关分析

系统论告诉我们，构成系统的各个子系统、单元和要素之间以及它们与环境之间是相互联系和相互作用的，这一特征叫做系统的相关性（有机关联性）。相关性首先体现在系统与要素之间不可分割的联系上。

我们在政策研究的过程中，尤其是问题界定、目标设定和方案规划中，要充分注意到各种问题及问题的各个方面之间、各个目标之间、各个方案之间、子目标与总目标以及子方案与总方案之间的关系，注意问题目标和方案与社会、经济和政治环境之间的相互联系和相互作用，考虑各种因素对政策执行效果可能产生的影响，从而设计出理想的或较优的政策方案。

5. 环境分析

环境分析是系统分析的一个重要内容。因为系统的状态、系统的问题同环境存在着这种相互联系、相互作用的特征，所以，分析环境与系统的关系是界定系统问题的必要步骤。无论政策的制定，还是政策的执行，环境因素的地位和作用都是极其显著的。因此，环境分析对于政策研究来说，其意义也是不言而喻的。

环境分析涉及的内容很广，包括自然环境或物理技术环境分析、社会经济环境分析、文化心理环境分析等。在系统分析中，要对环境加强因时、因地、因人的分析，找出相关的环境因素，确定其影响的范围和程度，以便在方案的制订和执行中予以考虑，这正是环境分析的任务与目的。

（二）专家分析法

专家分析法可以分为三大类，即专家个人判断预测法、集团头脑风暴法和德尔菲法。

专家个人判断预测法是以专家个人“微观智能结构”通过创造性逻辑思维来获取未来信息的方法。

集团头脑风暴法是以集体的“宏观智能结构”通过信息交流、互相启发，引起“思维共振”、相互补充，产生组合效应，运用创造性的逻辑思维来获取未来信息的方法。集团头脑风暴法，也称为专家会议法。它又可分为直接头脑风暴法和质疑头脑风暴法。直接头脑风暴法是通过共同讨论具体问题，发挥“宏观智能结构”的集体效应，进行创造性思维活动的一种专家集体评估、预测的方法。而质疑头脑风暴法是一种同时召开两个专家会议，集体产生设想的方法。第一个会议完全遵从直接头脑风暴法原则，而第二个会议则是对第一个会议提出的设想进行质疑。

德尔菲原是一处古希腊遗址，是传说中神谕灵验、可预卜未来的阿波罗神殿所在地。美国兰德公司在 20 世纪 50 年代与道格拉斯公司协作，研究如何通过有控制的反馈更为可靠地收集专家意见的方法时，以“德尔菲”为代号，德尔菲法由此而得名。它是在专家个人判断和专家会议方法的基础上发展起来的一种新型直观预测方法。它采用函询调查，对与所预测问题有关领域的专家分别提出问题，而后将他们回答的意见综合、整理、反馈。这样经过多次反复循环，而后得到一个比较一致且可靠性也较强的意见。

（三）情景分析法

情景分析法又称脚本法、情景描述法等，是通过假设、预测、模拟等手段生成未来情景，并分析其对目标产生影响的方法。

情景分析具有以下特点（娄伟，2013）：

（1）情景分析法需要与其他评价方法结合起来使用，因为情景分析法只是建立了一套进行预测的框架，分析每个情景下的影响时还需要依赖其他一些更为具体的评价方法，如数学模型等。

（2）从当前优先转向长期趋势。情景分析主要是基于驱动力及不确定性因素描述将来可能的发展趋势。

（3）从熟知的当前转向未知的将来。情景分析主要是基于对将来的关键不确定因素进行分析，描绘未来可能的情景。

（4）基于对未来发展的多个情景故事的描绘，制订多个不同的情景方案。

（5）可以反映出不同的规划方案情景下的影响后果，以及一系列主要变化的过程，便于研究、比较和决策。

（6）情景分析将定量和定性资料结合起来，从不同层面对所要研究的事物进行综合性的全面客观的描述及分析。

情景分析适用于政策周期的各个环节，如政策问题的识别、政策措施的制定、政策措施的实施、政策措施的评估或终止等。利用情景分析法分析政策有两种路径，即“自上而下”和“自下而上”。两种路径分别需要不同的资料和研究方法。以气候变化为例，“自上而下”方法利用模拟温室气体排放变化、全球气候模型、各种产业模拟预测模型，得到气候对未来的冲击影响后，探索今天的政策选择。“自下而上”是利用现有的所有资源，如经济资源、技术、政府、政策等推断未来的气候变化趋势和政策选择。

二、定量分析方法

定量分析方法是指对各种有关的资料和信息进行量化，建立数学模型，并运用各种计算方法进行计量和分析。定量分析法又分为确定型定量分析技术和随机分析技术，前者有线性规划法、马尔科夫分析法、效益分析法等，后者有动态规划、回归分析法、决策分析法等。

（一）决策分析法

在公共政策分析中，人们依据政策问题性质的不同，以及决策的条件与后果状况，把决策划分为确定型决策、风险型决策和不确定型决策。本书以风险型决策为例，具体介绍该方法。

风险型决策通常具备五个条件：①存在着决策者期望实现的明确目标；②存在着两个或两个以上不以人的主观意志为转移的自然状态；③存在着两个或两个以上可供选择的行动方案，最后只选定一个方案；④不同的行动方案在不同自然状态下的益损值可以计算；⑤在多种自然状态下究竟出现什么样的状态无法肯定，但对各自然状态出现的可能性（概率）却可预先估计出来。其主要分析方法有以下几种：

（1）最大可能性标准分析法。根据风险决策的条件可知，各种自然状态出现的概率是已知的，根据概率的定义，一个事件发生的概率越大，就越有可能发生。基于此，最大可能性标准分析法舍弃了那些概率较小的自然状态，在各种自然状态中选择可能性最大的（即概率最大的）自然状态，然后选择该自然状态下结果最好的行动方案（益损值最大的方案）作为最优方案。该方法的优点是简单易行，不需要高深的数理知识和复杂的运算。

（2）期望值标准分析法。这种分析方法的要点是各方案的益损值用不同自然状态下的概率加权求和，得出各方案的益损期望值，然后进行比较，从中选择益损值最大（收益最大，或损失最小）的方案。

（3）机会均等标准分析法。这是假定各个自然状态下发生的概率相等时的决策分析方法。在进行实际政策问题的研究工作时，有时尚缺乏足够的数据来说明一个状态比另一个状态发生的机会更多，就不得不认为它们发生的概率是相等的。因而，当决策者面临决策问题情报缺乏、信息不明确时，就可以机会均等地对待有可能发生的各个自然状态。设某项决策有 n 个自然状态，则机会概率为 $1/n$，在机会均等情况下，哪个方案益损值最大，哪个方案便是最优方案。实质上，机会相等标准可以看做益损期望值标准的一个特例来处理。

（4）决策树分析法。这种方法是把所需要决策的问题先用决策树图表示，然后再分别计算出不同方案在不同状态下的期望值，最后进行比较，选择期望值最大的方案（如果是投资决策，还要减去投资额）。

（5）风险决策中的敏感性分析法。在风险决策中，其风险事件可能出现的概率往往是根据历史资料取得的，对于它是否完全符合当前的情况，人们没有十分的把握。那么，根据这样的概率所选择的方案是否可靠？若概率不准确或依据条件发生变化时，对决策方案的选择是否有影响？当概率稍有变化，决策方案即随之改变时，我们称该方案是敏感的；反之，当概率的微小变化对方案的选择影响不大时，我们则称该方案是不敏感的。问题的关键在于，概率变化的幅度达到多大时才能引起方案的变化。这正是决策者所关心的。这方面的分析就是敏感性分析。

（二）效益分析法

为了评价某项政策方案，计算该政策方案的经济效益，通常以货币形态来表示该政策方案的耗费和收益。经济效益分析方法的种类很多，我们在这里只介绍两种常用的比较简单的方法。

1. 收益费用比

政策收益费用比是指政策收益和政策费用的比较关系，即

$$E = B / C \text{或} \Delta E = \Delta B / \Delta C$$

式中，E 表示政策收益费用比；B 表示政策收益；C 表示政策费用或政策成本；ΔE 表示边际收益费用比；ΔB 表示政策边际收益；ΔC 表示政策边际费用。

政策收益包括直接收益和间接收益两方面。政策费用又称政策成本，是指实施或维持一项政策方案所花费的费用的总和。它包括以下几部分：一是交替费用，即新旧政策交替时所必须花费的费用，也称摩擦成本。二是执行费用，即执行政策所必须花费的人力、物力、财力的总和。三是培训费用，即为执行政策而对执行人员进行培训所花去的费用。四是时间费用，又称资源的时间价值。五是影子费用，又称机会成本，是指选择某政策方案而放弃其他方案的收益……

2. 净现值法

计算公式如下：

$$\mathrm{ENPV}=\sum_{t=1}^{n}(B-C)_t\left(I+i_s\right)-t$$

式中，B 为效益流入量；C 为费用流出量；n 为计算期；i_s 为社会折现率。当某一政策方案的 ENPV≥0 时，表明该方案可行。反之，则不可行。

（三）线性规划法

线性规划法是一种合理利用资源、调配资源的应用数学方法。基本思路是在满足一定的约束条件下，实现目标的最大化，即以消耗最少的资源，实现最大化的社会经济效益目标。这个目标既可以使产出最大，也可以使投入达到最小。线性规划模型结构有三个基本要素：一是决策变量。在给定的政策问题中，要确定其值的变量，它们与问题的目标和从事的活动有关，是非负数变量。二是目标函数。这是决策目标的数学描述，主要是求得目标的极值。三是约束条件。实现政策目标的客观条件和限制因素，对模型中的决策变量起约束作用，可分为资源、需求结构、边界约束等。

在线性规划中，目标函数是决策变量的线性函数，约束条件是决策变量的线性等式或线性不等式，这种以决策变量的线性函数为特征的一类最优化问题即线性规划。利用线性规划，在所求得的解中，满足各种约束条件的解称为可行解，在多组可行解中，使目标函数达到极大的可行解，称为最优解。

【思考题】

1. 简述农业政策分析的作用。
2. 农业政策分析方法有哪些？
3. 农业政策分析模型有哪些？

【推荐阅读】

帕顿 C V，沙维奇 D S. 2001. 政策分析和规划的初步方法. 孙兰芝，胡启生译. 第二版. 北京：华夏出版社.

钱忠好. 2003. 中国农地保护：理论与政策分析. 管理世界，（10）：60-70.

韦默 D L，瓦伊宁 A R. 2013. 公共政策分析理论与实践. 刘伟译. 北京：中国人民大学出版社.

参考文献

陈潭. 2003. 公共政策学. 长沙：湖南师范大学出版社.
娄伟. 2013. 情景分析理论与方法. 北京：社会科学文献出版社.

第三章　农业政策的制定

【本章导读】

农业政策的制定是要将农业发展中的问题锁定并提出解决的办法，因此发现农业问题、确认农业问题就成为农业政策制定的关键前提。通过本章的学习，了解农业政策的制定过程，掌握农业政策问题的基本内涵、特征等，熟悉农业政策目标的特点、确定思路与基本要求，掌握农业政策手段的选择与方案设计。

【核心概念】

农业政策问题；农业政策目标；农业政策手段；农业政策工具；农业政策方案

第一节　农业政策制定的主体、客体与政策环境

农业政策系统是由农业政策制定的主体、客体以及农业政策制定中的环境等构成。农业政策系统是农业政策学研究的重要内容，也是对农业政策问题展开研究的前提。因此，研究农业政策的制定首先要对农业政策制定的主体和客体有清楚的认识。

主体与客体本是哲学范畴，主体是指具有意识的、有能动性的人。客体是指认识的对象，是人以外的东西。这里要特别注意的是，农业政策领域的主体和客体区别于哲学范畴的主体和客体的概念，二者之间既有一定的联系也存在一定的差别，其差别主要体现在政策的实践性方面。

一、农业政策制定的主体

农业政策主体是指直接或者间接参与农业政策制定、执行、评估和监督的个人、团体或组织。在现代国家中，政策主体通常指的是政党和政府。农业政策制定的主体又有直接主体和间接主体之分。

（一）直接主体

农业政策的直接主体是指那些获得法律授权，享有法定权威，能够对社会价值进行权威性分配，并以此主导政策过程的个人或组织，包括立法机关、行政机关、执政党等。

1. 立法机关

在我国，全国人民代表大会是最高国家权力机关，全国人民代表大会及其常务委员会行使国家立法权，是我国政策制定和立法的主要机关，同时也是政策执行的监控机构。从法律地位上来说，全国人民代表大会的地位是至高无上的，决定了我国社会发展的方向。从广义上理解，农业政策制定就是社会公共权威做出的行为，因此立法机关作为社会公共权威的组成部门，其所制定的农业法律也属于农业政策的范畴。在实际的政策制定过程中，立法机关将那些能够比较确定的农业问题制定为农业法律，实现农业政策的法律化，从这点来说农业

法律在一定程度上也可以看成是农业政策。

2. 行政机关

行政机关及其官员是政策主体的一个重要组成部分。行政机关在政策制定过程中的突出地位不仅表现在行政机关是农业政策制定的主导机构，也表现在其越来越多地参与到农业政策制定的过程中。行政部门可以自己进行一些法规或政策的制定，特别是行政法规的制定。行政机关是国家机器的重要组成部门，其中就有专门的部门对农业问题进行宏观调控和行政管理。

3. 执政党

在现代国家中，无论是哪一种形式的政治统治，都是通过政党实现统治过程的。因此政府农业政策在很大程度上可以看做执政党的农业政策。因此，为了更好地协调社会各方面的利益，执政党在制定农业政策的同时也有可能会参考其他政党和社会团体的意见和需要。但是这并不会对执政党作为农业政策制定者的决策地位造成影响。

（二）间接主体

在农业政策的制定过程中，除了上述的农业政策制定的直接主体，还有一些团体或个人。他们虽然不参加农业政策的制定和执行过程，但是却对农业政策的制定和执行产生着间接的影响。本章中所论述的农业政策的间接主体是指能够通过一定的方式和渠道，以积极的方式影响农业政策制定和执行的团体和个人。

1. 公民或选民

公民或选民是一种最广泛的非官方政策主体。他们的投票行为实际上就是对政策制定和执行在某种程度的选择。在我国社会主义制度下，人民群众是国家的主人，他们在政策制定过程中起着重要作用。党和政府通过各种渠道尤其是通过从群众中来，到群众中去的路线，让人民群众参与到政策的制定、执行、评估和监督中来。党和国家的各项政策实质上反映了广大人民群众的根本利益，是人民群众意志和要求的集中体现。

2. 利益团体

在农业政策制定中的利益团体是指那些因某种观念或利益的共同性而结合在一起，并且经常有意对农业政策制定和执行施加影响和压力的社会群体。利益团体是非官方政策主体最重要的构成因素之一，在农业政策制定过程中起着重要的作用，如农业合作社，各种农产品生产者协会，农用生产资料生产者和销售者协会，各种农产品加工、储藏、运输、销售者协会等。从形式上来说，利益团体可能是自发产生的非正规性的暂时的联合体，通常在特定的情况下因为特定的利益而联合起来，对农业政策制定施加影响和压力；利益团体也可能是从事利益表达的专门机构，即为了表达某种特定集团的目标而专门建立起来的社团性利益集团；利益团体还可能是建立在共同意识上的地区、行业和职业利益的基础上的联合体，这种利益团体虽然没有专门的组织，但是却有联合起来的客观前提。在我国，随着市场经济体制的不断建立和完善以及利益多元化格局的出现，各种利益团体也将进一步形成和发展，成为一种重要的社会力量，并对政府的农业政策制定产生日益重要的影响。

3. 政党

执政党是农业政策的直接制定者，是政策主体中的一种核心力量。我国实行的是多党合作制度，各民主党派是参政党而不是执政党。与这一政党制度相适应，我国实行中国共产党领导的多党合作和政治协商制度。政协以及各民主党派在我国政策制定的过程中起着重要的作用，不仅直接参与国家重大政策的讨论与决定，而且经常进行调查研究，提出农业政策建议，进行农业政策监督和评价，充分发挥其参政议政的功能。因此政协及各民主党派也是构成我国政策主体不可缺少的部分。

4. 新闻媒体

新闻媒体通过制造和传播社会舆论而成为间接影响农业政策制定的第四种间接主体。虽然新闻媒体并不直接参与到农业政策的制定过程中，但是通过舆论的传播和影响对农业政策的制定发挥着重要的作用。新闻媒体通过这种影响有效地促进或制约政府的政策行为，形成所谓的“舆论控制”。

（三）我国农业政策制定的主体

在我国，农业政策的主体主要包括以下三个方面：

（1）党政系统内部的专职农业政策制定者。其包括党政机关专设的各种政策研究室、农业（村）政策研究室，以及政府系统设置的各级政府发展研究中心、农业部农村经济研究中心等。这类机构的特点是与决策者关系密切、政策制定的效果较好、开展工作比较容易等。

（2）研究机构。主要是各种高校、科研院所所成立的研究中心，如北京大学中国经济研究中心、中国科学院农业政策研究中心、中国社会科学院农村发展研究所、中国农业科学院农业政策研究中心等。这类机构往往具有较大的自由度和独立性，并且研究人员的专业水平高。

（3）农业行政部门和综合行政机关的工作人员等。这类人员虽然理论水平相对不高，个人知识结构和人才结构相对较为单一，但是这类人员是农业政策制定的信息来源，与农业、农村、农民的接触最为深入，能够及时获取农业政策制定的第一手资料，并且这类人员也是农业政策的执行者，在政策执行的过程中也能够及时发现“三农”生产生活中产生的新问题。

此外还有独立于政府政党之外的智库。国外的政策研究组织主要包括美国企业公共政策研究所、兰德公司、斯坦福国际咨询研究所、乔治城大学战略和国际问题研究中心、伦敦国际战略研究所、加拿大公共政策研究所、罗马俱乐部等。西方国家的研究组织能够产生可靠的、可以被有关部门接受的政策研究成果；能够联结权势集团和直接决策者，使政治系统与社会系统进行沟通；能够将权势集团的意志变成具体的政策方案，源源不断地输向直接决策者。在我国国内智库发展迅速，随着国家政治现代化进程的推进，独立于政府、政党之外的智库具有良好的成长前景。目前存在的各咨询公司不断拓展其业务范围，为企业组织提供相关的政策分析和评估报告，间接对农业政策的制定产生一定的影响。

（四）农业政策制定者的基本素质要求

农业政策问题涉及面广，对农业经济发展影响深远，因此农业政策的研究、设计、决策是一项非常艰巨的任务，不是任何人都能参与、都能做好的，这也对农业政策制定者提出了基本的素质要求。

1. 思想政治素质方面的要求

农业政策的设计者和决策者要有高度的责任感和全局观。农业政策的正确性不仅关系到农民的切身利益，影响农业的生产发展，还会影响到与农业密切相关的其他产业的发展；不仅影响到农民的眼前利益，影响农业的近期发展，还会影响到农民的长远利益和农业的可持续发展。因此，农业政策的制定者要对国家、对人民、对社会主义事业高度负责，具备高度的责任感也是首要的素质条件。

2. 理论素养方面的要求

农业政策问题主要是农业经济问题，但是又不单单是农业经济问题，其涉及农村以至整个社会的政治、经济、社会文化和自然生态等多个领域。因此农业政策的制定者需要具备较高的理论水平和合理的知识结构。一般来说，政策制定者要掌握经济学、管理学、社会学、农业技术基础、方法论、国外农业经济发展、农业政策研究和设计的基本理论、方法等。

3. 基本能力方面的要求

若想把农业政策制定好，还需要制定者具备较强的分析能力、综合能力、判断能力和创新能力。农业政策的制定是非常复杂的过程，政策制定者只有在正确的理论指导下，运用科学的分析方法，对问题进行深入的研究，才能透过现象看到问题的本质，进而找到问题产生的原因，从而制定出正确可靠的农业政策。

4. 人格方面的要求

除要求农业政策制定者具备以上三个方面的要求外，具备独立的人格也是农业政策制定者的必备素质之一。农业政策制定者要保持独立的人格，敢于讲真话、能够讲真话，要具有社会良知和责任感，这样才能真正从三农的角度去看问题、想问题、探求解决问题的办法，进而制定出切实可行的农业政策。

二、农业政策制定的客体

农业政策客体也是农业政策对象，包括农业政策所要处理的农业问题和所要发生作用的广大农村社会成员两个方面。从农业政策制定的角度来说，政策客体是农业政策问题存在的时空范围；从农业政策执行的角度来说，农业政策客体是农业政策主体所施加影响的时空范围，即通常所说的政策适用范围。

（一）农业问题

农业问题首先是一种客观存在的现象，农业问题就是要达到的状态与观察到的状态之间的距离。从唯物辩证法的观点来看，农业问题也就是各种各样需要解决的农业方面的矛盾，如农产品生产过程供给不足、农民增产不增收、农业发展与生态环境的破坏等。农业方面存在的各种各样的问题，只有那些促使人们去行动、去解决的问题才上升为农业政策问题，即如果问题没有得到表达，就不能可能构成农业政策问题。

由此可见，农业问题以及农业政策问题不仅是一种客观的存在状况，也是人们主观构造的产物，是被人们感知、觉察到的状况，是由价值、规范和利益冲突引起的，需要加以解决的状况。

（二）目标团体

从人的角度看，农业政策所发生作用的对象是广大农村社会成员，这些受规范制约的社会成员称为目标团体。农业政策用以确立农业生产、交换和分配的基本规则，用于调整和规范、制约人的行为。它鼓励人们去从事某些活动，而禁止人们从事另一些活动，引导人们朝着政党、政府所期望的目标前进。人们在社会生产和生活中存在各种各样、错综复杂的关系，而其中最基本的关系是利益关系。由于广大农村社会成员在社会的生产和生活中所处的地位不同、社会分工不同，因而必然会产生不同层次、不同性质的利益要求。因此，党和国家制定的农业政策就是要指导处理好全社会成员的利益与农村社会成员利益的关系，建立起一个有利于安定团结，促进生产力发展的利益格局，使国家、集体和个人三者的利益、整体与局部的利益、长远与眼前的利益，都能有效地协调起来。

农业政策客体的识别具有不可忽视的重要意义。了解农业政策所发生作用的领域问题的性质和特点，了解农业政策涉及的农村社会成员的需要、利益和心态，有助于制定出适应国情、能够被广大人民群众普遍接受或能被多数人理解的农业政策，有助于农业政策的顺利执行，充分发挥农业政策的作用，从而获得预期的农业政策效果。

三、农业政策环境

（一）农业政策环境的内涵

政策总是根植于一定的社会环境之中，在制定农业政策时，只有对农业问题所处的具体环境进行全面、深入的了解，才能从深层次分析农业问题产生的具体原因，并针对性地提出切实可行的农业政策。农业政策环境是指农业政策产生、存在和发展的一切因素的综合，也可以概括为涵盖农业政策系统以外的、影响和作用于农业政策过程的所有因素。

（二）分析农业政策环境的意义

总的来说，分析农业政策环境的意义主要包括四个方面：第一，政策总是处于特定的环境之中，要在具体的环境中分析政策制定和执行的背景、效果等；第二，农业政策选择受到政策环境的影响；第三，政策执行与效果受政策环境的制约；第四，通过对政策环境的透视，有助于了解和把握政策从何处来，到何处去。

（三）农业政策环境的分析框架

（1）内环境与外环境。将政策视为一个有机整体，观察不同政策之间的关系。分析政策体系外部的各种因素或力量，如对粮食市场供求状况的分析。

（2）国际环境和国内环境。

（3）全局（大环境）和局部（小环境）。

（4）自然环境、政治环境、经济环境、文化环境和社会环境。

（5）实体性环境与精神心理性环境。

（6）显露的和潜在的。

（7）注意把握政策环境的稳定性、动态性与突发性。

环境的稳定性为制定政策、采取行动提供了前提；环境的变化要求对原有政策做出适应性调整；制定政策和采取行动必须快于环境的变化速度。不管环境稳定还是变化，有些政策（法律）可以保持永恒不变，如西方社会的私有财产权制度。但是对于可能出现的突发事件要有预案。

（8）环境与政策之间的互动——连锁性。

第二节　农业政策问题的确定

美国学者利文斯顿指出：问题的挖掘和确认比问题的解决更加重要，对于一个决策者来说，用一个完整而优雅的方案去解决一个错误的问题对其机构产生的不良影响比用较为不完整的方案去解决一个正确的问题重要得多。因此，要制定农业政策应首先确定农业政策问题。政策问题是指应该由政府为代表的公共权威机构负责解决的，且已经纳入政府工作程序或宣布即将纳入政府工作程序，开始实际解决的公共问题。

一、农业政策问题的内涵

在人们的生活中常会出现现实与预期不一致的情况，而产生许多的问题。特别是在农业发展过程中，从农户的生产、生活到农村的政治、经济、社会的发展，都可能会产生各种各样的问题，但这不是说只要与农业、农村、农民相关的问题都可以成为农业政策问题。在与“三农”相关的问题中，只有那些具有广泛影响，能够进入政府工作议程的问题才能成为农业政策问题。农业政策问题，即农业政策客体的现有状态与期望状态之间的差距。这种差距分为两种情况：一种情况是主观上的问题，即判断失误和信息失真的问题；另一种是客观上的问题，即农业政策客体的理想状况与现实状况的差距。从农业政策制定的角度来说，要解决的是后一类的问题，对于前一种情况，只有在政策执行的过程中发现和判断，并不断通过农业政策调整才能解决。也就是说，农业政策问题是基于特定的问题，由政府列入政策议程并采取行动，通过公共行为获得需求、价值或改进的机会。农业政策问题只是那些关系到农业经济发展全局的、关键性的大问题和在某一领域、某一方面起决定作用的主要问题、主要矛盾。

在对农业政策问题进行理解时要特别注意：

（1）严重的问题不一定就是政策问题，如艾滋病、贫困等。

（2）影响广泛的问题也不一定就是政策问题，如城市的交通拥堵。

（3）影响不广泛的问题不一定就不是政策问题。

农业政策问题的特点主要有以下三个方面：

（1）农业政策问题是一种客观存在的社会现象。农业政策问题来源于人们的期望与社会现实的偏差，是人们理想状态与农业现实实践的偏差，没有现实问题的存在，就没有问题的产生，任何主观想象的问题都不能构成农业政策问题。例如，农产品供给不足或者农产品生产过剩，造成市场上农产品的价格大起大落等。

（2）农业政策问题能够被多数人觉察、认同并使人受其影响。农业政策问题尽管是客观存在的，但如果不为人们所觉察、认同，它同样不能成为农业政策问题。问题的显性化是农业问题的一个重要特点，并且农业问题本身还存在一定的广泛影响。E. R. 克鲁斯克等在《公共政策辞典》中就对政策问题进行了如下分析：对一个潜在的公共政策问题的觉察和定义都取决于受其影响的人数，他们传播这一问题的范围和能力以及使其要求被认为是合法的政策问题的机会。

（3）农业政策问题是政府必须解决的现实需要，应由政府列入政策议程中，并采取相应的行动对该问题加以解决。现代政府的农业政策问题多是对现实农业问题的某种反映，当现实公共问题被认为到了非解决不可的地步，从政府角度来说就可以认为已经形成了明显的政策需要。

农业政策的发现途径主要有以下四个方面：

（1）执政党和政府领导人凭借其领导地位所掌握的信息，从大量农村经济社会问题中发现和抓住主要问题作为政策问题。

（2）政府公务人员在执行农业政策过程中可以发现一些共同的农业政策问题。

（3）统计局，农村工作委员会等政府职能部门及有关科研机构的研究人员和科研人员在从事科学研究的过程中，可以确认某些重要的农业政策问题。

（4）某些突发的重大事情、事变、天灾人祸，也会成为政府立即要加以解决的农业政策问题。例如，地震、洪水、泥石流等自然灾害的发生，导致农业生产受到影响，那么如何帮助受灾地区农民尽快恢复农业生产就成为迫切需要解决的政策问题。

二、农业政策问题的基本特征

从农业政策问题构成内容来看，它具有明显的特征。

1. 农业政策问题的客观性与主观性并存

农业政策问题是一种客观存在的农业问题，是农业经济实践中的问题，并且是已为人们所认识的问题。农业政策问题的出现有一个过程，只有当其发展到一定程度，触及人们的切身利益时，人们才能感受到它的存在。当然，由于产生农业政策问题的外部客观状态，是经过人们选择后进行界定、分析和评价的，因而作为农业政策问题的农业问题又具有一定的主观性。农业政策问题具有人为性。农业政策问题的存在，源于人们改造社会的行为状态。只有当人们断定值得改变某种问题形势时，才能讨论它，因此农业政策问题的形成具有人为因素，既是人主观判断的产物，又作为对客观社会状态的合法解释而被人们接受。离开了人的活动，农业政策问题就不存在。政策问题的主客观统一性告诉我们，由于存在对政策问题的主观认识，社会任何一方面的观点都有可能带有主观片面性。这种主观片面的认识如果成为决策的基础，必然会导致政策的失误。

2. 农业政策问题的动态性与阶段性并存

政策的动态性是指政策问题经过认定之后，虽然具有相对的稳定性和阶段性，但是它又将随着问题解决的程度、影响范围的变化和时代的迁移而变化和发展。任何一个农业政策问题，既涉及环境因素，又与前提条件、相关人员密切联系。随着社会经济条件的变化，旧的问题解决了，新的问题又产生了，问题的提出与解决一直处于变化之中。在问题分析过程中，研究者需要追溯既往，了解问题的动态情形，这样才能形成正确的解决方案。这也告诉我们，在分析解决某项农业政策问题时，必须要看到农业政策问题发展变化的各种可能性，防止陷入因问题发展变化而造成的被动局面。

3. 农业政策问题的历史性与现实性并存

农业政策问题不是突发产生的，而是逐渐形成的。任何一项农业政策问题的产生不可能横空出世，它可能是以前的农业政策执行不当或发生偏差的结果，也可能是社会环境发生了变化，具有一定的历史继承性。通过农业政策问题的历史考察，人们可以了解农业政策问题的前因后果，为农业政策的预测分析创造条件。

4. 农业政策问题间存在普遍联系

任何农业政策问题都不是孤立的，而是整个问题体系的有机组成部分。许多相关的农业政策问题构成了农业政策体系，不同领域、层次的农业政策问题存在着相互联系、相互制约的关系。农业政策问题的相互依赖性，要求我们在分析多个相互关联、不可分割的农业政策问题时，必须从整体入手，把握具体政策之间的相互作用。

三、农业政策问题的认定与论证

农业政策问题的认定是一个极为复杂的过程。在这一过程中，存在着许多足以影响农业政策决定的重要问题。但要形成农业政策决定，必须要进入政策议程，而要进入政策议程，首先必须完成政策认定，相关主体达成一定的共识，认为某一问题已经到了非解决不可的地步。

在分析什么是农业政策问题时，从方法论的角度看，可以作如下判断：现实现象与人们期望的现象属于农村经济社会哪个领域中的矛盾？用什么样的资料以及至少用多少信息可说明这种偏差，是否构成问题，其重要性、程度及影响范围如何？可能产生偏差的原因以及确认这些原因的依据是什么？判断这些偏差是否构成农业政策问题，可以从社会多数成员的价值观与实际农村社会生活的表现之间的差距来判断。在利用统计资料进行横向和纵向比较分析的基础上，可以得出对问题能否成立的结论以及问题的重要性、程度、影响范围。政策认定过程一般包括问题觉察、问题界定和问题陈述三个既独立又联系的阶段。

总的来说，农业政策问题认定的内容主要包括三个方面：第一，要认定政策问题的性质与界限。例如，农民负担问题应该是经济问题还是政治问题。又如，在日常生活中常常有这样的说法，即“干不干是态度问题，干好干坏是能力问题”，怎么来界定这类问题的性质与界限。第二，要认定政策问题的范围，如农民负担问题是局部的还是全局的。第三，要认定政策问题的解决方式。例如，农民土地撂荒能成为农业政策问题吗？那么就要对该问题进行内容方面的分析，要提出这样几个疑问：农村土地撂荒是事实吗？撂荒的土地多吗？这种情况很严重吗？农民撂荒土地一定就不好吗？我国农村土地实行休耕不可以吗？要回答以上这些问题就必须首先进行调查和论证，才能对这些问题做出回答。

因此，政策认定过程至关重要。一方面，某一最初被认定的方式与内涵，会影响解决方案的本质；另一方面，错误地认定政策问题，可能导致选择错误的政策方案，而使原来的问题得不到解决。政策认定受多种因素的影响，一般认为影响政策认定的主要因素大体上集中在利益集团、政党、民意机关、政治领袖、选举、抗议活动、危机或特殊事件、大众传播媒介、新旧事物的差别等方面。

在农业政策问题认定的过程中，都会遇到问题的争论。这种争论不仅包括对即将采取实际的或可能的行动有不同意见，也反映了对农业政策问题本身性质的认识。政策问题的论证相当复杂。西方学者认为这种复杂性可以通过论证所在的组织层次具体表示出来。政府最高层所作的一级论证是明确是否做某事；政府机构所作的二级论证主要规划优先发展的项目和考虑目标群；功能论证反映在具体的规划上；小论证反映在特定的项目中。小论证是最低层次的论证，是把政策问题分解为若干个具体的项目，一般是由若干个政策分析小组来进行；功能论证是对小论证阶段的分析结果进行有机综合，主体往往是负责政策制定的具体组织，通过论证判断政策问题的领域、范围层次和作用方式；二级论证一般是由政府决策机构进行的论证，对政策目标、计划、成本、效果等方面的内容进行讨论；一级论证是最高层次的论证，是对政策问题是否进行到决策机制做出决定，一般来说，政府往往会同时提出几个政策问题以供政策制定部门进行选择。

随着政策问题论证等级的不断上升，政策问题越来越表示出更大的相互依赖性。尽管各层次的论证是相互依存的，但立论不同，政策也不同。

四、构建农业政策问题的方法

农业政策制定过程中，对不同性质和形式的农业政策问题，需要使用不同的方法和技术来对其加以认识和了解。

（一）边界分析法

具体研究政策问题时，必须首先划定研究对象界限。边界分析是要划定研究对象的边界，找出与其他事物严格区别的本质及其属性，使之与外界相对隔离，在边界内组成一个统一整体。政策分析中，经常面对相互交织在一起的问题，很少面对单一确定的问题，这使确定研究对象的边界变得十分复杂。例如，政府要制定扶贫政策，自然要构建扶贫问题。这时，必须对贫穷进行界定，并由此确定谁是扶贫对象？多少扶贫对象？如何扶贫？定出扶贫对象，弄清为什么要对他们进行扶贫，这些确实是不容易的事。如果边界界定不清楚，一定会造成失误。边界分析往往通过饱和抽样、诱导性地提出问题、边界分析的步骤来实现。应该注意的是，边界分析的结果即使是合理的，但也不一定是完全肯定的，需要与其他构建问题的方法结合起来使用。

（二）层次分析法

层次分析是认定政策问题可能产生原因的方法。目的是精确有效地认定导致问题情景的原因，从而提供一套有效的思维方法。层次分析法可以帮助人们分析三种原因：可能原因、合理原因和可控原因。可能原因是事件或行为，不论它和政策认定的关系如何，只要是可能促成政策问题情景发生的，都是可能原因。合理原因是在科学研究和直接经验的基础上，对问题形势的出现可能会产生重要影响的原因。可控原因是受政策制定者控制和操纵的原因。层次分析通过可能、合理、可控三个层次的原因分析，由浅入深，由表及里，逐渐深入探寻政策问题产生的根源。层次分析着重个人分析，而不是团体的相互影响。由于依靠分析者个人的知识、经验、理论观点和价值观念获取信息，免不了带有浓厚的个人色彩，因此也不能保证一定能够找到问题的正确解释。

层次分析法的具体步骤：确定相关人群—理清基本假设—比较评估假设—汇集优选假设—综合研究—提出方案。

（三）类比分析法

类比分析是在政策问题的构建中，通过对类似问题的确认，寻求政策问题的成因、性质及类别的方法。类比分析主要是调查问题的相似性，以便帮助政策分析人员根据类比的结果，对过程政策问题的内涵进行分析。类比分析以不同事物之间的比较为基础，其基本假设是，分析人员如果能够觉察问题所存在的相同或相似的关系，将有助于提高分析人员解决问题的能力。在缺乏可靠论证思路时，类比分析法往往能够奏效。按照类比分析提供的思路，人们不仅能够识别出哪些问题看似是新问题实为旧问题的伪装，而且能够正确地获得解决新问题的思路。在构建政策问题时，一般采用直接类比、符号类比、幻想类比等方式来确认问题的类别、成因或性质。

（四）假设分析法

假设分析法就是对政策问题相互冲突的立论进行假设，然后进行创造性综合的一种方法。它是构建政策问题方法中最具综合性的方法之一，常常用于比较复杂的涉及不同利益矛盾冲突的政策问题分析。它可以由个别专家运用，也可以由团体运用。这种方法在确认问题上的有效标准是，有关该问题情景上的各种冲突假设是否已经提出、是否受到挑战以及是否已经达成创造性的综合结论。假设分析具有三个基本特征：①它是从问题可能的解决方案开始，而不是从问题的基本假设开始；②在整个分析过程中它始终使用相同的资料；③它系统地提出了政策分析的主要问题，以一定的程序创造性地处理各种假设与方法间的冲突。

假设分析的运用大致包括以下五个步骤：第一，相关人员的确定。找出与政策利益有直接和间接关系的相关人员，按照关系的亲疏、影响的大小和有无进行排序。目的是确定哪些人可以参加假设分析过程，或哪些人的立场、观点是必须予以优先考虑的。第二，假设的呈现。这一阶段要找出想要认定的政策或政策问题所依据的基本假设。一般是从现有的政策出发，追溯到该政策的基本假设，进而建立这一假设的原始资料。如果假设与原始数据资料相符，就允许推论。这样，不仅可以找到政策问题的基本依据，而且可以印证它们的逻辑关系，即政策是否由假设推论而得，以及假设是否根据原始资料来归纳。第三，假设的论证。这一阶段要对每一组政策及基本假设进行比较和评估，以确定假设的差异、优劣和正确性。一般来说，比较要从两种差距最大的假设之间开始。第四，假设的汇集。将前面各阶段所提出的假设与各种方案集中起来，对最重要和最不确定的假设进行汇集，并进行选优，从而建立一组可能为大多数人所能接受的基本假设。第五，假设的合成。这是假设分析的最后阶段工作，目的在于根据上一阶段所确立的大多数与政策相关的人可以接受的假设，进行综合研究，提出一个能够解决问题的综合性方案。

第三节　农业政策目标

一、农业政策目标的基本含义及特征

确定农业政策目标，是制定农业政策的首要环节。任何农业政策的制定都要有一个明确具体的目标。政策目标的核心是政策所要解决的主要问题以及政策实施后所要达到的效果。

农业政策目标是指农业政策所要实现的一种期望状态或理想结果，目标来源于农业政策问题。农业政策目标是一个目标体系，而非单一目标，具有多元性和多层次性，但这并不表示政策目标越多越好。农业政策目标是在农业政策实施之前，就以理性的概念产生于政策制定人员的头脑之中，可以用语言文字、数字、符号等表示的主观意志。这种主观意志一方面必须反映大部分民众的意愿及理想，同时还应该与农业发展的经济与社会政治环境条件相吻合。它不仅是农业政策设计和政策择优的基础，同时也是农业政策执行的指导方针，并为农业政策评估提供标准。

一般来说，农业政策的目标包括发展农业生产力、提高农业劳动生产率、确保农产品安全供应、稳定农产品价格、增加农民收入、改善农村社会福利等。它具有如下特点。

（一）农业政策目标的具体性

没有明确而具体的农业政策目标，农业政策方案的拟订就缺乏根据。因此，农业政策的语言表达必须明确、具体、清晰，内涵不能有歧义，外延要清楚明了。对实现农业政策目标的时间必须做出明确规定，这是由于任何一种政策都具有时效性，超过了有效作用的限制，再好的农业政策也达不到应有的效果。而且实现农业政策的目标是有条件限制的，只有实现符合特定条件的农业政策目标才算政策目标的真正实现。

（二）农业政策目标的可行性

农业政策目标是政策制定者设定的理想目标，但是如果缺乏其实现条件，也就只能变成一纸空文。因此，在确定农业政策目标时，既要考虑能够保证实现政策目标的直接条件，如人力、物力、技术、信息和权力等资源，又要考虑制约政策目标实现的间接条件，如国际和国内政治环境、社会心理、自然环境的变化等。只有充分考虑多种影响因素的作用效果，制定出来的政策目标才能是可望而可及的，同时也只有这样的目标才具有实现决策者最终意图的意义。

（三）农业政策目标的规范性

农业政策目标不仅是可以实现的，而且还应该体现政策决策者所代表的社会利益，与国家宪法、法律不冲突，符合社会道德规范，并且标准适当，既要高于现有水平，又必须经过努力可以实现。

（四）农业政策目标的协调性

通常，农业政策目标往往不是单一的，而是多个目标的有机结合。在这种情况下，为实现其中的一个特定政策目标所采取的政策手段，都有可能对其他政策目标产生三种可能结果：第一，农业政策目标互相独立。农业政策目标的实现对其他政策目标完全没有影响，或者其影响小到可以忽略的地步。第二，农业政策目标互相补充。一项农业政策目标的实现可能促成其他政策目标的实现。第三，农业政策目标互相对立。一项农业政策目标的实现会阻碍其他政策目标的实现。对多项农业政策目标之间的关系，必须进行充分的考虑，尽量避免出现互相对立的局面，以使整个农业政策体系更有效率。

（五）农业政策目标的层次性

农业政策目标是由一系列的主要目标和次要目标、中间目标和最终目标构成的一个目标体系，具有明显的层次性。农业政策的层次性把各个等级的目标联系在一起。主要目标一般比较抽象，必须经过逐层分解，形成容易操作、便于考核的子目标和措施。目标的层次化使农业政策的稳定性和连续性得以实现。

举例说明：发展的目标

总目标：人的全面发展和所有人的发展

具体目标：生存、自尊、自由

生存：生产力发展，合理分配收入

自尊：提高生活水平、提供良好的教育，实行人道主义

自由：摆脱自然对人的奴役，消除人对人的奴役

农业政策目标一般要用数量指标来表现，如农产品与农业生产资料指数及增长率、农民收入水平及增长率、人均农产品占有量及增长率等。数量化的指标，不仅使政策目标更加明确具体，而且便于对政策的实施结果进行评估。农业政策目标体系如表 3-1 所示。

表 3-1　农业政策目标体系

经济——政治目标	农业——政治目标
效率	部门配置：产业结构 跨部门配置：要素流动性 跨地区与国际间劳动力流动 跨时期配置：技术进步 外部效应：环境和其他公共财富
分配	主体间：农民、供应商、消费者 跨地区：发达地区与不发达地区 国际间：发展和食品援助 农户间 当代与后代：不可再生资源
稳定	稳定的消费品价格 稳定的生产价格 确保农业和粮食安全 收支平衡
经济	加强农业的竞争地位 产业的自主发展能力

二、确定农业政策目标的原则

（一）要保证农业政策目标经济效益和社会效益的结合

农业政策的出台，应该具有现实性和预见性，既要针对农业经济活动中的现实问题，又要对农村经济下一步的发展具有导向作用。因此，在制定农业政策目标时必须从客观现实出发，真实反映农业经济活动中的现实状况。并且制定出的目标要尽可能进行量化处理，将其分解为具体的指标体系，以便能够从经济和社会角度对农业政策进行效益评价。含糊其辞、模棱两可的农业政策目标是无法保证实现既定任务的。

（二）要考虑农业政策目标的可行性和合理性的结合，切实调动人们的积极性

制定农业政策目标时，既要高于现实水平，能够产生强大的激励作用，又要有难度，使人感到通过奋斗一定会实现。同时，在提出农业政策目标时要考虑可行性，要从实践出发，充分分析主客观条件，使目标建立在扎扎实实的客观基础上，体现农业政策既来源于实践又高于实践。

（三）要保持农业政策目标的相对稳定性与动态性的结合

朝令夕改会造成政策因缺乏持久的目标而过早失效，而且有损于执政党的威信，不利于巩固其地位，同时会给执行者带来混乱，造成资源浪费。农业政策目标的确立是在充分考虑主客观条件的情况下制定出来的，在实践中发挥着引导作用。不要轻易更改农业政策目标，至少要维持长期目标的相对稳定。

同时还要考虑到发展中的不确定因素，保持农业政策目标适当的弹性。社会经济生活是

复杂多变的，导致人们在制定政策时，不可能把今后会发生的情况全部预测到，加上资源条件的限制和客观环境的变化，因此，制定农业政策的目标时要留有余地，把长期目标和短期目标，主要目标和次要目标区分开来。

三、确定农业政策目标的基本思路与要求

（一）确定农业政策目标的基本思路

一是固定目标法，即根据现实需要而确定农业政策目标的一种方法，其要点是，首先以经济发展战略目标或更高层次的政策目标为依据，借助于比较分析，从而演绎出农业政策目标，然后将目标固定，再据以寻求实现这一目标的政策手段、措施。

二是引申目标法，即根据实际可能来确定农业政策目标的一种方法，其要点是首先以可能投入的政策手段、措施为依据，借助于综合分析，从而归纳出可能实现的农业政策目标的空间，然后从这一政策目标空间中，引申出具体的农业政策目标。

（二）确定农业政策目标的基本要求

农业政策目标确定得是否恰当，直接影响到活动的效果，乃至政策的成败。一个好的政策目标，必须满足以下基本要求。

1. 关键性与全面性相结合

确定农业政策目标时，既要从基本政策任务出发，全面考虑，又要突出政策重点和关键性政策工作。在有多个政策目标的情况下，要区分政策目标的主次，从政策资源分配上优先保证重点政策目标。

2. 可行性与挑战性相结合

政策目标是激发和调动人们积极性的动力，如果不具备挑战性，也就失去了激励作用；但如果政策目标定得太高，经过努力无法达到，使人感到可望而不可即，也就失去了可行性。

3. 具体化与定量化相结合

确定政策目标应该明确、具体，尽量用定量的指标描述；不能量化的政策目标，也尽可能使之具体化。只有这样，才能使人们努力有方向，检查有依据，考核有标准。

4. 灵活性与一致性相结合

确定政策目标时，必须使本级政策目标同上级政策目标保持一致，使政策分目标与总目标保持一致，同时还要从本级政策实际出发，使政策目标具有一定的灵活性，能够适应政策未来发展和客观环境的变化。

四、不同经济制度下的农业政策目标

（一）中国的农业政策目标

我国农业发展的基本目标是，努力发展社会主义市场经济，进一步解放和发展农村的生产力，开发利用农村劳动力、土地和各种资源，增加农产品的有效供应，满足人民生活和社会经济发展的需要；在发展生产的基础上增加农业劳动者的收入，提高其生活水平，建设共同富裕的文明的新农村，逐步实现农业现代化。概而言之，我国农业政策的目标有以下几点：①努力发展农村社会主义市场经济；②增加农产品的有效供给；③增加农业劳动者的收入。

2015 年 2 月 1 日，新华社公布中共中央、国务院《关于加大改革创新力度加快农业现代化建设的若干意见》。

主题是加大改革创新力度加快农业现代化建设。文件包括五大部分，前三部分是农业农村发展的主要目标，即中国要强、农业必须强，中国要富、农民必须富，中国要美、农村必须美。后两部分包括：深化农村改革是动力，农村法治建设为保障。文件要求，主动适应经济发展新常态，围绕在提高粮食生产能力上挖掘新潜力，在优化农业结构上开辟新途径，在转变农业发展方式上寻求新突破，在促进农民增收上获得新成效，在建设新农村上迈出新步伐的要求，出台了一系列相关的重要政策措施。

2016 年 1 月 27 日新华社公布中共中央、国务院《关于落实发展新理念加快农业现代化实现全面小康目标的若干意见》。

主要内容包括：持续夯实现代农业基础，提高农业质量效益和竞争力；加强资源保护和生态修复，推动农业绿色发展；推进农村产业融合，促进农民收入持续较快增长；推动城乡协调发展，提高新农村建设水平；深入推进农村改革，增强农村发展内生动力；加强和改善党对“三农”工作指导。

文件有五大核心：农业现代化连续三年写入标题；供给侧结构改革首次写入中央一号文件；以“绿色发展”保护资源修复生态；补齐农村这个全面建设小康社会的短板；“产业融合”支撑农民增收。

（二）西方主要发达国家的农业政策目标

在发达国家，农业政策一般分为两类：一类是价格和收入政策，主要用于消费者和生产者之间再分配国民收入；另一类是农业发展政策和区域、结构政策，主要是为了提高农业生产效率以增加国民收入。

农业政策目标因国别而异。考察美国农业政策的历史，可以发现贯穿其整个农业发展历程中不变的农业政策目标始终围绕三个方面：①提高农业生产效率；②增加和稳定农场收入；③增进社会福利和农村发展。

欧盟农业政策目标有以下几点：①通过促进技术进步，农业生产的合理化，农业生产要素的最优配置，特别是劳动力的合理配置，提高农业劳动生产率；②在不断提高农业劳动生产率的基础上，增加农业从业者的收入，从而使农业从业者能够保持合理的生活水平；③稳定农产品市场；④保证食品安全供应；⑤为消费者提供价格合理的农产品。

第四节　农业政策手段的选择与方案设计

一、农业政策手段的选择

（一）农业政策手段选择的原则

任何一项农业政策目标都需要有与其互相对应的农业政策手段来保证其实现。因此，一般来说，农业政策手段的变数量必须不少于农业政策目标的变数量。在实际的农业政策手段选择中，某项政策手段与某项农业政策目标有内在联系，它自然可以成为实现该项政策目标的手段，而大多数情况下，某项农业政策目标可能需要投入多个政策手段才能发挥作用，或者是某一特定政策手段的投入对多个政策目标的实现可能产生影响。因此，政策手段作为一个系统，应该尽量实现恰当的组合和配置。选择农业政策手段应该遵循的原则如下。

1. 整体性原则

必须把各种政策手段看成一个统一的整体，明确一种既定的政策手段可能在不同程度上影响多个目标，一个政策目标也可能需要依靠多个政策手段来实现。一般不存在一种政策手段只影响一个政策目标的现象。因此，应该从系统的角度考虑政策手段对政策目标的影响。

2. 协调性原则

在现实经济生活中，农业政策总是追求复数的政策目标，但是，在政策手段有限的一定的制约条件下，要同时追求或达到多个政策目标可能是十分困难的，往往会发生重视一种目标就会影响另一种目标，两个目标互相对立或交替的情况。因此，在选择政策手段时，应将农业政策目标看成一个整体，并据此选择农业政策手段。

3. 有效性原则

农业政策手段是达到农业政策目标的方法，这必然要求它具有很强的效力，同时还应该注意政策手段运用的极限，以免发生政策手段的运用超过合理的限度而对农业政策目标的实现带来消极后果的现象。

4. 效率原则

关于农业政策手段的选择，如果没有其他限制，各自手段的边际效率是一个重要的选择标准。如果各农业政策目标能分别选择出各自最有效率的政策手段，那么目标与手段的最优组合也就成立了。

（二）主要的农业政策手段

任何一个政党或政府的农业政策，不可能仅追求某一单项目标，而通常总是追求若干个目标。价格与收入政策目标、区域与结构政策目标是农业政策的两类基本目标。为了实现这些目标，往往要运用多种手段，并且要进行适当的组合、配套和协调，从而形成农业政策手段体系。农业政策手段体系和农业政策目标体系一样，本身也具有层次性。按照农业政策手段产生作用的不同方式，它一般可分为经济手段、行政管制手段和法制手段。经济手段，如财政政策、货币政策、金融政策等；行政管制手段，如生产管制、价格管制、信用管制等；法制手段，即国家依靠法律的强制力量来保障农业政策目标实现的法律活动，如一般法律、农业法律、法规规章等。

农业政策手段是实现农业政策目标的基本条件，没有适当的政策手段，再好的政策目标也无法实现。如上所述，农业政策目标可以基本划分为价格与收入政策目标、区域与结构政策目标两类。围绕这两类农业政策目标，可以有多种政策手段供选择使用，如表 3-2 所示。

表 3-2 发达国家常用的农业政策工具

政策类型	政策工具、手段	政策类型	政策工具、手段
收入政策	直接收入支持 差额转移支付 减灾转移支付 转产转移支付 生产者赋税	营销支持	机器购置补贴 营销开发项目 存储补贴 分级监控服务 运输补贴

续表

政策类型	政策工具、手段	政策类型	政策工具、手段
价格干预	干预价格 出口补贴 进口关税 双轨价格政策 国内价格控制 非关税壁垒 国家收购 定额管理	基础设施支持	研究与推广 农场建设补贴 灌溉项目补贴 农场重组补贴
		区域支持	国家或省级项目 乡村风光和自然保护规划
投入支持	可变投入补贴 农业信用补贴 农业保险补贴 灌溉系统补贴	其他经济政策	汇率政策 税收政策 一般运输补贴

资料来源：陈东升. 发达国家农业政策体系及其运作. 农业经济问题，1998，（3）：59-63

1. 价格与收入政策手段

（1）市场干预类手段。这类政策手段可以细分为限制农产品的国内市场供应以及刺激农产品需求增加的政策手段和措施。在国内市场上限制农产品供应的政策手段包括以下四种：第一，对限制进口的农产品征收特别关税。不允许外部供给以低于一定的最低价格（门槛价格）进入一国的国内市场，可以避免国际农产品价格波动对国内农产品市场价格的冲击。第二，通过进口许可证的限制实行进口定额管理，或在国内价格低于参考价格时通过禁止进口来实行进口数量的限制。第三，通过提高环保要求、加强动植物检疫等非关税壁垒措施来限制进口。第四，通过制定农场生产定额、耕地休闲、职业培训等优惠政策对国内供给进行直接控制。这些直接控制措施必须与进口限制措施相吻合并配合使用才有价值。

刺激农产品需求增加的政策手段包括：通过出口补贴制度鼓励农产品出口；通过消费补贴的方式增加一些农产品的国内销售量；政府购买代理商以保护价收购农产品。

（2）补贴制度。主要的补贴形式有三种：第一，对生产者的价格补贴制度。根据这种补贴制度，生产者将得到指定农产品保护价与市场价之间差额的政府补贴。第二，对耕种面积和饲养的牲畜数量的补贴。这种补贴不是按照提供的农产品数量而是根据农业投入的规模核定发放。第三，对农场和农场主的补贴。这种补贴的基础是农场的规模和市场上收入的多少。

2. 区域与结构政策手段

农业区域政策或结构政策主要侧重于提高农业生产率以增加农民收入。促进农业技术发展的政策和措施是农业结构政策手段一方面的内容，政府所承担的在农业科研、推广、教育方面所从事的活动就是其具体体现。

而改善生产要素在农业部门内部和在农业部门及其他产业部门之间配置效率的政策和措施则是结构政策手段另一方面的内容。这类政策手段主要包括：①土地整合和土地利用项目方面的政策。这方面的政策试图通过土地开发和改良，使农业生产过程能够采用现代耕种技术、改善农业基础设施、使农业生产条件现代化。②对中止农场经营的农场主给予优惠补偿的农业重组政策。这一政策使土地使用权得以集中，农场规模得以扩大，提高了农业生产组织结构的适应性。

二、农业政策方案设计

农业政策方案的设计，即在农业政策目标既定的条件下，寻求与组合可达到目标的农业政策措施和手段。农业政策的制定就在于选择，因此，可供选择的政策方案数目要合理，否则就不能进行正确决策。

在考虑提出备选政策方案时，需要注意：所拟订的全部备择方案应该尽可能地把所有方案都包括进去，因为有时遗漏的方案正是追求的最佳方案；不同方案之间必须相互排斥；拟订方案时必须充分考虑到多方面的因素。

（一）农业政策方案设计的参与者

一般来说，农业政策方案设计参与者可以划分为政府系统内部和外部两部分。

1. 政府系统内部的农业政策方案设计人员

政府的农业政策方案设计大都出自政府系统内部。随着农业经济问题的日益复杂，农业政策方案的设计难度也日益增加，仅仅依靠少数政治精英来设计农业政策方案已经不能满足需要了。广泛动员政府系统内部的人力资源和成立专门的工作班子来参与政策方案的设计，自然地被提上了议事日程。政府内部的政策设计人员依靠其特殊的信息渠道和便利的工作条件，在整个农业政策方案设计过程中发挥着重要作用。但是由于他们隶属于政府系统，在方案设计时往往带有一定的政府色彩，缺乏独立性，难以公正、客观地反映农业政策问题。

2. 政府系统外部的农业政策方案设计人员

政府系统外部的农业政策设计人员主要是分布在大学、科研单位的教学研究人员。他们在从事政策设计时，独立性较强，不受行政命令的约束，可以根据自身的专业特长来进行农业政策的研究制定。但是他们受到政策信息资源少的限制，如果方案设计者的想法与政府的意图不一致，就更难从政府部门获得制定政策所需的相关信息资料。

因此，在进行农业政策方案设计时，要注意吸收政府内外两方面的人员参加，发挥各自的优势，保证设计出高质量的政策方案。

（二）农业政策方案设计的主要方法

1. 渐进式的农业政策方案设计

这种方法是在进行政策方案设计时，以当时社会上共有的价值取向为基础，调整因时间改变所产生的差异，进行逐渐、连续、修补性的设计。一般在对原来的政策方案进行修改时使用。其优点在于对社会产生的震动较小，能够适应各有关方面的利益需要，并能稳步实现所选定的农业政策目标。不足之处在于达到最终目标所需要的时间较长，在处理冲突较大的问题时缺乏突破。

2. 延伸式的农业政策方案设计

这种方法是在原来的农业政策方案的基础上，通过类推和引申等方式进行方案设计。它分为两种情况：一是新的农业政策方案与旧的农业政策方案属于同一政策范畴，如从社会福利政策延伸到农民退休后的福利政策、贫困地区的福利政策；二是新旧两种政策方案不属于同一范畴，但基本概念可以从旧的政策方案中类推、引申、比较得到，如农村的人口控制政策的基本思想就来源于社会发展政策、经济发展政策和卫生教育政策等。

3. 创新式的农业政策方案设计

这种方法制定的农业政策方案与旧的政策少有联系，既不是对原有政策方案的修正，也不是原有政策方案的延伸，而是带有创造性的政策方案。

（三）农业政策方案设计的步骤

农业政策方案的设计是一个动态的过程，要经历设想、分析、初选、评定、淘汰等环节，一般分为以下两个步骤：

第一步，农业政策方案的初步设计。初步设计阶段主要完成农业政策方案的轮廓构想，这是制定政策方案关键的一步。这一阶段的工作包括两方面的内容。一是为实现既定的政策目标，大致可提出多少个政策方案；二是将各方案的轮廓勾画出来。工作的重点首先是保证备选方案的全面性与多样性，要采用多种途径，尽可能多地把备选方案提出来。

第二步，精心设计阶段。在上一阶段提出的粗线条农业政策方案的基础上，按照所构想的方案轮廓，确定实现农业政策目标的具体途径、措施和手段，对方案后果进行初步估计，以确定各种备选方案的优劣，便于抉择。需要指出的是，设计方案的细节不等于制订详细的执行计划。政策作为一种行动的指导原则，不能“过细”，如果“过细”，有可能脱离实际且限制基层的主动性与积极性，从而导致政策也难以奏效。当然也不能过于概括和抽象，否则在执行中就难以把握政策方向。

第五节　农业政策方案的论证与决策

一、农业政策方案的比较论证

（一）农业政策方案比较论证遵循的原则

农业政策的不同方案，都是依据一定理论和实践经验提出的。这样在方案论证过程中不可避免地会产生冲突，但这种争论有助于方案的选择。对于政策方案的选择主要是对方案价值进行论证评估、可行性分析、方案的效果评估和对方案的风险的评估。在进行农业政策方案比较论证时应该坚持以下原则。

1. 科学性原则

信息的收集、传输、加工应该建立在科学的基础上，做到信息收集要真实，传输要可靠，加工要无误；对农业政策作用的对象及其相关系统发展变化状态的预测要建立在科学的基础上，并且要尽可能地多次反馈细节，使政策手段和措施与政策目标相匹配，从而使可能发生的实际状况与理想状况相接近；决策者的决策要建立在科学的理论和方法的基础上，尽可能地避免主观臆断和单纯以个人的好恶来取舍农业政策。

2. 协调性原则

要使农业政策客体的发展处于整体协调的最佳状态，一方面要着眼于农业政策制定对象内部的协调发展，另一方面也要着眼于农业政策制定对象与外界的协调发展。同时农业政策的制定者与执行者也要协调，使制定出来的农业政策尽量能够得到积极的贯彻执行。

3. 可控性原则

任何农业政策都应该是可控的。如果本来属于可控制的因素却控制不了，所制定的政策可能处于失控状态，那将很难达到预定的目标。因此，政策不但应该告诉人们在既定的约束条件下，应该怎样做和不能怎样做，而且应该告诉人们约束条件变化后的原则、做法等。

（二）农业政策方案比较论证的基本要素

不同的利益群体具有不同的价值观，所追求的利益也不同，加之各自不同的知识背景，对农业政策问题的认知程度也就不同，因而所提出的看法和主张就不同。为了阐述自己的主张和看法，人们会寻找一切办法，支持其立论，同时反驳别人的主张和看法。在农业政策方案的论证过程中也会出现这样的情况，撇开具体争端不谈，在进行方案论证时通常围绕下列几个方面展开。

1. 农业政策信息

不论是统计的结果还是专家的结论，或者是其他形式，与农业政策相关的信息都是政策方案论证的出发点。

2. 农业政策主张

它作为农业政策相关信息的逻辑推理结果，是农业政策论证的结论。

3. 立论的理由

它是将信息转变为政策主张的某种假设，其方式往往以权威、直觉、分析、因果、伦理等形式出现。

4. 立论依据

它是将信息转变为农业政策主张的深层次的理由，其方式是科学规律、专家的权威以及伦理道德准则。

5. 驳论

它是不接受农业政策主张的原因、假设或依据。它有助于认识到预测分析中的缺陷，或补充某种农业政策主张的不足。

6. 可行性

它用以评判农业政策的可行性程度，涉及政治可行性、经济可行性和技术可行性。

（三）农业政策方案论证的理性标准

1. 完整性

论证要素应该包括真实无伪的全部要素，要将所能考虑的方方面面都包括进去。在明显的冲突中，不仅要选出几个与之对立的假说与主张，而且要把所有假说与主张都列出来。

2. 一致性

论证要素要和谐一致。例如，关于政策公正性的伦理学要素，要合理地将那些一致性的伦理假说结合在一起。

3. 内聚性

论证要素要综合发挥作用。无论是描述性的还是评论性的，要综合研究。

4. 简明性

论证要素的排列要简洁明了。简单易懂的农业政策模型，一般比极为复杂的、只有专家才能解释的政策论证更适用。

二、农业政策方案的决策

（一）农业政策方案选择的价值标准

在农业政策方案的筛选、决策过程中，面临着价值标准问题。一个农业政策方案选择的价值包含着对这一方案实施后的作用、效果和意义等的判断。选择一项农业政策方案既有规范性标准，又有经验性判断。农业决策者要能够在各种方案中做出合理选择，必须对农业政策问题有全面了解，熟悉农业政策问题产生的历史背景和相关因素。也就是说，决策者的知识背景、经验、能力及价值观对农业政策方案的选择产生直接影响。

决策者追求的是一种最佳决策，即希望能够在所有政策方案中比较产生一种最好的方案。但由于农业受自然条件和市场变化因素的影响，市场经营成果的准确核算有一定难度，加之政策方案设计人员的能力限制，不可能把所有可能的政策方案都找出来，这使农业政策方案会受到时间和条件的限制。因而，一般的农业政策方案的选择标准只能服从于满意标准而不能是最佳标准，只能达到一个有限的目标。

（二）农业政策方案的优化与选择

通过农业政策方案的比较论证，每一政策方案的优缺点及利弊得失，都会全面反映在比较论证的意见之中。接下来就要根据比较论证意见，对多种政策方案进行比较和鉴别，从中筛选出最佳方案，进而对政策方案加以确认。这既是政策决策科学化的先决条件，又是政策实施的先决条件，还是防止政策决策失误的先决条件。这一筛选、确认过程要经历下列几个环节。

1. 否决政策目标不正确的方案

这里所说的农业政策目标是否正确，主要根据农业决策人员的价值判断标准来衡量。虽然政策研究人员可以为决策人员提供咨询意见，但这种咨询意见不能代表决策人员的意见。也就是说，如果某一政策方案所确定的目标与决策人员自身的目标相背离，那么决策人员在农业政策方案筛选阶段就会将其否决，将那些目标偏差较少的政策方案保留下来。

2. 否决政策手段与政策目标不相匹配的方案

根据比较论证意见，对于那些政策目标虽然正确，但政策手段与政策目标相背离或两者不吻合的方案，决策人员将加以否决，而将另外的政策目标基本符合农业政策决策人员的意愿，政策手段与政策目标也相匹配的方案保留下来。

3. 否决政策手段利小弊大的方案

通过综合对比，每一方案中的手段的利弊影响、得失大小便可以加以权衡。根据这一权衡，决策人员可以找出其中的最佳方案。

通过上述筛选确认过程，可能产生三种结果：一是选出最佳政策方案，从而成为政策的基本蓝本；二是选不出最佳政策方案，而以其中的一种方案为主，吸收其他方案的长处，从而综合提出新的政策方案；三是搁置所有政策方案。搁置所有政策方案可能是因为资料不全，事态发展的面貌不清，有严重的不确定因素，因此农业政策决策人员举棋不定，从而搁置起来，静观事态发展。

三、农业政策方案的修正与完善

经过筛选确定下来的农业政策方案还不是完整意义上的农业政策，它还需要决策者进行某种程度的修正和完善。

一方面，农业政策研究与分析人员可以为决策者集中解决较困难的问题创造条件，但是他们不能代表决策者的想象力、经验和判断力。政策研究与分析人员只对自己所提出的方案和分析结论负责，而不对最后的政策实施后果负责，因为只有决策者才对这一后果负责。所以，即便是比较完善的政策草案，也需要经过决策者对其加以修正和完善。

另一方面，农业政策作用对象及其相关系统的复杂性和它们发展变化的随机性，使站在不同角度、具有不同观察手段和不同观察能力的人，各自持有不同的认识，做出各自不同的判断并提出不尽一致的问题解决办法。但所有这些不同的看法和方案，在最后都要统一由决策者做出裁决，选出符合决策者意志的政策方案。

至于修正、完善的内容，既可能涉及对政策目标的调整，也可能是对政策手段、措施的充实、完善等。

对农业政策方案做出选择之后，农业政策的制定即告一段落。但制定政策的目的是解决现实社会经济问题，因此，方案的选定还不是政策制定的中止，还需要根据农业政策在实施过程中反馈的信息，及时纠正在政策执行过程中出现的偏差，随时对原来的农业政策作修正和补充。

四、农业政策方案的合法采纳

（一）农业政策采纳

农业政策采纳就是决策机关或执政党和国家领导人决定采取某项农业政策的行动。农业政策采纳在政策制定与政策实施之间架设了桥梁，它保证了政策的连贯性，也保证了政策执行的有效性。影响农业政策采纳的因素主要有三方面：一是政策采纳者，其地位、个体素质及对政策的态度都直接影响政策采纳的成败；二是政策质量，政策质量的高低直接影响到政策采纳；三是政策环境，这是影响政策采纳的外部因素，有时会在政策采纳过程中发挥决定性的作用。

一项农业政策特别是重大的农业政策，一旦实施，它所产生的社会经济影响是十分巨大的。正确的政策会产生积极的正面效应，错误的政策就会产生消极的负面影响。因此，决策机关或领导人，对政策采纳问题一般都持非常严肃的慎重态度，没有足够的把握是不会轻易决定采纳某种农业政策的。

在决定采纳某项农业政策前，要对农业政策进行严格的检测。尽管一项农业政策的投入是否成功及其效应大小，从根本上说要根据农业政策的实施后果来决定，但这并不排斥逻辑论证也是检验农业政策投入是否成功的一种手段。一项农业政策是否科学，能否取得成功及其效应大小，不应只等到政策实施的完成，看实施结果是成功还是失败才加以确定，因为如果政策实施的结果是失败的，就会给事业带来损失。因此，应该在政策付诸实施之前，以事物过去的大量实践结果所得来的具有公理意义的经验教训为依据，通过一系列的科学准则加以检测。这种检测虽不能百分之百地预计政策实施的后果，从而保证政策的完全成功，但至少可以减少政策失败的可能性。

按照正常的政策制定程序拟订的政策方案，从理论上说是应该采纳最佳或次佳的政策方案，但在实际生活中由于种种原因，即使最佳的政策方案，也会遇到许多障碍和困难，有些甚至是难以克服的困难。在这种情况下，决策者只有纵观全局，权衡利弊得失，最后不得不放弃最佳或次佳方案，决定采纳比较切实可行的政策方案。对于突发事件和亟待解决的紧迫问题等迫使决策者必须在短期内做出决定的情况，决策机关或领导者是很难按照正常程序，依靠政策研究机关和政策制定机关拟订出可行的政策方案，然后再决定采纳何种政策的。决策者只能直接依靠个人或领导集体的知识、阅历、经验、能力和直觉，做出政策决定。可见，政策采纳绝非是签字划圈这样简单的事。

（二）农业政策合法化

农业政策的合法化是泛指制定和执行农业政策的全过程在形式上都必须符合法律规范或者传统规范。只有合法的政策才能产生约束力、具有可执行性，得到国民的遵从。政策的合法性问题涉及统治的正当性与政策的合法性，统治的正当性是政策合法性的基础，而政策的合法性是统治正当性的手段。

农业政策方案择优选出来后，并不一定能立即付诸实施，它需要按照一定法律程序予以审定，取得合法化的地位，才能使农业政策在全社会中具有约束力，即通过法定程序，提交有关机关讨论通过，并以公报、决定、决议等形式向全社会发布，使政策决定取得公认的合法地位以及国民的认可、接受和遵照执行的效力。

【思考题】

1. 什么是农业政策问题？农业政策问题有哪些特征？
2. 构建农业政策问题的基本方法有哪些？
3. 我国农业政策的基本目标有哪些？
4. 主要农业政策手段有哪些？
5. 农业政策方案设计的主要方法有哪些？
6. 农业政策方案比较论证的基本要素和理性标准是什么？
7. 农业政策方案确定以后为什么还要对其进行修正和完善？

【推荐阅读】

韩长赋. 2016-01-26. 土地“三权分置”是中国农村改革的又一次重大创新. 光明日报,（01）.

孔祥智. 2016. 农业供给侧结构性改革的基本内涵与政策建议. 改革，（2）：104-115.

齐皓天，彭超. 2015. 我国农业政策如何取向：例证美农业法案调整. 重庆社会科学,（1）：21-29.

钟真，孔祥智. 2015. 经济新常态下的中国农业政策转型. 教学与研究，（5）：5-13.

参考文献

孔祥智. 2014. 农业政策学. 北京：高等教育出版社.

谭向勇，肖海峰，李秉龙. 2012. 农业政策原理. 太原：山西经济出版社.

钟甫宁. 2011. 农业政策学. 北京：中国农业出版社.

第四章　农业政策执行

【本章导读】

“三农政策”设计必须通过执行才能实现国家关于“三农”发展的目标。那么，农业政策执行有哪些特点？在农业政策执行过程中，有哪些影响因素？在我国农业政策执行中有哪些偏差？出现这些偏差的原因是什么？

【核心概念】

农业政策执行；过程模型；互动调试模型；浴盆模型；循环模型；政策执行偏差

农业政策方案被审批通过，合法化后，下一个环节就是政策执行。政策执行是政策生命过程中重要的环节之一。政策能否被及时有效执行关系到政策的成败，甚至会进一步使政策问题恶化。本章主要介绍农业政策执行的内涵和作用，农业政策执行的影响因素、过程和方法，中国农业政策执行中存在的偏差。

第一节　农业政策执行的内涵、特点和作用

一、农业政策执行的内涵

对于政策执行的含义，政策科学学者从不同的角度对其进行了界定。

美国学者普雷斯曼和韦达夫斯基（Pressman and Widavsky，1984）认为，可以将政策执行看做在目标的确立与适应于取得这些目标的行动之间的一种相互作用过程。

查尔斯·奥·琼斯（Jones，1984）认为，政策执行是一系列指向使一个计划生效的行动，而组织（设立组织机构、拟定政策措施、获得执行资源）、解释（将政策内容转变成大众能接受和可行的计划与指示）和应用（提供日常的服务和设备、支付各项款项等）是其中最为重要的三种活动。

马杰和图尔（Montjoy and O’Toole，1979）认为，政策执行是为落实某一项政策所做出的各项决定。

斯诺（Snow，2013）认为，执行是把问题解剖成具体的可以进行实施的工作计划，再将这些计划分配给专业化的机构去落实。因此，只有了解组织是怎样工作的，才能理解所要执行的政策，也才能知道它在执行中是如何被调整和塑造的。

根据上述政策执行的含义，我们认为农业政策执行是指政策执行者为了实现政策目标，通过构建政策执行机构，利用各种政策资源，采取各种措施和手段，将合法化的农业政策内容变为现实的行动过程。

二、农业政策执行的特点

（一）目标性

一般地，农业政策在实施前有很明确的目标，政策目标是政策执行的出发点和归宿点。如果政策目标不明确、不具体、不切合实际，政策执行人员就无法准确领会政策制定者的意图，无法针对确定而具体的目标来调整自己的行为，政策也就无法有效执行。因此，政策目标明确与否，直接关系到政策执行的成败。

（二）动态性

农业政策执行是一个复杂多变的动态过程。一方面，农业政策方案的制订无论怎样科学和正确，无论如何具体细致，也不可能与纷繁复杂的客观实际情况完全一致；另一方面，随着时间的推移，执行活动的进展，环境条件的变化，政策执行必然会遇到一些新情况和新问题（刘湘溶，2003）。政策执行者必须根据这些变化的新情况，根据执行过程中的反馈信息，不断地改变、修正和调整原定的执行策略、计划和程序，而且这种不断调整的变动要贯彻于政策执行的整个过程。

（三）强制性

农业政策的制定是以法律法规为依据的，因此，政策执行具有强制力。当有人拒不执行政策时，他就会受到法律、行政等手段的制裁，以维护政策的权威性。但由于政策环境的复杂性和客观条件的多变性，政策执行需审时度势，因地、因时制宜，注意强制性与灵活性相结合。

（四）时效性

农业政策的实施有一定的时间要求，其所规定的任务、内容及其要求必须在规定时间内完成，否则政策目标就难以实现。特别是那些涉及国家长期发展战略的农业政策，要有计划、分阶段、有步骤地推进。这种时间上的强制规定，不仅有助于提高政策执行的效率，而且有助于防止政策执行主体行为的随意性和随机性。

（五）影响的广泛性

政策涉及众多的因素，而内外因素之间都是相互联系、相互制约、相互作用的，因此，政策执行有广泛的影响。主要表现在三个方面：首先是对政策执行机构的影响。政策的执行常常需要动员众多的人员，建立庞大的执行组织，筹集政策执行所需要的各种资源。其次是对目标群体的影响。在政策执行过程中，广大的目标群体才真正地感受到政策的作用和影响，需要重新调适自己的行为。最后是对目标群体以外的其他因素的影响。一项新政策的执行会使社会政策体系的整体结构由于出现了一个新因素而产生相应变动，政策制定过程中一些没有被认识到的潜在问题在政策执行的过程中会涌现出来，带来一些始料未及的变化和影响（刁田丁等，2000）。

三、农业政策执行的作用

（1）只有通过政策执行，才能实现政策意图。制定农业政策的目的不是研究问题，而是要解决出现的“三农”现实问题。农业政策执行是直接地、实际地、具体地解决农业问题的过程，决定了农业政策目标是否能够实现，以及实现的程度与范围。美国学者艾利斯曾指出：“在达到政策目标的过程中，方案确定的功能只占 10%，而其余 90%取决于有效的执行。”

（2）只有通过政策执行，才能检验政策正确与否。尽管每一项农业政策在制定时都是由专业人员和决策者通过科学方法制定的，但由于人类的有限理性和现实情况发展变化的复杂性，任何一项农业政策都不是完美的。只有在农业政策执行的过程中，才能发现和纠正农业政策的偏差。

（3）只有通过政策执行，才能判断政策效果如何。这也是政策评估的客观依据。农业政策执行过程也是农业政策效果产生的过程，只有通过政策执行才能真正地知道政策效果如何。农业政策执行也为政策评估提供了依据和现实资料。

（4）只有通过政策执行，才能为后续农业政策的制定提供依据。这是农业政策执行的反馈功能。从一定意义上说，现代“三农”经济的发展状况就是过去和现行农业政策执行后发挥作用所产生的结果。制定一项新的农业政策往往要依据先前农业政策执行中和执行后由各种渠道反馈上来的信息，在分析先前农业政策效果的基础上，制定新的农业政策。

第二节 农业政策执行的影响因素

农业政策在执行过程中必将受到内外多种因素的影响。现实中，有些农业政策执行并没有达到预期的政策意图或者取得良好的政策效果，影响因素的阻碍是其主要原因。因此，必须研究政策执行的影响因素，以便在政策实际执行过程中，消除不利因素，保证政策得到顺利有效执行。

一、农业政策执行的理论模型

早期的政策学者认为，政策执行失误的根本原因在于政策方案制订不周全，而不在于执行阶段所面临的障碍，因此，不重视对政策执行的研究。但是，后来的学者们越来越深刻地认识到，现实中多种因素的阻碍是政策执行失误的重要原因。20 世纪 70 年代中期以后，政策学者纷纷从不同的角度来研究影响政策执行的因素，形成了不同的政策执行模型，主要有以下几种。

（一）过程模型

史密斯（T. B. Smith）是最早建构影响政策执行因素及其过程模型的学者，他于 1973 年发表了《政策执行过程》一文，首次提出政策执行过程中有四大因素最为重要，被称为“四因素理论”。

（1）理想化的政策。包括政策的形式、政策的类型、政策的范围和政策的社会形象等。

（2）执行机构。包括执行机构的组织结构与人员、领导方式与技巧、执行者的能力与信心等。

（3）目标群体，亦即政策作用对象，是受政策最直接影响的群体或个体。包括政策对象的组织化或制度化程度、接受领导的传统、先前的政策经验等。

（4）政策环境。包括政治、经济、社会、文化环境和历史条件。

由此，史密斯构建了政策执行的过程模型（图 4-1）。在政策执行过程中，执行机构、目标群体、理想化的政策和环境因素四者之间发生着互动，从四者互动的紧张状态经过处理走向协调和平缓状态。政策执行的结果作为反馈再输入政策制定过程中。

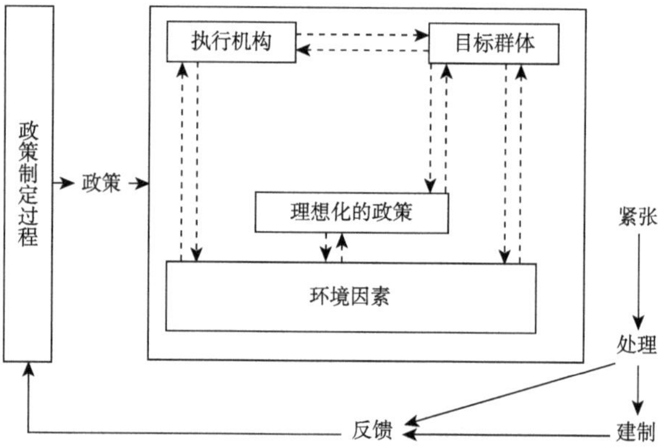

图 4-1　史密斯的过程模型

（二）互动调试模型

这一模型的主要代表人物是麦克拉夫林（M. Mclaughlin），代表作是《互相调适的政策实施》（1976 年）。麦克拉夫林认为，政策执行的过程是执行组织与受影响者之间就目标或手段相互调适的互动过程，政策执行的效果取决于双方之间相互调适的程度。这一模型主要包括以下几个方面：

第一，政策执行者与受影响者之间彼此的需要和观点并不一致，基于双方在政策上的利益，彼此必须放弃或修正其立场，寻求一个双方皆可接受的政策执行方式。

第二，政策执行者的目标与手段富有弹性，可因环境因素或受影响者需求、观点的改变而变化。

第三，这一相互调适的过程是彼此处于平等地位的双向交流过程，并非传统理论者说的“上令下行”的单向流程。

第四，受影响者的利益价值与观点仍将反馈到政策上，以致左右政策执行者的利益、价值与观点。

在政策执行的互动调适模型中，活动着的是两个方面：政策执行者和受政策影响者。两方都存在一些可以进行相互调适的部分。政策执行的过程就是寻找双方都能接受的调适策略的过程。双方调适的结果，又作为反馈对制定的政策产生作用（图 4-2）。

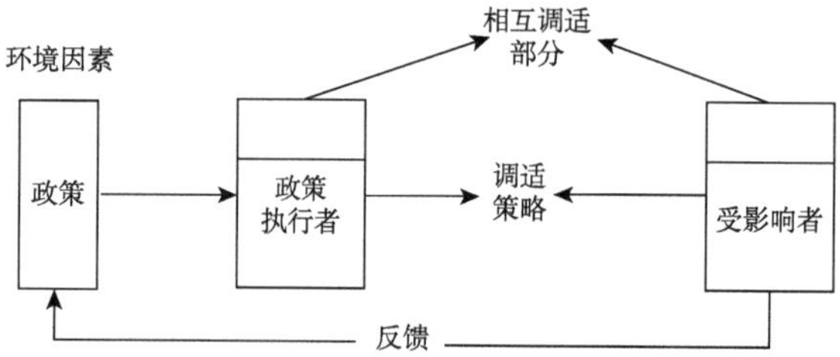

图 4-2　政策执行的互动调适模型

（三）浴盆模型

事物的不断发展变化与政策相对稳定性之间的矛盾，决定了每一项政策都有其失效的过程。要保证执行的可靠性，就要控制它的失效性。

1. 浴盆模型的内容

一般来说，政策失效可分为三个阶段：早期失效、偶然失效和耗损失效（图4-3）。

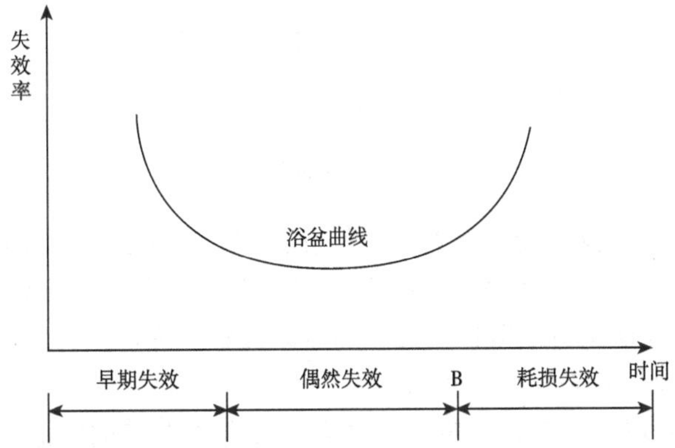

图4-3　浴盆模型

早期失效。在政策执行初期，由于传统习惯的阻力、人们对政策缺乏了解、政策执行人员的经验缺乏、政策本身的缺陷等原因，政策执行存在很高的失效率。

偶然失效。随着政策执行的不断深入，政策执行会进入一个偶然失效期。在这个阶段，尽管政策执行失效仍然存在，但是失效率较低。在这一阶段，政策执行总体上是一个正常时期。这是因为，随着政策执行的深入，人们对政策的了解更深入，对政策的认同度更高，政策执行人员也积累了更多的政策执行经验，政策在执行中经过不断完善而更成熟。

耗损失效。随着主客观条件的变化，政策开始老化，失效率又逐步上升，政策执行开始进入耗损失效期。一旦政策执行进入这一阶段，需要调整、修改已有政策，或者重新制定政策。

2. 浴盆模型分析

浴盆模型揭示了政策实施时间与政策失效率之间的关系，这对政策执行有很强的指导意义。它告诉我们早期失效是难以避免的，所以，在政策执行早期不要轻易地怀疑政策，不要轻易修改政策，以免造成政策不稳定。而且，对政策早期执行的评估应考虑早期失效因素，以免错误地评估政策。当政策执行偶然失效出现时，要不断采取追踪检查，提出新措施，修正原方案，尽可能地使这一时期延长。当政策执行耗损失效出现时，失效率反映政策老化的程度，要抓紧机会，做好政策应变措施，或对政策做较大的调整，或制定新的政策，或终结政策。具体采取哪种措施，要根据具体情况而定。

（四）循环模型

虽然政策执行的过程模型与互动调适模型都谈到反馈，但并没有把政策的执行真正视为循环往复的过程。1978年，马丁·雷恩（M. Rein）和弗朗希·F. 拉宾诺维茨（F. F. Rabinovitz）在合著的《执行的理论观》一书中，提出了政策执行循环模型。他们认为政策执行过程包括三个不同阶段（图 4-4）。

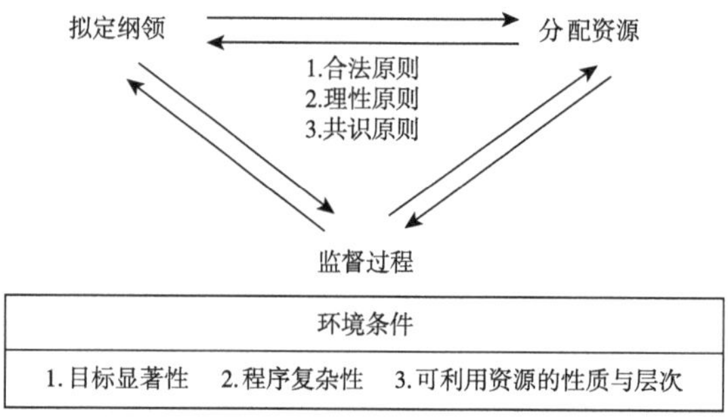

图 4-4　循环模型

（1）纲领发展阶段。这是指将政策意图转化为执行机构执行政策的规范和纲领。

（2）资源分配阶段。这是指将政策所需要的资源分配给执行机构。

（3）监督阶段。这是指对政策执行过程与成果评估，确认执行者所应当承担的责任，包括监督检查、财务审计与效果评估三种形式。

他们认为这三个阶段是相互作用的双向循环，而非直线单向的流动过程。循环模型还强调政策执行过程必然受到环境条件的冲击与影响，同时在政策执行过程中，必须奉行如下三项政策执行的原则：第一，合法原则。主要是指政策本身的合法性，兼指政策执行者必须遵从法规行事。合法原则会受到议员权力和地位的高低、技术可行程度、立法者和执法者支持法律的程度等的影响。第二，理性原则。主要指政策手段与政策所依据的规范的一致以及政策手段的可行性。第三，共识原则。主要是指有影响力的执行者在有争议的问题上要达成共识，政策执行才能顺利进行。

二、农业政策执行的影响因素

综合以上政策执行理论模型，影响农业政策执行的主要因素包括以下几点。

（一）农业政策本身

农业政策执行是否有效和顺利，与农业政策本身有密切关系。农业政策本身涉及以下内容：

（1）农业政策问题的性质，即农业政策所要解决问题的复杂性和紧迫性。复杂性包括政策问题间的相互依存性、政策问题的动态性、受政策影响群体数目的多寡等。越是复杂的农业政策问题，执行过程中的困难越多；越是紧迫的农业政策问题，执行效果可能越不细致。

（2）农业政策的正确性。农业政策的正确性是其有效执行的根本前提。正确的农业政策要符合社会发展的客观规律，符合大多数农民的根本利益，能够促进社会经济发展，这样才能被执行者所认同，被政策对象所拥护，才能得到有效的执行。反之，农业政策如果不合理，即便被执行，也会产生严重后果。

（3）农业政策的具体性。一项农业政策要想顺利执行，从操作和技术上说，必须具体清晰明确，既包括农业政策方案和政策目标的明确表述，也包括农业政策措施和行动步骤的明确规定。农业政策越清晰和具体，农业政策执行效率越高。相反，模棱两可、模糊不清的农业政策会导致各级执行人员权责不明，无法执行，甚至会随意变更政策。

（二）农业政策执行者

任何一项农业政策的执行都必须依赖一定的执行组织和执行人员。

从农业政策执行组织来看，组织机构是否合理对政策能否有效执行有重要影响。主要包括以下三点：第一，执行组织的横向和纵向层级结构布局是否合理。组织的纵向结构是指组织内部上下层次关系的有序构成形式，即各级政府上下级之间、职能部门上下级之间的机构、职位、人员的配备和责任、权力、工作程序的等级划分。合理的层级划分使不同层级的机构分别承担不同的工作任务，从而使整个执行过程能够有序地进行。第二，组织各部门之间的分工合作要协调。各个执行部门不能各自为政，各行其是，要有畅通的沟通渠道和良好的协调关系，并为这种沟通协调提供组织结构上的保证。例如，个别省份为了促进农业保险的发展，建立起来的农业保险联席会议制度，由财政、农业、保监局、气象局等部门组成。第三，组织结构中的权责关系要明确。首先应明确各执行部门的职责范围；其次应明确各执行人员的职责权限，避免在执行过程中产生职权不清、事权冲突、相互扯皮、相互推诿的现象。

从农业政策执行人员来看，首先，执行人员应具备较高的政策理解水平。合格的政策执行人员要有较高的政策理解能力，尤其是对领导人员来说，这一点更为重要。只有执行者对某项农业政策的性质、精神、含义、内容等充分理解之后，该政策才会得到认真推行。如果执行人员没有完全理解，或者曲解了政策，那么政策的执行肯定会受到影响。其次，政策执行人员应该有积极的意向和工作态度。执行某项农业政策时，执行人员可能身兼目标群体和执行者双重角色。当作为目标群体的政策执行者的利益被他们执行的政策所调整时，他们便处在整体利益和局部利益的两难选择之中。某一项政策有可能给执行者自身带来某种损失，那么执行者对此是出于公心还是出于私心，他的意向就决定了这项政策是否能够顺利推行。同时，为使政府的农业政策得到有效实施，政策执行者必须具有高度的工作积极性和责任感，如果马马虎虎，不负责任，那么政策的有效推行也就成了一句空话。最后，合格的执行人员应当具有合理的知识结构和较强的组织能力。一个合格的政策执行者必须具备多方面的知识，不仅应该熟练地掌握政策科学的基本理论和所从事的政策领域的专业知识，而且还应该广泛地了解政治学、社会学、管理学、社会心理学及法学等其他领域的相关知识。只有这样，才能在政策执行过程中取得较大的主动权。

（三）农业政策对象

农业政策对象是指农业政策直接作用、影响的目标群体，主要包括农民、涉农企业、农业合作社、从事农业社会化服务的组织和个人等（孔祥智，2014）。农业政策对象对政策执行的影响主要体现在服从或者接受的态度和行为上。

农业政策对象服从或者接受与否的主要原因有以下三点：一是对成本利益的衡量。如果他们认为接受政策比不接受政策所遭受的损失大，他们往往会抵制政策。二是避免惩罚。政策具有一定强制性，对于不执行者和违反政策的人会有一定的惩罚，但它只能作为一种辅助手段。三是受政策对象的个体特征和群体特征影响。例如，政策对象的价值观念、习俗、文化知识水平、风险偏好等都会影响他们对农业政策的态度和行为。

（四）农业政策资源

任何一项农业政策的执行，都需要一定的资源作为其支持和后盾。缺乏相应的资源支持，农业政策的执行就如同纸上谈兵一样，根本无法实施与最终实现。因此，政策资源是政策执行的必备条件。影响农业政策执行的资源主要包括以下四种：

（1）物质资源。经费、设备、物料等是否充足。

（2）人力资源。高水平的执行人员队伍。

（3）信息资源。现代社会是信息社会，信息不仅是政策制定的重要依据，也是政策执行所需要的资源之一。政策执行者不仅应该获得足够的信息资源，而且应当确保信息渠道的畅通无阻，否则就很难制订出正确可行的行动计划和策略，也无法对政策执行过程实施必要的控制。

（4）权威资源。权威资源是农业政策执行活动的一种特殊资源。负责执行政策的人员要使其执行活动得以顺利进行，必须具备相应的权威。农业政策执行者的特定地位、个人品行、技术专长、工作经验等综合各方面的优势而形成的权威，对于政策接受者具有威慑力量和感召力量，从而有助于政策的执行。

（五）农业政策环境

任何一项农业政策的执行都要受其所处社会环境的影响和制约。影响农业政策执行的环境因素主要有政治环境、经济环境和社会心理环境。

1. 政治环境

首先，政治的安定与否是影响政策执行的重要因素。假如社会动荡、政治不稳定，甚至发生战争，就会直接影响农业政策的推行。其次，政治文化影响到人们的政治取向，政治取向又影响到人们对农业政策的接受并进而影响到政策的执行。最后，舆论导向对农业政策的执行也有很大的影响。现代社会中任何一个国家的政府都十分重视利用舆论工具进行农业政策宣传，让广大民众充分了解政策，为政策的有效执行奠定良好的群众基础，以推动政策的顺利实施。

2. 经济环境

经济基础决定上层建筑，农业政策作为一种政治现象，它的执行同样要受到经济环境的制约和影响。一个国家的经济发展水平是政策制定和实施的物质前提。同时，随着市场化改革的不断深入，越来越多的农业政策利用市场手段来实现政策目标。因此，一个以完善的市场机制为基础的经济环境将更加有利于农业政策的成功推进。

3. 社会心理环境

社会心理环境是人们在日常生活中形成和积累起来的对物质经济关系、对人们生存的社会条件的经验性反映。主要表现为自发的倾向和信念以及感情、风俗、习惯、成见等（刁田丁等，2000）。社会心理是一种潜在的社会力量，它在社会生活中具有极大的影响力。一定的社会心理环境是政策能否有效地得以执行的重要条件，因为社会心理环境直接影响人们的政治行为。例如，我国农村推行的家庭联产承包责任制政策，之所以得到顺利实施，并在短时期内取得了卓越的成效，其原因就在于该项政策适应了我国农村生产力发展的水平，反映了当时农民的愿望和要求，因而得到广大农民的热烈拥护和积极支持。

第三节　农业政策的执行过程与手段

一、农业政策的执行过程

农业政策制定以后，其执行要经历一系列的活动过程，一般包括准备、实施和总结三个阶段，而每一阶段又可能包括诸多的环节和内容。当然，并不是所有的农业政策都要经历这些环节，在现实中，这些环节也是经常变动的。

（一）农业政策执行的准备阶段

1. 设置组织机构与配置执行人员

农业政策方案一经开始投入执行，首先是设置执行组织机构和配备执行人员。常规性、例行性的农业政策执行，可由常设的执行机构承担，如各级农业部门。如果遇到非常规性或者紧急而重大、涉及面广的政策，可组建临时或专门的执行机构，但应在政策目标实现后视情况决定是否撤销（孔祥智，2014）。例如，“三聚氰胺事件”后，农业部紧急成立了奶业管理办公室来具体负责奶业发展问题，各级地方政府的农业部门也成立了专门的奶业管理机构。鉴于我国奶业发展面临诸多问题，奶业管理办公室或将成为常态化部门。

设置组织机构的同时，也要根据实际工作需要配备执行人员，并明确人员的责权分工。

2. 农业政策理解

农业政策理解主要是指政策执行主体必须深刻领会政策的精神实质、内在机理和外部关系，统一思想认识。理解政策的精神实质，即理解政策的指导思想、最高目标和远期目标；理解政策的内在机理，即要把握政策的界限、原则、对象、内容、措施等。政策界限是不同政策之间的分界线，准确把握界限是正确执行政策的首要条件。同时，还要认真研究和把握政策的时效、利益群体的结构与特点、政策的一般条件和特殊条件、政策的措施与步骤、上下级的权责关系等。

3. 制订农业政策实施计划

制订农业政策实施计划是指根据实际情况，在学习和理解农业政策的基础上，制订出旨在达到目标的未来行动方案。一般说来，一项农业政策的推出，往往是从宏观、战略的角度指出实现政策目标的基本方向，面向整体，着眼长远，具有抽象性，因而与执行者面对的实际情况可能有出入，甚至还存在某些方面的冲突。因此，政策执行机关就需要在调查研究的基础上，对农业政策加以具体化，对总体目标进行分解，编制出政策执行活动的“路线图”，明确工作任务指向。

4. 进行物质准备

物质准备主要是指必需的财力（经费）和必要的物力（设备）两方面准备。执行者应根据农业政策执行活动中的各项开支编制预算，并经过有关部门批准，以落实经费。经费是农业政策执行组织生存和发展的命脉，是政策有效执行的根本。必要的设备，包括交通工具、通信工具、技术机械设备、办公用品等，是农业政策执行得以顺利进行的必要条件。

（二）农业政策执行的实施阶段

1. 政策宣传

农业政策的有效执行是以政策目标群体对所推行政策的认同和接受为前提的。农业政策对象只有知晓了政策，才能理解政策；只有理解了政策，才能自觉地接受和服从政策。因此，各级农业政策执行机构要努力运用各种手段，利用各种宣传工具，大张旗鼓地宣传政策的意义、目标，宣传实施政策的具体方法和步骤。只有这样，才能为正确有效地执行政策打下坚实的思想基础。

2. 政策实验

农业政策实验是政策实施过程中的重要步骤。农业政策实验既可以验证政策（如发现偏差，及时反馈信息，修改和完善政策），又可以从中得到带有普遍指导意义的东西（如实施的方法、步骤、注意事项等），为政策的全面实施取得经验。那些涉及全局关系的重大政策、非常规性政策，特别是带有风险性的政策，受各种因素制约、难以进行精确定量分析的政策，缺乏政策经验、结果难以预料、后果影响深远的政策，都一定要经过政策实验。

政策实验一定要按照科学的方法来进行。政策实验的步骤大致包括选择实验对象、设计实验方案和总结实验结果三个阶段。

（1）选择实验对象。选择实验对象要根据农业政策方案的要求进行，必须在全局情况中具有典型条件。这些典型条件应具有普遍性，所以试点也称为典型实验。

（2）设计实验方案。用于实验的政策方案可以是一个，也可以是两个或多个。对于范围较广、变化较大的复杂问题，应该有在相同条件下的对照组，以便从比较中得出科学的结论。在某些情况下，试点还可以采取不公开的方式进行，这种试点称为“盲试”。这主要是为了避免各种人为因素的干扰，防止试点失去科学性。

（3）总结实验结果。分析和总结实验结果是政策实验过程最关键的一个阶段。因为总结阶段要根据实验的整个过程和最后结果，检验、评估、修改、补充或者否定政策方案。这个阶段要注意以下几个问题：一是总结经验要实事求是，要对实施的整个过程和产生结果的所有原因，进行全面系统地考察和分析。分清哪些是最根本的、最重要的原因，哪些是非根本的、次要的原因；哪些是必然性原因，哪些是偶然性原因。成功的结果，通常可以证明政策方案的正确，但也可能是由偶然因素促成的；失败的结果，可能是由于政策方案本身的错误所致，也有可能是由于试验过程中的人为差错而引起的。二是全面客观，理性思考，深层挖掘。对成功经验要进行理性思考，要分析研究这些经验适用的范围和条件，要分清哪些经验仅仅适用于试点本身，哪些经验具有普遍意义，在运用这些经验时需要具备哪些条件，需要附加哪些条件。同时，也要重视失败的经验。要善于从失败的教训中得到启迪，为下一步政策实验扫清障碍（刘湘溶，2003）。

3. 政策全面推广

在经过执行准备和政策试验后，就进入了农业政策实施的全面推广阶段。这是农业政策执行过程中涉及面最广、变量最多、操作性和程序性极强的一个环节，因而也是最为艰难的一个环节。农业政策的全面推广要注意以下几点：一是自上而下和自下而上相结合；二是由局部试点到整体推进，循序渐进，逐步扩展；三是要把握重点，解决难点，不能平均用力；四是注意在把握政策精神的前提下，具体情况具体分析，不要盲目照搬试点经验。

4. 协调监控

农业政策执行是一项非常复杂的管理活动，需要不同执行机构和执行人员的共同参与和密切配合。在政策执行过程中，会不可避免地出现意见分歧和矛盾，这就需要协调。协调主要有行政指挥和政策沟通两种。行政指挥的主要表现形式为行政命令、决定。协调是在执行中，通过引导、调停和说服的办法，在执行组织与执行人员之间建立起良好的互相协作、互相配合的关系。

监督控制是政策执行者为使实际执行状态与计划所要达到的状态实现一致而进行的管理活动，是政策执行的保障环节。监督控制有事前控制、事中控制和事后控制三种，现代行政管理强调事前、事中、事后同时并举的全过程的控制，以发挥各种控制的综合功能，从而使政策目标责任制圆满实现。

（三）农业政策执行的总结阶段

农业政策普遍推广后，执行工作并未结束，还要对实施效果进行质的评价和量的考核，并应及时做出总结。这是对执行情况的回顾，也是为制定新的政策作准备。

1. 绩效评估

农业政策执行完毕后，需对执行绩效进行科学、客观、系统、全面的评估。政策执行绩效评估主要检验执行效率、效益和公平性。

2. 政策执行再决策

在农业政策执行一段时间之后，由于政策执行过程中政策环境的变化、人们认识的深化、政策偏差的产生、政策副作用的产生等，农业政策执行者需要根据监督和检查所收集的反馈信息，对政策方案进行一些补充和修改，或对政策执行计划进行修改，这就称为政策执行再决策。与一般农业政策决策不同的是，政策执行再决策发生在政策执行过程中而非执行任务完成之后；它属于政策微调和政策变通的范畴，意味着对政策方案的个别补充或修正；它是为了更好地解决同一个政策问题。

二、农业政策的执行手段

在现有的文献中，政策手段有“两分法”“三分法”“四分法”。“两分法”常见的分为规制性手段和非规制性手段；“三分法”分为自愿性手段、强制性手段和混合性手段；“四分法”分为行政手段、经济手段、法律手段和思想教育手段。本书认为“四分法”更合理。

（一）行政手段

行政手段是指依靠行政组织的权威，采用行政命令、指示、规定及规章制度等行政方式，按照行政系统、行政层次和行政区划来实施农业政策的方法和措施。

行政手段有以下特征：①权威性。农业政策的制定者和执行者之间往往是上下级关系，政策执行者和政策对象也是管理与被管理关系。行政手段的有效性取决于行政组织和行政首长的权威性。②强制性。行政主体所发出的命令、规定、条例等都必须执行，强调在思想上、纪律上服从集中统一的意志。③垂直性。行政手段按行政组织系统隶属关系向纵向层级传达，只对上下级垂直隶属关系具有约束力（李勇军和周惠萍，2013）。④具体性。在实际工作中，行政指示、命令等往往是就解决某一具体问题、完成某一项具体任务而做出的，因此，它的内容和发布的对象是具体的、有限的，不像行政法规，适用范围具有广泛性。

（二）经济手段

经济手段是指根据客观经济规律和物质利益原则，利用各种经济杠杆，调节农业政策执行过程中的各种不同经济利益之间的关系，以促进农业政策顺利实施的方法。经济手段运用价格、工资、利润、利息、税收、资金、罚款以及经济责任、经济合同等组织、调节和影响政策执行者及政策对象的活动（王骚，2010）。

经济手段不同于行政手段和法律手段，它有三个特性：①间接性。它是运用各种经济杠杆对各方利益主体的利益进行调节而间接影响各组织和个人。②有偿性。经济手段以等价交换、按劳取酬为原则，以有偿的物质利益刺激调动人们的积极性。③关联性。一种经济手段的变化不仅会引起社会多方面经济关系的连锁反应，而且会导致其他各种经济手段的相应调整，它不仅影响当前，而且会波及今后。

（三）法律手段

法律手段是指通过各种法律、法令、法规、司法、仲裁工作，特别是通过行政立法和司法方式来调整农业政策执行活动中各种关系的方法。在依法治国的今天，法律手段已成为行政执行的主要方式之一。

除了行政手段所具有的权威性和强制性，法律手段还具有以下两种特性：第一，规范性，是指对所有组织和个人的行为作统一规定，明确哪种行为是合法的，哪种行为是不合法的。第二，稳定性，是指一经国家立法和行政机关颁布，就将在一定时期内生效，不会经常变动。

（四）思想教育手段

思想教育手段是指通过运用非强制性手段，诱导农业政策执行者和政策对象自觉自愿地去贯彻执行农业政策，而不从事与政策相违背的活动。思想教育手段是一种以人为中心的人本主义的措施和方法。常用的思想教育手段有制造舆论、说服教育、建议协商、批评与表扬、树立典型等。思想教育手段可从根本上激发人的主观能动性，但需时较长、工作艰巨，而且是一项政治性、科学性、艺术性很强的工作，需要在实际工作中晓之以理、动之以情，言行一致，即实现情、理、行三者的统一（黄顺康，2013）。

第四节　我国农业政策执行偏差及矫正

一、我国农业政策执行偏差的表现

我国农业政策的执行有“自上而下”和“自下而上”两种模式，在实际中，以“自上而下”为主。改革开放以来，从总体上看，农业政策得到了顺利执行，但在经济转型期，农业政策执行仍然存在诸多问题。主要有以下几个方面。

1. 象征式政策执行

在农业政策执行过程中，政策执行者只做表面文章和形象包装，并不采取可操作性的具体措施，或是在组织、人员、资金等方面没有真正到位，或是执行起来前紧后松、敷衍塞责，农业政策没有真正落实到实处，成为空架子。

2. 替代式政策执行

替代执行是指执行人员在执行农业政策时采取偷梁换柱的做法，用自己的一套政策替代原有的政策，使原有的政策方案难以得到贯彻实施，也就是“挂羊头，卖狗肉”。根据替代程度，又可分为完全替代和部分替代，对符合自身利益的政策就充分利用，对不符合的就予以曲解变形，最突出的表现就是“上有政策，下有对策”。除了为维护自身利益而曲解政策外，还有可能是因为政策执行主体价值观不同、对政策问题的认识不同等而导致政策执行偏差。

3. 附加式政策执行

在执行农业政策的过程中，执行者为了个人利益或者局部利益而给原政策附加了一些没有规定的不恰当的内容。例如，增加新的执行机构和人员，增加更多的执行程序和审批环节，增加更多的收费项目等，致使政策的调控对象、范围、力度、目标超越政策原有的要求，影响了既定政策目标的有效实现。“土政策”就是这种附加式政策执行的典型表现。例如，2013年，农业部对农民负担情况进行检查时发现，一些领域乱收费问题仍存在。政策规定，农村义务教育阶段的学校除按规定收取作业本费、寄宿生住宿费和向自愿在校就餐学生收取伙食费外，不得向学生收费统一购买教学辅导材料、校服、学具等，也不得有任何其他服务性收费和代收费。但在山东，有的农村中小学仍向学生收取教辅材料费、校服费等，每名学生达数百元，且不开任何票据，有的地方并校后学生每学期缴纳校车费达 500 元。山东有的地方农户 50 元的独生子女费必须从计生部门统一办理的邮政储蓄卡中支取，每年储蓄卡年费支出 8.94 元，占独生子女费的近 20%。

4. 残缺式政策执行

残缺式政策执行，即政策执行不配套、不完备、不及时，农业政策内容只有部分被执行，而其余则被“遗忘”；或政策执行得不及时，缺乏时效性，导致了政策目标实现得不全面、不充分。

5. 观望式政策执行

观望式政策执行，即政策执行停滞化，政策执行主体或因疲于应付具体事务，或因自身私利受损等原因，导致行动迟缓，思想犹豫，心理矛盾，对政策执行被动消极，左顾右盼，观望中央是否还有政策变动，观望中央政策是否动真格，观望其他执行机关的执行情况以便于模仿（宁骚，2011）。

二、农业政策执行偏差的矫正

农业政策执行偏差严重影响了政策目标的实现，不利于农业农村经济的发展。根据上述存在的问题，有必要采取措施，消除执行障碍，提高农业政策执行效率。

1. 制定科学合理的农业政策

当前，我国农业农村发展环境发生重大变化，既存在诸多有利条件，又必须加快破解各种难题。例如，如何加快推进新型城镇化，如何转变农业发展方式，如何实现绿色发展和资源永续利用，如何提升我国农业竞争力，等等。因此，在制定农业政策的过程中，必须科学诊断和细致分析农业政策问题，制定出既符合当前农业农村发展形势，能促进农民收入增长，又具有可操作性的正确合理科学的农业政策。同时，还要保证所制定的农业政策具有稳定性和连贯性，从而减少来自政策本身的障碍。

2. 加强农业政策的认知度

既包括农业政策执行者对农业政策的理解和认知，也包括政策对象，即涉农组织和个人对农业政策的认同感。加强农业政策的学习和宣传，使政策执行者和政策对象领会和理解农业政策的具体内容，消除心理上和思想上的障碍，减少人为造成的抵制，自觉配合有关执行人员。

3. 提高农业政策执行者的能力和素质

农业政策执行者是政策实施中的能动因素，他们的政治素质、道德素质、心理素质、知识水平和能力素质的高低决定了其在政策执行过程中对业务工作的熟练程度和责任心，从而影响政策执行能动性大小的发挥。因此，首先，必须提高农业政策执行者的思想政治素质，增强大局观念，提高职业道德，防止和克服以权谋私、地方保护主义和部门保护主义，自觉抵制各种腐朽思想的侵蚀。其次，政策执行者应该通过学习和不定期的培训，熟悉政策执行的活动规则，提高准确理解和把握政策的能力，从而为有效的政策执行奠定基础。

4. 提高农业政策资源的利用效率

首先，要确保人、财、物、信息和权威等各种农业政策资源的投入。没有足够的资源投入，政策执行只是空谈。其次，坚持成本效益原则，以最小的投入获得最大的产出，否则也会因为资源不足导致政策执行没有结果或者效果很差。

5. 加强对农业政策执行的监督

首先，监督机构（政党、国家权力机关和政策执行机构）要强化农业政策执行的监督职能，制定规章制度，保证监督机构的独立性。其次，建立多元化的监督体系。除了监督机构，让各阶层、社会团体、大众传播媒介等社会力量都参与到监督活动中，形成强大的社会舆论。最后，应建立农业政策执行者的考核和责任追究制度。这有利于制约政策执行者，把政策执行控制在法律秩序的范围内，使违背政策的责任落实到具体人的身上，从而增强政策执行者的责任感、使命感和危机意识，使政策执行者权责一致，从而更便于对政策执行者实行有力的监督（刘圣中，2008）。

【思考题】

1. 农业政策执行的特点是什么？
2. 简述浴盆模型及其启示。
3. 简述过程模型。
4. 农业政策执行的影响因素有哪些？
5. 简述农业政策执行的过程。
6. 我国农业政策执行偏差有哪些表现？

【推荐阅读】

贺东航，孔繁斌. 2011. 公共政策执行的中国经验. 中国社会科学，5：61-79.
黄世贤. 2003. 解决“三农”问题必须有效执行农业政策. 国家行政学院学报，(6)：44-47.
钱克明. 2005. 2004“一号文件”执行效果分析. 农业经济问题，（2）：8-13.
申喜连. 2009. 论公共政策的执行力：问题与对策. 中国行政管理，11：41-44.
谢来位. 2010. 惠农政策“自上而下”执行的问题及对策研究. 经济体制改革，(2)：74-79.

参 考 文 献

刁田丁，兰秉洁，冯静. 2000. 政策学. 北京：中国统计出版社.
黄顺康. 2013. 公共政策学. 北京：北京大学出版社.

孔祥智. 2014. 农业政策学. 北京：高等教育出版社.
李勇军，周惠萍．2013．公共政策．杭州：浙江大学出版社.
刘圣中. 2008. 公共政策学. 武汉：武汉大学出版社.
刘湘溶．2003．公共政策学．长沙：湖南师范大学出版社.
宁骚．2011．公共政策学. 第二版．北京：高等教育出版社.
王骚．2010．公共政策学．天津：天津大学出版社.
Jones C O. 1984. Introduction to the Study of Public Policy. Monterey：Coles Publishing Company.
Montjoy R S，O' Toole L J. 1979. Toward a theory of policy implementation：an organizational perspective. Public Administration Review，39（5）：465-476.
Pressman J L，Wildavsky A B. 1984. Implementation：How Great Expectations in Washington are Dashed in Oakland；Or，Why It's Amazing that Federal Programs Work at All，This Being a Saga of the Economic Development Administration as Told by Two Sympathetic Observers Who Seek to Build Morals on a Foundation of Ruined Hopes. Berkeley：University of California Press.
Snow C P. 2013. Science and Government. Boston：Harvard University Press.

第五章　农业政策的评估及调整

【本章导读】

农业政策评估是衡量农业政策价值的重要手段，也为农业政策调整提供了依据。那么在实践中，我们如何才能正确、有效地对一项农业政策进行评估并适当调整？本章我们将对农业政策评估的原则、标准、方法和程序以及农业政策调整的原则、内容和形式等相关概念进行学习。

【核心概念】

农业政策方案评估；政策效果；农业政策监控；农业政策调整

第一节　农业政策评估的概念

自从有了政策和政策制定，就有了政策评估活动。因为人们在制定、选择政策方案时，一般会估计各种政策方案执行后可能产生的结果，在政策执行后，也往往想知道政策效果是否实现了预期的目标，这些都是政策评估活动。可见，政策评估的历史与政策科学的历史同样久远。但是现代意义上的政策评估，作为政策科学不可或缺的组成部分，是在20世纪随着政治学、社会学、心理学和现代科学方法的发展成熟及其在政策研究中的广泛运用而首先在以美国为代表的西方发达国家诞生和发展起来的。20世纪初期以后，政策评估逐渐成为一个专门的研究领域。

目前对于农业政策评估的概念较少，但可以通过对公共政策评估的概念进行分析，从而归纳出农业政策评估的概念。

政策科学的主要倡导者和创始人之一，拉斯韦尔（Lasswell，1956）在《决策过程：功能分析的七种类别》一书中把“评价功能”定义为：“就公共政策的因果关系作事实上的陈述。”这一定义，是从公共政策的发生、发展的全过程来界说的，它不仅要求对政策产生的原因、执行的过程以及执行后的结果做出分析，而且要求对原因和结果之间的关系做出陈述。这一定义的主要特点是就原因和结果之间的关系只做事实上的陈述，不做价值判断。

查尔斯·奥·琼斯（Jones，1977）在《公共政策研究导论》一文中提出，政策评价是指：“政策既经政策执行之后，政府有关机构对政策执行的情况，加以说明、检核、批评、量度与分析。其作用在于确认政策是否正确，推断政策之利弊，为将来改进政策提供参考。”这一定义把政策评价看成政府的行为，并且局限在政策执行之后，具有总结性评价的性质。

台湾学者林水波等认为政策评价是“有系统地应用各种社会研究程序，搜集有关资讯，用以论断政策概念与设计是否会周全完整，知悉政策实际执行情形、遭遇的困难，有无偏离既定的政策方向，指明社会干预政策的效用”。这一定义认为政策评估不仅是对政策方案的评估，而且包括对执行情况和政策结果的评估。

宁骚（2011）认为，公共政策评估就是评估主体时依据一定的评估标准，通过相关的评估程序，考察公共政策过程的各个阶段、各个环节，对政策产出和政策影响进行检测和评价，以判断政策结果满足目标群体需要、价值和机会的程度的活动。

刘圣中（2008）认为："公共政策评估是特定的公共评估主体通过科学的评估活动，对政策过程的各个阶段进行全面的考察和分析，从而判断具体公共政策的价值依此作为决定政策的延续、革新、或终结的依据，并且为将来的政策实践提供经验，以保证政策的科学性、有效性。"

肖阳华（2010）认为，公共政策评估是在大量收集政策实际执行效果和效益信息基础上，运用科学方法分析、判断政策是否实现了预期目标，在多大程度上实现了预期目标，政策所产生的社会效益、经济效益、生态效益如何的过程。

基于公共政策学的相关界定，一些从事农业政策研究的学者对农业政策学进行了界定，如孔祥智将农业政策评估定义为，根据某些公认的标准，运用科学、合适的办法对农业政策的实施过程和效果进行检查、总结、衡量、分析和评价，以判断具体的农业政策的价值程度。

第二节 农业政策评估的作用、原则和标准

一、农业政策评估的作用

（一）是农业政策延续、调整和终结的重要依据

在农业政策执行过程中，有些政策符合客观情况，运作顺利，则可以继续进行；有些政策因制定者思想认识水平局限或科学依据不足，与实际情况不符合，若需要继续执行则需要对其加以调整；而有些政策严重违背客观实际，或者因环境变化无益于问题的解决，或者所针对解决的问题已经化解，则需要终止。对政策的变更则需要依赖于对政策进行全面和科学的评估。

（二）是检验农业政策效果的基本途径

一项政策在付诸实施后究竟有没有产生预期的效果，很难轻易得出正确的结论，而是需要在客观现实基础上收集政策效果信息，并在此基础上加以全面的分析和科学的阐释，进行科学的和全面的评估，从而判断这一政策是否达到了预期的效果。

（三）是有效配置资源的基础

在农业政策实践中，政府的政策资源是有限的，因此有效配置政策资源，一方面可以使农业政策制定者站在整体利益的高度，使有限的资源发挥出最大效益；另一方面可以防止政策执行人员出于局部利益考虑采取不适当的投入。而要实现有效配置资源，只有通过评估确定每项政策价值，并决定投入各项农业政策的资源的优先顺序和比例，以寻求最佳的整体效果。同时通过评估，判断资源配置是否合理、有效，找出其存在的问题，吸取教训，完善政策。

（四）是政策科学化的重要保证

现代社会由于信息急剧膨胀，各种新情况和新变化层出不穷，农业政策日益复杂化，单靠传统的经验来决策已经不能应付日益复杂的决策问题，农业政策决策迫切需要传统的经验

型政策决策向科学化决策转变，而政策评估正是使决策科学化的重要保证。通过政策评估，不仅可以与时俱进，根据情况的变化对政策做出继续、调整或终止的决定，还可以判明每项政策的效率，更合理地配置资源，从而了解政策存在的问题，改进政策，提高政策的科学性。

（五）是公共部门构建良好社会形象的有效途径

农业政策评估活动使用非正式评估的方式，有利于给政策评估对象提供一个交流信息与发表建议的场所，从而营造政府、公民、大众传播媒介与投资者之间的环境氛围。同时政策评估，有利于政策的科学性和有效性，使广大人民群众从中受益，有利于评估主体与社会公众的关系的改善，进而提高公众对政府所制定的政策的认同感，提高政策的执行效率。

二、农业政策评估的原则

农业政策评估的前提条件是需要一个判断原则，而且原则必须能够客观地反映社会对农业政策的要求。一般来说，农业政策评估有以下五个原则（钟甫宁，2011）。

（一）整体性原则

不仅农业政策可能由许多单项政策组成，而且每一项农业政策也是由许多政策要素组成的。因此，在农业政策评估过程中必须以整体目标为标准。农业政策和农业政策的各要素，由于其性质不同、地位不同、作用方式不同，会对农业经济生活产生不同的影响；但是，各项农业政策，各种政策要素的作用必须符合农业政策总目标的要求，有利于整体效能的提高。

（二）时效性原则

农业政策评估的时效性原则是由农业政策效力递减决定的。政策往往开始时比较有效，但过一段时间，效力就可能逐渐下降。其原因是政策具有老化的过程；或者由于政策本身具有副作用，而且副作用逐渐增加；或者政策对象对政策有了适应性，甚至采取各种对付政策的措施；或者由于条件发生了变化。因此，农业政策评估要根据农业政策的时效期限，分析确定该项农业政策的优劣程度。

（三）动态性原则

农业政策评估的动态性涉及农业政策发展变化的方向、速度和规律。环境因素对农业政策的影响有时在短期内并不引人注目，但从较长时间来看，这些暂不引人注目的因素积累起来的影响将是非常巨大的，可称为农业政策的动态累积效应。农业政策评估方法和标准不仅要有静态的，而且要有动态的，以便从各个不同角度来分析农业政策，使农业政策的制定和实施得以优化。

（四）区域性原则

不同地区的自然、社会、经济条件差异很大，同一政策问题的严重程度及采取的政策手段也不一样，同一政策的实施结果也会有较大差别。因此不能忽视地区差异对政策的影响，不能用绝对相同的标准来评估不同地区的政策实施结果。

（五）定性分析与定量分析相统一的原则

由于影响农业政策效率的自然因素和社会经济因素复杂多变，在进行农业政策评估时，首先要进行定性分析，主要是用演绎归纳的原理进行分析，以明确政策的性质、特点及其与其他因素的关系等。在此基础上，还要深入进行定量分析，注意从政策的数量特征、数量关系及政策执行过程中的数量变化来分析政策，以准确把握政策效益优劣及政策优劣程度。定性分析和定量分析不可偏废。只作定性分析不作定量分析，定性分析会成为空洞的说教，不能准确地把握政策效益的大小或程度；只作定量分析而不作定性分析，定量分析就没有前提和基础，从而不能得出正确的评估结果。

三、农业政策评估的标准

任何评估必须有标准，有一定的价值尺度。同一事物用不同标准进行评估，就会得出不同甚至相反的结论。因而，如何确定评估标准，确定何种标准，直接决定着评估的科学性和客观性。这样，政策评估就不能只被理解为价值判断，而是要坚持价值与事实有机结合，坚持客观、公正、全面的评价标准。

（一）制定农业政策评估标准的原则①

（1）科学性。评价标准应该真实而科学地反映事物的客观规律，既考虑到被测系统的整体性，又考虑到系统的特殊性，注意评价标准规范化。

（2）客观性。对被测系统性能的判断应该有客观的标准，注意标准的可测性，尽量采用量化标准。对那些不能量化的标准，在符合一定政治原则的条件下，公开让公众去评判。

（3）可比性。只有在相似的条件或基础之上才能进行事物间的相互比较，评价标准必须考虑到这一因素。

（4）方向性。评价的重要目的是为决定政策的去向提供根据，以便更好地利用政策去促进社会进步和经济发展。评价标准应体现社会改革与发展方向。

（5）准确性。选定标准要切合实际，不能过低也不能太高，坚持定量分析与定性分析相结合。

（二）农业政策评估标准的基本内容

农业政策评估既是一个事实判断过程，又是一个价值判断过程，价值判断需以事实判断为基础。因此，农业政策评估既要设立价值标准也要设立事实标准。所谓事实标准，一般用数量、成本、统计结果来建立，也可以以确立的特定事物或既成事实为标准。所谓价值标准，是建立在伦理、文化、利益等政治社会的价值取向的基础上的。它在农业政策评估活动中的应用，旨在确定一项农业政策在价值上所造成的影响。

1. 事实标准

（1）农业政策效率标准，即农业政策的投入与产出或成本与收益之间的比例关系。在这里，农业政策所耗费的成本既包括农业政策主体投入的钱和物，也包括其投入的人力资源，还包括农业政策对象方面的物质和精神消耗，以及自然环境和社会环境方面所受到的负面影

① 钟甫宁. 农业政策学. 北京：中国农业出版社，2011：75.

响。农业政策收益当然也要相应地对农业政策主体、农业政策对象、农业政策环境这三方面考察并核算其各自所获得的收益。

（2）农业政策效能标准，即某项农业政策达到预期结果或影响的程度，也就是农业政策的成本与效能之间的比例关系。成本可以用货币单位来计算，但效能无法通过货币形式表现农业政策的价值。成本效能分析关注的量是通过“相同单位成本所达成的农业政策目标”或“相同农业政策目标所付出的单位成本”来考量农业政策的投入产出比。换言之，成本效能分析所关注的是通过可计算的农业政策成本与可比较的农业政策效果来考量农业政策的合理程度。

（3）农业政策效益标准，即农业政策得以实现的程度。设立这项农业政策标准的目的是对农业政策在投入之后所得到的成果进行衡量。这些成果往往既有直接效益，又有间接效益；既有经济效益也有非经济效益；既有正效益也有负效益；既有内部效益，又有外部效益。因此，农业政策效益评估应充分考虑农业政策实施的结果和影响，避免由于评估的片面性导致评估结论失真。

（4）回应充分性标准，即实现既定农业政策目标后，农业政策结果满足人民需求、价值与机会的有效程度。回应的充分性有时还体现在农业政策反应的速度上。

2. 价值标准

（1）社会生产力标准。任何一项农业政策都应当满足大多数人的利益，其中最重要的是经济利益。经济利益以及其他社会利益的满足都依靠经济的发展，归根结底是依靠生产力的发展和社会的健康发展。为此，每一项政策活动都应当正确处理当前利益与长远利益、局部利益与整体利益的关系，经济政策应当正确处理经济效益与社会效益的关系以及环境、资源与发展的关系，等等。

（2）社会公平标准。社会公平标准是指农业政策结果所表现出来的与该项农业政策有关的成本-收益在社会不同群体间公正分摊与分享，以及农业政策追求的价值偏好对社会期望的适当回应。设立这项标准的目的是对有关农业政策回应人民群众的意愿和要求的程度，以及社会不同群体从同一项农业政策中受到的正面和负面影响的差别程度做出分析和评估。社会公平标准也是衡量在农业政策实施过程中，农业政策的成本和效益在不同集团和阶层中分配的公平程度，并通过对农业政策实施前后社会发展总体状况的变动的描述和分析，衡量农业政策的实施给社会带来什么影响、造成了什么后果、作用程度多深等。

无论是事实标准还是价值标准，在具体应用中都很少仅使用单一的标准来看，而是使用一组标准，这组标准通常是具有内在逻辑联系的一个体系。另外，在为某项农业政策设立评估标准时，也很少仅使用事实标准或价值标准，而往往将二者都包括在内。

第三节 农业政策评估的内容和方法

一、农业政策评估的内容

农业政策评估的内容包括农业政策方案评估、农业政策执行评估和农业政策效果评估三个方面。其中，农业政策方案评估的特征在于它是某项具体政策的事先评估和预测性评估；农业政策执行评估的核心问题在于确定是否按照规定采取适当的行为实行农业政策，农业政策执行行为又如何影响政策执行的成败；而农业政策效果评估则是指执行一项农业政策后，对在个人、团体组织、国家、社会、自然环境等方面所产生的效应及效率大小的评价。

（一）农业政策方案评估①

农业政策方案评估，也称为事前评估，是指农业政策制定过程中，将不同的农业政策方案进行比较、评价，从中挑选较好的方案，或对某一农业政策方案进行可行性论证，检查其性质、内容、措施以及实施准备等各环节，最大限度地避免政策的失误。为农业政策的选择、修正及决策提供科学依据。

（二）农业政策执行评估

农业政策执行评估，又称事中评估，是指对执行过程中的政策实施情况进行系统的分析和评价。通过对政策本身以及执行情况的评估，可以发现执行中的偏差现象，找出问题的根源，把与此相关的信息反馈给决策者和执行者，从而及时地修正政策，弥补其不足，使之更适合于解决现实问题。通过执行过程的评估，可以全面、正确、及时地把握政策的结果与影响，如表 5-1 所示。

表 5-1　农业政策执行与农业政策评估对比

完美的农业政策执行	农业政策评估的主要事项
环境因素不会阻挠或牵制执行组织	环境因素会阻挠或牵制执行组织吗
有充分的资源和时间可资运用	有充分的资源和时间可资运用吗
政策执行阶段上组合资源供应及时	政策执行阶段上组合资源供应及时吗
政策在因果理论指导下执行	政策是在因果理论指导下执行的吗
因果关系是直接和清晰的	因果关系是直接和清晰的吗
单一机构执行或协作机构最少	是单一机构执行或协作机构最少吗
政策目标自始至终稳定和一致	政策目标自始至终稳定和一致吗
执行机构和个人职责明确	执行机构和个人职责明确吗
相关部门可以进行充分沟通和协调	相关部门能够进行充分沟通和协调吗
主管人和机构的权威受到充分尊重	主管人和机构的权威受到充分尊重吗

资料来源：张国庆（1997）

（三）农业政策效果评估②

农业政策效果评估，又称事后评估，是指对政策执行后的客体及环境所产生的影响和效果进行的评估活动。这是整个政策评估中最为关键的环节。通过效果评估，可以确定一项政策是否被延续、改进或中止，因此它是一种最具有权威性和影响力的评估。农业政策效果评估可以从农业政策影响及农业政策效率两方面进行评估。

1. 农业政策影响评估

通过农业政策影响评估，一方面，可以帮助决策者确定如何安排农业政策的内容才最有可能影响农业政策对象并形成所需的变化，根据农业政策影响评估提供的资料考虑长期性的政策资源的获取与分配，从而有利于政策资源的合理利用；另一方面，可以帮助农业政策执

---

① 钟甫宁. 农业政策学. 北京：中国农业出版社，2011：76-77.

② 钟甫宁. 农业政策学. 北京：中国农业出版社，2011：77-78.

行人员在执行政策过程中考虑如何决定各种政策资源的利用和分配问题，以寻找最佳的实施措施。评价的具体内容涉及以下几方面：第一，政策对象感受到的初步影响，即他们的行为、思想、生活环境因政策措施的执行而发生的初步变化。第二，政策对象以外的团体受到的影响和副作用，即政策的溢出效应，也可以看做政策的继发影响。例如，粮食价格调整后，不仅会影响到粮食生产者，而且还会影响到畜牧业等其他产业以及引起整个物价的连锁反应。第三，政策措施形成的初步影响与继发影响对整个社会系统所产生影响，如农村非农就业政策最终对城乡关系及整个社会系统在结构及运行等方面产生影响。第四，政策本身反馈作用所造成的影响，即前项政策对后项政策的影响。对上述影响评估的目的在于确定一项政策是否形成了预期的影响以及影响的大小。

2. 农业政策效率评估

农业政策效率评估是指通过对农业政策投入与农业政策产出之间比例关系的分析，确定政策的合理程度。它主要分析政策在支出了各项成本之后是否获得了充分的效益。与其他政策相比，政策资源的使用是否更加经济有效，通常需要估价政策的全部支出成本和全部的利益收益，包括直接的和间接的，具体的和抽象的。农业政策效率评估需要明确成本和利益的主体，它关注的是农业政策的净利益。农业政策效率评估的结论很大程度上标志着农业政策的成败，从而影响政策的继续或终止，影响政策资源投入的增加或减少。一般从成本收益和成本效能两个方面来进行，即将农业政策实施所获得的效益与实施农业政策所花费的成本进行比较，从而判断某一项农业政策的优劣。

农业政策方案评估、执行评估和效果评估之间的异同，可以从表 5-2 一窥全貌。

表 5-2　农业政策方案评估、执行评估和效果评估对比

评估项目	评估内容
农业政策方案评估	农业政策问题确认阶段的评估 对农业政策制定的评估
农业政策执行评估	对执行资源的评估 对执行力度的评估 对负效应的评估
农业政策效果评估	对农业政策直接效果的评估 对农业政策连带效果的评估 象征性效果的评估 潜在效果的评估 意外效果的评估

二、农业政策评估的方法[①]

（一）农业政策方案评估方法

农业政策方案评估属于事前评估，一般采用试算分析法来进行。试算分析法，又称标准比较法，是根据有关定额和政策参数或历史资料，按事前确定的评估标准及具体指标测算政策方案的影响和效果，并从备选方案中选取最优方案。在运用试算分析法进行政策评

① 钟甫宁. 农业政策学. 北京：中国农业出版社，2011：78.

估时，首先要明确政策问题的目标，试算的范围及试算所包括的期间等；其次，对采用的数据力求准确，并根据生产、经济条件的变化作适当的调整。只有这样才能保证农业政策评估的正确性。

（二）农业政策执行评估方法

农业政策执行评估的对象一是政策执行过程本身，二是政策对象的受影响程度。通常采取三种方法来进行政策执行评估。

1. 直接观察法

政策评估人员以多种形式直接参与执行过程，进行实地考察，调查记录实施过程中的情况及重要事件的发生，记录实施活动的进展情况。

2. 资料分析法

对已有的有关农业政策执行的各种资料进行整理分析，对政策执行做出评估。

3. 访问调查法

主要是对政策执行机关及工作人员、政策的各种参与者进行调查。这种方法不仅能够评估已有的政策实施过程，而且通过分析政策执行人员对政策实施的各种看法和倾向，可把握今后政策实施的方向，并确定政策执行的调整措施。

上述三种方法是从不同方面对实施情况做出判断。全面地进行政策评估，应把这三种方法加以综合运用，相互比较、相互补充，以期得出客观、全面的评估结论。

（三）农业政策效果评估方法

农业政策效果评估涉及政策影响和政策效率的评估。由于评估内容复杂，所用的方法要求较为全面，包括定性评价法和定量评价法。

1. 定性评价法

农业政策效果的定性评价法主要是通过不同的评估主体为政策带来的影响和取得的效果进行政策的评判。

（1）政策对象评定法。政策对象评定法就是由政策对象通过亲身感受对农业政策进行评定和分析。这种方法比较直接实际，政策作用对象的现身说法增强了评估结论的说服力，但政策对象所处的地位，决定了他们不能对政策效果进行全面、准确和客观公正的评估。

（2）政策执行者评定法。这是在农业政策实施过程中，由政策执行者自行评估政策效果的方法。这种方法能够充分利用政策执行过程中的实际情况和材料，对政策效果进行及时的、充分的评估。但是，由于政策执行和政策评估为同一主体，因此对政策产生的影响和效果难以做出客观全面的评价。

（3）德尔菲法。德尔菲法是指运用匿名和反复通信的方式，充分地利用专家的知识、经验和智慧，就农业政策效果的好坏和大小，做出独自的研判，并进行信息交换，最后经过汇总整理得出对某项农业政策的评估结果。

2. 定量评价法

（1）成本收益法。成本收益法是将农业政策实施所获得的效益与实施农业政策所耗费的成本进行比较，从而研判某一农业政策优劣的方法。实践中进行政策评估时应把握三条原则：一是效益相等时，成本越小的方案越优；二是成本相等时，效益越大的方案越好；三是效益与成本的比率越大越好。具体方法在本章第一节做了介绍，在此不予赘述。

（2）模糊评价法。在农业政策效果评估过程中，经常会遇到不少因不宜精确地描述而具有模糊性的问题，如“实现农业经济增长方式的根本性转变”“实现农业产业化经营”“努力提高农民的生活水平”等。这些目标在方向上是明确的，但在具体规定性上都是模糊的。因此，政策的评估，就产生了一个如何对这类模糊性目标进行定量评价的问题。在这种问题上，模糊理论为政策评估提供了解决办法。对于决策目标的模糊性既可以采取忽略的方法，也可以采取简化的方法，即把对模糊目标进行“主观划界”的办法简化成“确定”的、“明晰”的目标。例如，建立盈利与亏损的平衡点，并相应建立“好”与“不好”的价值判断标准。至于好与不好的程度则是模糊的，而“程度”的判断在农业政策评估中常常具有重要的意义。这就需要应用模糊理论和方法加以确定。

在农业政策评估的实际工作中广泛应用的定量分析方法还有统计抽样法、回归分析法、投入产出法等，在此不逐一阐述。

第四节　农业政策评估的程序

一般来说农业政策的评估要经过三个步骤：评估准备、评估实施和评估总结。

一、评估准备

准备工作是评估的起点和前提，只有具备了充分的前提条件，才能使评估工作有条不紊地展开，评估准备主要包括以下几方面的工作。

1. 明确评估目的

评估目的是政策评估计划阶段的逻辑起点，也是贯穿整个准备、实施和总结三阶段的总指向，它包括明确为什么要对政策进行评估，以及评估结果有什么作用。

2. 选定评估对象

确立评估对象，就是要明确评估的内容，即要对哪一个项目进行评估，明确评估活动的实施对象，才能使评估活动做到有的放矢。并不是任何政策在任何时候都需要被评估，只有那些社会影响大、评估结果有巨大的政治、经济、文化、社会等效益的政策才能作为评估对象。

3. 制订评估计划

评估计划的制订是评估工作展开的依据。评估计划是否得当、是否完备、是否周全，直接关系到被评估效果的评估活动的成败。制订评估计划包括以下四个步骤：一是明确评估所需的时间，包括开始时间和结束时间；二是圈定评估的范围；三是确定评估标准与方法，采用多种评估方法，包括定量方法与定性方法等；四是确定评估目标，明确评估的短期目标与长期目标。

4. 评估人员的挑选与物质准备

评估人员自身素质和理论水平将直接影响评估的质量。因此，必须选择适当的评估人员，通过恰当的培训提高他们的理论分析水平和实际操作能力，构建具有较高水平的评估队伍。此外，评估活动应当有物质上的准备，包括评估所需要的经费、场所、交通工具、通信工具、对评估费用提出预算等。

二、评估实施

其主要任务是采集评估信息、统计分析评估信息。评估实施阶段工作的好坏直接决定着农业政策评估的成败。这一阶段又分为三个子阶段。

1. 收集整理政策信息

应全面收集政策制定、政策执行、政策影响和政策效益等方面的信息。为了保证所获得的信息具有全面性、系统性和准确性，需要综合采用各种科学方法来收集信息，常用方法有观察法、查阅资料法、调查法、个案法、实验法等。

2. 综合统计分析政策信息

在收集到的信息中，有一些是定性的，对于这些定性的评价信息，在分析时应当依据充分肯定、基本肯定、部分否定、基本否定几个等级进行划分；对于定量化的评价信息，要分解成多个单项指标，并对每个单项在综合指标体系中的权重做出合理、恰当地规定。

3. 充分运用评估方法获取结论

政策制定与执行机构在自我评估时多倾向于自我肯定，而政策作用对象和社会对政策的评估倾向于批评。评估主体要始终坚持乐观、公正、科学的原则，避免受个人的价值观和个人利益的影响而扭曲评估的结果，要运用不同的方法评估得出结论，通过对照、比较，最终形成综合性的结论，要努力做出科学、客观的评估结果。

三、评估总结

总结阶段是处理评估结果、撰写评估报告的阶段。这个阶段包括两方面的内容：①检验统计分析评估信息所得出的结果的可信度和有效度；②让评估结论与政策设计者、决策者、执行者、参与者会面，以便发挥评估的诊断、监督、反馈、完善和开发功能，提高政策的科学性。

结束阶段，政策评估者需形成书面形式的评估报告，提交给有关领导和实际部门，使之了解一项政策实施的最终情形，及时根据情形决定政策的继续、修改、中止等。评估报告除了对政策效果进行客观陈述、对政策进行价值判断、提出政策建议，还应对评估过程、评估方法和评估中一些重要问题进行必要的说明，对评估工作的优缺点进行总结，为提高今后政策活动水平服务。此外，总结阶段还要特别注意妥善处理决策者与评估者之间的分歧，实现决策者与评估者之间对评估报告最大限度地协调。

第五节 农业政策的监控和调整

一、农业政策监控

农业政策监控是政策过程的一个基本环节和功能活动，它贯穿于整个过程的始终，制约和影响着其他各环节，起着重要的作用。它是政策监督与政策控制的合称，是为了实现政策的合法化与保证政策的贯彻实施而对政策的制定、执行、评估和终结等活动进行的监督与控制过程，目的是及时纠正各个环节中出现的偏差，提高决策目标实现的程度，提高政策制定与执行的质量，促进既定政策目标的实现和提高政策效率。

（一）农业政策监控的功能

农业政策监控是一个动态的过程，在农业政策过程中起着信息反馈的作用，由农业政策监督、农业政策控制、农业政策调整等活动组成。

1. 农业政策监督

农业政策监督是指农业政策监控的主体从一定制度、法规的依据出发，对农业政策系统的运行，包括农业政策制定活动、农业政策执行活动、农业政策评估活动以及农业政策终结活动的监视和督促的行为。

2. 农业政策控制

农业政策控制是指农业政策监控主体在农业政策过程，尤其是在农业政策执行中，为了保证农业政策的权威性、合法性和农业政策有效执行，达成特定的农业政策目标而对农业政策过程，尤其是执行过程中偏差的发现与纠正的行为。在农业政策过程中实施控制是为了保证制定出来的农业政策能够顺利、全面地得到贯彻和落实。农业政策控制的程序或过程是由三个基本环节组成的，即确立标准、衡量绩效和纠正偏差。标准是衡量农业政策的绩效的尺度，常用的控制标准有实物标准、成本标准、资本标准和收益标准等；衡量农业政策的实际绩效，是将实际结果与预定的目标和期望的结果加以比较，及时发现偏差，但必须注意，都应把实际的农业政策效果理解为最后的农业政策结果，有时它可能仅仅是一种阶段性的成果，或由中间状况推测出的结果；纠正偏差包括确定偏差的类型、程序，找出偏差产生的原因，并采取纠正偏差的措施，对农业政策加以调整。

3. 农业政策调整

通过对农业政策进行相应的调整，及时纠正农业政策制定和执行过程中的偏差，农业政策能够更好地符合客观实际的需要，更好地实现农业政策的目标，以便更有效地解决农业政策问题。

（二）农业政策监控机制

所谓农业政策监控机制，就是农业政策监控主体与农业政策监控客体的构成及其相互作用关系。农业政策监控不是一个孤立的活动环节，而是通常表现为一个由监督、控制和调整等活动组成的动态过程。通常而言，农业政策监控机制要发挥预期效能应具备四个基本条件：第一，建立必要的制度、法规，明确职责，这是形成农业政策监控的依据问题；第二，监控主体与监控客体之间应保持及时沟通；第三，在机构设置上应保持监控机构的独立性；第四，监控主体对监控客体有影响，具有包括对违反制度、法规和农业政策者加以处罚，责令其纠正农业政策过程中的各种错误和偏差的权利。

农业政策监控机制的核心在于规范农业政策主体的农业政策行为。监控机制能否有效运行，取决于与农业政策主体的农业政策行为密切相关的三个要素，即农业政策权利、农业政策信息和利益诉求。就参与农业政策过程的某一个体而言，这三个要素在各类农业政策主体之间的合理配置，构成了农业政策良性运行的机制保障。

二、农业政策调整

（一）农业政策调整概述

农业政策调整是指农业政策的制定者根据新形势的需要，对农业政策的内容和形式进行不断地修正、补充和发展，对农业政策的局部进行修正、调整和完善，以便达成预期农业政策效果的一种农业政策行为。

（二）农业政策调整的内容

1. 农业政策内容的重新界定

随着农业政策过程由制定到监控等环节的推进，人们可能发现对问题原有的认识并不全面，问题某些重要方面和边界条件可能被忽视，环境的变化可能改变问题的性质，因此有必要根据已掌握的新信息，对农业政策问题加以再认识和重新界定。

2. 农业政策目标的重新确立

农业政策总是在一定的时空条件下发挥其政治主导作用，具有很强的政治时效性与流变性。因此，我们需要透过纷繁复杂的农业政策现象，超越一切具体而琐碎的农业政策过程，提炼、选择、界定旨在主导一切农业政策的价值目标，并探求其实现的有效途径。

3. 农业政策方案的重新拟订

这里有多种情况：对基本可行的方案加以修正，使之更合理和更适应变化了的现实；拓宽原有方案的适应范围并加强应对紧急事态的能力；对已证明基本行不通的方案加以重新制订。

此外，农业政策调整还包括对农业政策效力、农业政策主体和客体的调整。对农业政策效力的调整是指对农业政策发挥作用的范围和程度进行扩展或限制。

（三）农业政策调整的目的

1. 有利于避免农业政策失误

农业政策制定过程既要受到物质和文化发展水平的限制，也要受到社会发展的影响，在农业政策制定过程中会出现一定的失误现象，农业政策调整是避免农业政策失误的有力措施之一。

2. 有利于促进农业发展

按照某些农业政策问题的自然发展趋势，一些农业问题可能会进一步恶化进而导致越来越严重的后果，影响农业的发展进步。通过农业政策调整可以更好地解决农业政策问题，使农业获得发展。

（四）农业政策调整的原因

1. 农业政策目标的改变

作为农业政策的重要构成因素，农业政策内容的确立、方案的选择、手段的运用，都以更好地实现目标为依据。当农业政策制定和执行主体的目标发生变化时，农业政策就必须调整。目标的改变，既可以发生在具体农业政策的层面上，又可以发生在总农业政策的层面上。

2. 农业政策环境的改变

农业政策作为社会大系统中的一个子系统，环境的影响至关重要，包括国内环境与国外环境。农业政策问题归根到底是从环境中产生出来的，农业政策运行的条件和资源也都是由环境提供的，因此一旦环境发生变化，必然会引起农业政策的变化和调整。

3. 农业政策的负面作用过大

农业政策在发挥起积极作用的同时，往往会产生一些负面作用，一旦农业政策的负面作用达到一定的程度，如副作用超过或者接近农业政策的正效用时，就应当考虑对农业政策进行调整。

4. 主观原因

主观原因是指人们对农业政策问题、农业政策环境以及农业政策方案等认识的深化。这确定了人们要不断地重新认识、界定农业政策问题、农业政策目标和农业政策方案，以使农业政策真正达到解决农业问题的目的。任何一项农业政策都是在农业政策制定和执行主体的认识水平的基础上形成和运行的。当农业政策主体对农业政策问题、目标、功能、环境等的认识提高和深化以后，就需要对原来的农业政策加以纠正、补充、更新，使之更加完善。

（五）农业政策调整的原则①

农业政策调整的原则，即调整农业政策所依据的准则。考虑到上述原因，农业政策具体调整时必须要遵循以下原则。

1. 稳定与调整的原则

农业政策调整的基本原则是大稳定、小调整。为了保证做到这一点，所出台的政策一定要严谨、全面、系统，必须在政策制定中就把握好政策的大方向，政策目标必须明确具体，不允许含糊其辞，以免在具体执行过程中“弹性”过大，影响实施效果。

2. 慎重与协调的原则

对全局性的农业政策调整，必须要顾及农业的总体活动以及各个局部性农业政策之间的协调关系；而在具体调整时，需要在对原农业政策全面深刻分析评价的基础上慎重确定调整的范围和幅度。

3. 自然适用与适度规范的原则

指令性农业政策在调整过程中，当关键性问题得到解决，就要自然解除农业政策强制性；而指导性农业政策的调整应强调适度规范的原则，即不断对执行时灵活的程度和变通的范围给予明确的界定，使事物的发展有回旋余地以及执行者有章可循。

（六）农业政策调整的程序

农业政策调整的程序包括：农业政策制定者根据在农业政策监督和控制中所获得的关于农业政策系统运行，尤其是农业政策执行结果方面的信息，对农业政策问题、目标和方案等进行认真的分析研究，以确定需要补充什么、修正什么或完善哪些方面。

1. 重新界定问题

在农业政策制定到监控评估的过程中，随着各环节层层推进，农业政策的实施过程中会出现新问题、新情况，农业政策人员会意识到他们对问题原有的认识并不全面，问题的某些重要方面甚至可能被忽视，环境的变化也可能改变问题的性质，因此需要对问题进行重新界定。

2. 提出调整方案

农业政策方案的重新制订首先要对原来的农业政策目标进行检查和修订。包括将原来模糊的、不准确的目标加以明确化，根据变化了的环境修订原有的目标等。对农业政策方案加以修正、补充和完善，甚至重新制订，包括对基本可行的方案加以修正，使之更合理和适应变化了的现实；扩大原有方案的适用范围；对证明基本行不通的方案，加以大规模的调整。

---

① 孔祥智. 农业政策学. 北京：高等教育出版社，2014：149.

3. 选择调整方案

选择调整方案是对若干个可供选择的方案进行比较分析，从而选择一个最佳方案。这个农业政策决策不是完全重新开始，而是在原有农业政策方案的基础上做出的，这时的决策也称为追踪决策。

4. 农业政策调整实施

为了确保农业政策调整的正确率，应当依照一定的组织程序对农业政策进行调整。农业政策调整以后形成的新农业政策的实施，是与农业政策的一般执行相似的，应当给予足够的重视和保障。

三、农业政策终结

农业政策终结是农业政策过程中的重要环节，一般是指在农业政策过程中发生的终结现象。1956 年拉斯韦尔（Lasswell，1956）在《决策过程：功能分析的七种类别》一书中提出了决策过程的七个阶段，即情报、建议、规定、行使、运用、评价和终止。此观点奠定了农业政策过程阶段论在农业政策研究中的主导地位。

（一）农业政策终结概述

1. 农业政策终结的含义

目前，我国关于农业政策终结的研究还相对较少，因此并没有一个统一的关于农业政策终结的定义，但我们可以通过对公共政策终结含义的分析，归纳出农业政策终结的含义。国外学者德龙（Deleon）认为，公共政策终结是“政府当局对某一特殊功能、计划、公共政策或组织，经过深入评估而加以结束或者终止的过程”。我国学者莫永波等认为，公共政策终结是公共政策决策者通过对公共政策和项目进行慎重的评估后，采取必要的措施，以中止那些过时的、多余的、不必要的和无效的公共政策或项目的一种政治行为。公共政策终结有三个特征，即强制性、更替性、灵活性。

根据公共政策终结的含义，我们将农业政策终结定义为：农业政策决策者通过对农业政策科学而深入的评估，采取结束或终止农业政策的过程，是一种使农业政策不断优化的政治行为。

2. 农业政策终结的意义

农业政策终结是一种慎重的、合法的、合理的政治行为，是农业政策有效实施过程中一个不可或缺的环节，具有特殊的意义。

（1）节省农业政策资源。制定一项农业政策需要政府以一定的资源付出为代价，而财政和社会资源对于任何一个国家和地区的政府来说总是有限的。如果能够及时终止一项已经过时或者无效的农业政策，会极大地节省有限的财政和社会资源，将有限的资源最大限度地投入到新的农业政策上去，以产生更大的农业政策效益。

（2）保持农业政策良性循环。如果只有农业政策制定，没有农业政策终结，这就意味着会出现新旧农业政策同时并存、互相“打架”的局面。因此，通过及时清理旧的、不合理的、过时的、无效或低效的农业政策，对于保持整个农业政策系统的优化和良性循环意义重大。

（3）促进农业政策优化。如果一项旧的、不合理的、过时的、无效或低效的农业政策继续执行，会成为解决农业问题的阻力和障碍，通过农业政策终结，制定新的农业政策，才能不断提高农业政策水平，优化农业政策结构。

（二）农业政策终结措施

农业政策终结是一项困难重重的、高度复杂的政治行为，但适时的终结那些绩效不佳或无效的农业政策，又是农业政策制定者必须担负起的责任。

1. 加强宣传教育

为确保农业政策终结的顺利进行，农业政策制定者首先应该做好宣传教育工作，消除人们的抵触情绪，提高人们的思想认识，让人们明白农业政策终结是改变逆境、寻求发展、迈向成功的新机会，认识到农业政策终结的积极意义，从而减少人们心理和认知方面的阻力，促进农业政策终结的顺利进行。

2. 合理使用媒体舆论工具

农业政策制定者通过媒体的作用，可以扩散对于农业政策问题的看法，从而影响社会公众的观点和立场，增强社会公众对农业政策终结的支持力度，营造农业政策终结的良好社会氛围。通过充分发挥舆论的推动力，为农业政策顺利终结创造有利的条件。

3. 公开评估结果

公开评估结果，一方面有利于民众及时认识到继续执行某项农业政策可能会对社会造成的危害和损失；另一方面，也有利于提升政府的公信力，塑造政府在民众心目中的良好形象。

4. 注重废旧立新

一项农业政策终结可能使一部分组织和个人的既得利益受损，但是，在一般情况下，他们不会马上反对新农业政策的出台。因此，为了缓解农业政策终结的压力，可以采取新农业政策出台与旧农业政策终结并举的方法，适时地用新农业政策替代旧农业政策。

【思考题】

1. 农业政策评估的作用和原则是什么？
2. 农业政策评估可以从哪些角度进行？对于不同的评估角度，可以使用哪些评估方法？
3. 农业政策评估的程序可以分为哪几个阶段？每个阶段的要点是什么？
4. 为什么要对农业政策调整？调整的原则及程序是什么？
5. 怎样理解农业政策终结？可以采取哪些措施辅助农业政策终结？

【推荐阅读】

李伟. 2015. 坚持专业性、科学性和开放性理念实现政策评估的客观、公正与准确. 管理世界，（8）：1-4.

马言. 2013-02-07. 用世界眼光提升中国公共政策和管理水平. 光明日报，（014）.

赵莉晓. 2014. 创新政策评估理论方法研究——基于公共政策评估逻辑框架的视角. 科学学研究，（2）：195-202.

周建国. 2012. 公共政策评估多元模式的困境及其解决的哲学思考. 中国行政管理，（2）：41-44.

参 考 文 献

刘圣中. 2008. 公共政策学. 武汉：武汉大学出版社.
宁骚. 2011. 公共政策学. 第二版. 北京：高等教育出版社.
肖阳华. 2010. 当前我国公共政策评估的困境与对策研究. 辽宁行政学院学报，(10)：14-16.
张国庆. 1997. 现代公共政策导论. 北京：北京大学出版社.
钟甫宁. 2011. 农业政策学. 北京：中国农业出版社.
Jones C O. 1977. An introduction to the study of public policy. Duxbury Press，14（4）：575-588.
Lasswell H D. 1956. The Decision Process：Seven Categories of Functional Analysis. College Park：University of Maryland Press.

下编　农业政策学各论

第六章　农业结构政策

【本章导读】

改革开放以来，随着经济社会发展和人民生活水平日益提高，我国农业结构不断优化调整，从而推动了主要农产品市场供求结构的转变。那么，什么是农业结构？有哪些农业结构调整政策？我国农业结构调整政策经历了怎样的变革？政策效果如何？

【核心概念】

农业结构；农业区域结构；农业部门结构；农业经营规模

第一节　农业结构政策概念、目标及一般政策手段

一、农业结构政策的内涵

农业结构是指农业生产过程中形成的各产业、产品等的构成及其比例，是农业资源和生产要素在农业领域的分配比例。可以分为狭义的农业结构和广义的农业结构。狭义的农业结构是指农业生产结构，包括种植业、林业、养殖业和渔业的构成及其所占的比例，农、林、牧、渔业中各种产品的构成及比例以及每个品种中的品质构成及比例。广义的农业结构除包括上述内容外，还包括农业的区域布局，农业经营规模结构，农、林、牧、渔业、农产品加工业和农产品储藏、运输、服务等第三产业的构成及比例。

农业结构政策就是适应国民经济发展和人民生活水平的改变，用以不断调整农业结构内部各种资源和生产要素构成及其比例的手段及措施。通过这种调整策略提高农业整体素质和发展水平，促进农业持续健康发展。

二、农业区域结构政策

（一）区域经济理论与农业区域结构

1. 区域经济理论

区位选择与区域经济发展是区域经济理论的两大主题，微观经济活动主体理性的区位选择导致经济活动在某一优势区位的聚集和扩散，在中观和宏观上表现为区域经济增长。

1）区位理论

德国经济学家杜能（Thünen）从区域地租出发探索因地价不同而引起的农业分带现象，创立了农业区位论。德国经济学家韦伯（Weber）提出了工业区位论。20 世纪 30 年代初，德国地理学家克里斯塔勒（Christaller）根据村落和市场区位，提出中心地理论。德国经济学家廖什（Losch）把中心地理论发展为产业的市场区位论。这些区位论都采用新古典经济学的静态局部均衡分析方法，以完全竞争市场结构下的价格理论为基础来研究单个厂商的最优区位

决策，又叫古典区位论。

第二次世界大战以后，空间相互作用模式、各种规划模式、网络和扩散理论、系统论及运筹学思想与方法的应用使区位论得到迅速发展，对区域经济运行的动态性、总体性研究促使地域空间结构理论、现代区位论逐渐形成。现代区位论一方面使区位研究从单个厂商的区位决策发展到区域总体经济结构及其模型研究，从抽象的纯理论模型推导，发展为建立接近区域实际的、具有应用性的区域模型；另一方面，使区位决策客体扩大到第三产业。

2）区域经济发展理论

传统的区域经济增长理论分为平衡增长理论和不平衡增长理论。在新古典经济学基本假设下对区域经济增长问题研究的主要成果为索罗–斯旺增长模型。他们在生产要素自由流动与开放区域经济的假设下，认为随着区域经济增长，各国或一国内不同区域之间差距会缩小，区域经济增长在地域空间上趋同，呈收敛之势。威廉姆斯（Williamson）在要素具有完全流动性的假设下，提出区域收入水平随着经济的增长最终可以趋同的假说。这两种理论实际上就是新古典经济学的空间均衡论，即市场价格机制能够使区域间的收入均等化。

20 世纪 50 年代以来，发展中国家和发达国家的经济发展差距日益拉大。而发达国家的发达区域与欠发达区域之间也呈现两极分化。这种区域经济增长不像新古典经济学家设想的那样收敛。为了解释这一经济现象，部分经济学家提出了区域经济不平衡增长理论。主要有缪尔达尔的“循环积累因果理论”、赫希曼的“核心–边缘理论”等。缪尔达尔指出，市场力作用倾向于扩大区域差距而不是缩小区域差距，一旦差距出现，则发达区域会获得积累的竞争优势，从而抑制欠发达区域的经济发展，使欠发达区域不利于经济发展的因素越积越多。赫希曼认为，区际增长不平衡的现象是不可避免的，核心区的发展会通过涓滴效应在某种程度上带动外围区发展，但同时，劳动力和资本从外围区流入核心区，加强核心区的发展，又起着扩大区域差距的作用，极化效应起支配作用。要缩小区域差距，必须加强政府干预，加强对欠发达区域的援助和扶持。

2. 农业区域结构

农业区域结构是农业结构和经营方式在区域上的表现，是在一定地域范围内和一定历史发展阶段受自然、技术、经济等条件影响而形成的农业生产在区域上的布局和分工。由于各地区的条件存在差异，形成了各地区不同的比较优势，并产生了地域分工，从而使不同地区的农业结构不同。

优化农业区域布局结构是农业结构调整政策的重要方面，利用区域经济理论，发挥区域比较优势是优化农业区域布局结构的灵魂。通过区域间的适度分工，建立起等价交换的经济协作关系，实现农业的合理布局对各区域都有利。反之，各地区农业都去搞“小而全”，等于抹杀了区域间的资源优势和农业比较优势，不仅会造成资源浪费和农业效率损失，还会引起区际农产品流通的混乱。

（二）中国的农业区域划分

1. 经济区域划分

我国的经济区域有多种划分方法。

首先是两分法，即以 600 毫米等雨线为标准把全国分为东南和西北两大块。

其次是四分法，即综合考虑发展的基本条件与潜力、现有生产力发展水平、地理位置特点，适当考虑现行行政区划的完整性，把全国划分为东、中、西、东北四大经济地带（表 6-1）。

表 6-1　中国四大经济地带基本情况

指标		总人口（年末）/万人	国内（地区）生产总值/亿元
全国总计		136 782	636 139
东部地区［北京、天津、河北、山东、江苏、上海、浙江、福建、广东、海南（香港、澳门、台湾不计人内）］	绝对数	52 169	350 101
	占全国比重/%	38.3	51.2
中部地区（山西、河南、安徽、湖北、湖南、江西）	绝对数	36 262	138 680
	占全国比重/%	26.6	20.3
西部地区（陕西、甘肃、宁夏、青海、西藏、云南、贵州、新疆、四川、重庆、内蒙古、广西）	绝对数	36 839	138 100
	占全国比重/%	27.0	20.2
东北地区（黑龙江、吉林、辽宁）	绝对数	10 976	57 469
	占全国比重/%	8.1	8.4

资料来源：国家统计局. 中国统计年鉴（2015）. 北京：中国统计出版社，2015

2. 农业区域划分

根据区域划分的理论和方法，中国曾进行过四次全国性的农业区划。20 世纪 50 年代中期，我国曾把农业区域划分为 16 个农业区和 8 个农业经济区；80 年代初，划分为 10 个一级农业区及 38 个二级农业区（表 6-2）。一级区概括地揭示了中国农业生产最基本的地域差异，既反映中国自然条件丰富的地带性特征，也反映通过长期历史发展过程形成的农业生产的基本地域特点；二级区着重反映农业生产发展方向和建设途径的相对一致性，结合分析农业生产的条件、特点和问题。

表 6-2　20 世纪 80 年代中国农业区划

一级区	二级区
Ⅰ东北区	Ⅰ1.兴安岭林农区 Ⅰ2.松嫩三江平原农业区 Ⅰ3.长白山地林农区 Ⅰ4.辽宁平原丘陵农林区
Ⅱ内蒙古及长城沿线区	Ⅱ1.内蒙古北部牧区 Ⅱ2.内蒙古中南部牧农区 Ⅱ3.长城沿线农林牧区
Ⅲ黄淮海区	Ⅲ1.燕山太行山山麓平原农业区 Ⅲ2.冀鲁豫低洼平原农业区 Ⅲ3.黄淮平原农业区 Ⅲ4.山东丘陵农牧区
Ⅳ黄土高原区	Ⅳ1.晋东豫西丘陵山地农林牧区 Ⅳ2.汾渭谷地农业区 Ⅳ3.晋陕甘黄土丘陵沟谷牧林农区 Ⅳ4.陇中青东丘陵农牧区
Ⅴ长江中下游区	Ⅴ1.长江下游平原丘陵农林水产区 Ⅴ2.豫鄂皖平原山地农林区 Ⅴ3.长江中游平原农业水产区 Ⅴ4.江南丘陵山地林农区 Ⅴ5.浙闽丘陵山地林农区 Ⅴ6.南岭丘陵山地林农区

续表

一级区	二级区
Ⅵ西南区	Ⅵ1.秦岭大巴山林农区 Ⅵ2.四川盆地农林区 Ⅵ3.川鄂湘黔边境山地林农区 Ⅵ4.黔桂高原山地农林牧区 Ⅵ5.川滇高原山地农林牧区
Ⅶ华南区	Ⅶ1.闽南中农林水产区 Ⅶ2.西湘南农林区 Ⅶ3.滇南农林区 Ⅶ4.琼雷及南海诸岛农林区 Ⅶ5.台湾农林区
Ⅷ甘新区	Ⅷ1.蒙宁甘农牧区 Ⅷ2.北疆农牧林区 Ⅷ3.南疆农牧区
Ⅸ青藏区	Ⅸ1.藏南农牧区 Ⅸ2.川藏林农牧区 Ⅸ3.青甘牧农区 Ⅸ4.青藏高寒牧区
Ⅹ海洋水产区	

资料来源：全国农业区划委员会. 中国农业自然资源和农业区划. 北京：农业出版社，1991

2015 年发布的指导我国农业可持续发展的纲领性文件《全国农业可持续发展规划（2015—2030 年）》将全国农业划分为优化发展区、适度发展区和保护发展区，国家将因地制宜、梯次推进、分类施策。划分的依据是各地农业资源承载力、环境容量、生态类型和发展基础等因素。

优化发展区，包括东北区、黄淮海区、长江中下游区和华南区。这是我国大宗农产品主产区，农业生产条件好、潜力大。应坚持生产优先、兼顾生态、种养结合的原则，在确保粮食等主要农产品综合生产能力稳步提高的前提下，实现生产稳定发展、资源永续利用、生态环境友好。

适度发展区，包括内蒙古及长城沿线区、西南区。这一区域农业生产特色鲜明，但水土配置错位、资源环境承载力有限，应坚持保护与发展并重，适度挖掘潜力、集约节约、有序利用。

保护发展区，包括青藏区和海洋水产区。这一区域在生态保护与建设方面具有特别重要的战略地位，应坚持保护优先、限制开发，适度发展生态产业和特色产业，促进生态系统良性循环。

（三）农业区域结构政策目标

政府的农业区域结构政策目标是多样的，一般有如下几个目标。

1. 发挥本国优势，参与世界农业分工协作，获取尽可能多的农业利益是政府宏观农业结构政策的基本目标

要保证本国农业处在世界农业结构体系中的合理位置，或者说在本国农业参与世界农业贸易过程中处于有利地位。世界经济逐步走向区域化、集中化及一体化。每一个国家的农业都不同程度地加入了世界农业体系之中，并且这种世界农业一体化的趋势正在进一步加强。政府首先要把本国的食品安全放在首要地位。因为食品问题不仅是一个农业问题和经济问题，更重要的是一个政治问题和社会问题。其次要根据世界农产品需求状况、本国农业生产的条件以及自身的农业生产优势进行组织生产。每一个国家的生产优势都是相对的，并且不可能永远不变。中国是一个人多地少的国家，我国在保证粮食等重要食品基本自给的前提下，将积极参与世界农业的分工协作。对中国来说，集中生产集约水平较高的劳动密集型的农产品是有利的。

2. 要充分发挥国内各区域的优势，促进农业生产的区域专业化

自由贸易的理论同样适用于国内各区域之间的关系。每个地区都有自己特定的农业生产条件和优势，如果能使每个区域都充分发挥自己的优势，进行区域专业化生产，那么整个社会的农业生产水平和农业经济效益将大大提高。

3. 要追求区域之间的相互促进与协作，促进国内统一市场的形成和不断完善

区域的专业化生产必然要求各区域之间相互协作，因此，建立和完善统一的国内市场至关重要。如果各区域之间的关系协调，就表明全部农业生产处于充分合理的状态；如果有一个统一高效的国内市场，就表明农业生产要素、产品等在交易费用最低的条件下达到了空间上、时间上的最佳配置。

4. 要促进落后区域农业经济的增长和发展，缩小地区之间的经济差别

农业经济及国民经济的发展在各地区之间明显地表现出差距，对那些竞争力较低和自然条件较差的地区，政府必须给予扶持，促进其经济结构的调整，提高其经济增长的质量和速度，以保证落后地区的居民收入水平不至过分低于其他地区。否则，落后地区的人口将大规模迁移到发达地区，有可能影响整个国民经济的发展和社会稳定。因此，促进落后地区经济的发展，减弱各地区收入水平的差别是政府的一个重要职能或目标。

5. 要不断促进各区域结构的调整，以适应整个社会、经济、技术的发展变化

前面几点都是静态地考虑问题，而在实践中必须动态地、发展地考虑问题。每个区域内的结构及各区域之间的结构关系都处在变化之中，政府的职责是保证其合理的演变或发展。

（四）农业区域结构政策手段

1. 制定农业区域发展规划

政府首要的任务是做好整个国家农业的区域发展规划，即按一定的目标和标准把整个农业分布划分成若干个区域，以便政府能够针对不同区域的特点，确定不同的发展目标，采取不同的政策措施。第二次世界大战后，西方发达国家都先后进行了大规模的农业区域规划，在农业区域发展规划的基础上有目的地采取政策措施。中国也制定过多种发展规划，如《优势农产品区域布局规划（2003—2007 年）》提出建设 35 个优势产业带，《国家优质粮食产业工程建设规划（2004—2010 年）》着力抓好四大粮食作物优势品种及九大产业带建设，《特色农产品区域布局规划（2006—2015 年）》启动建设一批特色农产品标准化生产示范区。这些规划有利于帮助各类社会资金明确投入方向和重点，促进农业区域专业分工，深化农业结构战略性调整，加快形成科学合理的农业生产力布局。

2. 扶持农业商品基地

在一个国家中总是存在一些特定的区域，它们的生产条件及技术、经济环境都比较优越，政府可以确定这样的区域为重点扶持基地，从而较大规模地增加农产品商品量。同时，这样做可以发挥规模经济的优势，获得较高的经济效益。商品基地可以是粮食商品基地、棉花商品基地、生猪商品基地，也可以是出口创汇基地，还可以是育种基地、新技术推广基地等。

3. 扶贫措施

出于历史及自然原因，总有一些地区处于严重的贫困状态。政府一般都会制定一些标准来划分一些贫困地区。这些地区的农业及其他方面都严重处于落后状态，如果政府不予以支持和干预，这些地区的人们就很难维持文明社会的基本生活，资源环境会不断地恶化。因此，政府一般都必须在财政、税收、投资、科技引进等方面给予倾斜，对贫困地区予以扶持，以消除贫困。

4. 政府直接投资

政府可以直接对某一地区进行大规模的投资，以改变该地区的农业生产状况。政府的投资一般都是对农业的基础设施投资，如土壤改良、水利设施、交通条件等。政府的投资一般以项目的形式出现，这样可以加强管理，提高效益。

5. 其他政策手段

为了调整农业区域结构，还有许多其他手段可使用。例如，税收手段，对需要扶持的区域给予税收优惠；信贷手段，对需要支持的地区给予优惠贷款，包括一些国际金融机构的优惠贷款项目；行政手段，调整不同区域的行政规划，建立“特区”，制定禁止区域之间人为封锁的规则，协调区域之间经济合作的关系等。

三、农业部门结构政策

（一）农业部门结构的概念

农业部门结构是指一个国家、地区或农业生产单位内农业生产部门及各生产项目的组成情况与所占比重。例如，农业内部的种植业、林业、牧业和渔业等的组成和比重。又如，种植业包括谷物、豆类、薯类、棉花、油料、糖料、麻类、烟叶、蔬菜、药材、瓜类和其他农作物的种植以及茶园、桑园、果园的生产经营，农业部门结构也包括这些子部门的比重。农业部门结构可以用各部门产值、增加值、各部门产品比例、从业人员等经济指标来表示。各个国家的情况及条件不同，农业部门结构的差异性很大。即使同一国家，由于条件的变化，农业部门的结构也会发生变化，农业部门结构是一个运动的系统。

表 6-3 所描述的是中国农业部门结构情况。由表 6-3 可知，种植业所占比重比较大，但随着时间推移在逐步下降，林业所占比重比较小，牧业和渔业所占比重在逐步增加。农业部门结构的变化与中国经济增长、人民收入水平增加以及对农产品需求结构的变化密切相关。

表 6-3 中国种植业、林业、牧业、渔业总产值及结构

年份	种植业		林业		牧业		渔业	
	绝对值/亿元	所占比重/%	绝对值/亿元	所占比重/%	绝对值/亿元	所占比重/%	绝对值/亿元	所占比重/%
1978	1 117.5	79.99	48.1	3.44	209.3	14.98	22.1	1.58
1980	1 454.1	75.63	81.4	4.23	354.2	18.42	32.9	1.71
1985	2 506.4	69.25	188.7	5.21	798.3	22.06	126.1	3.48
1990	4 954.3	64.66	330.3	4.31	1 967.0	25.67	410.6	5.36
1995	11 884.6	58.43	709.9	3.49	6 045.0	29.72	1 701.3	8.36
2000	13 873.6	55.68	936.5	3.76	7 393.1	29.67	2 712.6	10.89

续表

年份	种植业		林业		牧业		渔业	
	绝对值/亿元	所占比重/%	绝对值/亿元	所占比重/%	绝对值/亿元	所占比重/%	绝对值/亿元	所占比重/%
2005	19 613.4	49.72	1 425.5	3.61	13 310.8	33.74	4 016.1	10.18
2006	21 522.3	52.74	1 610.8	3.95	12 083.9	29.61	3 970.5	9.73
2007	24 658.1	50.43	1 861.6	3.81	16 124.9	32.98	4 457.5	9.12
2008	28 044.2	48.35	2 152.9	3.71	20 583.6	35.49	5 203.4	8.97
2009	30 777.5	50.99	2 193.0	3.63	19 468.4	32.25	5 626.4	9.32
2010	36 941.1	53.29	2 595.5	3.74	20 825.7	30.04	6 422.4	9.26
2011	41 988.6	51.64	3 120.7	3.84	25 770.7	31.70	7 568.0	9.31
2012	46 940.5	52.47	3 447.1	3.85	27 189.4	30.40	8 706.0	9.73
2013	51 497.4	53.09	3 902.4	4.02	28 435.5	29.32	9 634.6	9.93
2014	54 771.5	53.58	4 256.0	4.16	28 956.3	28.33	10 334.3	10.11

资料来源：国家统计局. 中国统计年鉴（2015）. 北京：中国统计出版社，2015

农业部门结构是一个大的系统。系统是多层次的，为了使问题分析能够具体化，往往需要把子系统的结构也表示出来。表 6-4 表示的是中国种植业结构，这种结构是农业部门结构的重要组成部分，也是农业部门结构政策手段作用的客观对象。

表 6-4　中国种植业结构（单位：%）

项目	1995 年	2000 年	2005 年	2010 年	2013 年	2014 年
农作物总播种面积	100.00	100.00	100.00	100.00	100.00	100.00
1 粮食作物	73.43	69.39	67.07	68.38	68.01	68.13
1.1 谷物	59.59	54.55	52.66	55.92	56.96	57.18
1.1.1 稻谷	20.51	19.17	18.55	18.59	18.41	18.32
1.1.2 小麦	19.26	17.05	14.66	15.10	14.65	14.55
1.1.3 玉米	15.20	14.75	16.95	20.23	22.06	22.44
1.1.4 谷子	1.02	0.80	0.55	0.50	0.43	0.47
1.1.5 高粱	0.81	0.57	0.37	0.34	0.35	0.37
1.1.6 其他谷物	2.80	2.21	1.58	1.16	1.05	1.03
1.2 豆类	7.49	8.10	8.30	7.02	5.60	5.55
1.2.1 大豆	5.42	5.95	6.17	5.30	4.12	4.11
1.2.2 杂豆	2.07	2.15	2.13	1.72	1.48	1.44
1.3 薯类	6.35	6.74	6.11	5.45	5.44	5.40
其中，马铃薯	2.29	3.02	3.14	3.24	3.41	3.37
2 油料作物	8.74	9.85	9.21	8.64	8.52	8.49
2.1 花生	2.54	3.11	3.00	2.82	2.81	2.78
2.2 油菜子	4.61	4.79	4.68	4.59	4.57	4.59
2.3 芝麻	0.43	0.50	0.38	0.28	0.25	0.26
2.4 胡麻籽	0.41	0.32	0.26	0.20	0.19	0.19

续表

项目	1995 年	2000 年	2005 年	2010 年	2013 年	2014 年
2.5 向日葵	0.54	0.79	0.66	0.61	0.56	0.57
3 棉花	3.62	2.59	3.26	3.02	2.64	2.55
4 麻类	0.25	0.17	0.22	0.08	0.06	0.05
4.1 黄红麻	0.10	0.03	0.02	0.01	0.01	0.01
4.2 苎麻	0.06	0.06	0.08	0.06	0.04	0.04
4.3 大麻		0.01	0.01		0.004	0.005
4.4 亚麻	0.08	0.06	0.10	0.01	0.003	0.002
5 糖料	1.21	0.97	1.01	1.19	1.21	1.15
5.1 甘蔗	0.75	0.76	0.87	1.05	1.10	1.06
5.2 甜菜	0.46	0.21	0.14	0.14	0.11	0.08
6 烟叶	0.98	0.92	0.88	0.84	0.99	0.88
其中，烤烟	0.87	0.81	0.80	0.77	0.93	0.83
7 药材	0.19	0.43	0.78	0.77	1.11	1.20
8 蔬菜、瓜类	7.08	11.06	12.82	13.31	14.19	14.44
其中，蔬菜	6.35	9.75	11.40	11.83	12.70	12.94
9 其他农作物	4.49	4.70	4.78	3.76	3.29	3.10
其中，青饲料	1.22	1.37	2.17	1.17	1.28	1.22

资料来源：国家统计局. 中国统计年鉴（2015）. 北京：中国统计出版社，2015

（二）农业部门结构政策目标

1. 根据农产品的消费需求提供充足优质的各种农产品

合理的农业部门结构应该是与消费需求结构相一致的。消费需求结构是一个广义的概念，它包括食用消费需求、非食用消费需求以及出口需求等。政府的目标是要经常地保持产品生产结构与消费结构相吻合。这样可以保证市场上各种农产品既不短缺，也不过剩。

2. 保证农业部门结构能充分合理地利用各种农业资源

农业资源包括自然资源和经济资源。自然资源包括土地资源、水利资源、气候资源和生物资源；经济资源包括劳动力、资本、技术、各种基础设施等。充分利用是指各种农业资源都能正常地投入农业生产活动，合理的农业生产部门结构不应造成大量的农业资源的浪费。合理利用一方面要求农业资源利用的经济效益要高，另一方面资源的利用要走持续发展的道路，不能破坏环境。

3. 保证农业内部各部门的相互促进、协调发展

植物生产部门内部和动物生产部门内部，各部门各品种生产相互之间都有一种竞争关系。多种植了粮食作物，经济作物的播种面积就会下降；多饲养了生猪，其他饲养业也许会减少。在这种关系条件下，保证各部门之间的最佳配置是非常重要的。生产经济学中的部门配置理论与方法在实践中是非常有用的。种植业和畜牧业之间有着传统的协调关系，植物产品多了，动物生产就有了保证，动植物生产之间总是可以相互促进的。但现代化的动物生产已经打破了传统的农牧业结合型的生产配置模式。在实践中要把握变化了的情况，保证它们之间的协调。

（三）农业部门结构政策手段

第一是价格手段。总体上说要有一个合理的价格体系，包括工农产品的价格比、农产品内部价格比。保证合理的价格比例关系，就可以保证产品结构及部门结构的基本合理。在部门结构处于不合理的情况下，政府可以降低过剩产品的价格，提高短缺产品的价格。价格是非常重要的指挥棒，它可以在很大程度上调整农业部门生产结构。

第二是税收手段。对生产过热的品种课以重税，如烟草等；对生产经济效益较差、新型的生产品种或政府拟扶持的品种给予减税或免税，以刺激发展，如饲料工业等。

第三是信贷手段。对重点扶持发展的生产部门给予信贷优惠，如近年来我国对养牛业的贷款；对拟限制的生产部门给予限制贷款等。

第四是政府直接投资或补贴投资。对一些新型的、发展速度较慢或民间难以承担的项目，政府可以给予直接投资或补贴投资。

第五是行政措施。主要是对一些过剩产品的生产部门，还有严重影响环境的生产部门予以行政限制。

四、农业经营规模政策

（一）农业经营规模的概念

经营规模归根到底是一个投入—产出的问题，因此，农业经营规模可分为投入规模和产出规模两个层次。从理论上来说，农业投入主要是土地、资金与劳动力三种要素。因此，农业经营规模可分为土地规模、资金规模和劳动力规模。投入规模可分为禀赋规模（原有生产要素）与追加投入规模；产出规模可分为产量规模、收入规模与利润规模等，产量规模是基础。认为农业经营规模就是土地规模的观点是片面的。对种植业来说，由于较为依赖土地，而我国土地资源又相对稀缺，提土地规模是合适的。对于饲养业、蔬菜花卉等园艺业，其经营规模应强调资金规模。三种投入不是截然分开的，而是相互配合，针对各行业特点，侧重点有所不同。

规模的最终目的是获得经济效益，产量规模应体现为收入规模，特别是利润规模。由于农户在经营时对成本核算的不是很清楚，收入规模是可以接受的指标，但对于农业企业、农场和合作社，如果产量规模增大，但收入规模与利润规模不变或减少，这样的经营规模是不合理的。另外，在衡量经营规模的效益时，还有微观和宏观两个层次。对于各类微观主体来说，进行规模经营主要是追求利润规模的扩大，但对于国家而言，在考虑经济效益的同时，还要兼顾社会效益与生态效益。例如，在粮食问题上，为了保证国家安全，满足人民生活需要，要强调产量规模，但很可能引起生产者收入规模与利润规模的下降，国家应采取财政补贴等手段进行弥补，把宏观与微观效益结合起来。

综上所述，农业经营规模可以理解为，在一定的生产力水平和经营环境下，为获得最佳的产出规模而尽可能投入适量的生产要素，并使诸生产要素之间保持协调，以获取经济效益，国家应在兼顾微观经济效益的同时，进行调控，以实现宏观综合效益。

【政策解读】

到底多少算"适度"规模经营

2014年，中央出台了《关于引导农村土地经营权有序流转发展农业适度规模经营的意见》，农业部部长韩长赋对实践中如何把握这个度进行了政策解读。韩长赋认为，很难在全国范围内制定一个统一的面积标准，各地需要根据区域特征、土地条件、作物品种、生产力水平等多种因素而确定，而且是动态的标准。该意见只提出对"两个相当于"的要重点扶持，即土地经营规模的务农收入相当于当地二、三产业务工收入的，土地经营规模相当于当地户均承包土地面积10~15倍的，应当给予重点扶持。这主要考虑到我国农户平均承包土地面积不足8亩（1亩≈666.67平方米），10~15倍在100亩左右，按农户家庭2个劳动力种粮计算，现阶段劳均收入可相当于出外打工。实际是种半年地等于打一年工。

资料来源：http：//www.moa.gov.cn/zwllm/zwdt/201410/t20141017_4108778.htm

（二）农业经营规模政策目标

根据投入—产出的经济原理，从规模最小到规模最大的过渡规模中找到一个规模点，在此规模条件下，农场的经济效益最高。政府的目的在于采取各种措施，使各种规模条件的农场尽可能地使其规模靠近政府认为经济效益最大的规模水平。

发展多种形式的适度规模经营是我国建设现代农业强国的必由之路。从我国实际情况看，由于各地的农业资源禀赋、农民就业和收入结构等自然经济条件千差万别，不可能存在一个放之四海而皆准的土地经营规模适宜标准。所以，各地政府要从实践中探索、确定合理的且适合当地的土地经营规模。同时，农业规模经营的实现形式也要因地制宜，各地要结合实际不断探索和丰富适合当地发展的有效形式。有条件的地方根据农民意愿，可以统一连片整理耕地，将土地折股量化、确权到户，经营所得收益按股分配。鼓励农民在自愿前提下采取互换并地方式解决承包地细碎化问题。鼓励承包农户依法采取转包、出租、互换、转让及入股等方式流转承包地。

（三）农业经营规模政策手段

1. 土地制度改革

土地制度包括土地所有权和使用权两个方面。土地制度的改革一般是指在土地所有权不变的情况下，其使用权可以改变和转让。合理的土地制度可以促进土地的合理使用。土地使用方式直接影响着土地的利用效果。由于土地是一种自然资源，特别是一些丘陵、山区的土地，地块零碎是一个很普遍的现象，因此政府必须采取各种措施，使土地经营规模逐步扩大。主要措施是允许土地流转，鼓励农户之间进行土地交换。政府也可以利用各种大的工程项目活动，对周围的土地进行统一规划，然后再出售或转让给农户，以便使农户经营的规模能够扩大。欧洲各国从20世纪50年代就采取了类似的所谓"土地重划与合并"的措施，鼓励农户交换零散的地块。但由于土地问题的复杂性，交换过程的补差比较难确定且涉及一系列社会习惯等问题，这项措施的效果并不明显。日本、中国台湾地区等也试图扩大其经营规模，但出于各种原因，他们的经营规模不但没有扩大，甚至有缩小的现象。

我国从20世纪80年代中期就开始了农村土地使用权流转，中央也先后制定了一系列关于农村土地流转和规模经营发展的政策法律，如2001年中共中央下发的《关于做好农户承包地使用权流转工作的通知》、2003年开始施行的《中华人民共和国农村土地承包法》（简称

《农村土地承包法》），对土地怎样流转做出了明确规定。2014 年中央又发布了《关于引导农村土地经营权有序流转发展农业适度规模经营的意见》。具体来说，涉及农村土地（耕地）制度改革的措施包括：

建立健全土地承包经营权登记颁证制度。这是稳定农村土地承包关系、促进土地经营权流转、发展适度规模经营的重要基础性工作。过去，对农户承包地主要是按照合同进行管理，存在面积不准、四至不清、空间位置不明、登记簿不健全等问题。这使许多农民心里不够踏实，总担心土地流出后自己的权益无法保障。建立农村土地承包经营权登记制度，一是针对现实矛盾，解决好承包地块面积不准、四至不清、空间位置不明等问题；二是按照《中华人民共和国物权法》要求，完善合同、健全登记簿、颁发权属证书，确认农户对承包地的占有、使用、收益等各项权利。

积极发展多种形式的适度规模经营。有条件的地方根据农民意愿，可以统一连片整理耕地，将土地折股量化、确权到户，经营所得收益按股分配。鼓励农民在自愿前提下采取互换并地方式解决承包地细碎化问题。鼓励承包农户依法采取转包、出租、互换、转让及入股等方式流转承包地。有条件的地方应制定扶持政策，引导农户长期流转承包地并促进其转移就业。引导农民以承包地入股组建土地股份合作社，鼓励承包农户开展联户经营，引导发展农民合作社联合社，扩大生产经营面积，解决土地碎片化和产出能力低下等问题，推动集约规模经营。引导鼓励龙头企业与农民或农民合作社以“订单农业”等方式实现规模经营。

2. 财政、信贷等扶持政策

发达国家为了扩大农业经营规模，一般是将财政金融政策向达到一定规模的农场倾斜。例如，法国为了合并小农土地，鼓励中等农场的发展，政府给予中等农场土地购买、税收以及贷款等方面的优惠。

我国为了加快培育新型农业经营主体，也将一些财政信贷政策向新型经营主体倾斜。例如，从 2015 年起调整完善农作物良种补贴、种粮农民直接补贴和农资综合补贴等三项补贴政策（简称农业“三项补贴”），统筹用于支持粮食适度规模经营，重点向种粮大户、家庭农场、农民合作社、农业社会化服务组织等新型经营主体倾斜。农机购置补贴向从事规模化生产的农民合作社、家庭农场等经营主体倾斜。鼓励商业性金融机构创新抵押、担保方式，增加对新型农业经营主体的贷款投放。鼓励融资担保机构为新型农业经营主体提供融资担保服务，通过设立融资担保专项资金、担保风险补偿基金等加大扶持力度。鼓励保险机构积极创新保险产品，开展特色优势农产品保险。

3. 建立健全农业社会化服务体系

农业经营规模越大，就越需要完善的社会化服务体系与之相适应。政府一般采取财政扶持、信贷支持、税收优惠等措施，建立健全农业社会化服务组织体系，促进供种供肥、农机作业、农技推广、生产管理和产品销售等生产经营的组织化和统一化，提高区域规模经营效益。

2015 年，我国中央一号文件提出了采取购买服务等方式鼓励和引导社会力量参与公益性服务的明确要求。目前，农业部在一些县市组织开展了政府向经营性服务组织购买农业公益性服务机制的创新试点，通过政府订购、定向委托、以奖代补、贷款担保、招投标等方式，支持具有一定资质的经营性服务组织从事可量化、易监管、受益广的农业公益性服务；探索对试点县经营性服务组织和生产经营主体扩大有效担保物范围，提高授信额度，适当给予利率优惠；鼓励试点县建立由财政出资的农业担保公司，为各类经营性服务组织和生产经营主体提供贷款担保。

第二节　我国农业结构政策的发展历程

一、1985~1991 年，以“决不放松粮食生产，积极开展多种经营”为基本方针的结构调整

（一）政策背景

1978 年以前，我国农产品长期处于供不应求的短缺状态，农业发展的主要任务是解决粮食总量不足的问题，因此实施了“以粮为纲、全面发展”的政策。在实践中，由于过多强调“以粮为纲”，在资源配置上向粮食生产倾斜，形成了农业以种植业为主，种植业以粮食生产为主，粮食生产又以高产作物为主的结构。到 1978 年，农业总产值中种植业所占比重高达 80%，林业仅为 3.4%，畜牧业为 15%，渔业为 1.6%。

1978 ~ 1984 年，我国农村经济体制改革的核心内容是确立家庭承包经营制度。到 1984 年年底，全国有 99%的生产队、97%的农户实行了包干到户。家庭承包经营制度的确立，使农户真正成为生产经营的主体，也为农业结构调整奠定了制度基础。

放活农产品流通也为农业结构调整提供了良好的市场条件。1985 年，我国开始了农产品流通体制改革，由统派统购改为合同定购与市场收购，实行“双轨制”，全面放开除蚕丝、药材、烤烟外的水果、水产品等 132 项农副产品市场。农产品流通体制改革进入市场取向的大跨步推进阶段，促进了经济作物、畜牧业、水产业的快速发展。

（二）政策措施

1981 年，中共中央、国务院转发了国家农村工作委员会《关于积极发展农村多种经营的报告》，提出“决不放松粮食生产，积极开展多种经营”，确立了农业结构调整的基本方针。1985 年中央一号文件提出“继续贯彻决不放松粮食生产、积极发展多种经营的方针”，在此基础上，“大力帮助农村调整产业结构”，提出“国家将以一定的财力物力支持粮棉集中产区发展农产品加工业”。同时，中央还决定“拿出一批粮食，按原统购价销售给农村养殖户、国营养殖场、饲料加工厂、食品加工厂等单位，支持发展畜牧业、水产养殖业、林业等产业”。这是农村改革以来中央文件中首次明确提出农业结构调整问题。1986 年中央一号文件对调整生产结构政策措施给予肯定并要求继续贯彻执行，强调“在调整产业结构中，要正确处理粮食生产和多种经营的关系”。1987 年，《把农村改革引向深入》重点关注产业结构调整与农业劳动力转移之间的关系，提出“只有使众多的劳动力从种植业转移出来，形成农工商综合发展的产业结构，才能提高种植业的劳动生产率”。同时强调，“任何忽视粮食生产的思想和做法都是有害的”。1988 年，全国农村工作会议提出，“调整农村产业结构，一定要正确处理好发展农业与发展第二、第三产业的关系，必须把农业即第一产业作为基础产业。多元化的农村产业结构，必须建立在商品性农业基础之上。调整农村产业结构，一定要因地制宜，不能违背经济规律和自然规律。”1989 年，党的十三届五中全会通过的《中共中央关于进一步治理整顿和深化改革的决定》提出要齐心协力把农业搞上去，确保粮食、棉花等主要农产

品的稳定增长，促进农林牧副渔全面发展。这一时期，尤其是 1986 年以后，粮食产量出现了下滑，因此在结构调整过程中要求特别关注粮食生产，确保满足城乡居民对粮食的需求。

（三）政策效果

这次结构调整是针对非粮产品紧缺进行的结构纠偏，拓宽了农业的发展空间，种植业、养殖业都有了很大发展。农村改革极大地解放了生产力，一方面实现了农业的快速发展，粮食等农产品大幅度增加；另一方面初步改善了农业结构，与 1978 年相比，1991 年农业总产值中种植业产值所占比重由 80%下降到 63.1%，同期畜牧业产值所占比重由 15%上升到 27.1%，渔业产值所占比重也由 1.6%上升到 6.8%。

二、1992~1997 年，以发展高产优质高效农业为结构调整的主要目标

（一）政策背景

20 世纪 80 年代，我国农产品数量实现大幅度增长，基本解决了全国人民的温饱问题，然而农业结构又出现了一些新的问题，一方面表现为农产品出现新的卖难问题，另一方面表现为优质农产品供应不足，不能满足城乡居民生活水平不断提高的消费需求，进而出现了农业增产不增收的现象。

同时，宏观层面上，市场经济不断发育，确立社会主义市场经济体制的条件逐步成熟。这一阶段的农业结构调整是在社会主义市场经济体制从提出到全面建设的背景下开展的。

（二）政策措施

1992 年，国务院发布了《关于发展高产优质高效农业的决定》，提出“九十年代我国农业应当在继续重视产品数量的基础上，转入高产优质并重、提高效益的新阶段”的要求，“不论种植业还是林业、畜牧业和水产业，都要把扩大优质产品的生产放在突出地位，并作为结构调整的重点抓紧抓好”。同时，指出“进一步把农产品推向市场，农业结构的调整和优化要以市场为导向，要依靠科技进步发展高产、优质、高效农业，要以发展加工、保险、运输和销售为重点，建立贸工农一体化的经营体制，要进一步改善农业生产条件和基础设施，中央和地方要增加对农业的资金投入，适当调整资金投放结构，增加对高产、优质、高效农业的投入比重”。这是在全国农产品大幅度增长后，中央及时做出的促进农业结构调整和持续发展的又一重大决定，标志着我国农业结构调整已由过去注重数量向数量、质量和效益并重转变。

1993 年，党的十四届三中全会通过的《中共中央关于建立社会主义市场经济体制若干问题的决定》提出，“要适应市场对农产品消费需求的变化，优化品种结构，使农业朝着高产、优质、高效的方向发展”。“在保持粮棉等基本农产品稳定增长的前提下，调整农村的产业结构，加快乡镇企业和其他非农产业的发展，为农村剩余劳动力提供更多的就业机会”。

（三）政策效果

在发展高产优质高效农业的政策取向下，各地积极推进农业以市场为导向优化产业结构，取得了突出成效。一方面，粮食产量在 1996 年突破 10 000 亿斤（1 斤=0.5 千克）达到 10 091 亿斤，粮食总量逐步进入总量平衡、丰年有余的阶段；另一方面，畜牧业、水产、蔬菜、水

果等经济作物以及农产品加工企业快速发展，沿海创汇农业、城郊高效农业、西部特色农业的生产格局初步形成。

三、1998~2013 年，以农业结构战略性调整为主要目标

（一）政策背景

20 世纪 90 年代末，农业综合生产能力显著增强，农业发展及农产品供求关系发生了一系列变化，主要表现在以下几方面：一是由于种植业生产连年丰收，粮食、棉花、食糖等农产品国家储备和商业库存大幅增加，畜产品和水产品产量持续增长，加上亚洲金融危机和国内需求不足等综合因素的影响，国内大部分农产品出现了阶段性、结构性的供大于求，结束了农产品全面短缺的时代，农产品供求波动趋于收敛，阶段性买方市场初步形成；二是在增长方式方面，农业发展从以劳动密集型为主向资本、技术密集型方向转变；三是在发展目标方面，农业发展从追求产量最大化转向追求效益最大化；四是在农民增收途径方面，从过去的主要依靠农产品特别是粮食增产和提价，转向主要依靠多种经营和非农产业的发展；五是在制度创新方面，农业从分散型的内部自主创新向一体化式的外部创新带动内部创新转变；六是在农业与国民经济的关系方面，农业与其他产业的关系日趋紧密。

基于上述形势，中央在 1998 年做出了我国农业进入新的发展阶段的判断，提出新阶段的中心任务是对农业和农村经济结构进行战略性调整。

（二）政策措施

本次农业结构战略性调整的目标是在农产品总量供给基本平衡、丰年有余的基础上，坚持以市场为导向，进行提升产业素质的战略性调整，更加突出质量和效益，发挥区域比较优势，培育优势产业，提升产业竞争力。

1999 年，农业部《关于当前调整农业生产结构的若干意见》提出，农业结构调整的主要内容是调整和优化种植业作物和品种结构，优化区域布局，发展畜牧业和农产品加工业。2000 年，中央农村工作会议提出，“调整和优化农业生产结构，当前要着重抓好三个环节：第一，全面优化农作物品种，努力提高农产品质量。第二，积极发展畜牧水产业，优化农业的产业结构。第三，调整农业生产布局，发挥区域比较优势”。2002 年，《中共中央、国务院关于做好 2002 年农业和农村工作的意见》指出，“调整农业结构是一项长期任务，今年要着重在调整农业区域布局、扶持农业产业化经营、发展畜牧业和保证农产品质量安全方面下功夫，争取有大的进展”。

2004 年以来每年中央一号文件都制定了政策措施，促进农业结构战略性调整的深化。2004 年、2005 年和 2006 年中央一号文件都提出，要按照高产、优质、高效、生态、安全的要求，调整优化农业结构。2007 年中央一号文件提出，“建设现代农业，必须注重开发农业的多种功能，向农业的广度和深度进军，促进农业结构不断优化升级”。2008 年中央一号文件提出，“确保农产品有效供给是促进经济发展和社会稳定的重要物质基础”，要求“必须立足发展国内生产，深入推进农业结构战略性调整，保障农产品供求总量平衡、结构平衡和质量安全”。2010 年以后，中央逐步将国家粮食安全提升到新的战略高度。2010 年中央一号文件在继续强调稳定粮食生产、推进菜篮子产品标准化的基础上，增加了生态安全方面的要求，提出“加强农业面源污染治理，发展循环农业和生态农业”。2012 年中央一号文件提出“千方百计稳

定粮食播种面积，扩大紧缺品种生产，着力提高单产和品质”，“支持优势产区加强棉花、油料、糖料生产基地建设，进一步优化布局、主攻单产、提高效益”。2013年中央一号文件提出“粮食生产要坚持稳定面积、优化结构、主攻单产的总要求”，“支持优势产区棉花、油料、糖料生产基地建设”，“加大新一轮‘菜篮子’工程实施力度，扩大园艺作物标准园和畜禽水产品标准化养殖示范场创建规模”。

通过政策梳理可以发现，这一阶段农业结构调整的主要措施包括以下方面：一是稳定粮食生产，通过稳定播种面积、提高单产水平、改善品种结构以及促进粮食转化增值，保障国家粮食安全；二是以园艺、畜牧、水产品为重点，发展劳动密集型农产品；三是大力发展无公害农产品和绿色食品，保障农产品的质量安全；四是优化区域布局，培育和建设优势区域的优势产品和特色农业，尤其是支持优势产区棉花、油料、糖料生产基地建设；五是支持发展农产品加工业，延长产业链条，提高农业的整体效益。

（三）政策效果

随着农业结构战略性调整的深入推进，粮食、棉花、油料、糖料等大宗农产品逐步向优势产区集中，产量稳步提高；瓜果蔬菜花卉等园艺产品和畜禽等产品生产主体逐步向专业化、规模化农户转变，集约化和设施化程度大幅度提高，技术水平快速提升，生产周期大大缩短。总之，经过这一阶段的农业结构调整，农业产业结构进一步改善、产品结构明显优化、区域布局日趋合理，农产品卖难问题得到了有效缓解。

四、2014年至今，以进一步调整优化农业结构为主要目标

（一）政策背景

2014年，粮食生产实现了“十一连增”，增产超过100亿斤；农民收入增长实现“十一连快”，农民收入增长速度在过去连续五年超过城镇居民收入的增长。2015年，粮食产量进一步实现“十二连增”，农民收入增长速度连续六年超过城镇居民收入。

但目前我国农业也面临着一系列挑战，如国内外农产品价格开始出现倒挂，一些主要农产品的国内价格开始明显高于国外农产品到岸完税价格；农业生产成本加速上涨；农业生产和价格补贴的“黄线”开始逼近（我们承诺补贴的上线不超过农业产值的8.5%，现在一些农产品已经逼近“黄线”）；农业的生态环境系统已经难以承受当前这种生产方式，资源环境约束进一步加剧，东北黑土地质量下降、部分地区耕地重金属超标、地下水超采、“北粮南运”与水资源时空分布不匹配等问题突出；优质化、多样化和专用化的农产品发展依然滞后，高品质的牛羊肉、奶类、果菜等农产品生产与消费需求尚有一定差距；一二三产融合不足，农业比较效益低，市场竞争力不强的问题日益凸显；农产品加工水平和转化增值率依然偏低，农业的生态、社会、文化等功能挖掘不足，产业链条短、附加值不高，带动农民增收能力弱。

在此背景下，我国农业发展已经到了转型升级的重要节点，进一步调整优化农业结构势在必行。

（二）政策措施

进一步调整优化农业结构政策的主要目标是实现“两稳两增两提”。“两稳”，即稳定粮食产量和粮食产能，实现谷物基本自给、口粮绝对安全。“两增”，即农业增效、农民增

收，实现农业整体素质提升和农民收入持续较快增长。“两提”，即提高农业市场竞争力和可持续发展能力，使农业发展由数量增长为主真正转到数量质量效益并重上来，由依靠资源和物质投入真正转到依靠科技进步和提高劳动者素质上来。

2014 年中央农村工作会议提出“要坚持把保障国家粮食安全作为首要任务”，“农业结构调整由生产导向向消费导向转变，由单纯在耕地上想办法到面向国土资源做文章”。2015 年中央一号文件提出：“科学确定主要农产品自给水平，合理安排农业产业发展优先序。启动实施油料、糖料、天然橡胶生产能力建设规划。加快发展草牧业，支持青贮玉米和苜蓿等饲草料种植，开展粮改饲和种养结合模式试点，促进粮食、经济作物、饲草料三元种植结构协调发展。立足各地资源优势，大力培育特色农业。推进农业综合开发布局调整。支持粮食主产区发展畜牧业和粮食加工业，继续实施农产品产地初加工补助政策，发展农产品精深加工。继续开展园艺作物标准园创建，实施园艺产品提质增效工程。加大对生猪、奶牛、肉牛、肉羊标准化规模养殖场（小区）建设支持力度，实施畜禽良种工程，加快推进规模化、集约化、标准化畜禽养殖，增强畜牧业竞争力。完善动物疫病防控政策。推进水产健康养殖，加大标准池塘改造力度，继续支持远洋渔船更新改造，加强渔政渔港等渔业基础设施建设。”

2015 年农业部发布的《关于进一步调整优化农业结构的指导意见》提出农业结构调整的重点任务：一是以“藏粮于地、藏粮于技、藏粮于民”为着力点，调整优化确保国家粮食安全的实现路径。二是以构建与资源环境承载力相匹配的农业生产新格局为目标，调整优化区域生产力布局。三是以“保、调、稳、扩”为重点，调整优化粮经作物生产结构。四是以“粮草兼顾、农牧结合、循环发展”为导向，调整优化种养结构。五是以“做强一产、做优二产、做活三产”为途径，调整优化产业结构，促进一二三产融合互动。六是以“改进品种、提升质量、创建品牌”为抓手，调整优化产品结构。

第三节　我国农业结构政策的经验启示

改革开放以来，我国经历了几次大的农业结构调整，这些不同阶段的政策取得了一些成绩，但也存在一些问题，总结其经验启示有助于下一阶段农业结构政策的制定、实施和调整。

1. 以市场需求为导向

改革开放后的几次农业结构调整，都是在市场经济体制下推行的（20 世纪 80 年代中期是在双轨制下，包括以市场机制为导向）。农业结构也是根据当时消费者的市场需求来确定调整的方向、规模及内容的。20 世纪 90 年代以后，随着人们生活水平的提高，农产品的市场需求结构开始发生变化，调整农产品的品质结构也开始成为农业结构调整的主要内容。消费需求日益多元，推动了园艺、畜牧、水产品等产量快速增长。此外，消费者对于农产品质量安全的重视，拉动了无公害农产品、绿色食品与有机产品的消费。这些市场需求特征促使农业结构调整政策的重点方向发生转变。

2. 政府规划及扶持政策是保障

农业本身的产业特性以及不完全的市场条件使其需要政府干预才能实现农业结构的顺利调整。我国中央政府组织编制的各种农业发展规划以及每年出台的中央一号文件对农业结构调整起到理论支撑和实践指导的作用。

3. 农民是结构调整的主体

农民是“三农”问题的核心。农业结构调整始终把实现农民根本利益作为出发点和落脚点。20世纪70年代的“以粮为纲”是为了解决农民温饱问题，20世纪90年代末开始的农业结构战略性调整，其中一个目标是为了解决农民增产不增收，农产品卖难问题。2015年开始的结构调整政策目标之一也是增加农民收入。同时，农民是主体的另外一个含义是在农业结构调整中充分尊重农民的意愿和经营自主权，政府不能代替农民决策，更不能强迫命令。

4. 与国际资源和市场息息相关

农业结构调整政策演变的过程也是农业国际化程度逐步加深的过程。中国加入WTO后，粮食安全问题和农业产业国际竞争力问题受到关注。我国土地密集型农产品在国际上受到冲击和挑战，而劳动密集型产品，如园艺业、养殖业和水产业具有较强的竞争优势。这就使我国在农业结构调整时，一方面要优化品种结构和生产布局，发挥我国比较优势；另一方面要学会有效利用国际市场和资源，通过国际调节满足我国对重要农产品的需求。

【思考题】

1. 农业结构的含义是什么?
2. 农业区域结构政策的目标是什么?
3. 简述我国农业结构政策的制度变迁。
4. 我国农业结构政策取得了哪些经验?

【推荐阅读】

国务院办公厅. 2015. 国务院办公厅关于推进农村一二三产业融合发展的指导意见.

农业部. 2007. 全国优势农产品区域布局规划（2008—2015年）.

农业部. 2015. 关于进一步调整优化农业结构的指导意见.

宋洪远，廖洪乐. 2001. 农业发展新阶段与战略性结构调整——政策背景，主要内容，执行情况及对策建议. 管理世界，（6）：115-122.

参 考 文 献

高强，孔祥智. 2014. 中国农业结构调整的总体估价与趋势判断. 改革，（11）：80-91.
廖洪乐. 2008. 中国农村土地制度六十年：回顾与展望. 北京：中国财政经济出版社.
栾贵勤. 2008. 区域经济学. 北京：清华大学出版社.
张兵，刘丹. 2013. 当前农业结构战略性调整需要关注的问题. 农业经济问题，8：26-31.
张红宇，赵长保. 2009. 中国农业政策的基本框架. 北京：中国财政经济出版社.
钟甫宁. 2011. 农业政策学. 北京：中国农业出版社.

第七章　农业土地政策

【本章导读】

农业土地政策的目标是农业土地政策所要实现的一种理想效果。通过本章的学习，了解农业土地和农业土地政策的概念，掌握农业土地承包经营政策的变迁过程、政策效果和最近几年土地政策方面发生的变化，熟悉农业土地流转的变迁历史、流转概况，能够分析耕地保护的政策体系和效果。

【核心概念】

土地政策目标；土地所有政策；土地使用政策；土地赋税政策

第一节　土地问题及农业土地政策目标

一、我国土地的利用状况

（一）概述

土地利用现状是土地资源自然属性和经济属性的全面反映。目前土地利用的划分具有以下三个方面的特点：第一，受自然、经济和技术条件的综合影响，是经过人类的劳动所形成的产物；第二，在一定的空间分布上服从社会经济条件，在地域分布上不一定连成片；第三，种类、数量、分布随着社会经济技术条件的进步而变化。

土地根据不同的分类目的可以形成差异显著的不同土地分类系统，主要包括土地自然分类系统、土地评价分类系统和土地综合分类系统。三种不同分类方法如表 7-1 所示。

表 7-1　土地的不同分类方法

分类方法	依据	具体标志	目的
土地自然分类系统	土地自然属性的相同性和差异性	以地貌、土壤、植被为具体标志	揭示土地类型的分异和演替规律，遵循土地构成要素的自然规律，最佳、最有效的挖掘土地生产力
土地评价分类系统	评价指标的相同性和差异性	以土地生产力水平、土地质量、土地生产潜力、土地适宜性等为具体标志	为开展土地条件调查和适宜性调查服务，为实现土地资源的最佳配置服务
土地综合分类系统	土地的自然特性和社会经济特性、管理特性及其他因素	以土地的覆盖特征、利用方式、用途、经营特点、利用效果等为具体标志	了解土地利用现状，反映国家各项管理措施的执行情况和效果，为国家和地区的宏观管理与调控服务

在以上的三种分类中，土地利用现状分类主要指土地综合分类，该种分类方式在土地资源管理中应用最为广泛。掌握土地利用现状是国家制订国民经济计划和有关政策，发挥土地宏观调控作用，加强土地管理，合理利用土地资源，切实保护耕地的重要依据。

（二）农业土地分类

农业土地，即农用地，是指直接用于农业生产的土地，包括耕地、林地、草地、农田水利用地、养殖水面等。农业土地是与建设用地相对应的一个术语，建设用地是指建造建筑物、构筑物的土地，包括城乡住宅和公共设施用地、工矿用地、交通水利设施用地、旅游用地、军事设施用地等。农业土地和建设用地以外的土地，称为未利用地。

根据国家质量监督检验检疫总局和国家标准化管理委员会于2007年9月3日联合发布的《土地利用现状分类》（GB/T21010—2007），我国的土地共分为12个一级类：耕地、园地、林地、草地、商服用地、工矿仓储用地、住宅用地、公共管理与公共服务用地、特殊用地、交通运输用地、水域及水利设施用地、其他用地。其中，耕地、园地、林地、草地可以合称为农业土地或农用地，如表7-2所示。在该分类标准中农用地是指广义上的农业土地，而狭义上的农业土地主要是特指耕地。本章主要探讨了农业土地政策，主要针对狭义的农业土地，也就是耕地。

表7-2 农业土地的分类

一级类	含义	二级类
1. 耕地	指种植农作物的土地，包括熟地，新开发、复垦、整理地，休闲地（含轮歇地、轮作地）；以种植农作物（含蔬菜）为主，间有零星果树、桑树或其他树木的土地；平均每年能保障收获一季的已垦滩地和海涂	11. 水田 12. 水浇地 13. 旱地
2. 园地	指种植以采集果、叶、根、茎、汁等为主的集约经营的多年生木本和草本作物，覆盖度大于50%或每亩株数大于合理株数70%的土地，包括用于育苗的土地	21. 果园 22. 茶园 23. 其他园地
3. 林地	指生产乔木、竹类、灌木的土地，及沿海生长红树林的土地。包括迹地，不包括居民点内部的绿化林木用地，铁路、公路征地范围内的林木以及河流、沟渠的护堤林	31. 有林地 32. 灌木林地 33. 其他林地
4. 草地	指以生长草本植物为主的土地	41. 天然牧草地 42. 人工牧草地 43. 其他草地

资料来源：《土地利用现状分类》（GB/T21010—2007）

（三）我国土地利用现状

土地是最基本的农业生产资料之一，也是最稀缺的农业资源之一。虽然我国国土资源面积广阔，但是由于自然地理条件和土地自然供给总量等方面的限制，我国湿润、半湿润地区和干旱、半干旱地区各占国土总面积的50%，前者有利于农作物生长，后者只能用于放牧或无法利用。特别是国土总面积中，山区、高原占59%，沙漠、石质地占20%，难利用土地占比较高。2013年全国的土地利用现状如下：耕地约20.8亿亩，约占土地面积的14.6%；林地（含有林地、疏林地、灌木林地及竹林地）约25.5亿亩，加上宜林荒山荒坡地约11.7亿亩，合计36.7亿亩，约占国土总面积的25.5%；草地（含已利用和可利用面积）约43亿亩，约占国土总面积的29.86%；内陆水域（含河、湖、水库、水塘）约4亿亩，约占国土总面积的2.78%；沿海滩涂约0.3亿亩，约占国土总面积的0.21%；城市、工矿、交通用地，约10亿亩，占国土总面积的7%以上。

截至2013年年底，全国共有农用地64 616.84万公顷，其中耕地13 516.34万公顷（20.27亿亩），林地25 325.39万公顷，牧草地21 951.39万公顷；建设用地3 745.64万公顷，其中城镇村及工矿用地 3 060.73 万公顷。2013 年，全国因建设占用、灾毁、生态退耕、农业结构调整等原因减少耕地面积 35.47 万公顷，通过土地整治、农业结构调整等增加耕地面积 35.96 万公顷，年内净增加耕地面积 0.49 万公顷。2009~2013 年全国耕地面积变化情况和耕地增减变化情况分别如图 7-1、图 7-2 所示。

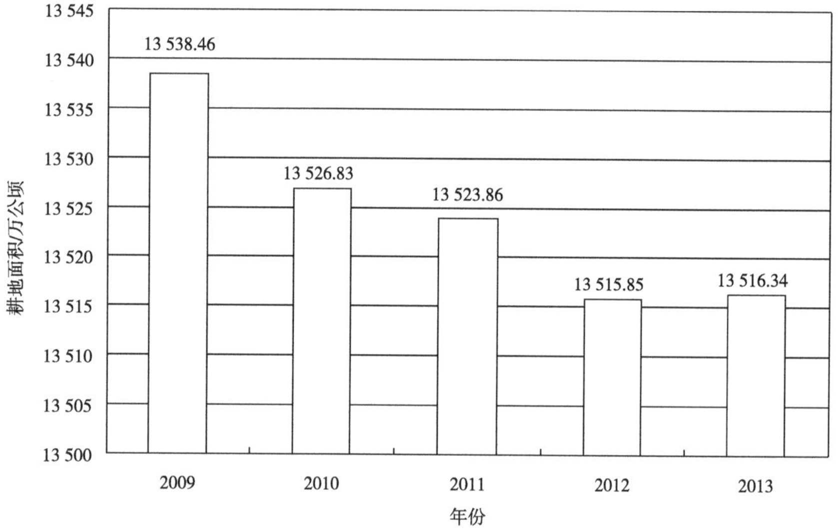

图 7-1　2009~2013 年全国耕地面积变化情况

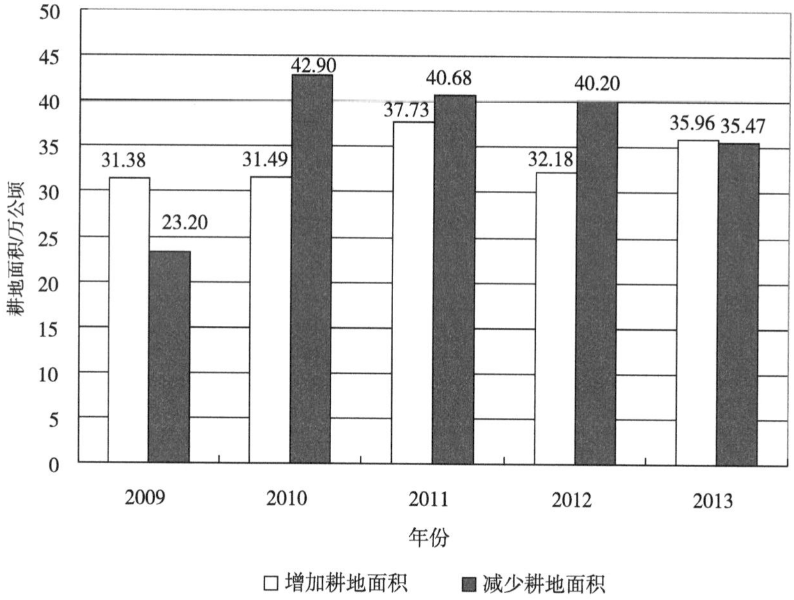

图 7-2　2009~2013 年全国耕地增减变化情况

2014 年，中央累计下达土地整治资金 245.90 亿元，共验收土地整治项目 14 834 个，土地整治总规模达 301.15 万公顷。通过土地整治新增耕地 25.56 万公顷。2009~2013 年土地整治新增耕地情况如图 7-3 所示。

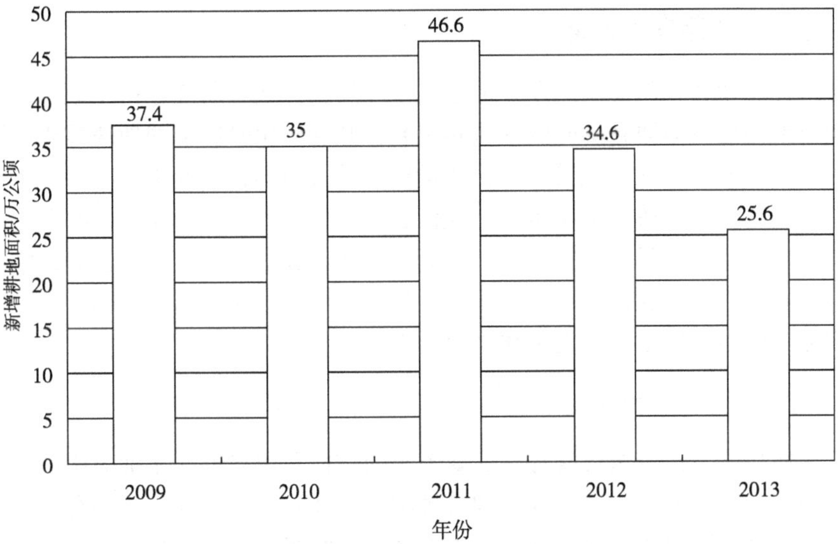

图 7-3　2009~2013 年土地整治新增耕地情况

第二次全国土地调查的耕地质量等别成果显示，全国耕地平均质量等别为 9.96 等，总体偏低。优等地面积为 385.24 万公顷，占全国耕地评定总面积的 2.90%；高等地面积为 3 586.22 万公顷，占全国耕地评定总面积的 26.50%；中等地面积为 7 149.32 万公顷，占全国耕地评定总面积的 52.90%；低等地面积为 2 386.47 万公顷，占全国耕地评定总面积的 17.70%，如图 7-4 所示。

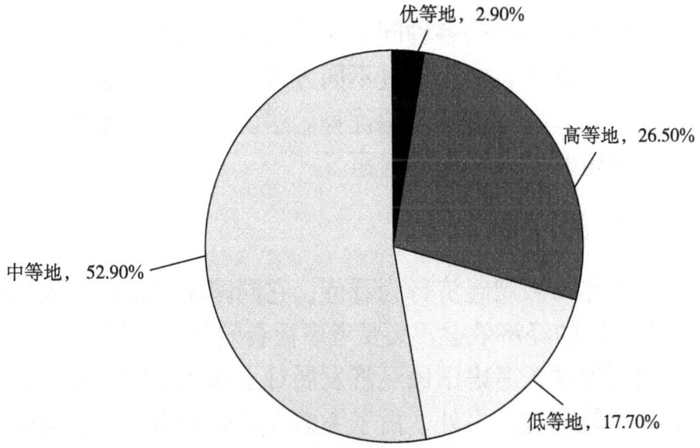

图 7-4　全国耕地质量各等别面积所占比例情况

总体上看，我国土地利用结构中，已利用土地约占国土面积的 3/4，难利用土地约占 1/4，在已利用土地中，耕地、林地所占比重很小，耕地、林地资源十分紧缺，人均耕地、人均林地更少，分别只及世界人均占有量的 1/3 和 1/5。由于人口压力和城市、工矿、交通、能源等建设用地以及居民点用地的不断扩大，又因不按规划办事，违法占用耕地、绿地现象严重，耕地、林地面积趋减，造成水土流失，土地沙化、退化，耕地新增加量远低于耕地减少量。通过土地整治新增耕地也呈减少趋势，表明土地治理的难度在进一步增加，而且除此之外，优等地、高等地等占比较小，改善土地质量迫在眉睫。

二、我国土地经营存在的问题

我国土地经营中存在的突出问题是随着人口增加，土地不断细分；土地承包期长也难，短也难；当土地使用权需要转移时缺乏流转机制；开始分包时留下的地块零碎问题，长期解决不了。由于担心农村土地，尤其是农村建设用地进入市场，会冲击地方垄断土地供应的局面，这些年来农村土地的改革举步维艰，任何放开农村土地入市的建议，都会用各种名义上的当前法律或现实条件不具备而被阻挠，而罔顾由此造成的大量浪费。例如，宅基地无法退出形成各种空心村，新增人口又要占地导致农村人减地增，村庄用地不断扩大。这些问题的存在，在实际工作中产生了一些无法解决的矛盾。

（一）公平和效率的矛盾

我国人多地少，土地资源极端稀缺。就资源的合理利用来讲，无疑应该把效益放在第一位，从资源分配、经营方式、经营规模到管理制度，都应该以最合理、最有效地利用土地为出发点。但是，现阶段农村土地既承担着发展经济的职能，又承担着社会福利和保障职能，为了保证经济发展，必须强调效率原则；为了分配的基本合理和社会安定，又不能忽视公平原则。这不仅因为受到资源和生产力水平的约束，而且是我国的社会制度决定的。忽视或否定任何一面，都会带来不良后果。

（二）稳定和流动的矛盾

土地分户承包，家庭经营，是十一届三中全会以来农村政策的精髓。农民怕政策变，第一就是怕分户承包的土地变，这一直是农村一个十分敏感的问题。但如果把这理解为什么都不动，就会使目前土地经营中出现的各种问题无法解决。其中一个突出问题是，在现有分户承包的基础上，随着劳动力转移，能否通过不同方式土地的有效流动，在微观层次上实现要素合理配置，提高土地产出，发挥当地资源优势。这说明稳定和流动都是需要的。如何处理这一对矛盾是土地政策制定时必须考虑的问题。

（三）微观和宏观的矛盾

如果把农户家庭经营作为微观经济行为看待，它同国家对土地的宏观利用目标是有一定矛盾的。国家既要考虑土地的经济效益，又要考虑社会效益，既要考虑个别地块的利用效益，又要考虑土地的整体利用效益，考虑国民经济发展对土地利用的需要。作为承包者农户，更多地则考虑眼前利益和比较利益。另外，由于考虑今后的退路，加上对政策的误解，一些农民即使从事了非农业生产，经营土地收入很少，甚至抛荒，也不愿转让或放弃承包田，出现微观和宏观效益都不好的情况。两种利益如何协调，也是土地政策制定过程中一个难以处理的问题。

可以说，协调眼前利益和长远利益、经济目标和社会目标、农户的个别利益和国家的整体利益，是改善土地经营、完善土地政策至关重要的问题，也是无法回避的难题。这种矛盾的存在使土地问题变得十分复杂、敏感。制定农业土地政策的目的，就在于制定取得土地与利用土地的人之间的有关规范，维护社会秩序，促进经济发展。

三、农业土地政策的目标

农业土地政策是指农业土地政策主体（主要是政府）为了实现农业土地利用目标，完成农业土地管理任务而制定、实施的协调人与农地之间关系的一系列准则、计划或规定。农业土地政策的目标是指农业土地政策所要实现的一种理想结果，这种理想结果最终是要提高土地利用中农民与全社会的福利。由于各个国家以及同一国家不同时期的自然环境、经济环境和政治环境的不同，土地政策制定者的理论基础、价值取向及政策手段形式的差异，土地政策目标选择也存在明显的差别，这种差别主要体现在土地所有、流转、使用中的公平与效率目标的具体安排上。

主要资本主义发达国家的土地政策目标是追求提高土地利用效率，普遍实行土地私有政策，并通过土地租赁抵押和市场交易等流转方式实现土地的优化配置。而社会主义国家的土地政策的目标是强调社会公平，主张土地的国家和集体所有或平均分配，不准土地进入市场进行流转，保持土地利用效益的均等。

中国土地政策的目标是实现效率与公平的统一。社会主义的土地关系在中国早已确立，尤其在 1979 年土地使用制度改革之后，农民真正成为土地的主人，最大意义上的公平已经实现，农业土地政策面临的最大问题是如何实现效率目标。具体而言，中国土地政策的效率目标如下。

（一）提高土地利用率

土地政策的效率目标首先表现为能够充分利用可利用的土地资源，避免土地的浪费。中国现有耕地约 1.39 亿公顷，农业发展受到有限的土地资源的约束。土地资源的充分利用，是中国土地政策一贯的目标。

（二）提高土地生产率

任何一个国家的农业生产，都希望地尽其力，从每单位投入中获得最大的产出，以提高生产者的收入，满足经济发展对农业提出的要求。在中国人多地少，耕地尤为短缺的情况下，提高土地产出率在土地政策的效率目标中占有重要地位。通过土地资源的有效配置，鼓励农户对土地进行投入，采用先进的生产技术和管理方式，来提高单位土地面积上的产量，这是我国土地政策的重要目标。

（三）提高土地利用中劳动生产率

土地利用过程中，劳动生产率水平的高低，很大程度上反映了土地经营规模的大小以及农业劳动力转移的状况。尽管土地产出率的提高具有重要意义，但劳动生产率的提高又是农业劳动力向非农产业转移、人地关系改善、土地经营规模扩大的前提条件。因此，这一目标在土地政策中具有重要意义。

四、我国土地制度改革的基本方向与展望

现行土地制度负面后果的根源在于城乡土地“同地不同权”，农村土地无法像城市土地一样入市交易，从事非农建设开发。面对这一困局，近年来中央政府出台了不少政策，力图从产权制度改革入手，推进现行土地制度改革，进一步释放土地红利，为经济持续增

长提供助力。

十八届三中全会在“建立城乡统一的建设用地市场”方面，提出在符合规划和用途管制前提下，允许农村集体经营性建设用地出让、租赁、入股，实行与国有土地同等入市、同权同价；在“加快构建新型农业经营体系”方面，提出鼓励和引导工商资本到农村发展适合企业化经营的现代种养业，向农业输入现代生产要素和经营模式；在“赋予农民更多财产权利”方面，提出保障农户宅基地用益物权，改革完善农村宅基地制度，选择若干试点，慎重稳妥推进农民住房财产权抵押、担保、转让，探索农民增加财产性收入渠道。2014 年 3 月，国务院发布《国家新型城镇化规划（2014—2020 年）》单列一章“深化土地管理制度改革”，内容涵盖土地制度的各个方面。2014 年 6 月，国家发展和改革委员会、住房和城乡建设部等 11 个部门联合印发了《关于开展国家新型城镇化综合试点工作的通知》，要求各省选择符合条件的不同层级市、县、镇作为试点，土地制度改革是试点改革内容之一。结合十八届三中全会及《国家新型城镇化规划（2014—2020 年）》的部署，我国土地制度改革的基本内容主要体现在以下方面。

（一）城乡土地同权入市

1. 建立两种所有制土地权利平等的制度

赋予集体所有土地与国有土地同等的占有、使用、收益和处分权，对两种所有制土地所享有的权利予以平等保护，实现宪法和相关法律保障下的同地、同权。

2. 以用途管制为唯一的准入制度

在用途管制下，农民集体土地与其他主体土地依法享有平等进行非农使用的权利和平等分享土地非农增值收益的权利。明确规划的主要作用是落实空间和功能布局，改变地方政府通过规划修编将农民集体所有土地变为国有、政府经营的格局。

3. 打破目前因城市和农村的边界区割

对圈内圈外土地按不同所有制准入的政策，除圈外可以用于非公益的非农建设外，圈内农民集体所有土地在符合用途管制前提下，也可不改变所有制性质进行非农建设。

4. 明确限定城市土地国有为建成区存量土地属于国有

新增建设用地用于非农经济建设的，除为了公共利益目的征用外，可以保留集体所有。对于建成区内的现状集体所有土地，可以采取“保权分利”或“转权保利”方式，保障农民的土地财产权益。

（二）建立城乡统一的建设用地市场

建立城乡统一的建设用地市场体系包含三层含义：一是同地同权，即集体经营性建设用地可以和国有建设用地一样出让、租赁、入股，打破集体建设用地不得出租的坚冰。二是同等入市，即集体经营性建设用地与国有建设用地在同一个平台上合法入市交易，改变目前国有建设用地独家在平台上交易，集体建设用地在灰市上非规范交易的格局。三是由供求决定价格。集体经营性建设用地进入市场，将改变目前由政府独家出让决定供应、导致价格扭曲的局面，多个集体经济组织以集体经营性建设用地主体入市，真正形成由供求决定价格的机制，促进土地市场健康发展。

需要注意的是，允许集体经营性建设用地入市是有严格限定的，一是并非集体土地与国有土地一样同权同价入市；二是即便是集体经营性用地，也必须服从规划和用途管制。

（三）推进征地制度改革

十六大以来，党和政府为推进征地制度改革付出了艰辛的努力，但阻力重重，最主要的原因是支撑该制度的传统发展方式难以改变。十八届三中全会《中共中央关于全国深化改革若干重大问题的决定》（简称《决定》）提出征地制度改革，包括以下内容。

1. 缩小征地范围

按照宪法原则，只有公益性用途，才得征地。但是，公益性用途难以界定，导致公益性用地目录迟迟难以落定。下一步可能采取负面清单的方式，只要是营利性的用途，就不得征地。

2. 规范征地程序

虽然这一条早已提出，但执行得不好。下一步在征地范围及保障机制建立之后，在征地程序中会加一道事前程序，让用地一方和农民集体先进行协商，协商无果再启动征地程序。

3. 建立合理、规范、多元的保障机制

这是征地制度改革的核心，所谓合理，就是在坚持用途管制原则下，按照区位条件，对被征地实行市场化补偿；所谓规范，就是在有了明确的征地范围、补偿价格和程序后，必须实行征地的，就必须按法律来；所谓多元，就是要切实解决失地农民长久生计没有保障的问题。

（四）改革和完善宅基地制度

十八届三中全会《决定》提出："保障农户宅基地用益物权，改革完善农村宅基地制度，选择若干试点，慎重稳妥推进农民住房财产权抵押、担保、转让，探索农民增加财产性收入渠道。"这为下一阶段宅基地制度改革标明了原则和范围。

第一，保障农户宅基地用益物权（占有权和使用权）是宅基地制度改革的底线。下一步将按照一般用益物权原则，完善宅基地用益物权，赋予宅基地使用权人收益权、转让权。

第二，改革完善农村宅基地制度。目前农村宅基地制度在农村人口与村庄分离的背景下，存在制度不适应性。下一步将选择不同类型地区进行宅基地制度改革试点，重点探索宅基地有偿获得与使用、宅基地交易与流转、打破宅基地成员和村社边界，基本取向是逐步实现以财产权赋权交换福利分配权，实现农民对宅基地的完整用益物权，促进土地有效利用。

第三，选择若干试点，慎重稳妥地推进农民住房财产权抵押、担保、转让。这里将抵押、担保和转让权利赋予了农民住房，而不是宅基地，在现行制度和法律制约下，有其合理性。明确赋予农民住房抵押、担保和转让权，有利于更稳妥地实现农民财产收益。当然，以上权利的实施只能先在试点地区推行，待条件成熟后，再行宅基地抵押、担保和转让。

（五）土地增值收益分配制度改革

土地增值收益分配问题，关乎社会公平、城市可持续发展和发展方式转变，是土地制度改革的重中之重。十八届三中全会《决定》提出"建立兼顾国家、集体、个人的土地增值收益分配机制，合理提高个人收益"。改革方向是，改变目前土地增值收益的分配中被政府出让时获得、未来增值部分谁占谁得、农民在土地增值收益分配中无份的状况，提高农民在土地增值收益中的分配份额。

由于土地增值收益的产生非常复杂，既不能由政府全得，更不能由谁占谁得，当然也不可能全归土地所有者。今后，将根本改革目前土地增值收益归政府的状况，建立土地增值收益归社会的机制，保障原土地所有者获得公平补偿和土地级差地租，保障城市基础设施建设所需的土地和资金，保障土地增值收益回馈社会，让城乡居民分享。

（六）不断创新土地投融资机制

土地改革领域所涉及的资金需求大、期限长，需要以创新思维推动建立市场化的、可持续的资金保障机制。

1. 建立健全地方债券发行管理制度

当前，地方政府债务规模较大，城镇基础设施融资能力下降。须妥善应对地方政府性债务问题，将债务风险控制在安全范围内。第一，建议加快研究市政债发行相关工作，建立统一的市场评级体系，探索编制完整的政府资产负债表，为基础设施建设提供长期、稳定的资金来源。目前我国“城投债”从发行人资格和募集资金投向来看，具有市政债特征，但准入条件和债券期限等方面的规定要求与基础设施投融资特点和盈利模式尚存在差距，融资规模也难以满足社会需求。第二，建议按照控总量、可持续的原则，制定城镇化建设融资规划，统筹考虑各地发展条件、政府负债、资金供给等因素，设立动态包括市政债在内的全口径负债“天花板”，防范地方政府过度举债。第三，以地方政府性债务审计为契机，建立地方政府性债务动态监控体系，同时针对基础设施建设“一次建成、长期使用”的资本性支出特点，逐步建立包括跨年度资本预算在内的财政预算制度，着力提高地方政府债务透明度。第四，可从未来新增加的一般预算收入、国有土地出让收入和其他政府性基金收入中提取一定比例，建立覆盖市政债等政府性债务的风险偿债基金，防范地方政府债务局部、突发的流动性风险，稳定金融机构和债券投资者的市场预期。

2. 拓宽市场化、多元化的资金来源渠道

市场化的城镇化建设资金不仅为城镇化发展特别是相关经营性基础设施建设提供稳定可靠的资金来源，而且也有助于提高公共服务质量和效率，降低财政风险。

第一，建议进一步健全和完善城市基础设施领域公私合营政策法规制度，推动政府购买社会服务和公私合作项目运作的规范化、制度化，指导国企、民企、外资等各类市场化主体，通过公私合营（public-private partnership，PPP）、建设经营转让（build-operate-transfer，BOT）、特许经营等商业模式，参与城市基础设施建设和运营。

第二，可参考设立新兴产业投资引导基金的配套政策，鼓励设立专门的城镇化投资引导基金和城镇化投资基金，大力推进基础设施资产证券化，推进基础设施领域的市场化、产业化运作。

第三，引导利用保险、融资租赁等社会资金投入城镇化建设，保险、融资租赁等长期、大额社会资金对安全性、收益性有特殊要求，与大部分基础设施项目现金流相对稳定、资金回收期限长的特点较为匹配，可鼓励创新匹配两者需求特点的合作模式，如民间资本发起设立主要投资于市政公用事业领域的融资租赁产品或资金信托计划等。

第四，加快培育多元化的投融资主体，改革创新现有地方融资平台，可通过注入资源、注入股权、赋予特许经营权等方式，充实地方政府融资平台的资本实力，使其发展成为治理规范、财务可持续、以企业信用为主要依托的市场化投资主体。

第五，积极创新项目融资模式，借鉴城市棚户区改造的成功做法，有效发挥政府引导职能，统筹整合地方财政、土地、金融和政策等各类资源，将经营性项目和公益性项目有机组合，建立“以丰补歉”的项目综合收益平衡机制，提升社会资金向公益性城市基础设施项目投资的积极性，为引导商业金融和社会资本进入创造条件。

3. 发挥开发性金融的引导和促进作用

当前中国仍处于社会主义初级阶段，财政性资金需优先安排社会民生保障等领域的支出，难以独力筹集大额资金支持中长期建设。而城市基础设施和社会民生类建设项目公共性强、外部性大、收益性低、回收期长，对商业资金缺乏吸引力，同时商业银行的吸储资金基于期限匹配的考虑，主要用于中短期项目和个人金融业务。这就决定了在现阶段，城镇化建设资金不能仅仅依靠财政支出和商业银行资金，仍需发挥好政策性金融以国家信用为支撑、介于政府财政投资和商业银行贷款之间“四两拨千斤”的引领性作用。

第一，进一步发挥现有开发性金融机构在城镇化建设中的主力银行作用，不断总结经验和创新融资模式，继续在建设起步阶段运用开发性资金发挥好“启动器”功能。

第二，建议进一步完善城镇化中长期投融资的制度性安排，参照国际通行做法，赋予开发性金融机构永久国家债信等级，建立稳定、可持续的中长期金融债发行筹资机制，通过开发性金融资金支持城乡基础设施建设和社会民生领域。

第三，为管控地方政府性债务风险，可考虑由国家开发银行或通过招标确定一家银行，进行“统一评级、统一授信、统借统还”，从总量、结构、操作上防止地方政府一哄而上、盲目举债，避免投融资总量失控，形成系统性风险。

第四，可通过设立专项贷款、专项基金和专项债券等配套政策，弥补政府投资特定项目的资本金以及地方配套资金的阶段性缺口。例如，每年在全国信贷规模安排中设立城镇化政策性贷款专项规模，着力解决农民工市民化、保障性住房和中西部基础设施建设等城镇化瓶颈领域的融资难问题。

第二节　农业土地产权政策

土地产权是指一组由存在于土地之中的权利组成的权利束，包括土地所有权、土地使用权等。农业土地政策对农业土地产权的规范，主要是从土地所有权和土地使用权两个方面进行的。因此，农业土地所有政策和农业土地使用政策构成了农业土地产权政策的基本内容。

一、农业土地所有政策

（一）土地所有政策的含义

土地所有政策是在一定的社会条件下，国家或政府就土地归谁所有、归谁支配而制定的原则及规范，其实质是土地所有权在不同社会主体（国家、集体、个人）之间的分配原则及其形式。土地所有权是指土地所有者在法律规定的范围内对其土地所享有的占有、使用、收益和处分的权利。它包括土地所有者对其土地的占有、使用、收益和处分的权利。土地占有权是指土地所有者对土地的实际占领和控制权利，是根据法律规定所产生的权能。国家法律保护土地所有人对自己土地的占有，禁止他人侵害。土地使用权是指依法对土地进行实际利用的权利。土地使用权与土地所有权既可结合又可分离，它与土地占有权的关系也是如此。

土地收益权是指土地所有者依法收取土地利用时所产生的自然或法定孳息和利益的权利，包括收获土地上生长的农作物，收取出租土地的地租等。土地收益权中收取农作物的权利归土地使用者行使，收取地租的权利则一般归土地所有者行使。土地处分权是指土地所有者在法律许可的范围内，根据自己的意志按出卖、馈送、出租、抵押及遗赠等方式处置自己的土地的权利。它是所有权最核心、最基本的一项权能。土地处分权通常由土地所有者行使，但在法律规定的特别情况下，非土地所有者也可依法处分。

（二）土地所有制的形式

人类存在两类土地所有制，即土地公有和土地私有，其具体形式先后经历了五种，即氏族土地所有制、奴隶主土地所有制、封建土地所有制、资本主义土地所有制和社会主义土地所有制。

1. 土地公有制

迄今为止，人类社会的两个发展阶段实行了土地公有制，即原始社会氏族土地公有制和社会主义公有制。在生产力水平极为低下的原始社会，每一个氏族或村社范围内的土地，均为该村社所有，归全体氏族或村社成员共同所有，并共同享用其产品。人类社会发展到社会主义阶段，消灭了剥削阶级，建立了社会主义政治经济制度，实行土地的国家所有和农民集体所有，使劳动人民，尤其是农民成为土地的真正主人，从而极大地激发了劳动者的生产积极性。

2. 土地私有制

土地的第一种私有形式是奴隶主土地所有制，其基本特征是奴隶主占有土地并占有奴隶及其绝大部分产品。奴隶社会崩溃后，随即建立起了封建土地私有制，主要特征是土地归封建地主所有，主要租给或分给农民耕种，地主利用土地对农民进行经济或超经济剥削。第三种私有制形式则是资本主义土地所有制，是一种土地所有者凭借土地所有权从雇佣工人所创造的剩余价值中提取超额利润（地租）的土地占有形式，是土地所有最完整、最典型的形式。

（三）我国农业土地所有政策

根据《中华人民共和国宪法》（简称《宪法》）和《中华人民共和国土地管理法》（简称《土地管理法》）的规定，我国实行土地的社会主义公有制，即全民所有制和劳动群众集体所有制。与此相应，我国土地所有权分为国家土地所有权和集体土地所有权。也就是说，我国土地所有权的主体只能是国家或农民集体经济组织，其他任何组织或个人都不得成为土地所有权的主体，《土地管理法》第二条规定："任何单位和个人不得侵占、买卖或者以其他形式非法转让土地。土地使用权可以依法转让。"土地所有权和使用权由县级以上人民政府确定，土地管理部门具体承办。

1. 农业土地国家所有制

《宪法》相关规定：

"第九条　矿藏、水流、森林、山岭、草原、荒地、滩涂等自然资源，都属于国家所有，即全民所有；由法律规定属于集体所有的森林和山岭、草原、荒地、滩涂除外。

第十条　城市的土地属于国家所有。农村和城市郊区的土地，除由法律规定属于国家所有的以外，属于集体所有；宅基地和自留地、自留山，也属于集体所有。国家为了公共利益的需要，可以依照法律规定对土地实行征收或者征用并给予补偿。任何组织或者个人不得侵占、买卖或者以其他形式非法转让土地。土地的使用权可以依照法律的规定转让。一切使用土地的组织和个人必须合理地利用土地。”

《中华人民共和国物权法》相关规定：

“第四十六条 矿藏、水流、海域属于国家所有。

第四十七条 城市的土地，属于国家所有。法律规定属于国家所有的农村和城市郊区的土地，属于国家所有。

第四十八条 森林、山岭、草原、荒地、滩涂等自然资源，属于国家所有，但法律规定属于集体所有的除外。

第五十八条 集体所有的不动产和动产包括：

（一）法律规定属于集体所有的土地和森林、山岭、草原、荒地、滩涂；

（二）集体所有的建筑物、生产设施、农田水利设施；

（三）集体所有的教育、科学、文化、卫生、体育等设施；

（四）集体所有的其他不动产和动产。”

《中华人民共和国土地管理法实施条例》相关规定：

“第二条 下列土地属于全民所有即国家所有：

（一）城市市区的土地；

（二）农村和城市郊区中已经依法没收、征收、征购为国有的土地；

（三）国家依法征用的土地；

（四）依法不属于集体所有的林地、草地、荒地、滩涂及其他土地；

（五）农村集体经济组织全部成员转为城镇居民的，原属于其成员集体所有的土地；

（六）因国家组织移民、自然灾害等原因，农民成建制地集体迁移后不再使用的原属于迁移农民集体所有的土地。”

2. 农业土地集体所有制

集体土地所有权。根据所有者层级不同，土地农民集体所有分为村农民集体所有、村内两个以上农村集体经济组织的农民集体所有、乡（镇）农民集体所有三种形式。集体所有土地可由农村集体经济组织、村民委员会或村民小组经营、管理。集体土地主要包括：除法律规定属于国家所有的以外的农村和城市郊区的土地；宅基地和自留山、自留地。

新中国成立以来，我国农业集体所有制的建立和演变大致经历了两个时期。

1）从“耕者有其田”到农村土地集体所有制

（1）农村土地改革：建立“耕者有其田”的农民土地所有制。新中国成立前实行的封建土地所有制，使当时占农村人口不到10%的封建地主和富农占有农村70%~80%的土地，而占农村人口90%以上的贫农和中农却只占有20%~30%的土地。新中国成立后，根据1950年6月28日中央人民政府委员会第八次会议上通过的《中华人民共和国土地改革法》，规定了土地改革的基本内容：没收地主的土地分给无地少地的农民，把封建剥削的土地所有制改为农民的土地所有制。该法颁布后在全国范围内开展了土地改革运动，到1952年年底，除西藏等少数地区外，土地改革在全国农村基本完成。被没收和征收的7亿亩封建地主和旧式富农的土地，分给了全国3亿多无地和少地的农民，从而初步建立了“耕者有其田”的农民土地私有制。

（2）农业合作社：土地集体所有制的建立。农业合作社的发展路径是从初级农业生产合作社过渡到高级农业生产合作社。初级农业生产合作社的基本组织方式为土地和劳动资料由集体掌握，每个农民根据其交给集体的土地、农具及牲畜的多少参加分红。而高级农业生产合作社的组织形式则取消了土地分红，农民私有的大牲畜、大农具也通过折价归合作社集体所有，从而完全废除了土地私有制度，使土地由农民所有变为农业合作社集体所有。高级农业生产合作社的成立是农民土地私有制向集体所有制过渡的质变阶段。在高级农业生产合作社里，农民个人私有的土地（连同土地上附属的塘、井等水利设施）无偿地转归农业合作社集体所有（仍保留原有的坟地、宅基地不入社），并在此基础上实行统一经营、统一分配，从此农业土地集体所有制就建立起来了。

1952~1956 年，通过农业合作化运动，我国土地的农民私有制转变为土地的集体所有制。合作化的第一步是建立互助组，即在土地和其他生产资料私有制和分散经营的基础上实行劳动互助。农业合作化的第二步是建立初级农业生产合作社，即在土地和其他生产资料私有制条件下，实行土地入股、统一经营、集中劳动、统一分配的制度。私有的土地和其他生产资料由合作社统一使用，合作社给予一定的报酬。土地的使用权和所有权发生了分离。到 1952 年年底，全国农业互助合作组织就发展到 830 余万个，参加的农户达到全国总农户的 40%。到 1956 年年底，参加合作社的农户占总农户的 96.3%，其中参加高级社的农户达到总农户的 87.8%，基本上完成了由农民个体所有制向集体所有制的过渡。

（3）人民公社：农村土地集体所有制的变形。人民公社有四大特点：一是把工农兵学商合在一起；二是把生产管理、生活管理、政权管理合在一起；三是“一大二公”，大是指规模大，公是指公有化程度高；四是实行“两放、三统、一包”的财政体制（两放，即把国家在农村的商业、粮食、财政、银行等机关人员下放给公社领导和管理，这些单位的财产下放给公社使用；三统，即政策的执行、计划的制订和流动资金的管理服从国家的统一规定；一包，即包上缴财政任务）。总的来说，高级社和人民公社是一种低效率的模式，但是人民公社发挥了集体所有制集中人力、物力、财力办大事的优越性。

1958 年 8 月 29 日中共中央政治局扩大会议通过了《中共中央关于在农村建立人民公社问题的决议》，之后人民公社化运动在全国农村广泛展开，对土地等生产资料实行公社所有。由于这种形式的生产关系脱离了当时的生产力发展水平，结果对农业生产造成了很大破坏。1960 年 11 月 3 日《中共中央关于农村人民公社当前政策问题的紧急指示信》提出了“三级所有、队为基础”的制度，即土地等主要农业生产资料，由公社所有变为公社、生产大队、生产队三级所有，主要归生产队所有。1962 年 9 月 27 日，中共中央通过的《农村人民公社工作条例（修正草案）》中规定：“生产队范围内的土地，都归生产队所有。生产队所有的土地，包括社员的自留地、自留山、宅基地等等，一律不准出租和买卖。生产队所有的土地，不经过县级以上人民委员会的审查和批准，任何单位和个人都不得占用。”这样，我国农村又相对地稳定了土地集体所有和集体使用的土地关系。

2）联产承包责任制的建立与完善

1979 年以来，在农村进行经济体制改革后，实行了家庭联产承包责任制，从“不许包产到户”的政策规定，过渡到某些特殊地方可以“包产到户”。1982 年 10 月人民公社解体，1983 年 1 月，中共中央《当前农村经济政策的若干问题》，指出家庭联产承包责任制采取了统一经营与分散经营相结合的原则，使集体优越性与个人积极性同时得到发挥。1983 年 10 月，中共中央、国务院发出《关于实行政社分开建立乡政府的通知》。1983 年，政社合一的人民公社被取消，截至1984年年底全国基本完成设立乡政府工作，农村人民公社制度退出了历史舞台。

概括来说，改革30多年来，我国农村土地制度变迁经历了两个大的阶段。第一阶段（1978~1999年），恢复和拓展农业生产责任制，逐步确立“土地集体所有、家庭承包经营、长期稳定承包权、鼓励合法流转”的新型农村土地制度。第二阶段（2000~2008年），农村土地制度改革沿两条主线展开：一是继续完善并用立法规范承包土地制度；二是探索和推进土地征用制度及农村建设用地制度的改革。农村土地制度30年变迁采取了农民自发制度创新与国家强力推行相结合的方式，沿着“明确所有权，稳定承包权，放活使用权，保障收益权、尊重处分权”的路径前行，至今形成了一套比较完整和成型的新型土地制度。这一制度的基本精神是充分实现集体土地所有权利益的同时，赋予农民长期而有保障的土地使用权；这一制度的政策内容包括坚持农村土地集体所有长期不变，集体土地家庭承包经营长期不变，允许农户在承包期内依法、自愿、有偿转让土地经营权，允许集体经济组织拍卖荒山、荒地、荒坡、荒滩的经营权，在具备条件的地方可以通过有偿转让集中土地的经营权来实行适度的规模经营。这些精神和政策以法律形式载入了《农村土地承包法》。

农村土地集体所有制，表现在土地所有权上就是农村集体的土地所有权。集体所有权的主体只能是农民集体。所谓农民集体应该具备三个条件：一是必须有一定的组织形式、组织机构，如集体经济组织或村民委员会和村民小组；二是应当具有民事主体资格，能够依照法律享受权利和承担义务；三是集体成员应为长期生活于该集体内的农业户口村民。农民集体所有的土地，依照土地管理法分别属于村农民集体、乡（镇）农民集体和村内两个以上农村集体经济组织经营、管理。

2016年制定了推进农村集体产权制度改革政策，各地要根据不同资产类型和不同地区条件，分类施策，稳步推进农村集体产权制度改革。在确认农村集体经济组织成员身份，全面开展农村集体资产清产核资的基础上，对土地等资源性资产，重点是抓紧抓实土地承包经营权确权登记颁证工作，实行物权保护；对经营性资产，要坚持试点先行，由点及面，重点是将资产以股份或份额形式量化到本集体经济组织成员，更好地保障农民的集体收益分配权，发展多种形式的股份合作；对非经营性资产，重点是探索有利于提高公共服务能力的集体统一运行管护机制。健全农村集体“三资”管理监督和收益分配制度。发挥集体经济组织经营管理功能。建立符合实际需求的农村产权流转交易市场，保障农村产权依法自愿公开公正有序交易。

二、农业土地使用政策

（一）农业土地使用政策的内涵

农业土地使用政策，即土地使用权政策，是对土地使用的程序、条件和形式的规定。土地所有权的产生和存在，对非所有者来说不能自由和任意地取得土地使用权，而只能通过一定的法规、程序和条件才能取得土地使用权。依据《宪法》和《土地管理法》的规定，我国实行土地的社会主义公有制，即全民所有制和劳动群众集体所有制，“农村集体经济组织实行家庭承包经营为基础、统分结合的双层经营体制”。所谓双层经营体制，是指农村集体经济组织为了配置农业土地资源并对其成员分配利益，依照法律、政策的规定，将土地使用权授予农村集体经济组织成员，实行家庭经营方式，集体为家庭经营提供服务的一整套制度安排。双层经营体制下以家庭承包经营为基础，其政策含义为农业经营主体是农户而不是农村集体经济组织，农户享有从事种植业、林业、畜牧业、渔业生产的自主权，但不准改变土地的农业用途。双层经营体制下实行集体统一经营，并不是说农村集体经济组织直接经营农业或者与农户共同经营农业，在这里其政策含义为，农村集体经济组织是农业服务主体，为农户生产经营提供服务，作为服务主体，它在服务过程中不得干预农户的生产经营自主权。

《中华人民共和国民法通则》（简称《民法通则》）第八十条第一款规定："国家所有的土地，可以依法由全民所有制单位使用，也可以依法确定由集体所有制单位使用，国家保护它的使用、收益的权利；使用单位有管理、保护、合理利用的义务。"《土地管理法》第九条规定："国有土地和农民集体所有的土地可以依法确定给单位或者个人使用。使用土地的单位和个人，有保护、管理和合理利用土地的义务。"由此可见，土地使用权是在一定条件下，由土地所有者让渡其土地使用权而派生出来的。土地使用权不仅是土地所有制的体现和反映，而且是巩固、实现土地所有制的措施。

从土地所有权与使用权的关系看，土地使用政策有两种类型：一是土地所有权与使用权相结合，即土地所有者又是土地的使用者；二是土地所有权与使用权相分离，即土地所有者依据法律、契约或合同让渡给非土地所有者使用或经营，非土地所有者享有使用权和收益权。前者包括新中国成立前的自耕农、经营地主、社会主义条件下实行集体经营的集体经济等；后者则包括新中国成立前的佃农、社会主义承包责任制下的农民等。

土地所有权与使用权分离状况下的土地使用政策又可分为两种类型，即土地的无偿使用和有偿使用。无偿和有偿的区别在于土地的使用者是否因获得土地使用权而向土地所有者缴纳费用。一般来说，在土地私有条件下，土地不可能无偿使用，只有在土地公有制条件下，土地无偿使用才有可能。然而，我国社会主义的土地无偿使用已经被实践否定，即在社会主义初级阶段无偿使用不利于生产力的发展，必须进行使用政策的改革，变无偿使用为有偿使用。

农户的土地使用权至少应该包含以下内容：

（1）排他性占有权，即农户在规定的租用期内，其使用土地的权利不应受到侵犯。

（2）开发权，即农户在租用期限内有权优化土地配置，提高土地的产出价值，但无权自行将农用地转化为非农用地。

（3）农户应该得到其应得的经济收益。这包括两方面的内容：一方面，农户必须从出售土地产品中得到其应得的利益；另一方面，农户应得到其使用土地后因投入资本和劳动而增加了的土地改良价值。

（4）买卖权。农户可以出售土地使用权，获得一定的报酬。也就是说，可以通过建立土地使用权市场，通过使用权的商品化，来构造土地流转的内在机制。

（5）租赁权。农户可以将使用权出租，或向土地所有者承租，以获取一定的收益。土地租赁是土地使用权的一定期间的买卖，是土地产权商品化的部分内容，土地租赁使土地这个生产要素资本化，成为真正的经济要素。

（6）抵押权。农户可以以使用权作抵押，向土地银行或专门机构申请获得农业经营贷款。土地一经抵押，土地所有权就会有所动摇，有所转移。

（7）继承权。农户的土地使用权可以继承。但是在人口增加，家庭不断分化的情况下，继承权往往会使土地更细碎化，不利于农业的合理经营。这一点已长期受到人们的关注。由于我国土地经营规模太小，对土地继承权必须施加一定的限制。

（二）农业土地承包经营政策

1. 农业土地承包经营权的内涵

农业土地承包经营权，是指农村土地承包人对其依法承包的土地享有占有、使用、收益和一定处分的权利。2002 年 8 月 29 日通过《农村土地承包法》使之趋于完善并增强了可操作性。实行农业土地家庭承包经营，关键是要切实保障农户的土地承包权、生产自主权和经营收益权，使之成为独立的市场主体。

1）农业土地承包经营农户所享有的权利的性质

在土地承包经营关系中，农村集体经济组织享有土地所有权，承担土地承包经营合同约定的义务；本集体经济组织以外的单位或者个人依照土地承包经营合同享有权利，承担义务。由于农村集体经济组织的成员基于成员资格承包经营本集体经济组织的土地，虽然在形式上其权利义务也是由土地承包经营合同约定的，但这种权利义务具有不同于合同权利义务的特征：

第一，权利义务的法定性。一方面，作为农村集体经济组织成员的农户的土地承包经营权是由法律赋予的，因为依照《宪法》的规定，“农村集体经济组织实行家庭承包经营为基础、统分结合的双层经营体制”。《土地管理法》则具体规定，“农民集体所有的土地由本集体经济组织的成员承包经营，从事种植业、林业、畜牧业、渔业生产”。因此，土地承包经营权是农村集体经济组织成员的法定权利，是与其成员资格紧密相连的，并且是以法定机关颁发的《中华人民共和国土地承包经营权证》这一法律凭证来具体界定和加以保障的。另一方面，在土地承包经营关系中，作为农村集体经济组织成员的农户的权利并不以其义务为代价，而且农户的义务也具有法定性。农户向发包方交纳的承包金（包括款项、实物或者劳务）应符合法律、法规和政策的规定；否则，超过有关法律、法规和政策规定的部分则没有法律约束力。特别是农村税费改革以后，作为农村集体经济组织成员，其在承包关系中的权利义务所具有的法定性质，表现得更为明显和直接。

第二，权利义务确立的民主议定性。土地发包方案要以成员的合意为基础，经本集体经济组织 2/3 以上成员同意才产生法律效力。作为集体经济组织成员的农户，其权利义务不是通过与发包方的谈判确立的，本质上是自己行使决策权的结果。

第三，权利义务关系的非对称性。在土地承包经营关系中，农户的权利与义务没有经济上的对称性。一方面，土地承包经营人与土地发包人之间的权利义务关系在地域之间差别较大，承包经营人的权利义务（特别是义务）与当地经济发展水平（特别是本集体经济组织的经济实力如何）密切相关，甚至在集体经济实力较强的农村，承包方不但不承担经济义务，反而还能从经营农业中得到额外补助，这实际上是成员权利在集体经济组织内部的一种再分配。另一方面，即便是从一般意义上来说，承包经营人的权利与其义务之间也没有经济上的对称性。农户的主要经济义务是依法交纳国家税金和承担农产品定购任务以及交纳承包金。交纳国家税金和承担农产品定购任务是农户依法对国家应尽的义务；交纳承包金则是农户对当地基层政府依法所尽的义务（乡镇统筹费）和对本集体经济组织范围内的社会所尽的义务（村提留），这种义务不是承包经营土地在经济上的代价，而是对公共管理费用和集体福利支出的一种分担，是与承包经营人的成员身份联系在一起的。总之，在土地承包经营关系中，作为农村集体经济组织成员的农户所享有的权利和承担的义务是与其成员身份不可分离的，单就其权利来说，它是基于成员资格依法获得并且是成员合意的结果，因此这种权利实质上是一种“社员权”。

2）农业土地承包经营农户所享有的权利的内容

在土地承包经营关系中，作为农村集体经济组织的成员，与土地承包经营有关的“社员权”包括自益权（即农村集体经济组织的成员直接以自己的利益为目的而行使的权利）和共益权（即成员直接以农村集体经济组织的利益为目的、间接地也是为了自己的利益而行使的权利）。

自益权具体包括以下权利：第一，土地承包权，即以占有土地为基本内容的权能。土地承包权的获得有两种方式：一是农村集体经济组织的成员依法获得，即农村集体经济组织的成员以家庭为单位，按照成员家庭所占份额和成员集体意志依法获得的权利；二是农村集体经济组织以外的单位或个人依约定获得，即在农村集体经济组织的成员放弃承包并经 2/3 以上的成员同意的前提下，基于单位或个人的请求依照约定获得的权利。第二，土地使用权，即以使用土地为基本内容的权能。土地使用权是以土地承包权为其存在前提的，依照法律或者约定取得土地承包权，也就自然享有土地使用权。从这个意义上讲，土地承包权与土地使用权是统一的。但也会发生两者分离的情形，土地转包、转让关系中的土地受益主体多元化即是一例。土地使用权的行使以农业领域为限，并受土地承包合同的约束。第三，土地受益权，即以收取约定的土地天然孳息和法定孳息为基本内容的权能。土地受益权主体是多元化的，土地所有权主体和土地承包权主体是当然的土地受益权主体，除此之外，土地承包权主体即便是不使用土地而是将土地转让或者入股，也能取得土地收益。第四，土地转包权，即土地承包权主体在经营期限内依照约定将土地使用权部分或者全部授予他人行使的资格，它是土地承包权主体的一项财产权利。第五，土地转让权，即土地承包权主体在承包期限内部分或者全部让渡土地承包权的资格，它是土地承包权主体的一项财产权利。第六，土地互换权，即土地使用权主体在经营期限内将各自经营的标的部分或者全部进行互换的资格，它是土地使用权主体的一项财产权利。第七，土地入股权，即土地承包、使用权主体在承包、经营期限内以承包、经营的标的物作为股份参加农业联合经营的资格，它是土地承包、使用权主体的一项财产权利。第八，土地承包经营权转让中的优先受让权，即农村集体经济组织的成员在土地转包、转让中相互之间有优先受让的资格。第九，土地承包经营继承权，即以个人名义承包、经营的，承包人在承包、经营期限内死亡，其法定继承人在承包、经营期限内具有继续承包、经营的资格。第十，土地抵押权，即土地使用权主体在经营期限内以经营标的物的使用权作为债权担保的资格。根据《农村土地承包法》第四十九条规定：“通过招标、拍卖、公开协商等方式承包农村土地，经依法登记取得土地承包经营权证或者林权证等证书的，其土地承包经营权可以依法采取转让、出租、入股、抵押或者其他方式流转。”

在土地承包经营关系中，作为农村集体经济组织的成员，与土地承包经营有关的共益权具体包括以下权利：第一，表决权，即农村集体经济组织成员大会表决权。包括表决通过土地承包经营方案、表决通过土地适当调整方案、表决通过由本集体经济组织以外的单位或者个人承包经营方案等。第二，请求权，即纠正农村集体经济组织违背民主议定原则及损害成员利益等违法行为的请求权。在上述各项权利中，除了表决权、请求权等共益权和自益权中的土地承包权、土地受益权、土地承包经营权转让中的优先受让权属于农村集体经济组织成员的固有权，其他权利则是非固有权，即依法或者依照集体经济组织成员大会决议予以限制的权利。其中土地转包权、土地转让权、土地互换权、土地入股权作为财产权利，转包、转让、互换、入股必须是土地承包、使用权主体的真实意思表示，同时应经土地发包人同意才发生效力。

需要指出的是，在土地管理法律关系下，由于实行土地用途管制，从而将土地分为农用地、建设用地和未利用地，作为土地承包经营关系客体的土地则分为耕地与“四荒地”，从土地承包主体角度分为家庭承包和其他方式的承包。根据《农村土地承包法》的规定，在土地承包经营关系下，耕地与“四荒地”的承包经营期限、规则以及管理是不同的。家庭承包的承包期限耕地为30年、草地为30~50年、林地为30~70年（特殊林木的林地承包期，经国务院林业行政主管部门批准可以延长），而“四荒地”的承包期由当事人约定；耕地不适用专业承包、招标承包，而“四荒地”可以实行专业承包、招标承包；本集体经济组织成员承包耕地的承包金不能超过有关法律、法规和政策规定并且纳入农民负担管理的范围，而“四荒地”的承包金则没有上限限制。不论是耕地还是“四荒地”，承包经营人只能从事种植业、林业、畜牧业、渔业生产，否则土地承包经营权不受法律保护。

2. 农业土地承包经营政策发展历程

改革开放以来，我国实行农业土地的承包经营政策。这一政策是在坚持农村土地集体所有的前提下，按人口、劳动或人口劳动结合，将集体土地所有权和使用权分离，把土地平均分给农户独立经营。土地家庭联产承包制是在不改变土地集体所有的基础上，将集体统一经营改变为农户家庭经营，将集体分配收益改变为农民自己支配收益。农户作为农业生产的基本单位，拥有经营自主权，同时实行包干分配，“交够国家的（农业税、统派购或合同订购任务），留足集体的（提留），剩下的全是自己的”。从表面上看，这是农村经济核算体制的变化，实质上更是农业土地经营政策的变革。土地家庭联产承包制提高了农民生产的积极性，极大地促进了我国农业发展。

在农业土地确权方面，政策上逐步强调确权颁证。1982年中央一号文件就提出“实行各种承包责任制的生产队，必须抓好订立合同的工作”，但在随后的十余年间，法律法规对于合同期限、标的、违约责任等没有明确的规定，合同随意性较大。

1997年《中共中央办公厅、国务院办公厅关于进一步稳定和完善农村土地承包关系的通知》规定“延长土地承包期后，乡（镇）人民政府农业承包合同主管部门要及时向农户颁发由县或县级以上人民政府统一印制的土地承包经营权证书”。2002年《农村土地承包法》也规定“县级以上地方人民政府应当向承包方颁发土地承包经营权证或者林权证等证书，并登记造册，确认土地承包经营权”，并对土地发包方和承包方的权利、义务、承包期限、承包合同、承包经营权流转等做出了具体规定。2003年农业部进一步颁布了《中华人民共和国农村土地承包经营权证管理办法》，从2004年1月1日起正式实施。随后几年里，相关文件进一步强调确权颁证。

土地承包经营权确权登记颁证是中国农村土地制度改革的关键之一。2013年中央一号文件提出“全面开展农村土地确权登记颁证工作。健全农村土地承包经营权登记制度，强化对农村耕地、林地等各类土地承包经营权的物权保护”，并具体做出了“用5年时间基本完成农村土地承包经营权确权登记颁证工作”的安排。

2014年山东、四川、安徽三省和其他省（区、市）的27个县进行了整体试点，2015年，中央继续扩大试点范围，在山东、四川、安徽整省试点的基础上，又选择江苏、江西、湖北、湖南、甘肃、宁夏、吉林、贵州、河南9个省（区）开展整省（区）试点，其他省（区、市）根据本地情况，扩大开展以县为单位的整体试点，按照此前制定的改革时间表，该项工作将在2017年全部完成。据统计，截至2015年年底，全国2 323个县（市、区）开展了农村土地承包经营权确权登记颁证工作。按照中央统一部署，2016年继续扩大试点范围，再选择河北、黑龙江、内蒙古、山西、辽宁、云南、海南、浙江、陕西、广东10省（区）进行整省（区）试点，健全相关制度，强化质量监管，确保农村土地承包经营权确权登记颁证工作做细做实。

2016年中央一号文件中指出，我国将推进农村土地征收、集体经营性建设用地入市、宅基地制度改革试点，加快推进房地一体的农村集体建设用地和宅基地使用权确权登记颁证。到2020年，基本完成土地等农村集体资源性资产确权登记颁证，健全非经营性资产集体统一运营管理机制。

三、对农业土地的拥有、分割和用途的限制

由于土地资源的不可再生性、土地利用方向变更的困难性以及土地利用后果的社会性，各国出于社会公共利益的目的，对农业土地的拥有、分割和用途加以限制，以便使土地资源的利用更符合全社会的长远利益。

（一）对农业土地拥有的限制

一些土地资源匮乏的国家，对农户拥有农业土地的数量和农业土地拥有人的资格进行一定的限制。例如，日本《农地法》就明确规定了农户拥有土地的最高限额和拥有人的资格。我国现行的农业土地政策尚未实行这种限制。

（1）对拥有农业土地的数量进行限制，即国家通过立法，规定农户拥有土地的最高限额。例如，日本《农地法》规定，农户拥有土地的最高限额一般为3公顷，北海道地区为12公顷，农户出租土地的最高限额为1公顷等。

（2）对农业土地拥有人的资格进行限制，即国家通过立法，限制不从事农业生产的人拥有农业土地。例如，日本《农业法》规定，农地农有是最合适的土地保有方式，应促进耕作者取得农地，保护其权利。

（二）对农业土地进一步分割的限制

在土地私有条件下，土地因继承、租佃、买卖等进行分割，容易导致土地经营规模变小和土地细碎化。为此一些国家通过改变遗产分割的习惯做法和禁止农业土地分割出售或出租等，限制对农业土地的进一步分割。我国现行农业政策尚无限制农业土地进一步分割的明确规定。

（三）农业土地用途的限制

对农地转变为非农用地的限制，其目的在于既保证非农用地的适量供给，又不致使农用地大量转为非农用地。各国对农地转变为非农用地的管理手段大致有两种：一是设立农地转用许可制度，即政府通过掌握农地转用的审批权来控制农地转用。日本、法国都采取这种手段。日本《农地法》第四条规定，除非是政府征用，农地转为非农用地时，应得到都、道、府、县知事的许可；面积超过2公顷时，应得到农林水产大臣的许可。二是创设土地“发展

权”制度，即政府通过购买发展权的方式限制农地转用。在美国，政府可按一定价格买断将农地转为高一级用途的权利（即发展权）。政府买断发展权以后，农地所有者就失去了农地转用的权利；随着社会经济的发展，当某一农地确需转用时，农地所有者或开发商可从政府那里购买发展权。

土地用途管制是我国耕地保护的根本性措施。我国对农业土地用途的限制规定在《土地管理法》中。《土地管理法》第四条规定：“国家实行土地用途管制制度。国家编制土地利用总体规划，规定土地用途，将土地分为农用地、建设用地和未利用地。严格限制农用地转为建设用地，控制建设用地总量，对耕地实行特殊保护。”“使用土地的单位和个人必须严格按照土地利用总体规划确定的用途使用土地。”这意味着，土地用途管制的基础是土地用途的分类，实现土地用途管制的依据是国家编制的土地利用总体规划。

土地用途管制的主要措施是农用地转用和土地征收审批，通过审批来控制农用地转为建设用地。对于农用地转为建设用地，我国实行两级审批制度，也就是国务院和省级人民政府审批制度。根据《土地管理法》有关条款规定，农民集体所有的土地由本集体经济组织的成员承包经营，从事种植业、林业、畜牧业、渔业生产；农民集体所有的土地用于非农业建设，要依法经过批准；农村集体经济组织和农业土地承包经营者，擅自将农业用地改为建设用地的应当承担法律责任。十七届三中全会提出按照“产权明晰、用途管制、节约集约、严格管理”的原则，完善农村土地管理制度。《土地管理法》第四十四条规定：“建设占用土地，涉及农用地转为建设用地的，应当办理农用地转用审批手续。省、自治区、直辖市人民政府批准的道路、管线工程和大型基础设施建设项目、国务院批准的建设项目占用土地，涉及农用地转为建设用地的，由国务院批准。在土地利用总体规划确定的城市和村庄、集镇建设用地规模范围内，为实施该规划而将农用地转为建设用地的，按土地利用年度计划分批次由原批准土地利用总体规划的机关批准。在已批准的农用地转用范围内，具体建设项目用地可以由市、县人民政府批准。”对于土地征收，《土地管理法》规定由国务院批准的有以下三类：基本农田；除基本农田以外的耕地超过 35 公顷的；其他土地超过 70 公顷的。这些类型以外的土地征收，由省、自治区、直辖市人民政府批准，并报国务院备案。

用途管制的核心是规划的法制化、民主化。如果没有用途管制，仅仅靠产权改革，还不足以建立农地保护机制，因为农民在个人利益驱动之下也愿意获得农地转用的巨大利益。解决用途管制问题要多管齐下，有很大的难度。除法治建设不完备这个明显缺陷之外，中央政府相关部门的协调运作也是不小的问题。不同职能部门往往各司其职，协调起来很不容易。笔者认为有必要让国土资源部承担更多的综合协调职能。另外，各级土地规划都必须成为法律；变更规划要有法律程序。全国人民代表大会及其常务委员会在制定相关法律时要走民主程序，让各利益相关方充分讨论。国家对限制开发地区要给予规范化的补贴，即所谓“购买开发权”。

第三节　农业土地流转政策

一、国外农业土地流转政策

在市场经济发达的国家，尽管土地可以自由买卖，但由于对买方而言，购买土地地价太高，一次性投入太大；对卖方而言，不愿失去土地。因此，尽管各国政府采取了各种措施鼓励土地的买卖、转让，收效并不是很大，农业土地的流转仍以土地使用权的转移——土地租佃经营为主。此外，各国政府为了促进农业经营效率，大多采用了农业土地集中政策。

（一）农业土地征用政策

土地征用是指国家与政府为了公共目的而强制取得私有土地，并给予补偿的一种行为。在美国被称为“最高土地权”的行使，法国法律中称为“土地征收”，日本法律中称为“土地征用”或“土地收买”。

美国法律规定土地征用权的使用：一是必须限于“公共用途”“适量征用”；二是必须征得社区成员的首肯；三是对所征用的财产必须给予“公平补偿”，即“合理的市场价值”或“买者乐意支付卖者乐意接受的价格”予以补偿。

法国土地征收的范围为一般性社会利益事业用地、住宅地、协议开发区、保留地等，土地征用的补偿价格以征用裁判所的二审判决之日的价格为基准计算，同时为了控制补偿价格，被征用的土地用途以公布征用时一年前的实际用途为准。

为解决公共事业用地问题，日本政府于 1951 年制定了《土地收用法》。该法规定：重要的公用事业都可以运用土地收用制度，如根据《城市规划法》确定的道路、公园建设，根据《河川法》进行的堤防建设，根据《港湾法》进行的港湾建设等。称为“起业者”的公共事业本业者，在需要使用土地时，首先必须向建设大臣或都、道、府、县知事申请。得到批准后，起业者便可登记被收用的土地及其地上的建筑物，然后与地权人商定购买协议。达不成协议的，可以申请由收用委员会裁定。对收用的土地，要用租税和公用事业利用费所形成的公共财产进行赔偿。

由此可见，尽管各国对土地征用政策的理论表述不同，但基本特征是一致的：一是政府特有的权力；二是只适用于公共目的的用地；三是对征收的土地给予合理的补偿。

（二）农业土地租佃政策

现在大多数的市场经济国家，都存在自耕和租佃经营两种土地使用政策。差别仅在于一些国家以自耕经营为主，如日本、美国；而另一些国家，租佃经营的土地较多，如法国。

美国农场分为三类：第一类是土地完全自有农场；第二类是土地部分自有部分租入农场；第三类是土地全部租入农场。1987 年，三类农场数量所占的比重，第一类农场为 59.3%，第二类农场为 29.2%，第三类农场为 11.5%；三类农场占有土地的比重分别为 32.9%、53.9%和 13.2%。由此可见，美国纯租佃经营农场无论从数量上还是从占有土地规模上，比重都较小；纯自耕经营的农场虽然数量很多，但大多是中小农场；土地自耕和租佃经营相结合的农场已发展成美国农业生产的主导类型。也就是说，农场靠租入土地来扩大经营规模已成为一种普遍现象。

法国政府为了改变土地占有过于分散的状况，采取了一系列鼓励租佃的政策，使租佃制得到明显发展。目前，租佃经营的土地大体占全国耕地的一半。法国的自耕农大多属于中小农户；农场规模越大，其租地所占比例越大。这点与美国相似，农场更多的是通过租入土地而不是购买土地来扩大规模。

日本是以自耕农为主的国家，土地主要由农户自有自耕，租佃经营极少。虽然政府采取了一系列措施推动租佃经营的发展，但收效甚微。到 1989 年，租佃经营土地仅占日本总耕地面积的 5.2%。

综观发达国家的农业土地租佃政策，存在两种趋势：一是美国等人少地多、农场规模较大的国家，政府以立法方式对租佃关系的调节较少，租佃条件主要由租佃双方谈判决定。二是法国等人均土地中等的国家及日本等人多地少的国家，政府大多以立法的形式保障佃耕权，限制土地所有权，为形成良好的租佃关系提供保障。具体表现为以下几点：第一，规定最短的租佃期。例如，法国第二次世界大战前规定租期不得少于 3 年，1946 年改为 9 年，现在为 30 年；美国国有农场租期为 10 年。第二，规定先买权。法国规定“土地整治与安置公司”对农地有先买权。第三，限制地租额，禁止地主收取高额地租。日本立法规定，水田地租不得超过收获物的 25%，旱地不得超过 15%；法国限制地租不得超过土地价格的 2%~2.5%。第四，调解租佃争议。在日本，由农业委员会对租佃争议进行调解。

（三）农业土地集中政策

在资本主义土地制度形成时期，由于各国人地关系和采取的土地政策不同，形成了不同的土地经营规模，从而造成各国采用的土地集中政策不同。

美国对农地使用规模没有明确的限制政策，农地的买卖和出租均很自由，农场规模主要随经济的发展而渐趋扩大。

为了促进土地集中，扩大农场规模，法国政府实行了一系列鼓励“土地合并”的政策：一是设置“土地整治与农村安置公司”，直接干预土地市场。该公司可以以高价收购缺乏活力的小农户的土地，以优惠的价格转卖给有活力的农户，以加速土地集中。二是规定土地的“最小安置面积”，小于这个面积的农民不得享有任何规定的补贴。三是对放弃耕作的农户给予补助。政府先后设立“调整农业结构社会行动基金”“非退休金的补助金”，通过提供补助的办法，鼓励年老的农场主出卖或出租土地。四是规定农地继承权只能由一人享用，其他有继承权的人只能得到金钱补偿而不能分割农地，以防止农地规模因继承而细化。通过上述种种措施，大大加快了土地的集中速度。

日本经济起飞后，政府为鼓励农地经营规模的扩大，也采取了一系列措施：一是拟订并多次修改农地法律体系，允许并鼓励农地流动。1961 年的《农业基本法》鼓励农地向“自主经营户”手中转移，并且日本政府分别于 1962 年、1970 年、1980 年三次修改《农地法》，1980 年颁布《农用地利用增进法》，逐步放宽对农地流转的限制。二是设立农地保有合理化法人。合理化法人作为中介组织，有权先从离农者手中借入或买入土地，再借给或卖给其他想扩大规模、从事农业经营的农户。三是从 1970 年开始，设立“农业者年金基金”，鼓励农民离农。四是实行“认定农业者”制度，鼓励土地向“认定农业者”集中。“认定农业者”是指那些在改善农业经营效率和扩大规模上有积极性的农业经营者。尽管如此，由于农地价格过高，第二类兼业农户的高度发展等原因，农地政策收效不大。

由此可见，美国等人少地多的国家，依靠市场力量，就能促进农地合理流动，政府干预较少；法国等人均土地中等的国家，要靠政府以立法及其措施干预土地市场，土地才能合理流转；对于日本等人多地少的国家，即使政府采取各种措施促进土地集中，由于土地私有权的存在，政策仍收效甚微。

二、中国农业土地流转政策

农业土地流转包括农业土地所有权流转和农业土地使用权流转，农业土地流转政策是关于农业土地所有权和使用权转移的规范。由于《土地管理法》禁止土地买卖和实行农业土地双层经营体制，因此在我国农业土地流转专指农户承包地使用权流转。

（一）农村土地使用权流转的内涵及模式

1. 农村土地使用权流转的内涵

农村土地使用权流转是指拥有土地承包经营权的农户将土地经营权（使用权）转让给其他农户或经济组织，即保留承包权，转让使用权。

2. 农村土地使用权流转模式

1）互换

互换土地，是农村集体经济组织内部的农户，为方便耕种和各自的需要，对各自土地的承包经营权进行的简单交换，是促进农村规模化、产业化、集约化经营的必由之路。30 多年前，中国农村实行家庭联产承包责任制，农民分到了土地，但由于土地肥瘦不一，大块的土地被分割成条条块块。划分土地时留下的种种弊病，严重制约着生产力的发展和产量的提高。为了让土地集中连片，实现规模化、集约化经营，互换这种最为原始的交易方式，进入农民视野。

2）交租

在市场利益驱动和政府引导下，农民将其承包土地经营权出租给大户、业主或企业法人等承租方，出租的期限和租金支付方式由双方自行约定，承租方获得一定期限的土地经营权，出租方按年度以实物或货币的形式获得土地经营权租金。其中，有大户承租型、公司租赁型、反租倒包型等。

3）入股

入股，也称"股田制"或股份合作经营，是指在坚持承包户自愿的基础上，将承包土地经营权作价入股，建立股份公司。在土地入股过程中，实行农村土地经营的双向选择（农民将土地入股给公司后，既可继续参与土地经营，也可不参与土地经营），农民凭借土地承包权可拥有公司股份，并可按股分红。该形式的最大优点在于产权清晰、利益直接，以价值形态把农户的土地承包经营权长期确定下来，农民既是公司经营的参与者，也是利益的所有者，是当前农村土地使用权流转机制的新突破。

4）宅基地换住房，承包地换社保

以重庆为例，2007 年被国家批准为统筹城乡综合配套改革试验区后，重庆在土地改革领域率先进行大胆探索，创造了土地流转的九龙坡模式，即宅基地换住房、承包地换社保。也就是说，农民放弃农村宅基地，宅基地被置换为城市发展用地，农民在城里获得一套住房。农民放弃农村土地承包经营权，享受城市社保，建立城乡统一的公共服务体制。

5）股份+合作

中国山东省宁阳县探索土地承包经营权流转新机制，建立起"股份+合作"的土地流转分配方式。这种模式是，农户以土地经营权为股份共同组建合作社。村里按照"群众自愿、土地入股、集约经营、收益分红、利益保障"的原则，引导农户以土地承包经营权入股。合作社按照民主原则对土地统一管理，不再由农民分散经营，而是挂靠在龙头企业进行生产经营。合作社实行按土地保底和按效益分红的方式，年度分配时，首先支付社员土地保底收益每股（亩）700 元，留足公积公益金、风险金，然后再按股进行二次分红。

（二）农村土地流转政策发展历程

改革开放迄今，我国的农地流转政策经历了从严格禁止流转，到允许农民在承包期内依法、自愿、有偿流转的变迁。农村土地流转开始于 20 世纪 80 年代中期，最初是农户的自发行为。1984 年的中央一号文件规定，继续稳定和完善联产承包责任制，帮助农民在家庭经营的基础上扩大生产规模，提高经济效益，鼓励土地逐步向种田能手集中。1993 年 1 号文件规定，在群众自愿的基础上可以实行适度的规模经营，规定承包期内耕地的承包权在农民自愿的基础上依法、有偿、自由转让。

1995 年农业部《关于稳定和完善土地承包关系的意见》，规定："农村集体土地承包经营权的流转，是家庭联产承包责任制的延续和发展，应纳入农业承包合同管理的范围。在坚持土地集体所有和不改变农业用途的前提下，经发包方同意，允许承包方在承包期内，对承包标的依法转包、转让、互换、入股，其合法权益受法律保护。"

2001 年 12 月，《中共中央关于做好农户承包地使用权流转工作的通知》，对农民土地使用权的流转做出了更具体的规定，如为稳定农业、稳定农村，不提倡工商企业长时间、大面积租赁和经营农户承包地，农村土地流转应当主要在农户间进行等。

2003 年十六届三中全会通过了《中共中央关于完善社会主义市场经济体制若干问题的决定》，规定："完善农村土地制度。土地家庭承包经营是农村基本经营制度的核心，要长期稳定并不断完善以家庭承包经营为基础、统分结合的双层经营体制，依法保障农民对土地承包经营的各项权利。农户在承包期内可依法、自愿、有偿流转土地承包经营权，完善流转办法，逐步发展适度规模经营。"

2008 年十七届三中全会通过的《中共中央关于推进农村改革发展若干重大问题的决定》规定："土地承包经营权流转，不得改变土地集体所有性质、不得改变土地用途、不得损害农民土地承包权益。"这三个"不得"是农村土地流转必须遵循的重大原则。农村土地归集体所有，土地流转的只是承包经营权，不能在流转中变更土地所有权属性，侵犯农村集体利益。

2013 年 11 月 12 日，十八届三中全会通过的《决定》进一步指出："在坚持和完善最严格的耕地保护制度前提下，赋予农民对承包地占有、使用、收益、流转及承包经营权抵押、担保权能，允许农民以承包经营权入股发展农业产业化经营。鼓励承包经营权在公开市场上向专业大户、家庭农场、农民合作社、农业企业流转，发展多种形式规模经营。"

2014 年 12 月 30 日，《国务院办公厅关于引导农村产权流转交易市场健康发展的意见》（国发办〔2014〕71 号）文件下发，正式提出将农地所有权、承包权、经营权"三权分离"。这是继农村土地集体经营制度后，我国农村土地集体经营制度的又一次重大突破。形成"三权分离"新格局，"落实集体所有权"就是要在农地确权、登记、颁证的基础上，尊重集体经济组织在占有、处分土地方面的权能。

2015 年 7 月 30 日出台的《国务院办公厅关于加快转变农业发展方式的意见》为在农村改革试验区开展农户承包地有偿退出试点划定了明确范围。承包地退出涉及社会、经济、法律等一系列问题，我国尚不具备大规模推动农户有偿退出承包地的主客观条件，必须在农村改革试验区范围内审慎稳妥开展。目前，我国有 58 个农村改革试验区，承担着 19 项改革任务，自愿退出土地承包权只是少数试验区的任务。退出承包权，是农民基于经济利益和生活方式的自主选择。在试点地区，退地的经济补偿如何形成、退出的承包地如何有效利用等各个环节的诸多细节目前仍在探索解决中，还有很多问题需要经过实践才能找到解决方法和路径。

2016 年中央一号文件明确提出，土地流转和适度规模经营必须从国情出发，要尊重农民意愿，因地制宜、循序渐进，不能搞“大跃进”，不能强制推动。土地流转要坚持农村土地集体所有权，稳定农户承包权，放活土地经营权，以家庭承包经营为基础，推进家庭经营、集体经营、合作经营、企业经营等多种经营方式共同发展；要坚持规模适度，既注重提升土地经营规模，又防止土地过度集中，兼顾公平与效率，提高劳动生产率、土地产出率和资源利用率；要坚持市场在资源配置中起决定性作用和更好发挥政府的作用，依法推进土地经营权有序流转，鼓励和引导农户自愿互换承包地块实现连片耕种。鼓励和支持承包土地向专业大户、家庭农场、农民合作社流转，发展多种形式的适度规模经营。各地要依据自然经济条件、农村劳动力转移情况、农业机械化水平等因素，研究确定本地区土地规模经营的适宜标准。防止脱离实际、违背农民意愿，片面追求超大规模经营的倾向。现阶段，对土地经营规模相当于当地户均承包地面积的 10~15 倍、务农收入相当于当地二三产业务工收入的，应当给予重点扶持。完善财税、信贷保险、用地用电、项目支持等政策，加快形成培育新型农业经营主体的政策体系。支持多种类型的新型农业服务主体开展代耕代种、联耕联种、土地托管等专业化、规模化服务。

（三）农村土地流转的“三权分置”

在坚持农村土地集体所有的前提下，促使承包权和经营权分离，实现承包权和经营权分置并行，形成所有权、承包权、经营权三权分置，经营权流转的格局，这是我国农村改革的又一次重大创新。党的十八届五中全会提出，要稳定农村土地承包关系，完善土地所有权、承包权、经营权分置办法，依法推进土地经营权有序流转，构建培育新型农业经营主体的政策体系。

推进“三权分置”，目的是通过落实集体所有权、稳定农户承包权、放活土地经营权，推动形成“集体所有、家庭承包、多元经营”的新型农业经营机制，进一步巩固和完善农村基本经营制度，加快实现农业现代化。把握“三权分置”的内涵，首要任务是明确界定所有权、承包权、经营权的权利边界，以利于各项权能独立行权，充分发挥各自独特效用。集体所有权的核心是处置权，集体通过行使所有权，可以控制和约束其他权利的不规范行使；农户承包权的核心是财产权，在社会保障水平较低的情况下，承包权是其最基本的生活保障，经营权的流转不能影响农户承包地的财产权益，土地经营权的核心是收益权，其创新要义在于优化土地资源配置，实现“农地农民有、农地农业用”，既促使提升土地产出率，又保障务农者的劳动效益和收入水平。同时，从中国农村土地制度的演变历程看，所有权、承包权和经营权在“三权分置”中位于不同的权格，既有层层派生的关系，相互间也存在一定的独立性，要准确把握“三权”关系，促进形成集体所有权、农户承包权和土地经营权相互衔接、大体均衡、同等保护的格局。

“三权分置”是实践探索的产物，是家庭承包经营制度适应经济社会发展要求而不断变革创新的结果，它孕育于中国国情，着眼于解决现实问题，具有深厚的实践依据、丰富的创新内涵和重大的政策意义。

1. “三权分置”创新了农村土地产权制度，拓展了农村土地集体所有制的有效实现形式

农村土地集体所有制是我国宪法明确的基本经济制度。改革开放前，农村集体土地所有权和经营权合一，土地集体所有、集体统一经营。改革开放初期，根据当时主要依靠人力、畜力劳作的农业生产力实际，我国实行了家庭联产承包责任制，逐步确立了集体土地所有权和农户土地承包经营权“两权分离”的制度框架，赋予农户长期而有保障的土地使用权，调动了广大农民的生产积极性，实现了解决温饱问题的基本目标。现阶段，随着工业化、城镇化的深入推进，农村劳动力大量进入城镇就业，相当一部分农户将承包土地流转给他人经营，承包主体与经营主体分离，从而使承包经营权进一步分解为相对独立的承包权和经营权。截至2015年年底，全国家庭承包经营耕地流转面积为4.43亿亩，占比达33.3%。实行集体所有权、农户承包权和土地经营权“三权分置”，是对农村土地产权的丰富和细分，新的制度安排坚持了农村土地集体所有，强化了对农户土地承包权的保护，顺应了土地要素合理流转、提升了农业经营规模效益和竞争力的需要。可以说，“三权分置”创新了农村土地集体所有制的有效实现形式，在中国特色农村土地制度演进史上翻开了新的一页。

2. “三权分置”丰富了双层经营体制内涵，展现了我国农村基本经营制度的持久活力

以家庭经营为基础、统分结合的双层经营体制是我国农村的基本经营制度。改革开放以来的实践证明，这一制度既维护了农村土地的集体所有制度，又赋予了承包农户相对独立的承包经营权利，通过农村土地的“两权分离”，促进了集体统一经营、农户承包经营“统和分”两个层次的形成。近年来，随着大量农村劳动力转移和人口迁移，两亿多承包农户不断分化，家家包地、户户务农的局面发生变化，催生了专业大户、家庭农场、农民合作社、农业企业等各类新型经营主体，形成了集体拥有所有权、农户享有承包权、新型主体行使经营权的新格局，实现了“集体所有、农户承包经营”的双层经营逐步向“集体所有、农户承包、多元经营”的转变。在新格局下，“统”的层次从过去单一的集体经济，向集体经济、合作社、社会化服务组织、龙头企业等多元化、多层次、多形式的经营服务体系转变；“分”的层次从单一的传统承包农户，向普通农户、家庭农场、专业大户等多元经营主体共存转变，两方面共同构成了立体式复合型现代农业经营体系，提高了农业生产经营的集约化、专业化、组织化、社会化程度，为农村基本经营制度注入了更加持久的活力。

3. “三权分置”顺应了发展适度规模经营的时代要求，为中国特色新型农业现代化开辟了新路径

邓小平同志曾经指出，中国社会主义农业的改革和发展，从长远的观点看，要有两个飞跃。第一个飞跃是废除人民公社，实行家庭联产承包为主的责任制。第二个飞跃是适应科学种田和生产社会化的需要，发展适度规模经营，发展集体经济。改革开放初期，以按人口平均承包、农户家庭经营为特征的“两权分离”制度安排，既打破了大锅饭的局面、调动了农民生产积极性，又保障了各个农户的基本生存发展权利，兼顾了效率和公平，支撑我们解决了十几亿人口的温饱问题。在当前的新形势下，一方面，农业适度规模经营成为可能，而且发展要求迫切；另一方面，承包地的就业保障功能虽有所弱化但仍发挥着重要的托底作用。现阶段深化农村土地制度改革，既要注重效率，也要注重公平；既要考虑农业问题，也要考虑农民问题；要着眼于推进农业现代化，促进农地资源优化配置和适度规模经营发展。实行“三权分置”，在保护农户承包权益的基础上，赋予新型经营主体更多的土地权能，有利于促进土地经营权在更大范围内的优化配置，提升土地产出率、劳动生产率和资源利用率。这为加快转变农业发展方式，走出一条产出高效、产品安全、资源节约、环境友好的中国特色新型农业现代化道路开辟了新的路径。

4. “三权分置”是中国特色“三农”理论的重大创新，为实现城乡协调发展、全面建成小康社会提供了新的理论支撑

农业、农村和农民问题，始终是中国革命和建设的根本性问题。新中国成立以来，我们坚持农村土地集体所有制并不断探索其有效实现形式，就是为了探索出一条适合中国国情的发展道路，确保广大农民群众共享经济社会发展成果，避免两极分化，实现共同富裕。

这是中国特色社会主义的本质要求，也是农民积极投身现代化建设的强大动力。“三权分置”继承了“两权分离”制度安排的精髓，实现集体、承包农户、新型经营主体对土地权利的共享，有利于促进分工分业，让流出土地经营权的农民增加财产收入，让新型农业经营主体实现规模收益，也有利于农村劳动力合理流动，促进新型城镇化，实现城乡、工农、区域协调发展，因而是充满智慧的制度安排、内涵丰富的理论创新，具有鲜明的中国特色。“三权分置”极大地丰富了党的“三农”理论，体现了中国特色社会主义的强大生命力和理论魅力，为全面建成小康社会和实现中华民族伟大复兴的中国梦提供了“三农”领域新的理论与制度基础。

第四节　农业土地保护政策

中央经济工作的首要任务就是切实保障国家粮食安全。这就意味着耕地红线要严防死守，18 亿亩耕地红线仍然必须坚守，同时现有耕地面积必须保持基本稳定。在农地流转不断扩大及建设新型现代农业的新形势下，国土资源部将会继续执行最严格的耕地保护政策，同时探索新形势下的耕地和基本农田保护政策创新，加大基本农田保护力度，坚持数量质量并重，切实保障国家粮食安全。

2015 年 1 月 15 日，国务院总理李克强在全国国土资源工作会议上做出重要批示，希望在经济发展新常态下，“严格总量控制保护国土资源，严格分类指导做到有保有压，严格国土执法敢于动真碰硬，推进国土资源节约集约利用”。推动中国经济向中高速增长、向中高端迈进。

一、基本农田保护政策

耕地是指种植农作物的土地。耕地又可以分为灌溉水田、望天田、水浇地、旱地和菜地五种。农村土地的 80%是耕地。

基本农田是指按照一定时期人口和社会经济发展对农产品的需求，依据土地利用总体规划确定的不得占用的耕地。基本农田保护区的划定试点工作早在 20 世纪 80 年代就已开展。1998 年 12 月 27 日，国务院发布《基本农田保护条例》，规定了基本农田的划定、保护、监督等具体政策。从此，我国开始实施以保护耕地为目标的基本农田保护制度。这一制度包括基本农田的划定、保护、监督管理以及违反基本农田保护规定所需承担的法律责任和处罚办法等。现行基本农田保护制度主要有以下内容。

1. 划定基本农田保护区

《土地管理法》规定了五类耕地应当根据土地利用总体规划划入基本农田保护区，严格管理：①经国务院有关主管部门或者县级以上地方人民政府批准确定的粮、棉、油生产基地内的耕地；②有良好的水利与水土保持设施的耕地，正在实施改造计划以及可以改造的中、低产田；③蔬菜生产基地；④农业科研、教学试验田；⑤国务院规定应当划入基本农田保护区的其他耕地。《土地管理法》还规定，各省、自治区、直辖市划定的基本农田应当占本行政区域内耕地的80%以上。

2. 严禁占用基本农田

《基本农田保护条例》指出，基本农田保护区经依法划定后，任何单位和个人不得改变或者占用。国家能源、交通、水利、军事设施等重点建设项目选址确实无法避开基本农田保护区，需要占用基本农田，涉及农用地转用或者征用土地的，必须经国务院批准。经国务院批准占用基本农田的，当地人民政府应当按照国务院的批准文件修改土地利用总体规划，并补充划入数量和质量相当的基本农田。《基本农田保护条例》还设定了禁止性条款：禁止任何单位和个人在基本农田保护区内建窑、建房、建坟、挖砂、采石、采矿、取土、堆放固体废弃物或者进行其他破坏基本农田的活动；禁止任何单位和个人占用基本农田发展林果业和挖塘养鱼；禁止任何单位和个人闲置、荒芜基本农田。

3. 监督执行基本农田保护

为严格执行基本农田保护政策，国家规定，在建立基本农田保护区的地方，县级以上地方人民政府应当与下一级人民政府签订基本农田保护责任书，乡（镇）人民政府应当根据与县级人民政府签订的基本农田保护责任书的要求，与农村集体经济组织或者村民委员会签订基本农田保护责任书。而且，县级以上地方人民政府应当建立基本农田保护监督检查制度，定期组织土地行政主管部门、农业行政主管部门以及其他有关部门对基本农田保护情况进行检查，将检查情况书面报告上一级人民政府。对于应当将耕地划入基本农田保护区而不划入的，由上一级人民政府责令限期改正；拒不改正的，对直接负责的主管人员和其他直接责任人员依法给予行政处分或者纪律处分。对于违反了基本农田保护制度的，需要承担法律责任，包括限期改正、恢复原状、罚款、行政处分或纪律处分、依法追究刑事责任等。

二、耕地占补平衡政策

《土地管理法》第三十一条规定，“国家实行占用耕地补偿制度”。该项制度具体是指，非农业建设经批准占用耕地的，按照“占多少，垦多少”的原则，由占用耕地的单位负责开垦与所占用耕地的数量和质量相当的耕地；没有条件开垦或者开垦的耕地不符合要求的，应当按照省、自治区、直辖市的规定缴纳耕地开垦费，专款用于开垦新的耕地。这在实际操作中被称为“耕地占补平衡制度”。

现行耕地占补平衡制度主要从以下三个方面落实：第一，明确责任，落实耕地占补平衡的法定义务。要求任何建设都必须履行耕地占补平衡的法定义务。单独选址的建设项目占用耕地由建设单位承担补充耕地的义务。土地利用总体规划确定的城市和村庄、集镇建设用地范围内的分批次农用地转用，由市、县、乡政府负责补充耕地。第二，采取措施，把补充耕地落到实处。一是使建设项目补充耕地与土地开发整理项目挂钩；二是建立耕地储备制度，要求做到建设占用耕地先补后占；三是要求落实耕地补充资金。第三，检查监测，确保占补平衡措施的落实。督促各级政府和土地行政主管部门制订详细的补充耕地方案，跟踪检查补充耕地方案的组织实施和验收，通过土地利用变更调查等方式，对耕地占补平衡情况进行动态监测。按省级行政区考核耕地占补平衡，由省级政府和土地行政主管部门承担责任。

三、对农业土地闲置的管理

《土地管理法》关于保护耕地的相关规定：

第三十一条　国家保护耕地，严格控制耕地转为非耕地。

国家实行占用耕地补偿制度。非农业建设经批准占用耕地的，按照“占多少，垦多少”的原则，由占用耕地的单位负责开垦与所占用耕地的数量和质量相当的耕地；没有条件开垦或者开垦的耕地不符合要求的，应当按照省、自治区、直辖市的规定缴纳耕地开垦费，专款用于开垦新的耕地。

省、自治区、直辖市人民政府应当制定开垦耕地计划，监督占用耕地的单位按照计划开垦耕地或者按照计划组织开垦耕地，并进行验收。

第三十二条　县级以上地方人民政府可以要求占用耕地的单位将所占用耕地耕作层的土壤用于新开垦耕地、劣质地或者其他耕地的土壤改良。

第三十三条　省、自治区、直辖市人民政府应当严格执行土地利用总体规划和土地利用年度计划，采取措施，确保本行政区域内耕地总量不减少；耕地总量减少的，由国务院责令在规定期限内组织开垦与所减少耕地的数量与质量相当的耕地，并由国务院土地行政主管部门会同农业行政主管部门验收。个别省、直辖市确因土地后备资源匮乏，新增建设用地后，新开垦耕地的数量不足以补偿所占用耕地的数量的，必须报经国务院批准减免本行政区域内开垦耕地的数量，进行易地开垦。

第三十四条　国家实行基本农田保护制度。下列耕地应当根据土地利用总体规划划入基本农田保护区，严格管理：

（一）经国务院有关主管部门或者县级以上地方人民政府批准确定的粮、棉、油生产基地内的耕地；

（二）有良好的水利与水土保持设施的耕地，正在实施改造计划以及可以改造的中、低产田；

（三）蔬菜生产基地；

（四）农业科研、教学试验田；

（五）国务院规定应当划入基本农田保护区的其他耕地。

各省、自治区、直辖市划定的基本农田应当占本行政区域内耕地的百分之八十以上。

基本农田保护区以乡（镇）为单位进行划区定界，由县级人民政府土地行政主管部门会同同级农业行政主管部门组织实施。

第三十五条　各级人民政府应当采取措施，维护排灌工程设施，改良土壤，提高地力，防止土地荒漠化、盐渍化、水土流失和污染土地。

第三十六条　非农业建设必须节约使用土地，可以利用荒地的，不得占用耕地；可以利用劣地的，不得占用好地。

禁止占用耕地建窑、建坟或者擅自在耕地上建房、挖砂、采石、采矿、取土等。

禁止占用基本农田发展林果业和挖塘养鱼。

第三十七条　禁止任何单位和个人闲置、荒芜耕地。已经办理审批手续的非农业建设占用耕地，一年内不用而又可以耕种并收获的，应当由原耕种该幅耕地的集体或者个人恢复耕种，也可以由用地单位组织耕种；一年以上未动工建设的，应当按照省、自治区、直辖市的规定缴纳闲置费；连续二年未使用的，经原批准机关批准，由县级以上人民政府无偿收回用地单位的土地使用权；该幅土地原为农民集体所有的，应当交由原农村集体经济组织恢复耕种。

在城市规划区范围内，以出让方式取得土地使用权进行房地产开发的闲置土地，依照《中华人民共和国城市房地产管理法》的有关规定办理。

承包经营耕地的单位或者个人连续二年弃耕抛荒的，原发包单位应当终止承包合同，收回发包的耕地。

第三十八条　国家鼓励单位和个人按照土地利用总体规划，在保护和改善生态环境、防止水土流失和土地荒漠化的前提下，开发未利用的土地；适宜开发为农用地的，应当优先开发成农用地。

国家依法保护开发者的合法权益。

第三十九条　开垦未利用的土地，必须经过科学论证和评估，在土地利用总体规划划定的可开垦的区域内，经依法批准后进行。禁止毁坏森林、草原开垦耕地，禁止围湖造田和侵占江河滩地。

根据土地利用总体规划，对破坏生态环境开垦、围垦的土地，有计划有步骤地退耕还林、还牧、还湖。

第四十条　开发未确定使用权的国有荒山、荒地、荒滩从事种植业、林业、畜牧业、渔业生产的，经县级以上人民政府依法批准，可以确定给开发单位或者个人长期使用。

第四十一条　国家鼓励土地整理。县、乡（镇）人民政府应当组织农村集体经济组织，按照土地利用总体规划，对田、水、路、林、村综合整治，提高耕地质量，增加有效耕地面积，改善农业生产条件和生态环境。

地方各级人民政府应当采取措施，改造中、低产田，整治闲散地和废弃地。

第四十二条　因挖损、塌陷、压占等造成土地破坏，用地单位和个人应当按照国家有关规定负责复垦；没有条件复垦或者复垦不符合要求的，应当缴纳土地复垦费，专项用于土地复垦。复垦的土地应当优先用于农业。

四、其他耕地保护政策

（一）耕地轮作休耕试点政策

十八届五中全会建议提出，探索实行耕地轮作休耕制度试点。农业部在开展实地调研并组织专家深入研究的基础上，拟订了《探索实行耕地轮作休耕制度试点方案》，提出今后 5 年轮作休耕试点的思路原则、目标任务、技术路径、重点区域、补助标准和保障措施。实施藏粮于地、藏粮于技战略，坚持生态优先、综合治理，轮作为主、休耕为辅，以保障国家粮食安全和不影响农民收入为前提，突出重点区域、加大政策扶持、强化科技支撑，加快构建耕地轮作休耕制度，促进生态环境改善和资源永续利用。对于轮作，重点在“镰刀弯”地区开展试点，探索建立粮豆、粮油、粮饲等轮作制度。对于休耕，选择地下水漏斗区、重金属污染区、生态严重退化地区，探索建立季节性、年度性休耕模式，促进资源永续利用和农业持续发展。

（二）耕地保护与质量提升补助政策

2016 年，中央财政安排专项资金 8 亿元，在全国部分县（场、单位），开展耕地质量建设试点。按照因地制宜、分类指导、综合施策的原则，推广应用秸秆还田、增施有机肥、种植绿肥等技术模式。一是退化耕地综合治理。重点是南方土壤酸化（包括潜育化）和北方土壤盐渍化的综合治理。施用石灰和土壤调理剂，开展秸秆还田或种植绿肥等。二是污染耕地阻控修复。重点是土壤重金属污染修复和白色（残膜）污染防控。施用石灰和土壤调理剂调酸钝化重金属，开展秸秆还田或种植绿肥等。三是土壤肥力保护提升。重点是秸秆还田、增施有机肥、种植绿肥。此外，中央财政安排专项资金 5 亿元，继续在东北四省区 17 个县（场）开展黑土地保护利用试点，综合运用复合型农艺措施，遏制黑土退化趋势，探索黑土地保护利用的技术模式和工作机制。

（三）加强高标准农田建设支持政策

2013 年，经国务院同意，国家发展和改革委员会印发了《全国高标准农田建设总体规划》，提出到 2020 年，全国建成 8 亿亩高标准农田。2014 年，为规范高标准农田建设、统一建设要求，中国国家标准化管理委员会发布了《高标准农田建设通则》。2016 年，中央 1 号文件明确要求：到 2020 年确保建成 8 亿亩、力争建成 10 亿亩集中连片、旱涝保收、稳产高产、生态友好的高标准农田；优先在粮食主产区建设确保口粮安全的高标准农田。目前，建设高标准农田的投资主要有：国土资源部国土整治、财政部农业综合开发、国家发展和改革委员会牵头的新增千亿斤粮食产能田间工程建设和水利部农田水利设施建设补助等。

（四）设施农用地支持政策

2014 年，国土资源部、农业部联合印发了《关于进一步支持设施农业健康发展的通知》（国土资发〔2014〕127 号），进一步完善了设施农用地支持政策。一是将规模化粮食生产所必需的配套设施用地纳入“设施农用地”范围。在原有生产设施用地和附属设施用地基础上，明确“配套设施用地”为设施农用地。将农业专业大户、家庭农场、农民合作社、农业企业等从事规模化粮食生产所必需的配套设施用地，包括晾晒场、粮食烘干设施、粮食和农资临时存放场所、大型农机具临时存放场所等设施用地按照农用地管理。二是将设施农用地由“审核制”改为“备案制”。按照国务院清理行政审批事项的要求，设施农用地实行备案制管理，细化用地原则、标准和规模等规定，强化乡镇、县级人民政府和国土、农业部门监管职责。三是细化设施农用地管理要求。明确设施农用地占用耕地不需补充耕地，使用后复垦，解决了“占一补一”难题。鼓励地方政府统一建设公用设施，提高农用设施利用效率。对于非农建设占用设施农用地的，应依法办理农用地转用手续并严格执行耕地占补平衡规定。

（五）测土配方施肥补助政策

2016 年，中央财政安排测土配方施肥专项资金 7 亿元，深入推进测土配方施肥，结合“到 2020 年化肥使用量零增长行动”，选择一批重点县开展化肥减量增效试点。创新实施方式，依托新型经营主体和专业化农化服务组织，集中连片整体实施，促进化肥减量增效、提质增效，着力提升科学施肥水平。2016 年，项目区测土配方施肥技术覆盖率达到 90%以上，畜禽粪便和农作物秸秆养分还田率显著提高，配方肥推广面积和数量实现“双增”，主要农作物施肥结构、施肥方式进一步优化。

2016 年，按照《到 2020 年化肥使用量零增长行动方案》的要求，以用肥量大的玉米、蔬菜、水果等作物为重点，选择一批重点县开展化肥减量增效试点。一是大力推广化肥减量增效技术。依托规模化新型经营主体，建立化肥减量增效示范区，示范带动农户采用化肥减量增效技术，推进农机农艺结合改进施肥方式，提高化肥利用率。二是大力推动配方肥到田。开展农企合作推广配方肥活动，探索实施配方肥、有机肥到田补贴，推动配方肥、有机肥和高效新型肥料进村入户到田，优化肥料使用结构。三是大力推进社会化服务。积极探索政府购买服务有效模式，充分利用现代信息技术和电子商务平台，支持社会化农化服务组织开展科学施肥服务，深入开展测土配方施肥手机信息服务。

【思考题】

1. 简述承包经营政策合法化的过程。

2. 新中国历史上发生了包产到户的四起三落。第一次起是 1956 年年初，浙江、四川、广西、广东、江苏、湖北、河南等省的部分地区都实行了包产到户，浙江温州的永嘉县最为典型，大约在 1957 年被禁止。第二次起发生在 1959 年，随后受到严厉批判并被制止。第三次起则在 1961~1962 年，规模最大，全国各个地区都出现，也被批判压制下去。第四次起才是大家所熟悉的以安徽小岗村、小井庄为源头的大包干、包产到户，后来得到了推广和合法化。显然，我们所熟悉的这一次并不是历史上的第一次包产到户。

讨论：为什么这次能行，而前几次都没有成功?

3. 分析如何更好地加快农村土地流转。

4. 简述我国耕地保护政策的具体措施。

【推荐阅读】

蒋省三，刘守英，李青. 2010. 中国土地政策改革：政策演进与地方实施. 上海：上海三联书店.

孔祥智. 2016. 农业供给侧结构性改革的基本内涵与政策建议. 改革，（2）：104-115.

农业部. 2012. 2012 年农村土地承包经营及管理情况. 农村经营管理，（5）：24-25.

吴敬琏等. 2016. 供给侧改革. 北京：中国文史出版社.

参考文献

蔡昉，林毅夫. 2003. 中国经济. 北京：中国财政经济出版社.

黄季焜，郜亮亮，冀县卿等. 2012. 中国的农地制度、农地流转和农地投资. 上海：格致出版社，上海三联书店，上海人民出版社.

孔祥智. 2014. 农业政策学. 北京：高等教育出版社.

谭向勇，肖海峰，李秉龙. 2012. 农业政策原理. 太原：山西经济出版社.

钟甫宁. 2011. 农业政策学. 北京：中国农业出版社.

第八章　农村人力资源政策

【本章导读】

通过本章的学习，了解农村人力资源政策的目标，熟悉农村人力资源转移就业政策的相关理论以及人力资源转移相关政策，了解农村人力资源流动政策的发展历程及实施效果，掌握农村人力资源开发政策途径。

【核心概念】

农村人力资源；农业劳动力转移；农村人力资源流动；农村人力资源开发

第一节　农村人力资源政策目标

一、农村人力资源的含义和特点

（一）农村人力资源的含义

1. 人力资源的含义

人力资源是指能够推动经济和社会发展的劳动力的能力，即已经投入经济建设和社会发展活动和尚未投入经济和社会发展活动的人口的能力。美国经济学家西奥多·W. 舒尔茨在揭示传统农业落后的真正原因时指出：构成生产力要素的不仅包括土地、一切再生产性的物质生产资料等形式的物质资本及其所包含的有用知识，还包括所有的人力及人力所具有的知识。人力资源最基本的方面包括体力和智力，从现实的应用形态来看，则包括体质、智力、知识和技能四个方面。

人力资源由数量和质量两方面构成，在宏观意义上是以一个国家或地区为单位来进行计量的，在微观意义上则以一个部门或企事业单位来进行计量。农村人力资源的数量是指农村中符合劳动年龄并有劳动能力的人口数量，以及不到劳动年龄和虽然超过劳动年龄但实际仍然参加劳动的人口数量；农村人力资源的质量是指农村劳动者的体力素质和智力素质状况。

2. 农村人力资源的数量和质量

农村人力资源的数量和质量受自然、社会、经济、文化教育等各种因素的影响而处于不断变化之中。农村人力资源数量的变化是自然因素与社会因素共同作用的结果。一般来说，影响农村人力资源数量的自然因素包括：①农村人口的自然增长率，这是最基本的影响因素；②达到和超过劳动年龄的人口数；③劳动力的自然减员等。社会因素主要是国民经济发展状况和政府的相关政策等，如劳动力在国民经济各部门之间的分布及其变化、国家的人口政策和就业政策及其实施情况、农业经营形式的变化、产业结构调整等，都会影响到农村人力资源数量的变化。

农村人力资源质量的衡量指标，随着社会生产力的发展也会发生相应的变化。在以手工劳动为主的条件下，劳动者体力具有十分重要的作用，人们往往用性别、年龄、体力强弱来评价人力资源的质量；而在现代社会中，智力因素的作用越来越大，体力因素的作用相对下降，劳动者的科学文化水平、劳动技能高低已逐步成为衡量人力资源质量的主要指标。

（二）农村人力资源的特点

要进行社会生产活动必须具备人、财、物三种基本资源。人力资源作为经济资源的一个特殊组成部分，具有如下的特点。

1. 人力资源的生物性

人力资源存在于人的身体之中，是有生命的“活”资源，与人的自然生理特征密切联系。

2. 人力资源的能动性

人不同于自然界的其他生物，具有主观能动性的人可以通过有目的的活动能动地改造客观世界。人力资源的主观能动性主要表现在三个方面：第一，自我强化。人类的教育和学习活动是人力资源自我强化的重要手段。人们通过正规、非正规教育和各种培训，努力掌握科学知识和劳动技能，锻炼自身的意志和身体，从而获得更高的劳动素质和能力的过程，就是人力资源的自我强化过程。第二，选择职业。在市场经济环境中，人力资源的配置主要依靠市场进行调节，劳动力的所有者可以自主选择职业，实现与物质资源的有效结合。第三，积极劳动。积极劳动，创造性地工作，是人力资源能动性的最主要内容，也是人力资源潜能发挥的决定性因素。

3. 人力资源的动态性

人作为生物有机体具有一定的生命周期，人的劳动能力在生命周期的不同阶段具有明显的区别，如青年、中年、老年组人口的数量及其相互关系对人力资源构成具有重要的影响。

4. 人力资源的智力性

人类在劳动中创造机器和工具，开发了智力，提高了自身的能力。同时由于人类的智力具有继承性，人力资源所有的劳动能力随着时间的推移而得以积累、延续和增强。

5. 人力资源的再生性

经济资源从总体上可以划分为再生性资源和非再生性资源两大类。人力资源具有再生性，即可以通过人口和劳动力的再生产，保持资源总体的数量。

6. 人力资源的社会性

人类的劳动是群体性劳动，不同的劳动者一般情况下会分别处于各个劳动集体之中，这就构成了人力资源社会性的基础。从宏观上看，人力资源总是与一定社会环境相联系的，其形成、配置、开发和使用都是一种社会活动。因而从本质上说人力资源是一种社会性的资源。

二、我国农村人力资源的基本状况

（一）我国农村人力资源的数量

从图 8-1 和表 8-1 中可以看出，当前我国农村人力资源的数量仍然是十分庞大的，占总人口的比重也较大，但是随着我国城镇化进程的不断推进，农村人口的数量及其在总人口中所占的比重呈下降趋势，而城镇人口在不断增加。从图 8-2 中可以看出，从农村劳动力的行业结构来看，农业仍然是中国农村劳动力的主要就业产业，但其比重在就业结构中呈现持续下降趋势。

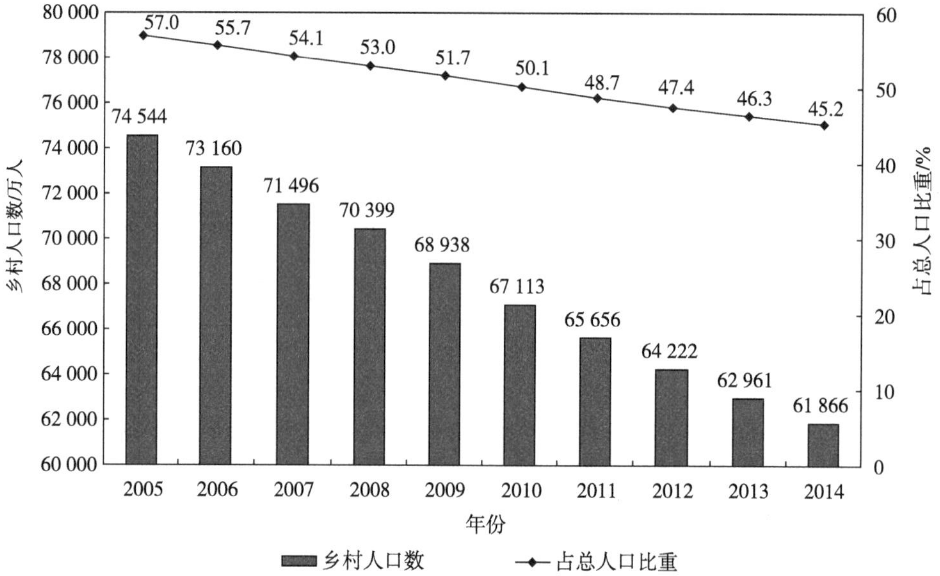

图 8-1　乡村人口数量及比重

表 8-1　中国城镇劳动力数量（单位：万人）

年份	合计	农林牧渔业	工业	建筑业	交通运输仓储及邮电业	批发和零售业	住宿和餐饮业	其他非农行业
2005	11 404.0	446.3	13 855.3	926.6	613.9	544.0	181.2	4 672.0
2006	11 713.2	435.2	14 154.4	988.7	612.7	515.7	183.9	4 793.1
2007	12 024.4	426.3	14 457.7	1 050.8	623.1	506.9	185.8	4 927.8
2008	12 192.5	410.1	14 610.6	1 072.6	627.3	514.4	193.2	5 093.8
2009	12 573.0	373.7	14 955.7	1 177.5	634.4	520.8	202.1	5 311.3
2010	13 051.5	375.7	15 437.2	1 267.5	631.1	535.1	209.2	5 523.1
2011	14 413.3	359.5	16 783.8	1 724.8	662.8	647.5	242.7	5 741.4
2012	15 236.4	338.9	17 587.2	2 010.3	667.5	711.8	265.1	6 005.1
2013	18 108.4	294.8	20 416.3	2 921.9	846.2	890.8	304.4	6 551.4
2014	18 277.8	284.6	20 576.4	2 921.2	861.4	888.6	289.3	6 789.4

资料来源：《中国统计年鉴》（2015）

（二）我国农村人力资源的转移情况

2013 年，我国全面实施城镇化发展战略，经济发展保持平稳、全国就业形势总体稳定。农民工就业人数急剧增长，发展势头良好。为进一步加强对农村人力资源转移的组织领导，国家成立了国务院农民工工作领导小组，组织推动农民工工作。扎实做好农民工的就业服务，组织开展定向、订单式的职业技能培训，帮助符合条件的企业落实社保补贴等各项就业扶持政策，实现产业结构调整中农村劳动者的平稳转移就业，加大对返乡创业农民工的政策扶持力度。同时自 2012 年以来，我国全面开展为期三年的治理拖欠农民工工资问题专项行动，2013 年国家进一步加大对农民工工资问题的关注力度，深入开展农民工工资支付情况专项检查，重点解决建设领域的农民工工资问题。此外不断改善农民工公共服务，加强农民工子女教育问题的落实和解决，有序推进农民工市民化进程，贯彻落实放宽中小城市和小城镇落户条件的政策，使符合条件的农民工及其家属有序转变为城镇居民。2013 年全国农民工总量达到

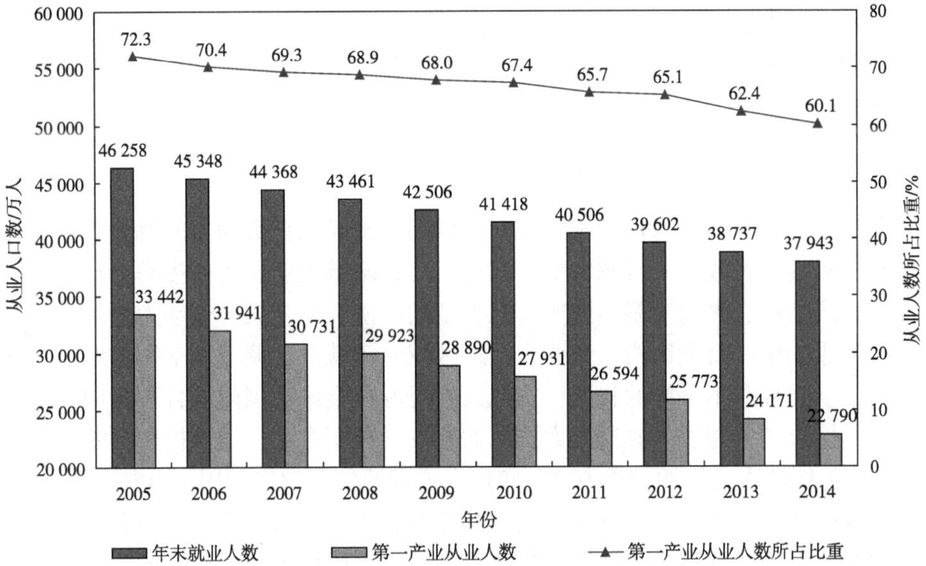

图 8-2　农村人力资源就业情况

26 894 万人，比上年增加 633 万人，增长 2.4%。其中外出农民工 16 610 万人，增加 274 万人，增长 1.7%；本地农民工 10 284 万人，增加 359 万人，增长 3.6%。

三、农村人力资源政策的内容与目标

（一）农村人力资源政策的内容

由于人力资源存在的特殊性，政府干预人力资源配置不仅是十分必要而且是十分普遍的现象。但政府干预人力资源配置应以不阻碍劳动力市场正常运行、弥补市场机制的缺陷、纠正市场失灵为限，目的在于维持公平竞争的市场秩序，促进整个社会劳动生产率的提高和劳动力市场的正常发育。人力资源政策就是政府在一定时期用来干预和调节全社会人力资源配置的措施、方法和制度的统称。制定中国农村人力资源政策必须从我国是人口大国、农业大国的现实国情出发。对农业、农村和农民的问题，我们已形成这样一种基本认识，即“农业是经济发展、社会安定、国家自立的基础，农民和农村问题始终是中国革命和建设的根本问题。没有农村的稳定和全面进步，就不可能有整个社会的稳定和全面进步；没有农民的小康，就不可能有全国人民的小康；没有农业的现代化，就不可能有整个国民经济的现代化”。而农业的发展、农村的进步和农民的小康都是建立在农村人力资源得到合理开发和利用的基础之上的。

改革开放 30 多年来，我国政府一直致力于农村改革，农村改革的不断深入极大地调动了亿万农民的积极性，极大地解放和发展了农村社会生产力，数以亿计的农村劳动力转移就业对我国的经济增长、城镇化进程起到了巨大的推动作用。但是长期以来由于一系列制度安排，农民在我国更多的还是一种身份象征，而不是一种职业称谓。即使农民转移进城也很难成为市民，而是成为一个新的群体，即农民工。农民问题是“三农”问题的核心，是我国现代化发展过程中必须要直面的问题。当前推进城乡统筹协调发展，努力缩小不断扩大的城乡差距，逐步消除城乡二元经济社会制度，其重点是在工业化、城镇化进程中有序、平稳和持续的实现农村富余劳动力向非农产业和城镇的转移就业。因此，农村劳动力转移就业问题、农村人力资源的流动问题以及农村人力资源的开发问题就成为我国农村人力资源政策的核心内容。

（二）农村人力资源政策的目标

中国农村人力资源政策目标的确定必须紧紧围绕提高农村劳动力的就业水平、提高农业劳动生产率、提高农民收入来考虑。稳定农村人口，降低就业压力，提高劳动力利用率；通过调整宏观经济结构、大力发展不同所有制类型的经济，改变农村劳动力所从事的产业活动过多集中于农业的单一就业结构；鼓励农民跨区域流动就业，调节和平衡各地区之间人力资源与物质资源空间分布不平衡的状况，实现人力资源在全国范围内的合理利用；建立和完善劳动力市场，把市场机制引入农村人力资源的开发和利用之中，用价格来反映人力资源的稀缺程度，改变传统的人力资源配置方式，实现人力资源的高效率利用；加强农村教育和培训，提高人力资源的质量，扩大人力资源积累对继续务农或转移出农业部门的农村劳动力都必须进行教育和培训，增强其适应经济发展变化对劳动力素质提出的新要求的能力，把农业劳动生产率的提高转移到依靠劳动者素质提高的轨道上来。

第二节　农村就业政策

2006 年的相关统计数据显示，全国 4.8 亿农村劳动力中，有 3.2 亿为农业劳动力，另外 1.6 亿在当地乡镇企业或从事其他非农产业。据专家测算，目前种植业实际仅需 1.5 亿劳动力，加上 2 000 万专门从事林牧渔业生产的劳动力，农业实际需要的劳动力约为 1.7 亿人，约占现有农业劳动力的 53.1%，即我国目前还有约 46.9%农业劳动力需要转移，而在某些省份这一比例更高。例如，江苏省 1 100 多万农业劳动力中，有 600 多万需要转移，约占总数的 55%；安徽省 2 800 多万劳动力中，有 1 800 多万为农业劳动力，据估计，其中尚有 1 000 多万人需转移，占农业劳动力的 56%左右。因此农村就业的重点是要做好农村剩余劳动力的转移和就业。

一、农村劳动力转移的相关理论

（一）农村劳动力转移的相关概念

1. 农业劳动力转移

农业劳动力转移是指农业劳动力从农业向非农产业（第二产业、第三产业）或城市的流动。农业劳动力的转移通常包括两种类型的转移：一类是产业转移，也就是劳动力从农业向第二、三产业转移；另一类是地区转移，是劳动力的空间转移，是某一地区的农村劳动力向另一地区转移，由农村向城市或郊区转移。因此一般研究中所说的农业劳动力转移既包括农业劳动力的产业转移也包括劳动力的地区转移。农业劳动力转移是随着经济社会发展而产生的一种必然现象，也是推动经济社会发展的重要动力，其实质是经济要素在空间重新配置的过程。其实，农业劳动力转移从某种程度上来讲，是个三维度的概念，即“三个转移”：①身份的转移，即拥有与城镇居民等同的身份，由农民转为市民；②职业的转移，即从事与城镇居民相似的职业，由农业转向非农业；③空间的转移，即享受与城镇居民一样的生活环境，居住地由农村转向城市。

2. 农业劳动力转移政策

农业劳动力转移政策可界定为国家机关、政党在工业化和城市化进程中为实现农业劳动力身份、职业和空间转移的目标而做出的政治行为，以及为此而采取的一系列谋略、法令、措施、方法、条例等的总称。

（二）农村劳动力转移的相关理论

农业劳动力的转移是一种系统、长期、复杂和典型的经济行为。农业劳动力从农村流向城镇，从农业部门转移到非农业部门，不仅体现了生产要素的优化配置，也体现了经济发展的客观规律。国外学者对农业劳动力流动的研究开展得较早，提出了大量的理论成果，其中有代表性的理论研究和模型有刘易斯的二元经济模型、拉尼斯和费景汉含有转折区间的二元经济模型、托达罗人口流动模型、人口转移的“推–拉”理论等。

1. 刘易斯的二元经济模型

20世纪50年代中期，美国著名经济学家刘易斯发表了《劳动力无限供给下的经济发展》一文，其农村剩余劳动力转移理论得到创立。在文中，刘易斯（Lewis，1954）第一次正式提出二元经济的概念，并且较为系统地阐述了农村劳动力流动的作用机制和过程，为后人研究劳动力的流动奠定了很好的理论基础，而这些理论后来被称为刘易斯劳动力无限供给的二元经济模型。在刘易斯的二元经济模型中，他将国民经济分为两个部分，一个是以现代方式进行生产，拥有高生产率、高工资率的现代工业部门；另一个是人口过剩，仅能够糊口、维持最低生活水平、生产方式原始落后的传统部门，即农业部门。在传统的农业部门中，存在着大量生产率极低的剩余劳动力，他们能够保持原有的农业产出不减少，甚至有可能增加农业产出，但他们退出农业部门并不会对农业生产造成很大影响，这部分劳动力长期处于失业或隐性失业的状态。而现代的工业部门拥有日益扩大的生产规模和较高的劳动生产率，生产资本不断地被追加投入，劳动者在该部门能够获得比较高的工资。在刘易斯的二元经济中，正是由于传统农业部门和现代工业部门之间存在明显的收入差距，促使农业部门的剩余劳动力逐渐出现向工业部门流动的趋势。并且只要在没有人为设置转移障碍和制度限制时，农业的剩余劳动力就会源源不断地流向城市工业部门，从而最终导致发展中国家二元经济的农业部门剩余劳动力完全被吸收，二元经济演变为一元经济，不发达的经济最终变为发达经济。

刘易斯的二元经济模型强调了传统部门与现代部门之间存在的差异，同时将以往在学术界中认为独立的工业化过程、经济增长与人口流动过程紧密结合在一起，研究两者相互作用从而促进经济发展的问题，在分析上较为接近发展中国家的实际，为分析发展中国家剩余劳动力的流动对经济增长的影响开辟了一个新的思路，如图8-3所示。

图8-3中，纵轴OD表示农村劳动力的工资和边际产品，横轴OL表示劳动力的数量，OW表示资本主义部门的实际工资，OA表示农业部门的实际工资。根据刘易斯二元经济的假设，在OW这个高于农业部门的工资水平上，由于此时资本主义的劳动力供给是无限的，因此劳动力供给曲线S变成WH这样一条直线，D、F代表资本主义的劳动需求曲线，向右下方倾斜，是资本主义部门在其拥有的资本下，所对应的劳动边际生产率曲线。资本主义部门在拥有其他资本固定充足的前提下，劳动力供给曲线与需求虚线达到平衡时的点，表示工业部

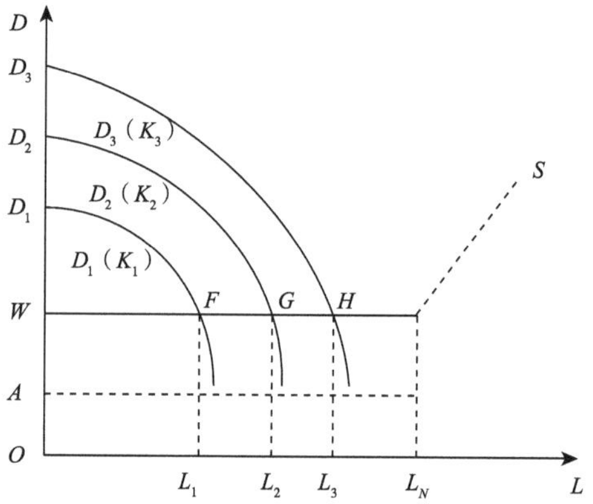

图 8-3 刘易斯劳动力转移模型

资料来源：谭宗台. 发展经济学. 太原：山西经济出版社，2001：281

门在实现利润最大化下所需要雇用的劳动数量。因此，当初始资本为 K_1 时，劳动力的需求曲线为 D_1（K_1），资本主义雇用的劳动数量为 OL_1，厂商在 F 点实现最大利润，OL_1FD_1 围成的图形为厂商生产总量，OL_1FW 围成的图形是厂商所需要付给工人的工资，即所需所支付的生产成本，则资本主义厂商所获得的利润可用 WFD_1 所围成的面积表示。假设在长期的发展中，厂商将其全部的利润转化为资本，进行扩大再生产，从而使其资本从 K_1 变为 K_2，对应的劳动需求数量为 OL_2，劳动力需求增大为 L_1L_2，则能实现 OL_2GD_2 围成面积所示的生产总量，OL_2GW 为厂商所需要付给工人的生产成本，WGD_2 的面积则为厂商所获得的利润收入。而如果资本主义部门能一直保持这样的生产模式，将所有的剩余全部继续转化为资本，不断扩张资本投入，那么劳动的边际生产率将不断得到提高。厂商所需要雇佣的劳动人数也不断增加，越来越多的农村剩余劳动力被吸引到工业部门，并如此循环，直到最终二元经济变为一元经济，不存在转移的剩余劳动力。

2. 拉尼斯和费景汉含有转折区间的二元经济模型

拉尼斯和费景汉认为，刘易斯没有足够重视农业在促进工业增长中的作用，忽略了农业生产率提高而出现剩余产品是劳动力持续流入工业部门的先决条件。根据这一观念，在 20 世纪 60 年代，他们对刘易斯的理论进行了补充与修正，初步创立了该模型。该理论强调必须在工业部门扩张的同时，推动农业劳动生产率的提高，使农业发展与工业发展同步进行。该理论将农村剩余劳动力的转移划分为三个阶段：第一阶段，农村劳动边际生产率等于零阶段。在这一阶段农业部门存在隐蔽性失业，相当一部分劳动力的边际生产力接近零，农村的剩余劳动力呈无限供给趋势；第二阶段，农业劳动边际生产率大于零，小于农业平均固定收入阶段；第三阶段，农业劳动边际生产率等于和大于农业平均固定收入阶段。农业剩余劳动力完全被工业部门吸收就业后，经济发展进入商业化，传统的农业经济就进入了发达的资本主义经济阶段。

拉尼斯和费景汉的理论强调了农业对工业的贡献，不仅在于它为工业部门提供了大量的劳动力，而且它同时为工业部门提供了农业剩余。如果农业剩余不能满足工业部门扩张后新增工业劳动力对农产品的需求，劳动力的转移就会受到阻碍。但该模型中也存在缺陷，即在他们的研究中忽略了贸易条件、货币和价格变化对农村剩余劳动力转移的影响。

3. 托达罗人口流动模型

托达罗以 20 世纪六七十年代一些人口过度膨胀、高失业率的非洲国家城市为背景，提出人口流动模型。他认为，发展中国家农村剩余劳动力的转移不仅存在，而且正在加速。农村劳动力在做出是否选择迁入城市的决定时，关键是取决于农村劳动力对城市和农村的预期收入差距以及城市就业率和失业率的大小。城市与农村间的收入差距作为农村劳动力流入城市的原动力，预期收入的差距越大，越有利于劳动力向城市的流动。而当城市预期工资收入小于农村工资收入时，就会诱使劳动力从城市向农村转移，此时一国便进入了逆城市化的阶段。一方面这种预期差距受到城市与农村的实际工资影响，另一方面这种预期收入水平也会受到城市就业容纳率大小的影响。托达罗认为，由于在一般发展中国家的城市同样存在失业问题，因而农村剩余劳动力在流入城市的过程中并不一定能够找到工作。城市的这种就业率大小会对农村劳动力迁入城市产生很大影响，当城市的失业率高到农村劳动力已经无法在城市找到工作时，理性的劳动者将停止迁入城市。

托达罗人口流动模型用公式表示如下：

$$V(0)=\int\left[p(t)Y_u(t)-{}_0^n Y_r(t)\right]\mathrm{e}^{-rt}\mathrm{d}t-C(0)$$

式中，$V(0)$ 表示迁移者计划安排期内预期城乡收入差异的净贴现值；$Y_u(t)$、$Y_r(t)$ 分别代表 t 期城市和乡村实际工资率；n 表示计划安排范围内的时期数；r 表示贴现率；$C(0)$ 表示迁移成本；$p(t)$ 表示 t 期一个迁移者累积的就业概率。若 $V(0)>0$，表明农村迁移者愿意流入城市就业，城市净流入人口将增加；若 $V(0)<0$，则迁移者拒绝流入城市，甚至出现城市倒流乡村的现象，此时城市净流入人口将不会增加，甚至有可能出现减少。

托达罗认为迁移者对城乡预计收入差异的扩大，是导致发展中国家城市移民人数猛增的原因。他认为仅仅依靠工业扩张，加大对工业的投资，不能有效地解决发展中国家普遍存在的失业问题，反而会增加失业，而大力发展农业经济才是解决失业问题的根本出路。托达罗理论纠正了刘易斯理论中过度关注农村劳动力流入城市的不足而忽视农业发展，认识到城市失业率对农村剩余劳动力转移决策的影响。托达罗人口流动模型与刘易斯的二元经济模型相比，更贴近发展中国家的现实，能够较好地解释农业人口向城市流动与城市失业并存的现象。但是它也存在缺陷，托达罗人口流动模型中鼓励抑制城市，发展农村的思想，会阻缓剩余劳动力人口向城市流动政策的实践，给发展中国家的经济发展带来一系列他本人始料未及的问题，如低成本软约束下的人口过速增长、人口分散分布造成的生态环境恶化、空间分散的效率损失和成本增加等问题。

4. 人口转移的“推–拉”理论

D. J. Bogue 于 20 世纪 50 年代末明确提出了系统的人口转移“推–拉”理论。他认为农业劳动力在做出转移决定时，总是在“推力”和“拉力”、“反推力”和“反拉力”的比较中与转移后的正负效益相权衡而做出的。D. J. Bogue 指出自然资源枯竭、农业生产成本增加、农业劳动力剩余导致的失业和半失业、经济收入水平低等原因会产生劳动力转移的“推力”；城市中较多的就业机会、较高的工资收入、较好的生活水平、人际环境和气候环境等会产生迁移的“拉力”。

用数学公式表示 D. J. Bogue 的系统人口转移“推–拉”理论，公式如下：

$$F=\sum\left(L_i+T_i-F_{li}-F_{ti}\right),\quad i=1,2,3,\cdots,\ n$$

式中，L_i 表示城镇的拉力，如城镇中较高的预期收入和较好的受教育机会等；T_i 表示城市化的推力，如农村的收入低下和工作环境的恶化等；F_{li}表示城市的反拉力，如农村经济的快速发展、农村劳动力旳恋土归根情节等；F_{ti}表示城市的反推力，如城镇的高失业率、污染严重和排外歧视政策等。人口转移“推–拉”理论中只有当F值大于零时，即拉力与推力的总和大于反拉力与反推力的总和时，农村人口才有可能做出向城镇转移的决定，农村人口在城市中能够获得更高的预期收入；而当F值小于等于零时，即迁移的预期效益小于等于零时，则不利于城镇人口的流入，甚至有可能出现农村劳动力回流的人口流出现象。总之“推–拉”模型从动力学的角度来看，在一定程度上解释了农村劳动力向城镇流动的主要原因。

但是该理论对农业劳动力的个人作用关注较少，注重于外部作用。1966 年，E.S.Lee 对该理论进行了补充完善，在原有理论的基础上，加入了对劳动力个人因素的考虑，分析了在同样的推力和拉力条件下，为什么劳动力资源有的会选择流出，有的会选择留在原地的问题。他的分析框架包括转出地、转入地和二者之间的障碍因素，如原居地相关因素、目的地相关因素、中间障碍和个人因素等。区别于从单纯经济因素角度解释劳动力迁移的经济理论，该理论认为剩余劳动力的转移是各种因素综合作用的结果，对人口迁移的解释具有综合的特征。

5. 其他有影响的理论

除上述四种理论外，还有舒尔茨的成本–收益理论、皮奥利的二元劳动力市场理论、斯塔克的相对贫困假说等。

1）舒尔茨的成本–收益理论

20 世纪 60 年代，舒尔茨在人力资源理论基础上提出了该理论，认为农业劳动力的转移可以看成是一种人力资源的投资形式，其决策逻辑可以运用成本和收益的比较来解释。其中迁移成本主要包括迁移的交通费、食宿费等货币成本和心理成本等非货币成本，迁移收益可以分为货币收益和非货币收益两部分。理性劳动力在做出迁移决策前，必然会对迁移的成本与收益进行衡量，只有在迁移收益大于成本时才会产生劳动力迁移。

2）皮奥利的二元劳动力市场理论

皮奥利于 1970 年提出二元劳动力市场理论，从城市经济的二元结构及其内生的劳动力需求方面解释劳动力转移的动力和必然性。该理论认为，在城市经济或发达国家的经济中出现一个资本集中、生产效率高的主要部门和与之相对的次要部门，两个部门所反映的市场供求是不同的：本地居民一般在主要部门工作，而次要的部门对当地劳动力吸引力不足，需要外地劳动力进行补充。与传统的劳动力转移理论相比，该理论的优势在于它能够解释：为什么不稳定和生产效率低的工作还会存在于发达经济中；为什么会有逃避现象；为什么不能提高工资来解决这类问题；为什么落后地区的劳动力会从事这类工作。但是由于该理论只重视需求而忽略了劳动力的供给，因此该理论本身仍然是存在缺陷的。例如，虽然该理论解释了大多数转移劳动力能够找到工作，但是关于劳动力转移是否是由此类需求引起的却不能够给出合理的解释；同时该理论也不能够解释经济结构类似的发达国家或城市，为什么在劳动力转移方面会有巨大的差异。

3）斯塔克的相对贫困假说

相对收入是指一个人根据一个内在化的期望生活标准对收入做出的评价，或者是一种社会决定的生存水平。伊斯特林较早借用相对贫困假说解释人的经济行为，斯塔克等则利用相对贫困假说对城乡间劳动力转移的现象进行了解释，以弥补托达罗“预期收入假说”的不足。该理论认为，农业劳动力转移，不仅取决于预期收入差距，也取决于他们在原住地感受到的相对贫困以及转移后按照目的地的期望生活标准感受到的相对贫困。斯塔克等通过观察农户对国内或国际转移的选择，检验了转移决定中的相对贫困假说，发现有些劳动力在原住地感受到经济地位相对下降，便愿意迁移出去，但是毕竟是一种间接的检验，而且不能应用于大多数场合。

二、农村劳动力转移政策

（一）农村劳动力转移政策目标

具体而言，围绕农业劳动力身份、职业和空间的三个转移，其政策主要包括以下几个方面：①土地政策，主要涉及土地流转机制的问题；②户籍政策，主要涉及深化户籍改革，打破城乡人口和劳动力分割的格局，为农业劳动力向城市迁移提供制度保障；③人口政策，主要指计划生育的控制如何从农村到城镇过渡；④培训政策，主要指如何加强农民素质培训，加大人力资本投入，为农业劳动力转移提供智力保证；⑤就业政策，主要是制定和完善就业政策法规，为农业劳动力的转移就业创造条件，提供服务；⑥社保政策，主要是实现"农保"体系向"城保"体系的过渡、统一，解决农业劳动力转移的后顾之忧。另外，还有下山移民政策，主要适用于自然条件较差、生产资源贫乏、交通不便的欠发达地区，以加快山区人口梯度转移，促进农业劳动力的全面转移。可见，农业劳动力转移政策是由各相关政策组成的"政策群"，这些相关政策所要求实现的目标构成农业劳动力转移政策目标系统。

农业劳动力转移政策的目标，事实上是一个多重的系统：在纵向上是多层次的，包括身份、职业和空间的转移；在横向上则是多方面的，由土地、户籍、人口、培训、就业和社保六大方面的目标组成。在整个农业劳动力转移目标系统中，主要目标和次要目标、长期目标和短期目标、定性目标和定量目标，错综复杂地交织在一起，这也使对于目标的确定和评价变得更加困难。而分解整个目标系统，厘清彼此之间的逻辑关系，可用以下等式来表达这个目标系统的关系：

$$U=\{A,R\}=\{(Y,W,Z),R\}\text{或}U=f(Y,W,Z)$$

式中，U 表示由身份–职业–空间三维结构组成的农业劳动力转移目标系统；A 表示组成目标系统的子目标结合；R 表示各子目标间的各种关系；Y 表示身份转移目标的发展变量；W 表示职业转移目标的发展变量；Z 表示空间转移目标的发展变量。

这三个转移维度可以说是一个有机的整体，虽然由于各种因素的制约，很难达到三个目标同时整体实现，但如果少了任何一个维度的支持，就谈不上真正意义上的转移。从目前农业劳动力转移的发展阶段和现状来看，每个维度的权重可能并不是一致的，对于农业劳动力转移的影响也是各不相同的。通过分析，我们可以得出这样一个基本的认识：职业转移是最为基础的，只有农业劳动力得到了充分就业，生活有了保障，才能有效地吸引其主动转移。只有身份转移得到了与城镇居民等同的待遇，他们才可能获得更多的生存和发展机会。而空间的转移不仅是一个地点变化的问题，更重要的是能与城镇居民一样，享受到城市的生活环境和公共物品的供给。这一转移同样也影响着前两者的转移，因为居住地的变化也会带来生活方式的改变，他们能够得到更多的就业信息。并且由于居住地与政府的距离相对拉近了，他们能够更方便地表达自己的意愿，参与政治，使政府更能意识到身份转移对于他们的重要性等。

（二）农村劳动力转移的政策工具

1. 提供公平有效的劳动力市场制度环境

所谓公平有效的劳动力市场，就是供求职方能够按照供需关系实现自愿和互惠交易的劳动力市场。当然，其中的公平与有效两个目标之间具有一定的矛盾，不同国家或国家的不同阶段在两者之间的权衡是不一样的。经济学认为市场的有效运作是需要前提的，如需要通过法律制度来保障市场秩序，通过法律确定产权以及用政府强制力作为后盾裁决和处理市场纠纷等。这些都需要政府在其中发挥作用。

2. 创造就业机会和治理失业

失业的种类主要包括摩擦性失业、结构性失业和需求不足性（周期性）失业。其中摩擦性失业是由于劳动力市场的动态属性以及信息流动的不完全性产生的；结构性失业是由于劳动力需求和劳动力供给之间的长期不平衡引起的，在工资刚性以及较高职业流动成本或地理流动成本的情况下，劳动力需求结构的变化必然会引发结构性失业；需求不足性失业则与商业活动波动联系在一起，在实际工资水平不具有向下浮动灵活性的情况下，当产品市场总需求下降引起劳动力总需求下降时，需求不足性失业就出现了。所以，用一种不引起通货膨胀的方式减少周期性失业以及改善劳动力市场的功能是重要的。

3. 减少就业领域信息不对称和信息不完全

在就业领域，由于雇主和工人掌握的信息非常不同，而劳动力市场交换的无障碍运行需要以完全信息作为条件。所以减少劳动力市场供需双方信息的不对称和不完全可以减少交易成本以及欺骗行为，从而提高劳动力市场交换的效率。

4. 减少劳动力市场供需双方中的单方垄断局面

一般认为，在卖方垄断或寡头条件下（只有一个或少数雇主），雇主在劳动谈判中拥有优势，会使就业者获得相对较低的工资和较差的工作条件；相反，在买方垄断或寡头条件下（工人组成一个或少数工会），则会出现相反的效果。所以无论是哪一种单方垄断都会影响市场自由交易，从而导致就业和工资关系偏离正常的供求曲线。对此，政府可以出台适当的工会政策，甚至在工人与雇主谈判中充当中间人角色，从而减少就业与工资关系的扭曲。

5. 提供公共服务以及促成或采取集体行动

这一职能主要是解决具有非排他性和非竞争性的公共服务，通过一定的政策或财政激励，甚至使用强制力量减少集体行动的成本，提高就业领域集体行动的效率，包括建立平等的劳动力市场制度、提供就业服务及作为第三方协调和裁决劳资纠纷以及其他劳动争议问题的职能。

6. 减少教育与培训等方面的外部性

高水平的资格和技能是创新活动、企业绩效和增长得以实现的中心环节，而它还可以使劳动者获取相对高的劳动报酬，并使整个社会获得高生产力。资格和技能一般通过教育和培训获得、而且需要支付直接成本和机会成本。因为企业职工参加教育和培训，企业不仅要失去相应的劳动时间还要增加相应的培训费用，职工的教育和培训，是以有报酬的劳动时间和培训费用作为代价的。教育和培训是一个正外部性很强的物品，个人在其中的总收益会小于社会总收益，如果政府不代表全社会支付部分费用，教育和培训的供给就会相对不足。

7. 保护劳动者权益

保护劳动者权益包括要求订立劳动合同、进行劳动保护、参加社会保障、获得合理的劳动报酬以及禁止使用童工等。

（三）农村劳动力转移的相关政策

1. 农村劳动力产业转移政策

农村劳动力产业转移，既包括在农业内部由种植业向林业、牧业、渔业的转移，也包括由农业部门向工业、运输业、建筑业、商业、服务业等非农业部门转移。在新中国成立后的30年时间内，中国农村劳动力基本上只能从事农业，在农业内部又基本上是从事种植业，种植业内部又主要是从事粮食生产，农村劳动力向林业、牧业、渔业的转移受到明显的限制，更难以向二三产业转移。但这种限制农村劳动力产业转移的政策在各个时期表现又有所不同。新中国成立初期，尽管对粮食生产抓得很紧，但没有影响到农村其他行业的发展，农村劳动力在农村内部的转移还是比较迅速的。1978年后，农村实行全面经济改革，农村劳动力在产业间转移的政策也发生了一系列重大变化。在“不离土不离乡”“离土不离乡、进厂不进城”的就地转移为主的政策指导下，大量的农村劳动力不仅由种植业转向林业、牧业、渔业和养殖业，而且还有大量的农村劳动力开始由农业转向农村非农产业部门实现就业。

2. 农村劳动力区域转移政策

我国农村劳动力在农村社区之间的转移一直是比较普遍的，但转移半径一般都不大，引起农村劳动力区域转移的主要原因是婚姻和谋生。但自农村改革以来，地区间经济发展的差异，已使不少经济发展落后地区的劳动力为寻找就业机会开始向经济发达地区转移，成为当地经济发展中相对廉价的劳动力。我国农村劳动力区域转移主要是从中西部经济欠发达地区向东部经济发达地区转移，从同一个区域内经济落后地区向经济发展较快地区转移。农村劳动力的区域转移，一方面为经济欠发达的落后地区积累了必要的经济发展资金，另一方面也为这些地区培养了经济发展必需的高素质劳动者。同时，也应注意对在当前体制下农村劳动力区域转移所引发的一系列社会、经济、人口、环境问题加以适当的政策引导。

3. 农业劳动力城乡转移政策

农村人口和劳动力向城镇转移是一个国家或地区实现工业化过程中必然出现的人口和就业变动的现象。我国农村人口和劳动力向城镇转移，在政策上经历了由松到紧、再由紧到逐步松动的变化历程。

1949~1952 年城乡之间人口转移实行的是“自由迁居”的政策，虽然迁移者要到公安机关办理户口登记手续，但对人口在城乡之间的迁移没有做出任何限制性规定。1953 年 4 月，中央人民政府和政务院颁布了《关于劝止农民盲目流入城市的指示》，并决定通过户籍管理控制人口迁移。同年 9 月，又规定由农村迁往城市的人口，在迁出时须经乡政府批准，在迁入城市须经城市公安机关审批。由此，迁移登记制度便演变为迁移审批制度。尽管如此，当时对农村人口向城市迁移仍然没有实行严格控制。1957 年与 1949 年相比，中国城镇人口增加了 4 181 万人，平均每年递增 70%，其中由农村人口转变为城镇人口的比重占 60%以上。从 20 世纪 50 年代末到 60 年代初，为适应粮食等主要农产品供给短缺的需要，中国开始实行严格控制城市人口增长的政策，农村劳动力向城市转移也受到严格限制。农村人口向城市迁移必须根据招工、招干、服兵役、升入正规学校、随亲属生活等不同情况，分别由劳动、人事、军队、教育、公安等职能部门审批，由此形成了严格限制农村人口和劳动力向城镇转移的管理制度和政策措施。

1978 年开始的农村经济改革，在赋予农民拥有土地生产经营自主权的同时，也赋予了农民一定程度就业选择的自主权。1984 年中央一号文件明确提出农民可以自带口粮进入集镇务工经商自谋职业。20 世纪 90 年代以来，农村劳动力转移更是发展成为大规模跨地区的流动就业，这一现象一经出现立即引起社会各界的普遍关注，褒贬不一。为了缓解“民工潮”对社会生活秩序的冲击，劳动部于 1994 年 11 月公布了《农村劳动力跨省流动就业管理暂行规定》，加强了对农民跨地区流动就业的管理与协调。2001 年，国务院批转公安部《关于推进小城镇户籍管理制度改革的意见》，提出对办理小城镇常住户口的人员，不再实行计划指标管理。2006 年 10 月，公安部门进一步努力深化户籍制度改革。本次户籍制度深化改革的重点是拟取消农业、非农业户口的界限，探索建立城乡统一的户口登记管理制度；同时，以具有合法固定住所作为落户的基本条件，逐步放宽大中城市户口迁移的限制。2014 年 7 月 24 日，国务院印发《关于进一步推进户籍制度改革的意见》，部署深入贯彻落实党的十八大、十八届三中全会和中央城镇化工作会议关于进一步推进户籍制度改革的要求，促进有能力在城镇稳定就业和生活的常住人口有序实现市民化，稳步推进城镇基本公共服务常住人口全覆盖。《关于进一步推进户籍制度改革的意见》就进一步推进户籍制度改革提出 3 方面 11 条具体政策措施，标志着进一步推进户籍制度改革开始进入全面实施阶段。《关于进一步推进户籍制度改革的意见》指出，到 2020 年，基本建立与全面建成小康社会相适应，有效支撑社会管理和公共服务，依法保障公民权利，以人为本、科学高效、规范有序的新型户籍制度，努力实现 1 亿左右农业转移人口和其他常住人口在城镇落户。2015 年政府工作报告提出“抓紧实施户籍制度改革，落实放宽户口迁移政策”后，国务院批转了《关于 2015 年深化经济体制改革重点工作的意见》，其中提出：“抓紧实施户籍制度改革，落实放宽户口迁移政策，完善配套措施，建立城乡统一的户口登记制度。”并着力推进加快农业转移人口市民化。深化户籍制度改革，放宽城镇落户条件，建立健全“人地钱”挂钩政策。扩大新型城镇化综合试点范围。居住证具有很高的含金量，要加快覆盖未落户的城镇常住人口，使他们依法享有居住地义务教育、就业、医疗等基本公共服务。发展中西部地区中小城市和小城镇，容纳更多的农民工就近就业创业，让他们挣钱顾家两不误。截至 2016 年 3 月全国至少已有 16 个省正式出台了本省的户籍制度改革意见。

户籍制度改革的推进，能够有效提高劳动参与率，改善劳动供给，能够更好地提高劳动力市场的效率。现在，劳动年龄人口数量开始减少，对劳动力市场相关的制度改革，提高劳动参与率，是延续中国经济竞争优势的重要手段。劳动参与率的变化已经成为决定劳动供给的主要因素。根据相关测算，劳动参与率提高一百分点，就可以增加有效劳动供给 900 多万人，这也是更充分地利用劳动力资源的最直接方式。

三、扩大农村就业的政策

（一）加强农村劳动力培训

中央政府做出了在“十三五”时期突破“三期叠加”步入经济发展“新常态”的战略部署。由于中国第三产业产值已占国内生产总值的 51%，经济保持高速增长是困难的；世界经济的萧条，使调整举步维艰；未来五年年均经济增速回调至不低于 6.5%，则加大了就业难度。为此，习近平指出，“经济增长将更多依靠人力资本质量和技术进步”“更加注重加强教育和提升人力资本素质”。为推动这一转变，2014 年国家相关部门连续下发《关于加快发展现代职业教育的决定》和《现代职业教育体系建设规划（2014—2020年）》两个文件。有关研究显示，农村转移劳动力中拥有技术的劳动力，要比从事简单体力劳动的劳动力薪酬高出50%左右，同时知识型农民的生产率也高于一般农民的平均水平。因此，加强对农村劳动力的有效培训，是解决农村劳动力就业、提高农民收入、改善农民生活的有效途径。2016年的政府工作报告中也指出要加强对灵活就业、新就业形态的扶持，切实做好退役军人安置和就业创业服务工作，完成2 100万人次以上农民工职业技能提升培训任务。

根据农村劳动力转移路径将农村劳动力划分为三类：就地转移农村劳动力、异地转移农村劳动力、返乡农村劳动力，针对不同类型的劳动力采取不同的培训内容。

对于就地转移的农村劳动力，要重点对其进行农业科技方面的培训。首先，提高农民科技知识，通过举办农业科技展览会等途径，提高农民对现代农业的认识，增加对农民应用现代化技术和生产装备的培训。其次，应与当地龙头企业联合办学，通过选派企业优秀的技术人员现场指导，对农民进行实用农业技术的培训。再次，政府应因地制宜，提倡对当地特色资源开发的培训，培养农民的品牌开发意识，打造、提升当地特色农产品的品牌效应。最后，要有意识地培育区域劳务品牌，进一步促进劳动力转移。

对于异地转移的农村劳动力，应更加注重实践应用型的技能培训。首先，根据农民的意愿进行理论教育与应用实践相结合方式的培训，提升其基本素养及实际操作能力，并增强农民法律维权意识。其次，应以市场需求为导向，及时优化调整职业培训内容的结构，满足不断变化的市场需求。最后，还应确保培训与就业实现有效的对接，大力推广订单式培训。

对于返乡的农村劳动力，除普及农业科技知识外，首先，应对返乡创业农民进行经营、管理和市场经济知识的培训，使农民具备创业的基本知识素养，结合当地自身特点构建和推动创业培训项目，使农民经历从创业意识培养到创业计划培训的完整过程，提高农民创业成功的概率。其次，创业培训服务应伴随农民创业的整个过程，帮助农民解决创业中不断遇到的困难，真正做到“创业培训+创业孵化+适应生存”一体化，支持其顺利返乡创业。

（二）以高效的劳动力市场促转型

中国经济正处于结构调整的关键时期。经济增长的放缓，既有短期需求方面的因素，也有长期结构调整与转型所带来的压力。坚持稳定劳动力市场、保障就业的底线思维，对于维持社会稳定当然是非常必要的。同时，我们也应该看到，通过进一步深化改革，建设一个高效的劳动力市场也将有利于中国经济转型的实现。

一方面，全面、彻底地推进户籍制度改革，是提高劳动参与率最有效的手段。改革户籍制度的呼声由来已久，全面深化户籍制度改革已经刻不容缓。这不仅是由于户籍制度改革的条件已经成熟，更重要的是，中国经济发展进入了关键阶段，改革的停滞将阻碍我们获取新的增长源泉。一直以来，户籍制度改革都是以地方实践的渐进方式开展的。由于户籍制度的长期存在，已经形成了庞大的利益群体，每一步改革都会成为利益关系调整的博弈，并直接影响到户籍制度改革的进程。全面推进户籍制度改革的核心与终极目标，是使与户籍相关的社会福利与人口登记功能分离。在今后一个时期推进户籍制度改革的进程也应该按照这一目标加以设计，努力实现户籍制度改革的全面突破，从目前分类改革方案过渡到全面改革。

另一方面，要利用劳动力市场总体平衡的有利时机促进就业结构转型升级。如果说，中国在改革开放以后 30 余年的发展实现了工业化，基本完成了就业结构从以农业为主向非农业为主的转变，那么，在今后一段时间内，非农产业内部的结构细分和产业升级将进入关键时期，并推动中国经济的进一步发展。根据对不同经济体在不同的发展阶段就业结构变化的经验观察，在经济发展的初级阶段，伴随着就业向工业部门的集中，经济结构的专业化程度逐步提高，但到了中等收入阶段后期，经济结构又重新开始出现多元化的趋势，并对经济增长方式和人力资本水平提出了更高要求。

（三）加快新型城镇化建设促进城乡协调发展

城镇化是世界性的经济社会进步的重要标志。它对于加速经济社会发展，实现农业劳动力的转移，缩小城乡差别，提高人民生活水平，都具有重要意义。劳动力流动特别是农业劳动力向城市的流动，是实现城市化的重要途径。随着我国社会主义市场经济的发展和劳动力市场的逐步完善，将有更多的农村剩余劳动力向城市特别是那些发展速度快的城市流动。推进新型城镇化和农业现代化，促进城乡区域协调发展。缩小城乡区域差距，既是调整经济结构的重点，也是释放发展潜力的关键。国务院 2016 年 2 月印发《关于深入推进新型城镇化建设的若干意见》，提出要以人的城镇化为核心，以提高质量为关键，以体制机制改革为动力，着力解决好“三个 1 亿人”城镇化问题，即要深入推进以人为核心的新型城镇化，实现 1 亿左右农业转移人口和其他常住人口在城镇落户，完成约 1 亿人居住的棚户区和城中村改造，引导约 1 亿人在中西部地区就近城镇化，到 2020 年，常住人口城镇化率达到 60%、户籍人口城镇化率达到 45%。

（四）加快一、二、三产业融合

2015 年 2 月国务院出台的《关于加大改革创新力度加快农业现代化建设的若干意见》中明确指出要推进农村一、二、三产业融合发展。增加农民收入，必须延长农业产业链、提高农业附加值。立足资源优势，以市场需求为导向，大力发展特色种养业、农产品加工业、农村服务业，扶持发展一村一品、一乡（县）一业，壮大县域经济，带动农民就业致富。积极开发农业多种功能，挖掘乡村生态休闲、旅游观光、文化教育价值。扶持建设一批具有历史、地域、民族特点的特色景观旅游村镇，打造形式多样、特色鲜明的乡村旅游休闲产品。加大对乡村旅游休闲基础设施建设的投入，增强线上线下营销能力，提高管理水平和服务质量。研究制定促进乡村旅游休闲发展的用地、财政、金融等扶持政策，落实税收优惠政策。激活农村要素资源，增加农民财产性收入。

推进农村一、二、三产业融合发展，是 2016 年中央农村工作会议做出的一项重大部署，也是中央一号文件的一大亮点。根据国内外的大量研究和实践经验，产业融合是由于技术进步和制度创新，发生在产业边界和交叉处的产业业态、模式以及产品特征出现了变化，导致产业边界模糊化和产业界限重构。产业融合有不同的分类方式：从市场角度分析，有供给方面（技术融合）和需求方面（产品融合）的融合；从融合程度分析，有完全融合、部分融合，也有虚假融合；从融合方向分析，有横向融合、纵向融合，也有混合性融合；从融合形势分析，有高新技术产业渗透融合、产业间延伸融合、产业内部重组融合等。

就农村一、二、三产业融合发展而言，产业融合是指以农业为基本依托，以新型经营主体为引领，以利益联结为纽带，通过产业联动、要素集聚、技术渗透、体制创新等方式，将资本、技术以及资源要素进行跨界集约化配置，使农业生产、农产品加工和销售、餐饮、休闲以及其他服务业有机地整合在一起，使农村第一、二、三产业之间紧密相连、协同发展，最终实现农业产业链延伸、产业范围扩展和农民增收。在农村产业融合发展中，农业是产业融合发展的基本前提，产业联动、要素集聚、技术渗透、体制创新是基本实现途径和手段，专业大户、家庭农场、农民合作社、农业产业化龙头企业以及进入农业的工商资本等是产业融合发展所依赖的新型经营主体，延伸农业产业链、扩展产业范围、增加农民收入是产业融合的目的。与农业产业化相比，产业融合发展是农业产业化的高级形态和升级版，其业态创新更加活跃，产业边界更加模糊，利益联结程度更加紧密，经营主体更加多元，功能更加多样，内涵更加丰富多彩。很显然，以农业为基本依托，推进农村一、二、三产业深度融合发展，有利于农民分享三次产业“融合”中带来的红利，有利于吸引现代要素改造传统农业实现农业现代化，有利于拓展农业功能培育农村新的增长点，有利于强化农业农村基础设施互联互通促进新农村建设。

2016年中央一号文件，提出必须充分发挥农村的独特优势，深度挖掘农业的多种功能，培育壮大农村新产业新业态，推动产业融合发展成为农民增收的重要支撑，让农村成为可以大有作为的广阔天地。要依托农村绿水青山、田园风光、乡土文化等资源，大力发展休闲度假、旅游观光、养生养老、创意农业、农耕体验、乡村手工艺等，使之成为繁荣农村、富裕农民的新兴支柱产业。在农业转型发展过程中，推进农业的产业化经营，促进“接二（产）连三（产）”是一个重要方向。推进农村一、二、三产业融合发展，有利于促进工业和服务业的管理、技术、资本、人才等现代要素更多更紧密地融入农业，提升农业发展及资源利用水平；有利于扩大农村产业规模和就业容量，拓展农民就业增收空间；有利于聚集农村人气和改善农村人员结构，促进农村社会繁荣稳定。

第三节　农村人力资源流动政策

一、农村人力资源流动内涵及规律

（一）农村人力资源流动的内涵

人类在社会生活中发生流动是经常的、普遍的现象。人力资源流动是指具有劳动能力的劳动者在不同地理区域范围和不同工作岗位上的转换过程，它是劳动者对工作地点和工作职位自愿选择的结果。保持人力资源一定程度的流动性是劳动力市场存在和有效运行的基础。在自给自足的自然经济条件下，人力资源的配置以家庭为单位进行，发生流动较少；高度集权的计划经济体制取消了劳动者选择职业的自由和竞争就业的机制，人力资源的配置完全或主要依赖于政府行政命令来进行，劳动力的流动程度也很低；市场经济体制要求人力资源流动，也鼓励人力资源流动，但在劳动力市场发育还不够完善的情况下，人力资源配置并不唯一取决于其劳动的效率，很大程度上还会受到劳动者个人身份特征等因素的影响。

（二）农村人力资源流动的一般规律

英国人口学家E. G. 拉文斯坦（E. G. Ravenstein）最早对人力资源流动规律进行了理论总结，他依据1881年的英国人口普查资料和其他20多个国家人口统计资料的分析，指出：

（1）人力资源流动数量与流动距离有关。大量的劳动者仅仅是短距离的流动，长距离流动主要是被大型工商业中心所吸引，且流动人口数量分布随着离该中心距离的增加而减少。

（2）人力资源流动具有梯度推进的趋势。当某个中心城市吸引周围地区的乡镇人口流入时，这些乡镇人口流出后所留下的空缺将由更远地区的农村人口流入来替补，大城市对人力资源的吸引力将由此逐步地波及那些最偏远的农村地区。

（3）人力资源流动中存在着一定的差异。农村居民比城镇居民的流动倾向更大；在短距离流动中女性所占比重较大，长距离流动则以男性为主。

（4）技术进步促进人力资源流动。交通运输工具及工商业的发展，都能促进流动人口数量增加。

（5）经济动机是人力资源流动的主要动力。不合理的或强制的法规政策、沉重的赋税、不良气候与环境都已导致并仍然在产生新的流动人口，但这些类型的流动人口数量都远比不上为追求更高生活水平而激发的经济性流动。

二、我国农村人力资源流动中存在的问题

1. 缺乏完善的公共信息服务

从整个社会发展的角度分析，劳动力流动、就业信息属公共物品的范畴，个人取得这部分的成本应该较低。而我国现阶段在农业劳动力流动中，缺乏有力的社会保障，农业劳动力流动的信息成本过高，农业务工人员不论是在农村从事农业劳动，还是进城务工都无法得到准确、可靠的务工信息，从而增加了劳动力流动的成本，影响了农业劳动力的就业。

2. 缺乏健全的劳动力管理体系

各级政府针对农业劳动力流动设计的模式往往与农业劳动力市场的实际需求有较大距离，对市场的运行信息缺乏客观的调查，对市场的运行规则缺乏应有的尊重，对各种服务需求缺乏必要的组织，重收费、轻管理、缺服务，从而加大了农村剩余劳动力转移的成本。

3. 行政干预的程度过大

从全国范围来看，农业劳动力流动大都尚处于起步阶段，这一阶段的流动成本相对要大些，如大量的乱收费，以及一些地方或基层领导人受计划管理思想的影响，人为地设计“规范管理”的模式，在一定程度上影响了农业劳动力的转移。

4. 民工潮、民工荒引发的一系列城市化问题，如治安混乱、资源抢占等

无论是“民工潮”还是“民工荒”，都是劳动力资源的社会流动，这种流动的背后，既有经济规律在起作用，也有社会规律在起作用。农民工现象是中国工业化的产物，大量进城农民工通过他们辛勤的劳动推动了我国工业化的进程。而且，不断升级的工业化也需要有更高技术水平和组织化程度的产业工人队伍。但在现有的制度设计下，农民工和真正意义上的产业工人间有着无法逾越的巨大鸿沟，二十多年过去了，中国的农民工始终无法转化为产业工人。一方面，工业化需要稳定的产业工人队伍；另一方面，体制障碍却让农民工无法成为真正的产业工人。“民工荒”正是这种矛盾激化的产物。“民工荒”的本质是中国的农民工体制问题。与此同时，由民工潮、民工荒引发的治安混乱、资源抢占、社会安全隐患等一系列城市化问题都在影响着农业劳动力的就业和转移。

三、农村人力资源流动政策的发展历程

改革开放以前，我国实行城乡分割的户籍制度和就业制度，农民工进城受到严格的限制。

改革开放以后我国逐步放开农业劳动力政策。农业劳动力政策的放开经历了一个由紧到松、由无序到规范、由歧视到公平的过程。总的来说，我国农业劳动力政策的演变大致可以分为以下四个阶段。

1. 第一阶段——限制盲目流动阶段：1978~1991 年

十一届三中全会之后，全党和全国人民的工作重心转移到经济建设上来，农村经济也逐渐进入黄金时期，农产品产量、农业机械总动力大幅提高。与此同时，乡村劳动力的数量剧增，隐性剩余劳动力逐渐显性化，农业改革面临发展空间问题。针对这一情形，我国在这一时期出台了较多关于农业劳动力的政策，逐步放开了农民的就业领域，允许和鼓励农业劳动力的地区交流，但同时也采取措施严格控制“农转非”以及“盲流”，并且为了在农业剩余劳动力的转移过程中缓解城镇的就业压力，也实行了一系列发展小城镇的政策。

1978~1991 年我国农业劳动力转移政策的主要特点可以概括为，鼓励多种经营，对农业劳动力从严格限制到允许流动，但控制盲目流动。详细内容如下：

（1）拓宽农民就业领域，取消农民非农就业权利限制。在本阶段，农民就业政策的特点之一是鼓励与支持个体农民的多种经营。

（2）允许劳动力流动，但控制盲目流动，引导农业劳动力就地消化和转移。农业劳动力大规模向城市流动导致了 1989 年的第一次“民工潮”。民工潮的出现给铁路运输以及城市带来了巨大的压力，成为各界关注的焦点。针对农民工的政策重点开始转移到控制农业劳动力盲目流动上来。在农业剩余劳动力需要转移且城镇劳动力就业压力较大的背景下，为了就地转移和消化农村剩余劳动力，我国也出台了较多的发展乡镇企业和小城镇的政策。

2. 第二阶段——规范跨地区流动：1992~1996 年

为解决农业和农村经济发展中存在的农民低收入问题，1992 年之后，我国农业劳动力流动的政策出现了从“堵”到“疏”的重大改变，开始放宽农民进城务工的条件，对农民工的管理政策也由“控制盲目流动”调整为“鼓励、引导和实行宏观调控下的有序流动”。同时，户籍制度改革的尝试以及新就业制度的探索吸引了更多的农民工进入城市。这一时期的政策重点为逐步规范跨地区流动、完善法律法规、探索户籍制度改革等。

总之，1992~1996 年我国农业劳动力转移政策的重点在于完善法律法规建设、规范农业劳动力转移、开展小城镇试点工作及探索户籍制度改革。

（1）完善法律法规建设。经济体制改革的基本思路是将企业推入市场，确立国有企业独立的法人地位，建立“产权清晰、权责明确、政企分开、管理科学”的现代企业制度，其目标是建立社会主义市场经济体制。

（2）规范农业劳动力转移。从 1992 年起，非国有部门和乡镇企业得到了巨大发展，经济的快速发展刺激了对廉价农业劳动力的强烈需求，从而导致农业劳动力涌入城镇的数量不断增加。

（3）开展小城镇试点工作及探索户籍制度改革。为深化农村改革，促进国民经济的全面发展，根据我国农村小城镇发展的特点和现实条件，1995 年国家 11 部委研究制定了《小城镇综合改革试点指导意见》，明确了试点工作的目标和原则并包含了 11 项综合改革试点内容。与此同时，我国还在户籍制度改革上进行了探索。

3. 第三阶段——强调有序流动：1997~2002 年

20 世纪 90 年代后期，我国正面临着激烈的经济体制转变和经济结构调整，农业劳动力流动面临着恶劣的市场环境。一系列的内外因素导致农民收入增幅持续下降，严重影响了农村和农业的稳定，提高农民收入成为摆在党和政府面前的艰巨任务。同时，我国农村的经济和就业形势都发生了新的变化。一方面，家庭经营性收入对农民增收的贡献越来越小；另一方面，乡镇企业吸纳就业能力严重不足，农民就业不充分和收入增长缓慢问题进一步加剧。

总之，1997~2002 年我国农业劳动力转移政策的重点在于组织农村富余劳动力有序流动以及进行城镇制度改革。主要内容如下：

（1）组织农村富余劳动力有序流动。国家在 2000 年《关于做好农村富余劳动力流动就业工作的意见》中明确提出：要按照形成市场导向就业机制的要求，坚持城乡统筹，进一步做好农村富余劳动力流动就业（简称流动就业）工作。其中，针对农业劳动力转移问题采取的对策包括突出重点、分类指导，建立流动就业信息预测预报制度，提高流动就业农业劳动力职业技能，加强区域劳务协作，保障就业农业劳动力合法权益以及规范乡镇劳动就业服务工作。

（2）进行城镇制度改革。发展小城镇一方面可以促进乡镇企业的适当集中和结构调整，带动农村第三产业特别是服务业的迅速发展，为农民创造更多的就业岗位；另一方面可以促进农村基础设施建设的发展，尽可能地吸引民间投资并提高农民消费的商品化程度，有效缓解当前国内需求不足的状况。

改革开放以来，特别是在社会主义市场经济的形势下，现行的户籍管理制度已经不能完全适应形势发展的需要。党的十四届三中全会决定中提出，应当适时进行户籍管理制度，允许已经在小城镇就业、居住并符合一定条件的农村人口在小城镇办理城镇常住户口，以促进农村剩余劳动力就近、有序地向小城镇转移，促进小城镇和农村的全面发展，维护社会稳定。同时，继续严格控制大中城市特别是北京、上海等特大城市人口的增长。

4. 第四阶段——促进公平流动：2003 年至今

伴随着我国一系列市场经济改革政策的出台和城镇化、农村非农产业以及多种非公有制经济的快速发展，大量农村剩余劳动力从农业和农村中转移出来。作为一个特殊的群体，农民工扮演了一个特殊的角色，农民工为中国深化改革、扩大开放、加快工业化和城镇化的进程做出了重大的贡献。农民工已经成为中国产业工人的重要组成部分。2008 年 1 月 1 日实施的《中华人民共和国就业促进法》明确规定：“农村劳动者进城就业享有与城镇劳动者平等的劳动权利，不得对农村劳动者进城就业设置歧视性限制。”2003 年以来，农业劳动力的公平流动受到了重视，国家在农村转移劳动力就业政策方面出现了一些积极的变化。其中最突出的两个特点包括：①取消了农民进城的不合理限制；②积极推进与农民进城务工相关的就业、社会保险、子女教育、户籍、培训等各方面的配套改革。

总之，1997~2002 年我国农业劳动力转移政策的重点在于：①建立平等就业准入制度，维护农民工合法权益；②加强农民工劳动技能培训；③加强和改善对农民工的公共服务与社会管理。主要内容如下：

（1）建立平等就业准入制度，维护农民工合法权益。2004 年以来，我国在农业劳动力平等就业工作中取得了一定的成绩。农民工子女就学问题的妥善解决、户籍制度的改革以及农民工培训体系的建立提高了农民工的生活质量和社会地位，平等就业试点工作取得了较大的突破。

（2）加强农民工劳动技能培训。我国大多数农民工的文化水平和知识结构都处在较低水平上。另外，受医疗条件的限制在健康方面的支出较少，农民工因病致贫、因病返贫的现象较为严重，身体状况、文化素质以及职业技能的低下等因素，都严重制约着其工资的提高。同时，在农民工群体中，体力型人力资本大量过剩，高质量的人力资本严重短缺。农民工整体人力资本的低水平导致农民工的工资在较长时期内难以提高。对农民工进行人力资本投资是保障经济效率加快、增加农民工收入的重要途径。在本阶段，我国高度重视对作为加快农业劳动力转移、促进农民增收重要环节的农业劳动力的培训，将提高农民就业能力、增强中国产业竞争力作为一项重要的基础性工作来实施。

（3）加强和改善对农民工的公共服务与社会管理。一直以来，我国都面临着较为严重的“轻劳重资”状况。其中，农民工在劳资关系中的劣势地位导致其无法公正平等地参与到工资分配的决策过程中。同时，农民工还面临着生活条件低下、子女受教育权利得不到保障、公共服务缺失的情况。目前，我国已经完全具备了工业反哺农业、财政反哺农民的物质条件和经济基础。近年来，随着我国经济的不断发展，国家为农民提供了更多的公共服务。

四、农村人力资源流动政策的实施效果

自改革开放以来，我国农业劳动力转移政策的演变经历了一个从控制流动到允许流动，再到鼓励、引导和实行宏观调控下的有序流动的过程。

在第一阶段中进行的就业体制改革有效地缓解了农村剩余劳动力的就业压力。中国乡镇企业异军突起以及农村小城镇的快速发展吸纳了大量的农村剩余劳动力。但是，城乡体制分割仍然比较严重，少数地区甚至出现了农民出资另择地造农民城的现象。总体来看，第一阶段的改革从土地中解放了农民，但是又存在着一定的局限性。农业劳动力流动规模小、流动地域半径小，整个宏观环境不利于跨地区流动。随着就业结构的调整，收入结构也发生了相应的变化，非农就业对于增收的贡献逐步体现。

第二阶段开始出现大规模的跨区域流动。流动半径扩大，但又以就近流动为主；流向相对集中，主要为不发达地区向发达地区的流动。这一阶段户籍制度的变化使人口迁移比过去更为方便，也对地区人口的分布变化产生了较大的影响。农业劳动力进入城市，不仅为城市居民生活的方便、舒适做出了很大的贡献，还有效地降低了城市的劳动力成本，提高了城市的劳动生产率，增加了城市职工的流动性，对城市企业原有用工制度带来有力冲击，对全国劳动力市场的发育具有不可估量的作用。但是，这一时期，小城镇并未如预期中实现产业集聚，而存在着规模小、效益不高、稳定性差等特点。

第三阶段，劳动力外出就业成为农民就业和增收的主要途径。全国农民的人均纯收入增加，工资性收入占农民纯收入的比例大幅提高。同时，在 1997~2002 年，我国的城镇化进程大大加快，“三集中”（农村人口向城镇集中；农村工业企业向乡镇工业园区集中；农业耕地向农场或农业大户集中）措施在全国得到了推广实施。农业劳动力的转移主要依靠第三产业的发展。为了实现农业劳动力的有序流动，城市政府对农业劳动力的流动设定了较多的限制条件，这些条件将户籍制度的“社会屏蔽”功能延伸到了农民就业的城市中，从而导致了城市劳动力市场对农民工制度性歧视的形成和强化。

第四阶段，我国的就业政策环境得到了较大的改善，农民外出就业的权益得到保障。农民工工资水平上涨较快，建设领域拖欠工资问题也基本得到解决，农民工的职业技能培训力度加大。但是，现行城镇社会保障安排以及城市政府和企业的认识差距等因素仍然导致绝大

多数农民工享受不到基本的社会保障。

第四节　农村人力资源开发政策

一、我国农村人力资源开发的必要性

（一）农村人力资源开发是发展现代农业的需要

中央一号文件中曾多次强调扎实推进社会主义新农村建设，首先要发展现代农业。然而目前我国农业仍处于传统农业向现代农业的过渡阶段，要实现传统农业向现代农业、粗放型农业向现代集约型农业的转化，则要依赖农业科技开发、农村劳动力素质的提高和农村人力资本积累的快速发展。这就要求我们必须大力开发农村人力资源。因为只有通过加快农村人力资源的开发，才能提高广大农民的综合素质，使其具备市场经济知识、法律意识、民主意识，掌握各种专业技术和技能，推动农业的现代化和农村经济社会的全面发展与进步。

（二）农村人力资源开发是农村剩余劳动力有效转移的前提

目前，我国农村劳动力严重过剩，但农村剩余劳动力的转移并不顺畅。农村劳动力的转移一般分为三类，一是转移到乡镇企业，二是从事服务业，三是进入城市各行各业。但是随着产业结构调整以及产业和就业扩张对人力资源素质要求的提升，不论是哪一种转移，都对农村现有劳动力提出了新的和更高的要求。如果没有劳动力素质的提高，农村劳动力就无法适应转移后的工作和生活环境，就会重新回到农村，农村剩余劳动力的转移就不会得到有效实现。因此，要实现农村剩余劳动力的有效转移，必须通过多种方式和途径，开发农村人力资源，提高他们的科学文化素质和社会适应能力。

二、农村人力资源开发应遵循的原则

1. 超前性原则

与其他资源开发不同，人力资源开发需要经过一段漫长的过程。因此在经济发展和人力资源开发之间必然存在一个时滞，这个时滞要求农村人力资源开发相对于经济发展应该具有一定的超前性。但这种超前性要注意适应经济发展前景和产业结构的变化趋势，以加强人力资源开发的针对性，否则，将可能导致农村人力资源开发出现方向性错误。

2. 重复、不间断原则

人力资源是一种特殊资源，这种特殊性决定了农村人力资源开发不是一次性的，而必须是重复的、不间断的多次开发。

3. 阶段性原则

人力资源开发既是一个长期的过程，同时也是一个渐进的过程。因而应该根据经济发展和产业结构变动的客观要求，选择好不同阶段人力资源开发的重点，确定不同时期农村人力资源开发重点。

4. 层次性原则

随着高新技术在农业生产上越来越广泛的应用，加上农业生产本身存在的复杂性，农村经济的发展既需要高层次的科技专家，也需要低水平的生产操作者。因此，农村人力资源的

开发不应该千篇一律，而必须根据实际情况，确定不同层次的人力资源开发数量，形成合理的人力资源结构。

5. 效益性原则

农村人力资源开发需要花费一定的成本，因此要注意讲求经济效益。加快农村人力资源开发的关键是确定开发的科学性，减少开发盲目性，把握农村人力资源开发的特殊规律，以避免不必要的损失和浪费。

三、农村人力资源开发的途径

（一）加快培育新型职业农民

新型职业农民是在新型工业化、城镇化之后出现的一种新型职业群体，是现代农业发展和新农村建设的必然结果，培育新型职业农民对新型工业化、信息化、城镇化、农业现代化“四化”同步推进、新农村建设和全面建成小康社会具有重要的实践价值。当前需要制定办法严格认定新型职业农民，创新方式精心培养新型职业农民，采取措施积极激励新型职业农民，科学制定新型职业农民培养评价体系，研究制定新型职业农民培养条例。

十七大强调要培育新型农民，即“培育有文化、懂技术、会经营的新型农民，发挥亿万农民建设新农村的主体作用”。2015 年 12 月 31 日出台的《关于落实发展新理念加快农业现代化实现全面小康目标的若干意见》中明确指出要加快培育新型职业农民。将职业农民培育纳入国家教育培训发展规划，基本形成职业农民教育培训体系，把职业农民培养成建设现代农业的主导力量。办好农业职业教育，将全日制农业中等职业教育纳入国家资助政策范围。依托高等教育、中等职业教育资源，鼓励农民通过“半农半读”等方式就地就近接受职业教育。开展新型农业经营主体带头人培育行动，通过五年努力他们基本得到培训。加强涉农专业全日制学历教育，支持农业院校办好涉农专业，健全农业广播电视学校体系，定向培养职业农民。引导有志投身现代农业建设的农村青年、返乡农民工、农技推广人员、农村大中专毕业生和退役军人等加入职业农民队伍。优化财政支农资金使用，把一部分资金用于培养职业农民。总结各地经验，建立健全职业农民扶持制度，相关政策向符合条件的职业农民倾斜。鼓励有条件的地方探索职业农民养老保险办法。

（二）扶持新型农业经营主体

2015 年 2 月发布的《关于加大改革创新力度加快农业现代化建设的若干意见》中明确指出要加快构建新型农业经营体系。坚持和完善农村基本经营制度，坚持农民家庭经营主体地位，引导土地经营权规范有序流转，创新土地流转和规模经营方式，积极发展多种形式适度规模经营，提高农民组织化程度。鼓励发展规模适度的农户家庭农场，完善对粮食生产规模经营主体的支持服务体系。2015 年 12 月 31 日国务院出台的《关于落实发展新理念加快农业现代化实现全面小康目标的若干意见》中明确指出要发挥多种形式农业适度规模经营引领作用。坚持以农户家庭经营为基础，支持新型农业经营主体和新型农业服务主体成为建设现代农业的骨干力量，充分发挥多种形式适度规模经营在农业机械和科技成果应用、绿色发展、市场开拓等方面的引领功能。积极培育家庭农场、专业大户、农民合作社、农业产业化龙头企业等新型农业经营主体。支持多种类型的新型农业服务主体，开展代耕代种、联耕联种、土地托管等专业化规模化服务。2016 年政府工作报告中指出，要积极发展多种形式农业适度规模经营。完善对家庭农场、专业大户、农民合作社等新型经营主体的扶持政策，鼓励农户依法自愿有偿流转承包地，开展土地股份合作、联合或土地托管。深化农村集体产权、农垦、集体林权、国有林场、农田水利、供销社等改革。

（三）鼓励农民工返乡创业

国务院办公厅于2015年6月印发了《关于支持农民工等人员返乡创业的意见》旨在进一步做好农民工等人员返乡创业工作，支持农民工、大学生和退役士兵等人员返乡创业，通过大众创业、万众创新使广袤乡镇百业兴旺，促就业、增收入，打开新型工业化和农业现代化、城镇化和新农村建设协同发展新局面。

引导一、二、三产业融合发展带动返乡创业。统筹发展县域经济，引导返乡农民工等人员融入区域专业市场、示范带和块状经济，打造具有区域特色的优势产业集群。鼓励创业基础好、创业能力强的返乡人员，充分开发乡村、乡土、乡韵潜在价值，发展休闲农业、林下经济和乡村旅游，促进农村一、二、三产业融合发展，拓展创业空间。以少数民族特色村镇为平台和载体，大力发展民族风情旅游业，带动民族地区创业。

支持新型农业经营主体发展带动返乡创业。鼓励返乡人员共创农民合作社、家庭农场、农业产业化龙头企业、林场等新型农业经营主体，围绕规模种养、农产品加工、农村服务业以及农技推广、林下经济、贸易营销、农资配送、信息咨询等合作建立营销渠道，合作打造特色品牌，合作分散市场风险。

强化返乡农民工等人员创业培训工作。紧密结合返乡农民工等人员创业特点、需求和地域经济特色，编制实施专项培训计划，整合现有培训资源，开发有针对性的培训项目，加强创业师资队伍建设，采取培训机构面授、远程网络互动等方式有效开展创业培训，扩大培训覆盖范围，提高培训的可获得性，并按规定给予创业培训补贴。建立健全创业辅导制度，加强创业导师队伍建设，从有经验和行业资源的成功企业家、职业经理人、电商辅导员、天使投资人、返乡创业带头人当中选拔一批创业导师，为返乡创业农民工等人员提供创业辅导。支持返乡创业培训实习基地建设，动员知名乡镇企业、农产品加工企业、休闲农业企业和专业市场等为返乡创业人员提供创业见习、实习和实训服务，加强输出地与东部地区对口协作，组织返乡创业农民工等人员定期到东部企业实习，为其学习和增强管理经验提供支持。发挥好驻贫困村“第一书记”和驻村工作队作用，帮助开展返乡农民工教育培训，做好贫困乡村创业致富带头人培训。

【思考题】

1. 谈谈对农业劳动力转移政策的理解。
2. 政府应从哪些方面进一步扩大农村劳动力转移就业？
3. 如何更好地促进农村人力资源的流动？
4. 农村人力资源开发的途径有哪些？

【推荐阅读】

蔡昉，王德文，都阳. 2008. 中国农村改革与变迁. 上海：上海人民出版社.
蔡昉，张车伟. 2015. 劳动经济学. 北京：中国社会科学出版社.
吴敬琏等. 2016. 供给侧改革. 北京：中国文史出版社.

曾湘泉. 2010. 劳动经济学. 第二版. 上海：复旦大学出版社.

参考文献

蔡昉，张车伟. 2015. 劳动经济学. 北京：中国社会科学出版社.
孔祥智. 2014. 农业政策学. 北京：高等教育出版社.
谭向勇，肖海峰，李秉龙. 2012. 农业政策原理. 太原：山西经济出版社.
曾湘泉. 2010. 劳动经济学. 第二版. 上海：复旦大学出版社.
钟甫宁. 2011. 农业政策学. 北京：中国农业出版社.
Lewis W A. 1954. Economic development with unlimited supplies of labour. The Manchester School，22（2）：139-191.

第九章　农业科学技术政策

【本章导读】

科学技术是第一生产力，2015 年我国农业科技进步贡献率超过 56%，农业科技已成为推动农业、农村经济发展的主要力量。那么在推进农业科技进步中，我国农业科技体制改革应遵循什么原则？其目标和任务是什么？作为我国农业科技产出的科技组织主体的现状如何？如何推广先进的农业科学技术，其原则和保障措施是什么？

【核心概念】

农业科学技术政策；农业科技体制改革；农业科技组织；农业技术推广

第一节　农业科学技术政策的内涵

一、农业科学技术

农业科学技术，主要就是用于农业生产方面的科学技术以及专门针对农村及城市生活方面和一些简单的农产品加工技术。包括种植、养殖、化肥农药的用法、各种生产资料的鉴别、高效农业生产模式等几方面。邓小平同志说过：“科学技术是第一生产力。”我们赖以生存的基础是农业，从狩猎到养殖，从采摘野果到种植工作者，离不开劳动人民在生产中的探索和研究。

二、发展农业科学技术的意义

1. 提供先进的农业技术装备，不断提高劳动生产率

农业科学技术，可不断为农业提供大量先进的各类农具、农业机械、运输工具、生产性建筑设施等，从而改善和提高现有农业生产技术装备水平，提高劳动生产率，并使生产规模效益化，成本降低，提高投入产出率。

2. 提高土地生产率和农产品质量

农业科学技术，一可为农业不断开发和提供高质量的生产资料，如化肥、地膜等，提高生产效率；二可为农业培育和提供动植物新品种，提高投入产出比；三可为农业提供先进适用的耕作技术等，改善和提高各种农艺技术水平。这样就可大大提高土地生产率或投入产出比率，改善和提高农产品质量。

3. 充分合理地利用资源，提高农业经济效益

农业科学技术可扩大农业资源的利用范围，提高农业资源的质量和单位资源的利用效率，使有限的农业资源能发挥更大的经济效用；还可促进生物因素和环境因素的统一和协调，按照因地制宜的原则优化农业资源配置，以充分发挥农业生产的地域优势，从而提高农业的经济效益。

4. 可以改善和提高宏观经济管理水平

国家通过有效的宏观调控，可以正确引导农业生产经营活动，减少或避免农业生产经营的盲目性；采取现代化科学管理手段提高农业生产单位的经营管理水平，从而保障农业生产经营活动高效健康的进行。

5. 可以改变农民的生产方式和生活方式，促进农村的全面发展

农业科学技术可使农民的劳动条件不断改善，劳动强度不断降低，收入水平不断提高，从而调动农民推动技术进步的积极性，使农民努力学习与掌握科学文化知识和劳动技能。先进的农业科学技术一旦被农民掌握，必将引起农民思想行为的一系列变化，改变农民传统的价值观念、生产方式和生活习惯。

三、科学技术政策

联合国教育、科学及文化组织（United Nations Educational，Scientific and Cultural Organization，UNESCO）将科技政策定义为：一个国家为强化其科技潜力，以达成其综合开发的目标和提高其国家地位，而建立的组织、制度及执行方向。

法国学者让·雅克·萨洛蒙（Salomon，1987）从科技政策起源的角度给科技政策下了一个定义："政府采取的集中性的措施，一方面为了鼓励科学和技术研究的发展，另一方面为了一般的政治目标利用这一研究的结果。"

樊春良（2005）将科学政策定义为政府为促进科学技术发展以及利用科学技术为国家目标（国防、经济增长、社会发展、环境和健康等）服务而采取的集中性和协调性的措施，是科学技术与国家发展的有机整合。

罗伟（2007）将科技政策的定义表达为：国家机关、政党及其他特定社会团体在特定时期为实现一定的科技、社会、经济目标所采取的有关促进科技发展的政治行为或规定的行为准则。它是一系列法律、法令、条例、规划和计划、措施、办法等的总称。

根据上述定义可以看出：首先，科技政策是一种政治措施；其次，科技政策是关于科学技术的政策，所涉及的领域是科学技术，它包括科学技术的传播、生产和应用三个方面；最后，科技政策是有目的性的，科技政策的目的可分为直接目的和间接目的。

四、农业科学技术政策

关于农业科技政策，学术界有不同的定义，国内著名学者信乃诠和许世卫（2014）认为，农业科技政策是国家、政党在一定历史时期内确定的关于农业科技事业发展的战略、策略和法令。另外，有的学者认为农业科技政策是一个国家或政党在一定历史阶段为保证农业科技的发展和应用，使科技更好地服务于农业经济和社会发展而制定的指导方针和行动准则。也就是说，农业科技政策不仅是为了农业科技本身发展的政策，更重要的是为了农业科技应用的政策。

五、农业科学技术政策的重要性

1. 科学的、合理的农业科技政策有利于促进农业科学技术尽快转化为直接生产力

现代科学技术是改进生产力的加速器，是经济发展的决定性因素。制定科学的、合理的农业科技政策，对生产力的要素进行合理的组合、协调和控制，使科学技术诸因素融合为一个现实的综合的力量，成为协调运转的整体，这样就能大大促进农业科学技术向直接生产力的转化。

2. 正确的农业科技政策，可以保证农业物质资源和能源得到更合理有效的利用，从而使科学技术的实施取得最佳的经济效果

在农业生产中，肥水、种子、饲料、农药等生产资料，都是农业最主要的物质资源和进行生产的基本原料。这些资源大多是不可再生的，并且是有限的，但其利用的方向和途径却是多样的。依据经济效果原理，制定正确的科技政策并采用适用技术就可以使这些资源的分配和使用符合最小成本配合的原则，使一定量的产品能用最少量的资源来生产；或在同等劳动耗费条件下，充分发挥其技术效能，从而取得最大的经济效果。

3. 制定正确的农业科学技术政策，有利于防止科学技术的有害后果，使农业科学技术的开发、推广和应用沿着健康的方向发展

近些年来国内外大量事实说明，技术放纵发展的后果之一是全球性生态条件的破坏，人类生存环境的迅速恶化。由于滥用技术，加剧了土城资源的严重破坏和流失，拼命榨取非再生资源地下水，使人类面临最严重的危机——水源危机；化学农药等异性物质的大量使用，使害虫愈加难以控制；建筑在日渐短缺的非再生能源及资源基础之上的高能农业，导致许多不可再生能源的过度消耗，从而使建立在廉价石油基础之上的整个农业技术系统的运转遇到了巨大的困扰等。要使科学技术按照人们的意愿的方向发展，就要进行控制。而要达到有效的控制，就要进行技术政策的研究，由国家从科学技术方面颁布一系列法令、规定，实施一系列的具体政策，使科学技术的开发、推广、应用有章可循，有法可依。

第二节　中国农业科技体制改革的原则、目标与任务

一、农业科技体制改革的目标、原则

农业科技体制改革的目标是深入实施创新驱动发展战略，以保障国家粮食安全为首要任务，以转变农业发展方式为主线，以提高土地产出率、资源利用率、劳动生产率为主要目标，以增产增效并重、良种良法配套、农机农艺结合、生产生态协调为基本要求，强化顶层设计，优化科技资源布局、拓展科技创新领域、壮大农业科技力量、完善农业科技管理，构建适应产出高效、产品安全、资源节约、环境友好的农业发展要求的技术体系，提升农业科技创新能力，为中国特色农业现代化建设提供强有力的科技支撑。

农业科技体制改革的基本原则有以下几点：一是坚持产业需求和问题导向。把满足现代农业发展重大需求、解决关键问题作为农业科技工作的立足点和出发点，贯穿到资源配置、科技评价等各方面，促进农业科技与生产紧密结合。二是遵循农业科技发展规律。准确把握农业科技的公共性、基础性和社会性特征，强化政府主导作用，充分运用市场机制，推动农业科技更好更快发展。三是依靠自主创新驱动农业发展。把增强自主创新能力作为战略基点，强化原始创新，努力创造具有自主知识产权的核心技术，不断抢占竞争制高点，把握发展主动权。四是深化体制机制改革。加强顶层设计，合理配置农业科技资源，优化体制环境，创新运行机制，建立运转高效的新型农业科技体系，以管理创新推动农业科技创新。

二、农业科技体制改革的主要内容

2015 年 8 月农业部下发了《关于深化农业科技体制机制改革加快实施创新驱动发展战略的意见》（简称《意见》），从农业科技创新效率、农业科技成果转化应用、农业科技条件能力建设、农业科技人才队伍建设、营造良好发展环境五个方面对深化农业科技体制机制改革提出了要求。

（一）提升农业科技创新效率

农业科技创新效率的本质是衡量农业科技创新投入、产出关系，是反映科技资源在现代农业发展中的配置和运营能力的重要指标。创新效率的高低不仅直接或间接地体现创新体系运行的水平和质量，同时也是衡量农业科技创新能力的重要尺度。在《意见》中，预期通过以下政策引导以提高农业科技创新效率。

1. 明确农业科技创新重点

通过加强基础理论研究，加强前沿技术、关键共性技术、核心技术和系统集成技术攻关，取得一批具有重大应用价值和自主知识产权的突破性科技成果，突破资源约束，持续提高农业综合生产能力。

2. 优化农业科技创新力量布局

中央农业科研院所、农业高校等着重加强基础研究和前沿技术、关键技术、重大共性技术研究等基础性科技工作。省级农业科研院校着重围绕区域优势农产品的产业发展，开展区域性产业关键技术和共性技术研究。地市级农业科学研究所着重开展科技成果的集成创新、试验示范和技术传播扩散活动。涉农企业以自主或产学研相结合的方式开展农业商业化技术创新。

3. 深化农业科研机构改革

优化农业科研机构改革方案，强化分类指导，明确各类农业科研机构的性质，积极稳妥推进改革工作。

4. 促进企业技术创新

在农业科技规划计划、政策制定等农业科技决策过程中，积极发挥企业和企业家的重要作用。

5. 强化农业科技协同创新

着力强化国家农业科技创新联盟建设，围绕农业发展重大问题组建一批联合攻关协作组，集聚全国农业科技优势资源，探索建立国家需求导向、项目任务带动、平台资源共享、机制创新推动的高效协同创新机制。同时积极支持地方农业科技创新联盟建设，以及完善现代农业产业技术体系和农业部重点实验室体系建设。

6. 推进农业科技计划（项目）管理改革

建立目标明确和绩效导向的管理制度，形成职责规范、科学高效的组织管理机制。在项目实施过程中坚持公开透明，主动接受社会监督。充分发挥专家和专业机构在农业科技计划（专项、基金等）具体项目管理中的作用，加强对专业机构的监督、评价和动态调整，确保其按照委托协议的要求和相关制度的规定进行项目管理工作。

（二）推进农业科技成果转化应用

加快农业科技成果转化有利于提升农业科技水平，提高农业劳动生产率，促进农民增收，在《意见》中，预期通过以下政策引导以提高农业科技成果转化的效率。

1. 深化基层农技推广体系改革建设

依法完善乡镇国家农技推广机构设置，明确公益性职责，理顺管理体制，实现管人与管事的有机统一，发挥县乡服务机构的整体功能。

2. 鼓励社会力量参与农技推广服务

采取支持农业科研院所和涉农高校承担农业技术推广项目、建立农业科技园和农业示范基地、建设新农村发展研究院等多种措施，引导其成为农业技术推广的重要力量。

3. 改进农业科技成果处置和收益管理

按照中央统一部署，尽快将财政资金支撑形成的，不涉及国防、国家安全、国家利益、重大社会公共利益的农业科技成果的使用权、处置权和收益权下放给符合条件的项目承担单位。

4. 完善成果评价机制

根据不同创新活动的规律和特点，建立健全科学分类的创新评价制度体系。对农业基础和前沿技术研究实行同行评价，突出中长期目标导向，评价重点从研究成果数量转向研究质量、原创价值和实际贡献。

5. 打造农业科技成果转化平台

加强农业科研院所和高校技术转移机制建设，探索建立政府推动、市场引导、企业化运作的农业科技成果转移新模式、新机制，促进创新成果与农业产业对接。

（三）加强农业科技条件能力建设

科技基础条件资源是组织开展高水平研究工作、聚集和培养优秀人才、开展学术交流与合作、研制重大原创性科技成果的重要基础。大量的实践证明，科技基础条件建设在科技创新体系建设中发挥着不可替代的作用，许多重大的科学发现和重要的技术发明无不与科技基础条件的建设与完善息息相关。在《意见》中，预期通过以下政策引导以提高农业科技条件能力。

1. 加强和完善重点实验室建设

优化农业部重点实验室布局，明确功能定位，建设以综合性重点实验室为龙头，区域性、专业性重点实验室为骨干，农业科学观测站为延伸的学科群农业部重点实验室体系。

2. 提升农业科研野外试验基地共享服务能力

统筹全国农业科研单位和高校试验基地资源，突出学科发展和问题导向，结合农业主产区、典型生态区分布，推进合理布局，加强共建共享，建设试验示范、观测监测、南繁北育、中试转化、示范展示五大基地体系，全面提升基地对农业科技创新、成果示范转化的支撑能力。

3. 推进农业科技示范基地建设

通过规划引导、政策扶持、技术支持，鼓励各地围绕区域主导产业建设各具特色的农业科技示范基地。加强基地与科研、推广、教育机构的联合协作，试验在基地内实施，成果在基地内展示，培训在基地内进行，实现科技与生产、集成与示范、教育与推广紧密结合，着力解决全产业链的技术难题。

4. 稳定支持基础性长期性农业科技工作

加大投入力度，对农业种质资源收集、保存、评价，水、土、气等环境要素以及各类投入品影响的科学观测，动物病原学、流行病学研究及菌毒种鉴定、保藏等，给予长期稳定支持。加强农业科技大数据平台建设，完善设施设备，统一数据接口和标准，强化数据积累，加强数据分析，为农业科技创新提供长期连续、全面翔实的基础数据。

（四）加快农业科技人才队伍建设

农业发展靠科技，科技进步靠人才。加快农业科技人才培养，努力造就数量适应、结构合理的农业科技人才，有助于为新农村建设发展提供人才保证与智力支持，既是促进农村经济社会发展的必然要求，也是当前新农村建设的一项十分重要的战略性、基础性工作。在《意见》中，预期通过以下政策引导以加快农业科技人才队伍建设。

1. 强化农业科研人才队伍建设

实施农业科研杰出人才培养计划，结合农业重点实验室建设、重大科研项目实施和现代农业产业技术体系建设，培养造就农业科技领军人才。

2. 强化农业技术推广队伍建设

加强国家农业技术推广机构人员聘用管理，严格农技人员上岗条件，加快实施农技推广服务特岗计划。建立培训长效机制，广泛开展基层农技人员知识更新培训，继续实施“万名农技推广骨干人才培养计划”。完善农技人员考核评价制度，出台农技推广研究员分层分类评价办法，健全激励机制。

3. 强化新型职业农民队伍建设

建立健全“三位一体、三类协同、三级贯通”的新型职业农民培育制度，大力实施新型职业农民培育工程。组织实施“现代青年农场主计划”，吸引年轻人到农村创业兴业。

4. 促进各类农业科技人才合理流动

改进薪酬和岗位管理制度，破除人才流动的体制机制障碍，促进农业科研人员在事业单位和企业间合理流动。鼓励农业科研院所、高校的科研人员经所在单位批准，带科研项目和成果、保留基本待遇到企业工作或创办企业。

（五）营造良好发展环境

科技发展水平不仅受制于自身发展的规律，而且受制于其生存和发展的环境。科技发展环境是科技创新赖以生存和发展的物理空间和社会空间，它影响和制约着科技创新活动的质量。在《意见》中，预期通过以下政策引导以营造良好的农业科技发展环境。

1. 推进农业科技法制建设

积极参与《中华人民共和国促进科技成果转化法》的修订工作，推动《中华人民共和国种子法》及配套规章制度的修订。扎实推进《中华人民共和国农业技术推广法》（简称《农业技术推广法》）深入实施。深入开展打击侵犯品种权和制售假劣种子行为专项行动。加强新品种、饲料、肥料、兽药审定、登记工作，严格标准，加快审定、登记步伐。完善种子市场秩序行业评价机制，坚决打破地方封锁和保护，加快形成全国统一开放、竞争有序的市场。

2. 发挥农业科技群团组织的积极作用

支持和加强农业科技领域的各级各类学会、协会建设，完善机构设置、管理模式和运行机制，坚持力量配备向基层一线倾斜，改进工作作风，提高工作水平，强化行业自律。

3. 强化农业科技国际合作

统筹利用国际国内两个市场、两种资源，提高我国全球配置农业科技创新资源的能力和国际话语权。

4. 营造崇尚创新的文化氛围

倡导甘于奉献、潜心科学的创新文化，营造敢为人先、大胆质疑、宽容失败的创新氛围，切实防范学术不端行为。

第三节　中国农业科技组织管理

一、农业科研机构的作用

（一）我国的农业科研机构是国家创新体系的重要组成部分

《国家中长期科学和技术发展规划纲要（2006—2020 年）》等明确提出了要进一步深化科技体制改革，全面推进国家创新体系建设。为了提高农业科技在农业农村经济和社会发展中的贡献率，经国务院审定同意，农业部、科技部、财政部、国家发展和改革委员会等九部委提出了《国家农业科技创新体系建设方案》。根据该方案，加快农业科技创新体系建设就是要以“科学布局，优化资源，创新机制，提升能力”为总体思路，初步建成以国家农业技术创新基地、区域性农业科研中心、试验站和企业农业科技研发中心为主组成的开放式的国家农业科技创新体系。可见，农业科研机构是国家农业科技创新体系的主体，是国家创新体系的重要力量。

（二）我国的农业科研机构是农业农村经济和社会发展的支撑力量

从中国农业科研机构的发展历程和创新成就可以看出，农业科研机构在农业新品种、新技术、新产品等方面不断取得重大突破，为我国粮食安全、生态安全、农民增收和农业可持续发展等做出了积极的贡献。以杂交水稻为例，全国农业科研机构的高效协作创新，陆续推动我国水稻品种从 20 世纪 50 年代原产于江西、湖南、广东、浙江等省优良高秆品种的跨省大规模应用，到 60 年代起以水稻半矮秆基因 sd-1 为核心的优良种质在全国大规模利用，再到三系杂交稻的配套成功和广泛种植，为我国水稻等粮食生产做出了重要贡献。

（三）我国的农业科研机构是农业知识创新和技术创新的中坚力量

我国农业科研机构是国家知识创新体系的重要组成部分，也是国家知识创新系统的核心部分之一。近年来，随着世界科学和技术的迅猛发展，我国农业科学家围绕农作物核心资源与功能基因、骨干亲本、分子改良与杂种优势利用、农产品品质形成、农作物病虫草鼠害、动物重大疫病、生防微生物、耕地质量演变、外来生物入侵、转基因生物安全等不断深入探索并取得了阶段性、突破性进展，促进了我国农业高技术发展、关键技术创新及高级创新人才培养，在国际学术界产生了重要影响。

（四）我国的农业科研机构是高水平人才和队伍培养的摇篮

“农业科研机构和农业高等院校是我国农业科技进步的主力军，是农业人才的摇篮”。我国农业农村发展不断取得辉煌的成就，离不开科技进步和人才的支撑。首先，农业科研机构是研究生学习、练兵和成长的重要基地。在农业科研机构中，他们不仅能够学习到基础理论、方法和技术，而且能够立足于农业实践，将所学知识与农业问题直接联系起来，激发他们的科学创新思维，提高他们的创新热情。要解决好“三农”问题，必须坚持走中国特色农业现代化道路，依靠科技进步以及人才和团队培养，才能持续提高我国农业科技的自主创新能力和水平。

二、我国农业科研机构组织体系

我国农业科研机构组织体系如图 9-1、图 9-2 所示。

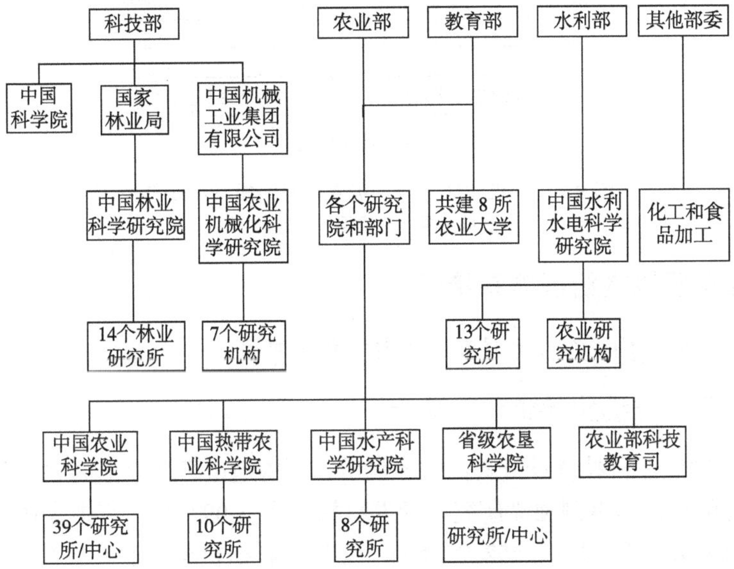

图 9-1　国家级农业科研机构组织体系
资料来源：黄季焜等（2003）

当前，我国农业科研机构主要由国家级农业科研单位、省级农业科学院、地市级农业科学研究所以及农业院校、中国科学院涉农研究所等组成。其中：

（1）国家级农业科研单位，主要包括农业部直属的中国农业科学院、中国热带农业科学院和中国水产科学研究院等 61 个研究所，以及中国科学院涉农研究所、教育部直属农业院校等单位。这些国家级农业科研机构形成了我国农业、热带作物和水产科学创新基地。

（2）省级农业科研机构，主要包括各省、自治区、直辖市政府领导的省级农业（农林）科学院等，省级农业科学院拥有研究机构近 500 个，重点围绕区域性农业和农村经济发展需求而开展相应的科技创新与转化应用工作，承担部分国家科技计划研究任务。

（3）地市级农业科研机构，主要包括受地市级政府领导的近 600 个地市级农业科学研究所，主要任务是开展农业技术研究和技术试验与示范工作，部分研究所还承担国家科技计划研究任务。

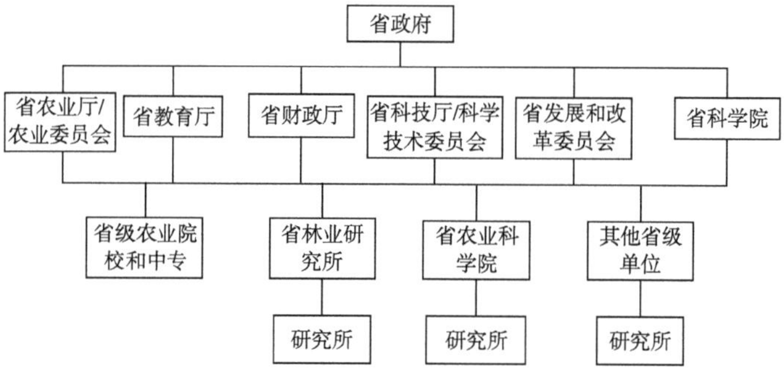

（a）省级

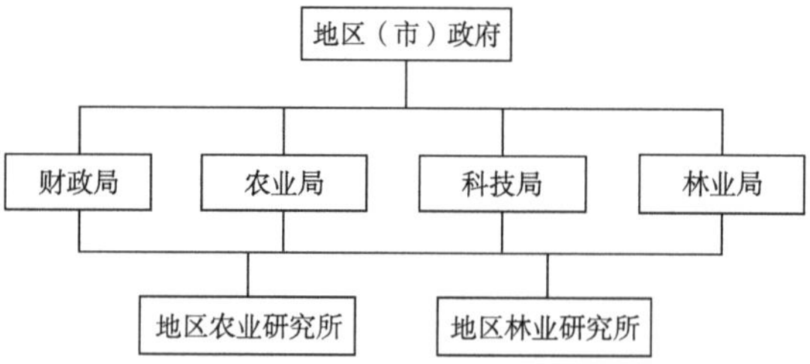

（b）地（市）级

图 9-2　省级和地（市）级农业科研机构组织体系

资料来源：黄季焜等（2003）

三、我国农业科研机构组织体系特征

我国的农业科研机构组织体系具有以下几方面的特征。

（一）农业科研机构组织体系庞大

2004 年《全国农业科技统计资料汇编》显示，中国地市级及以上的农业部门所属的除科技情报机构以外的全民所有制独立研究与开发机构共有 1 093 个，其中农业部属、省属和地市属农业科研机构分别有 59 个、452 个、582 个。农业科研机构从业人员共有 94 976 人。15.5 万个农业技术推广机构，103 万名在编农技推广人员。

（二）农业研究机构分散

从具体的区域分布来看，农业科研机构由于区位、生态环境差异及历史条件的不同而体现出不均衡分布的特点：其中中南地区最多，有 254 个，占全部农业科研机构总数的 24.56%；其次是华东地区，有 239 个，占全部农业科研机构总数的 23.11%；其他四个地区拥有的农业科研机构数量基本持平，西北地区虽然地理位置相对不占优势，但考虑到均衡发展与战略布局的需要而设置了 142 个农业科研机构，占 13.73%，东北区 135 个，占 13.061%，西南区 134 个，占 12.96%，华北地区相比较而言最少，只拥有 130 个，占全国农业科研机构总数的 12.57%。

（三）政府部门为主导，非政府部门为补充

我国的农业科学研究工作以政府部门为主导，非政府部门为补充。截至 20 世纪末，私人部门从事农业科研的人员不足 500 人，私人部门的农业科研支出大约仅占国家农业科研总支

出的 1.7%（黄季焜等，2003）。但随着我国改革开放，个体企业快速发展，私人和企业农业科研活动迅速发展。2006 年我国私人部门从事农业科研的人员达 39 175 人，私人部门农业科研投资总量达 35 亿元，分别约占政府机构科研人员和投资总数的 1/4 和 1/5。

（四）农业研究不均衡

我国种植业、畜牧业、渔业、农垦、农机化五个行业中的农业科研机构数量分别为 656 个、115 个、118 个、54 个、150 个，分别占农业科研机构总数的 60%、10.5%、10.8%、4.9%、13.7%。中国农业科研机构全年经费支出 155.55 亿元。其中，种植业支出 103 亿元，占 66.21%；畜牧业支出 19.43 亿元，占 12.49%；渔业支出 12.85 亿元，占 8.26%；农垦支出 10.68 亿元，占 6.87%；农机化支出 9.59 亿元，占 6.17%。显而易见，在我国农业科研机构全年经费支出中，种植业一头独大。这在一定程度上反映了我国农业科研机构的行业分布不均衡。长期以来，粮食安全一直是我国国家政策的核心目标之一，因而从农业研究上体现出了这种不均衡。

第四节　中国农业科技推广政策

一、农业科技推广概述

（一）农业科技推广的定义及原则

农业推广是随着农业生产活动而发生、发展起来并为之服务的一项社会事业。依据农业推广的发展趋势，学者们通常将农业科技推广分为三个层次：狭义、广义和现代农业科技推广。狭义农业科技推广是农业推广最为基础的含义，它是一个动态的过程，在这个过程中农业推广机构通过适当的方法给农民提供新技术，提高农民获取新信息的能力，使农民增产增收。狭义农业科技推广以技术传播和改良为特征，如以养殖、种植业为主的多数发展中国家的生产技术推广。广义农业科技推广是一种农村社会教育活动，它的范围更广——包括整个农村社会，推广内容更具体——农民的需求，目标更明确——改善农民生活。

我国 2012 年修改的《农业技术推广法》把农业技术推广定义为通过试验、示范、培训、指导以及咨询服务等，把农业技术普及应用于农业产前、产中、产后全过程的活动。

根据 2012 年修改的《农业技术推广法》第四条规定，农业技术推广应遵循下列原则：①有利于农业、农村经济可持续发展和增加农民收入；②尊重农业劳动者和农业生产经营组织的意愿；③因地制宜，经过试验、示范；④公益性推广与经营性推广分类管理；⑤兼顾经济效益、社会效益，注重生态效益。

（二）农业科技推广的作用

1. 推动农业科技重大技术在农业中的应用，提高农业生产效率

现代科学技术是新的生产力中最活跃和最具有决定性作用的因素，它一旦与物质生产相结合，就会形成巨大的现实生产力。农产品新品种的采用和推广提高了各种农产品的产量和品质，增加了农产品的有效供给；优质肥料的应用和施肥方法的改进，提高了肥料的利用效率；灌水技术的改进，提高了灌溉水的利用效率；除草剂的应用和机械化程度的提高，节省了用工，提高了劳动生产率。

2. 提高农民素质

农业现代化的关键是农民知识化。多年来我国各级农技推广机构，充分利用自身网络优势、人才优势和技术优势，结合新品种和重大技术推广，通过广播电视、讲座培训、科技宣传栏、技术咨询点、“绿色证书工程”等活动，有组织、有计划地向农民宣传和普及科学技术，积极组织开展多种形式的农业科技培训，有力地提高了农民学科学和用科学的综合素质。

3. 促进农民增收

农技推广对农业发展、农民增收发挥着关键的作用。农业科学技术的应用，必须依靠农业推广工作来完成，只有农民在生产和经营活动中掌握了科学技术，科学技术才能真正转化为农民增收的现实要素。把先进的科学技术及时推广到农民手中，使农民掌握并应用技术，使用先进的种植与养殖手段，科学地控制农产品的产前、产中、产后的过程，实现优质高产的目标，增加收入。“十一五”期间，科技部、农业部等部门联合推动的粮食丰产科技工程，带动了大面积的粮食生产，每年为农民带来的直接收益达到300亿元。

4. 农技推广机构参与执法监督，促进农业安全

农技推广机构结合本行业特点，积极开展行之有效的动植物检疫、种子质量检验、动物防疫、农资质量监督、农业机械监理等行业执法及监督工作，为维护农民合法权益和保持农村稳定发挥了重要作用，极大地促进了农业的健康发展。据统计，我国农技推广体系每年在全国范围内测报病虫害 28.6 万余次，指导农民防治粮、棉、油病虫害面积约 30 亿亩，免疫防疫家畜 20.7 亿头，家禽 155 亿只，监测、防治约 200 种主要水产病，有效地预防了动植物病虫害传播和假种子坑农害农等事件的发生，保护了农民的切身利益。农机化系统积极协助搞好农机质量及安全生产的执法监督工作，较好地维护了农民的人身财产安全。

二、我国农业科技推广体系

农技推广组织是指具有提供农技推广服务功能的组织，我国以农业部门为基础而建立起来的传统农技推广机构、农业高校、科研机构、农业龙头企业、农民专业合作社、农民专业协会等，因为它们都具有提供农技推广服务的功能，所以都属于农技推广组织的范畴。按照组织的建构特征，把农技推广组织分为政府型推广组织和市场型推广组织；按照提供技术服务的程度，分为专业性推广组织和综合性推广组织；按照经营性质，分为公益性推广组织和营利性推广组织；等等。

（一）以政府为主导的农业科技推广组织

目前我国以政府为主导的农技推广体系实行按专业学科和行政层级分类的机构设置，如图 9-3 所示。

从纵向行政层级上看，我国农技推广机构分为国家、省、市、县、乡五级层级机构。国家、省、市、县、乡五级是一种自上而下的行政领导关系，县级以上农技推广机构由农业主管部门管理，主要行使管理、监督和指导职能。乡镇一级农技推广部门的设立差别很大，管理体制也不同。

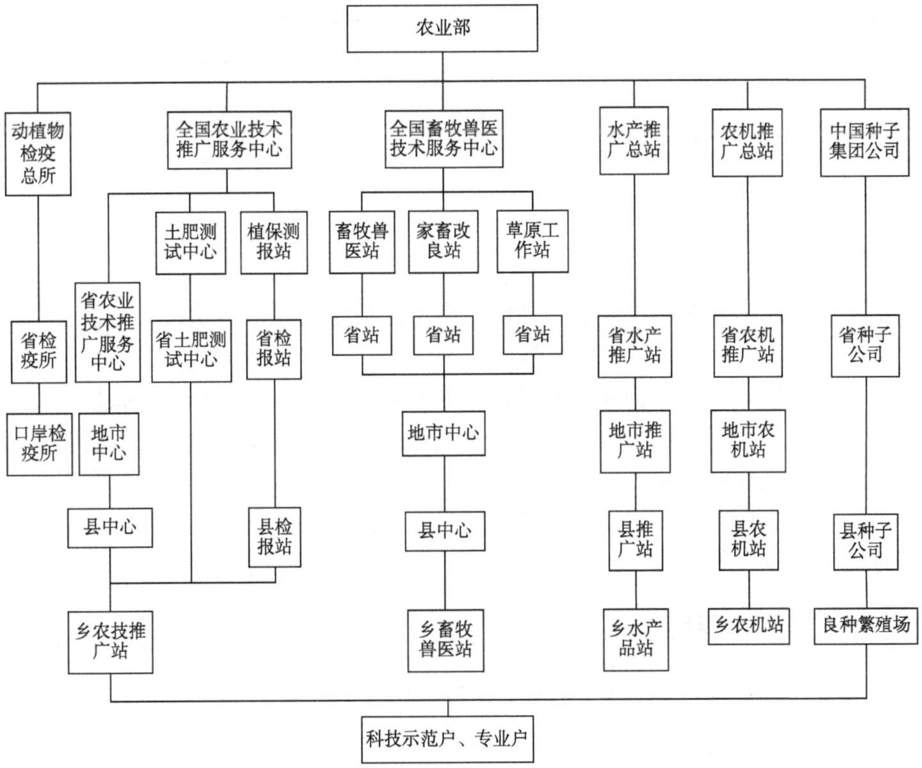

图 9-3　我国农业科技推广体系

（二）农业教育科研型推广组织

农业教育科研单位具有丰富的技术信息资源和人才资源优势，是农业科技成果的创新源头，是农技推广的一支重要力量。我国政府一直非常重视教育和科研单位的科研成果转化，并通过出台一系列相关政策加大教育、科研单位推广科研成果的力度。农业教育科研单位推广农业科研成果的主要途径有以下几点：一是建立农业科技示范基地。通过新品种、新技术、新成果示范样板，为广大农民提供科技信息，引导农民学习和应用新技术，推动主导产业、特色产业发展。二是开展信息与咨询服务。科技信息服务是针对农业生产中存在的问题，向产前、产中和产后提供新技术、新方法和新品种等。三是进行技术开发、转让和入股。积极参与企业的技术开发活动，解决企业生产经营中的技术问题。四是开展科技培训。农业院校利用高校的教育职能和优势，举办农技人员和农民技术培训班，提高广大农民的技术素质，培养出更多直接为农村和生产服务的技术人员。

（三）农民专业协会与专业合作组织

农民专业协会是以专业户、科技示范户为基础，自发组织起来的民间合作推广组织，以技术服务、信息咨询、产前生产资料供给、产后农产品储运销售服务为主要职能。农民专业合作组织是相关农户自愿参加并共建共享的组织，可以有效地协调成员与组织之间的利益关系，高效地提供农业技术服务，是农技推广服务的良好载体。近年来，各地各类农民专业协会和专业合作组织发展迅速，涌现出一批“农业专家大院”“科技服务社”“农业科技协会”等科技服务组织，它们大多由农业专家或农村技术能手带头，将新品种、新技术、新产品直接输送到农业生产第一线，减少了许多中间环节，提高了成果转化率。目前农民专业协会与专业合作组织已成为我国农技推广体系的重要组成部分。目前全国近 90%的协会仍然属于技术交流型和技术经济服务型，服务功能及范围较小，组织结构松散，综合实力较弱，抗击风险能力不强，各项扶持政策还有待完善和加强，农技推广与专业协会和专业合作组织的结合程度还有待提高。

（四）农业企业型推广组织

农业企业型推广组织是指以企业为主体、围绕企业生产经营活动而发挥企业农技推广功能的组织。农业企业型推广组织主要有两种形式：第一种是农产品加工型+农户型。农业企业与农户形成利益共同体，农业企业为农户提供原料和科技服务，由农户按照企业的生产技术标准生产农产品，农产品由农业企业回收。通过这种形式，企业就能顺利地把农业新技术推广给农户。第二种是涉农企业。这类企业一般从事生产或销售农药、化肥、农机具、种子或饲料等生产资料。它们在销售自己产品的同时提供产品相关的技术咨询和售后服务，客观上起到了良好的技术推广效果。

三、农业科技推广的保障措施

针对农技推广的保障问题，我国 2012 年修改的《农业技术推广法》中做了一系列的政策规定。

（一）资金保障

农技推广需要资金的保障。根据 2012 年修改后的《农业技术推广法》第二十八条规定，国家逐步提高对农技推广的投入。各级人民政府在财政预算内应当保障用于农技推广的资金，并按规定使该资金逐年增长。各级人民政府通过财政拨款以及从农业发展基金中提取一定比例的资金的渠道，筹集农技推广专项资金，用于实施农技推广项目。中央财政对重大农技推广给予补助。县、乡镇国家农技推广机构的工作经费根据当地服务规模和绩效确定，由各级财政共同承担。任何单位或者个人不得截留或者挪用用于农技推广的资金。第三十三条规定，从事农技推广服务的，可以享受国家规定的税收、信贷等方面的优惠。

（二）人力保障

农技推广首先需要一支稳定的队伍，同时还需要不断提高农技推广人员的专业水平。

根据《农业技术推广法》第二十九条，各级人民政府应当采取措施，保障和改善县、乡镇国家农技推广机构的专业技术人员的工作条件、生活条件和待遇，并按照国家规定给予补贴，保持国家农技推广队伍的稳定。对在县、乡镇、村从事农技推广工作的专业技术人员的职称评定，应当以考核其推广工作的业务技术水平和实绩为主。

根据《农业技术推广法》第三十一条，农技推广部门和县级以上国家农技推广机构，应当有计划地对农技推广人员进行技术培训，组织专业进修，使其不断更新知识、提高业务水平。

（三）环境保障

农技推广不仅需要其所必需的物质条件，而且为了保证国家农技推广机构履行公益性，还需要对其进行监督、考评。

根据《农业技术推广法》第三十条，各级人民政府应当采取措施，保障国家农技推广机构获得必需的试验示范场所、办公场所、推广和培训设施设备等工作条件。地方各级人民政府应当保障国家农技推广机构的试验示范场所、生产资料和其他财产不受侵害。

根据《农业技术推广法》第三十二条，县级以上农技推广部门、乡镇人民政府应当对其管理的国家农技推广机构履行公益性职责的情况进行监督、考评。各级农技推广部门和国家农技推广机构，应当建立国家农技推广机构的专业技术人员工作责任制度和考评制度。县级人民政府农技推广部门管理为主的乡镇国家农技推广机构的人员，其业务考核、岗位聘用以及晋升，应当充分听取所服务区域的乡镇人民政府和服务对象的意见。乡镇人民政府管理为主、县级人民政府农技推广部门业务指导的乡镇国家农技推广机构的人员，其业务考核、岗位聘用以及晋升，应当充分听取所在地的县级人民政府农技推广部门和服务对象的意见。

四、促进我国农业科技推广发展探索

（一）建立健全法律法规体系

与发达国家相比，我国农技推广政策保障和法律制度较为薄弱，必须尽早建立起良好的政策法规平台，以指导农业推广事业的健康发展。一是相关法律法规需要随着农业形势的不断变化做出适应性调整，并在实践中不断地补充和完善，形成完整的农业推广法律体系，为农业科技成果转化应用创造良好政策环境和法律保障。二是加大执法监督力度。加大现有《农业法》《农业技术推广法》《中华人民共和国种子管理条例》等法律法规的执行力度，真正做到有法必依、执法必严和违法必究，保障推广工作的顺利实施。三是通过立法和政策支持来确保财政投入力度。

（二）建立多元化融资渠道

政府应作为农技推广投资的主要力量，对农技推广的投资保持相对的稳定性和持续性，以保证农业推广的顺利进行；同时鼓励企业、组织参与农业推广投资，形成农技推广资金来源的多渠道。融资渠道有以下几种：一是加大国家对农技推广的投入，各级政府在财政预算内要保障用于农技推广的资金逐年增长，不断提高我国农业科研能力和农技推广的现代化水平。二是充分发挥政府引导和政策导向作用，利用财政税收政策，通过减税、免税、补贴及奖励等措施鼓励和吸引各种资金投入，逐步建立以政府投入为主，多渠道并存的多元化农业推广融资体系。三是各级推广机构通过发展经营服务，兴办经济实体，实行有偿与无偿服务相结合，解决资金不足的困难，从而增强推广机构的自生能力，促使其自我累积、自我发展。

（三）加强农业科研、教育、推广之间的协作

西方农业先进国家十分注重农业科研、教育、推广部门三者的有机结合，美国农业院校科研、教育、推广“三位一体”的体制模式是美国农技推广体制最为成功的经验之一。借鉴国外的农技推广经验，我国政府应根据本国国情，整合各种推广力量，加强沟通与协作，以促进科技成果的高效转化。将农业教育、研究与推广更加紧密地结合起来，建立产学研推一体化的科技创新体系，使中国的农业高等教育和科研成果能更快地转化为生产力，使之更好

地服务于中国农业应当是一种改革的方向。

（四）充分发挥市场组织的作用

农民协会、农业企业等社会推广组织是农业新技术成果转化应用的强大推进器，展现出广阔的发展前景。我国自 20 世纪 80 年代初期在广大农村出现了农民专业协会以来，农民专业协会就成为农业推广体系中不可缺少的重要组成部分。但是多数农民专业协会小而散、经济实力弱、缺乏发展后劲，亟待规范化。另外随着农业产业化经营的发展，“龙头企业”在农业推广中的作用与日俱增。但由于“龙头企业”起步较晚，有待尽快建立一套规范、高效的运行机制、组织体系和保障制度。我国在充分发挥公益性农技推广体系主渠道作用的同时，要大力扶持、引导农民专业合作组织和涉农企业等市场组织，将其纳入农技推广体系中来，充分发挥农业科研、教育单位、涉农企业等在农技推广中的作用，有效满足新形势下农民对生产技术服务的需求，不断改善和提高农业科研机构推广能力。

（五）提高推广队伍综合素质

科技成果的迅速转化需要一批高素质推广人员，发达国家对农技推广人员的素质和资历都有严格要求。一是选拔优秀推广人员。通过严格的考试制度选拔录用农业推广人员，这是我国农业管理部门当前的一项重要工作任务。二是强化农技人员的培训，根据不同需求对农技人员分层分类开展培训。三是建立竞争机制和绩效评价制度，通过客观有效的考核指标体系对农技推广工作进行客观评价，保证农技推广机构的工作效能。

【思考题】

1. 农业科技政策的内涵是什么？
2. 农业科技体制改革的目标和原则是什么？
3. 农业科研机构的作用是什么？我国农业科研机构组织体系特征是什么？
4. 农技推广的含义及作用是什么？
5. 我国农技推广体系的特征是什么？
6. 如何促进我国农技推广发展？

【推荐阅读】

国务院. 2006. 国家中长期科学和技术发展规划纲要（2006—2020 年）.

农业部. 2007. 农业科技发展规划（2006—2020 年）.

农业部. 2015. 关于深化农业科技体制机制改革加快实施创新驱动发展战略的意见.

中华人民共和国第八届全国人民代表大会常务委员会. 2012. 中华人民共和国农业技术推广法.

中华人民共和国第十一届全国人民代表大会常务委员会. 2012. 中华人民共和国农业法.

参考文献

樊春良. 2005. 全球化时代的科学技术政策. 北京：北京理工大学出版社.

黄季焜，胡瑞法，Rozelle S. 2003. 中国农业科研投资：挑战与展望. 北京：中国财政经济出版社.
罗伟. 2007. 科技政策研究初探. 北京：知识产权出版社.
信乃诠，许世卫. 2014. 中国农业科技发展：回顾和展望. 北京：中国农业科学技术出版社.
Salomon J J. 1987. 1978 Science studies and the development of science policy. In Science，Technology and Society：A Cross-Disciplinary Presective. California：Sage Publication.

第十章 农产品流通政策

【本章导读】

农产品流通连接了农产品的生产者和消费者，直接关系到国家粮食安全和重要农产品有效供给，因此国家需要通过制定一系列的相关政策，疏导、规范农产品流通。通过本章对我国农产品价格政策、农产品对外贸易政策、农产品市场政策的学习，有助于对我国农产品流通政策的理解。

【核心概念】

农产品流通政策；农产品价格政策；农产品对外贸易政策；农产品市场政策

第一节 农产品流通政策概述

一、农产品流通的定义

根据 Ellis（1993）的定义，农产品流通主要分为两个维度：一是价格信号在消费者和生产者之间的传导；二是农产品在生产者和消费者之间的物理传输。后者又可以从广义和狭义进行划分，农产品流通广义的含义是指农产品从供应地向接受地的实体流动中，将农产品生产、收购、运输、储存、加工、包装、配送、分销、信息处理、市场反馈等功能有机结合、优化管理来满足用户需求，并实现农产品价值增值的过程。而狭义的农产品流通是指农产品收购、运输、储存、销售等一系列过程。

在农产品流通过程中，只有妥善组织好、管理好每个流通环节，才能顺利完成农产品流通过程，保证物畅其流，更好地促进农产品生产的发展，为经济和社会发展奠定良好的物质基础。另外，从国际农产品市场的角度看，进出口也是农产品流通的一个重要环节，它表现为农产品从一个国家或地区向另一个国家或地区的流动。

二、农产品流通政策含义及作用

（一）农产品流通政策的含义

由于存在市场失灵，政府需要运用看得见的手干预经济生活。流通政策就是针对流通失败而进行的公共介入，“即以流通过程为对象，政府利用行政权力对商品流通过程包括流通组织、流通活动、流通机构的介入干涉基本方针以及依此建立的手段体系”（Batzer 和武·铃木，1985）。

农产品流通政策直接作用于农产品流通阶段和渠道，深刻影响着农产品价格和农业产业链的利益分配，并对农民增收、城乡居民生活和农产品供给保障机制的发育具有重要影响。

我国目前有关农产品流通政策主要体现在《农业法》中，《农业法》中关于农产品流通的主要内容包括：确立了对农产品的购销实行市场调节和国家宏观调控相结合的原则；对重要农产品实行价格保护制度，设立风险基金；对重要农产品实行储备调节制度；完善农产品流通组织的建设；健全农产品流通市场体制建设；关于农产品收购奖金和收购行为的规定等。

（二）农产品流通政策的作用

农产品流通政策是发展农产品流通的最重要因素，农产品流通的作用主要表现在如下几个方面：

（1）指导作用，即通过确定发展农产品流通的宏观方向，为微观主体提供宏观指导。通过农产品流通政策的指导作用，把微观主体的行为统一于发展农产品流通的宏观方向，从而提高农产品流通领域经济活动的效率。

（2）协调作用，即协调农产品流通发展过程中的各种利益关系和矛盾。农产品流通政策是解决农产品流通领域各种矛盾的重要手段。

（3）激励作用，即通过农产品流通政策调动和保护农民的积极性，如通过对收购价格的调整，农民得到更多的物质利益等。

（4）调控作用。农产品流通政策对农产品流通起宏观调控作用，如农产品税收政策和价格政策都对资源配置有调控的作用。正是由于政策的调控功能，农产品流通政策成为在市场经济条件下政府对农产品流通进行宏观调控的重要手段。

（5）约束作用。由于政策具有一定的限制功能，这种限制功能就是政策的约束作用。从理论上讲，农产品流通政策的约束功能是农产品流通政策发挥其所有作用的基础，如果失去了约束功能，政策就会失去效力。

三、农产品流通政策手段

农产品流通政策手段主要有下列三类（钟甫宁，2011）。

（一）价格政策手段

价格政策是指那些能够直接影响到农产品价格水平高低的各种政策措施。具体的政策措施有三种：①价格管制措施，包括限制价格措施、支持价格措施；②补贴措施，包括对农业投入品的补贴措施、对消费者的补贴措施和对生产者的补贴措施；③供需管理措施，包括对生产要素投入量的限制、对市场供给量的限制和对消费量的限制。

（二）对外贸易政策手段

对外贸易政策手段的具体政策措施有：①出口鼓励措施，包括出口补贴、生产补贴等；②进口限制措施，包括进口关税、进口配额和外汇许可证等；③其他措施，包括苛刻的技术标准、进出口的垄断经营等。

（三）市场结构政策手段

市场结构政策是指那些约束着农产品市场参与者各方的竞争关系和竞争状态，促进市场均衡价格的顺利形成，影响市场透明度，关系到市场的组织与基础设施建设，旨在提高整个农产品市场宏观运行效率的各种措施。具体措施主要有市场管制措施、提高市场透明度和促进市场均衡价格顺利形成的措施、改善市场基础设施等。

第二节　农产品价格政策

一、市场经济下农产品价格政府干预的必要性

在自由竞争的市场经济下，应以市场机制为依据，充分让市场发挥其职能，农产品随行就市，由市场供求关系决定其价格水平，利用价格的调节机制来调整生产和需求。但是，纯粹的市场调节使农产品价格存在着两种运动周期，即生产季节性运动周期和供求性运动周期。由于农业生产依赖自然季节的特点，农产品价格受产销季节变化的影响比其他商品明显。这种季节性的价格周期运动，大致是循环运动的，不会导致价格超常涨跌，不会引起生产破坏。另外受到市场机制的作用，随着农产品供求情况变化，生产者、经营者、消费者为了追逐经济利益，往往价高时纷纷抢购，价低时反而减少购买，这也引起产品价格迅速波动。农产品作为日常必需品，其价格波动情况对社会各方面都有很大影响。

从长期计划经济体制羁绊下解放出来的农产品价格还缺乏自发调控能力，农业生产和农产品流通方面存在的问题和矛盾日益显现和明朗化。从农业生产方面看，一方面表现为农业生产基础薄弱，部分农产品增产赶不上社会需求，形成供给短缺；另一方面表现为农业生产极不稳定，出现周期性的和非周期性的大起大落，特别是反复出现因政策失误而造成的生产大幅度波动。这些现象的出现，给各方面带来严重的影响：一是农民的经济利益无从保障，二是有的农民为赚钱，不惜涸泽而渔，破坏了资源和生态环境；三是加工部门原料无保障，工商企业经营风险大；四是出口资源受影响，盲目竞争。总之，农产品价格的暴涨暴跌和由此造成的农业生产的大起大落，成为困扰中国农业健康发展的一大难题。

因为市场固有的缺陷，所以必须有政府计划的介入，才能最大限度地合理利用社会资源，使人民得到最大福利。例如，稳定农产品市场供给和市场价格，保证农产品供求平衡；稳定或维持生产者价格，保障农民收入；稳定或降低农产品价格，保护消费者的利益。这些目标是相互联系和相互制约的。对政府而言，最困难的问题是难以协调目标之间的矛盾关系。例如，生产者目标、消费者利益目标与生态环境目标不总是一致的，有时甚至存在严重的对立和矛盾。政府对农产品价格管理的根本目的在于实现目标整体的优化，以保证社会经济的稳定和可持续发展。

二、农产品价格管制

（一）农产品价格限制政策

限制价格是指政府规定的某种商品的最高价格。政府实行最高限价往往是为了抑制某些产品价格上涨，尤其是为了应对通货膨胀，有时是为了限制某些行业特别是限制一些垄断性很强的公用事业的价格，以保护消费者的利益。最高限价可能高于市场均衡价格，也可能低于市场均衡价格，具体要视一个国家农民与非农人员的收入差异以及本国农产品生产情况而定。一般来说，发展中国家农产品的最高限价通常都低于市场均衡价格，而发达国家的最高限价高于市场均衡价格。限制价格的实行有利于社会平等的实现，有利于社会的安定。

实施最高限价政策的难度取决于这个价格是高于还是低于市场均衡价格水平。如果最高限价低于市场均衡价格，将刺激农民在黑市上以较高的价格出售他们所生产的产品；若最高限价等于或高于市场均衡价格，则比较容易实施。

（二）农产品价格支持政策

农产品价格支持是农业保护政策最原始、效果最显著的方式，同时也是世界各国普遍采取的农业保护措施。在充分发挥市场机制的基础下，通过国家宏观调控对农产品价格进行支持，补贴支持农业收入，以稳定农产品市场价格、增加农业生产者的收益、确保农产品的社会供给。

价格支持是政府对市场的适当干预，对农产品价格的调控。价格支持主要包括两种方式。一是最低保护价，即政府事先确定农产品的最低保护价。当农产品的市场价格低于最低保护价时，政府为保护农业生产者的利益，收购其农产品；市场价格高于最低保护价时，生产者自由销售其产品，获得更大收益。二是差价补贴，即政府事先确定一个保证价格。当市场价格低于保证价格时，政府将二者的差额补贴给生产者；市场价格高于保证价格时，生产者获益，政府则无需补贴。农产品价格支持的“支持”二字就包含补贴的意思，政府通过价格支持大量收购农产品或给予生产者以补贴。一方面在市场上农产品供过于求时，减少当期的农产品供给，有利于农产品价格的止跌回升；另一方面改变了生产者和消费者的价格预期，使农产品价格上升至支持价格或支持价格之上。

农产品价格支持政策一般只在农产品市场供过于求时才使用。当农产品市场供不应求时，农民已经能够以较高的价格销售农产品，得到合理的收入，因此无需政府采取农产品价格支持。农产品价格支持通过作用于农产品价格或农产品市场而使农民获取更多的销售收入，不是直接向农民提供收入补贴，因此属于间接收入补贴措施。

2012 年我国的《农业法》第五章“粮食安全”中明确规定了粮食保护价制度，为我国农产品价格支持政策提供了最直接的法律依据。第三十三条规定，在粮食的市场价格过低时，国务院可以决定对部分粮食品种实行保护价制度。同时还相应规定了粮食安全预警制度、粮食储备制度、粮食风险基金等配套制度。《农业法》还规定农产品的购销实行市场调节，国家对关系国计民生的重要农产品的购销活动实行必要的宏观调控；建立和完善农业支持保护体系，全面扶持农业生产，提高农民的收入水平。《粮食流通管理条例》第二十八条规定，当粮食供求关系发生重大变化时，为保障市场供应、保护种粮农民利益，必要时可由国务院决定对短缺的重点粮食品种在粮食主产区实行最低收购价格。

三、农产品价格补贴措施

补贴是农产品流通政策体系中一个非常重要的政策领域。补贴的类型主要有以下几种。

（一）直接补贴

1961 年美国提出“饲料谷物计划”，对农民进行直接补贴（direct payments）。如果农民将其饲料谷物的种植面积削减一定的比例，政府就给予一笔直接补贴。1983 年，又实行了以实物形式进行直接补贴的措施。这一年的玉米休耕计划规定，对休耕 20%的农民，政府给予一定的现金补偿，如果农民愿意进一步增大休耕面积，政府将按照该面积正常年产量的 80%发放给农民玉米。1985 年通过的《食品安全法案》加强了实物直接补贴措施，引入以美元计价、可以出售转让的“通用粮食实物证券”。政府对农民直接补贴时发放该种证券，农民可以以它作为无追索权贷款的抵押品，也可以直接从商品信贷局换取粮食，或在 5 个月后到当地政府去兑换现金。

（二）差额补贴

美国政府按照生产成本加适当利润确定一个高于抵贷价格的目标价格（target price），如果市场价格低于目标价格，可由政府收购或者发给目标价格与市场价格之间的差额补贴。目前美国几乎所有使用的谷物都规定了目标价格。实际上，目标价格成为对农民的收入有决定性意义的最低保护价格。

差额补贴（deficiency payments）可以使价格维持在均衡价格之上，而政府无须收购、储藏并处理产品，而且消费者能够以更低的市价购买而获利。政府采用差额支付所费成本的大小随供需弹性的大小而变化，供给弹性越大或者需求弹性越小，则支付的成本越大。

（三）灾害补贴

灾害补贴又叫农业保险（agricultural insurance），美国政府对因自然灾害而不能播种或严重减产的农产品进行补贴。1990 年《农业法》规定，参加联邦农作物保险的，补贴数额根据农业保险的有关规定确定；未参加保险的补贴数额按规定产量的 40%确定。我国自 1982 年恢复农业保险以来，先是中国人民保险集团股份有限公司（简称人保）独家经营农业保险，之后新疆兵团保险公司（现改名为中华联合财产保险股份有限公司）开始经营兵团系统内部的农业保险，到 20 世纪 80 年代后期，民政部门开办农村救灾保险。其他经营主体也或多或少地做过尝试，但由于经营亏损严重，都相继退出了农业保险领域。目前经营农业保险业务的，就只有人保和中华联合财产保险股份有限公司。

（四）消费补贴

政府也可以采用国内消费补贴（consumption subsidy），使保证价格持续在均衡价格之上。例如，美国的食品券计划，就是对低收入家庭发放一定数额的食品券，此券可以在指定地点购买食品，实际是对消费者的补贴。补贴国内消费的经济效果要根据补贴的总额及怎么使用来确定。如果补贴消费只是使消费者替代原来的消费支出，那么虽然可以使消费者增加福利，但是因为没有增加农产品消费的数量，农民无利可得。

四、农产品价格政策演变

1978 年前，我国 90%以上的农产品价格为计划价格，经过这些年的改革，我国农产品流通体制和价格制度发生了根本性的变化，已经实现了由计划经济模式向市场经济模式的过渡。

改革的主要内容包括四个方面：一是调整了购销政策，在逐步放开经营的基础上，于 1985 年取消统购派购政策，除粮、棉、油、烟等少数由国家定购的品种外，其余农产品全部放开自由购销，其中粮、油产品在完成国家定购任务后的部分还允许自由经营。二是在农产品价格方面，通过多次调整不合理价格和逐步放开价格，农产品价格已全部放开，由市场机制调节价格。三是打破了长期由国营、供销社商业垄断经营的格局，允许个体、私人、集体经济成分进入流通行业。新兴的市场主体开始形成，如农民销售联合体，种养加、贸工农一体化组织，私营经销商，市场经纪人等。四是各种与市场经济相适应的新型流通渠道初步形成，如各类初级市场、批发市场、期货市场等。上述变化标志着我国农产品流通体制和价格制度，已经摆脱了传统计划经济的模式，正转向现代化的市场经济模式。这种转变是在农村经济体制改革的基础上进行的，农村经营承包责任制和流通体制的改革深刻影响着我国农村经济生活的变革，使广大农民从长期听命于上级计划来进行生产转变为按照市场需求来自主安排生产，从而极大地调动了农民的生产积极性，使我国农业生产有了较快的发展（周应恒，2006）。

经过这些年的改革，我国农产品价格形成机制由过去单一的国家定价变为全部由市场形成价格，国家主要通过最低收购价、目标价格等方式引导价格合理形成。

第三节　农产品对外贸易政策

一、农产品国际贸易内涵

（一）农产品国际贸易概念

农产品国际贸易是指世界各国（或地区）之间农产品和服务的交换活动，它是各个国家（或地区）在国际分工的基础上相互联系的主要形式。

（二）农产品国际贸易特征

与工业品相比，农产品在贸易上具有不同的特性。首先，农产品生产受自然条件的影响，具有明显的季节性、地区性和分散性；其次，大多数农产品是人们的日常必需品，供求都缺乏弹性；最后，农产品大多是有机体，体大、量多、水分多，具有笨重性和鲜活易腐性，并且质量不均匀。因此，在收购、包装、运输、保管、销售方面要求较高，需要特定的贸易设施，且成本高，风险大。由农产品的这些贸易特性所决定，在国际市场上，大多数农产品的贸易表现出下述重要特征。

1. 贸易商品集中

这一特点是指多数发展中国家农产品出口的品种是有限的。例如，巴西主要依靠咖啡出口；加纳的主要出口物资是可可；孟加拉和印度主要出口黄麻；斯里兰卡和肯尼亚主要出口茶叶；橡胶是马来西亚主要的几种输出物资之一；阿根廷和泰国主要依靠粮食出口。换句话说，发展中国家的贸易主要依靠出口少数几种主要农产品。

2. 贸易地区集中或市场集中

贸易地区集中或市场集中是指大部分主要输出物资通常在几个工业化国家的市场上出售。茶叶、咖啡、黄麻、可可和橡胶在欧洲一些国家、北美、澳大利亚及日本出售是这方面的实例。贸易地区集中说明发展中国家的经济命运与几个主要工业化国家的国内形势和经济活动的起落有关。假设印度和斯里兰卡主要向英国市场出售茶叶，如果各种原因导致英国出现了严重的经济衰退，那么印度和斯里兰卡的茶叶市场也将受到不利的影响。

3. 价格波动幅度大引起出口收入波动

农产品或初级产品贸易波动的幅度是非常大的，至少大于在世界市场上进行贸易的制造业产品的价格波动幅度。巴西咖啡价格的统计数字表明，在纽约贸易市场上，各月之间咖啡价格的波动是很大的。发展中国家出口的其他农产品也表现出类似的波动情况，因而发展中国家的出口收入（即出口价格×出口数量）在某种确定性条件下也是波动的。在国际市场上，发展中国家通常是价格的接受者，而不是价格的制定者。因此，它们不能提高价格，除非它们能够像对石油那样对初级产品的供给实行垄断控制。

4. 农产品国际贸易的时间性很强

和其他商品不同，由于农产品的生物学特性及其对人体的直接作用，人们对农产品，尤其是食品的需求时间是十分严格的。一个国家或地区，如因气候不正常或社会因素而必须从国际市场上购买农产品并运到本国，则花费的时间应越短越好，否则就会影响社会经济的正常运转和人民生命的维持。另外，农产品的保存和保鲜，对时间要求的严格程度远胜于其他商品：一是人们对农产品需求的时间，基本上不受其他因素影响。不论供给时间的长短，人们每日所消费的食品数量基本上是不变的。二是农产品的易腐性，要求农产品运输时间尽量缩短。这就对农产品国际贸易中的运输手段，提出比运送其他商品更严格的要求。

5. 农产品国际贸易更有利于发达国家而不是发展中国家

除了许多不公平的贸易往来，一般来说，发达国家出口的农产品大多数为粮食和肉类，特别是美国和欧盟。而粮食的需求弹性在农产品中最不充分的，且其需求量最大的是人口众多的发展中国家。反之，发展中国家出口的农产品大多为经济或热带作物，其需求弹性要比粮食充分得多，其互相替代性也远大于粮食。事实上，近年来欧美国家对茶叶的需求量相对于咖啡，其增长幅度更大。有些原料性的农产品，由于科学技术的进步，其可替代性越来越大，因此，市场价格就不可避免趋跌，这对于出口此类农产品的发展中国家显然是不利的。特别是自 WTO 成立以后，虽然农产品的关税有了大幅度的下降，但是非关税技术性壁垒却显著提高。要么发展中国家所生产的农产品难以满足发达国家的安全卫生质量要求被拒之门外，要么为了满足发达国家安全卫生质量的要求而大幅度地增加生产成本，导致价格竞争力和利润率大幅度下降。

二、WTO《农业协议》中关于出口补贴政策的要求

农产品出口就是各个国家的农业按国际贸易的比较优势的原则参与国际分工，在此基础上调整和重组国内农业资源。为使本国农业稳定发展以及促进本国农产品出口，政府运用财政手段对农产品的生产、流通和贸易等各环节的各个主体包括农民、农业生产企业和农业流通企业等进行转移支付。这是一国支持本国农业发展的最常用和最普遍的手段之一。

为促进世界农产品市场的正常发展，各成员国约定共同达成了由 WTO 管辖的一项多边贸易协议即《农业协议》。协议的主要内容为对农产品政策三个领域（市场准入、国内支持和出口补贴）的规定，并规定了政策实施的时限，尤其是国内支持和出口补贴上又规定了具体的几种政策，如“绿箱”政策、“黄箱”政策、“蓝箱”政策等。

三、我国农产品进口政策

加入 WTO 后，根据中国加入 WTO 议定书，我国围绕农产品采取了一系列进口管理措施：承诺取消农产品非关税措施，对农产品进口关税减让，对重要农产品实行关税配额管理，部分产品保留国营贸易权利，另外还有技术管理措施和进口数量预警调控机制等。

（一）进口关税

1. 进口关税的内涵

进口关税是一个国家的海关对进口货物和物品征收的关税。各国已不使用过境关税，出口税也很少使用。通常所称的关税主要是指进口关税。征收进口关税会增加进口货物的成本，

提高进口货物的市场价格，影响外国货物的进口数量。因此，各国都以征收进口关税作为限制外国货物进口的一种手段。适当的使用进口关税可以保护本国工农业生产，也可以作为一种经济杠杆调节本国的生产和经济的发展。

各种名目的关税也都是进口税，如优惠关税、最惠国待遇关税、普惠制关税、保护关税、反倾销关税、反补贴关税、报复关税等。使用过高的进口关税，会对进口货物形成壁垒，阻碍国际贸易的发展。进口关税会影响出口国的利益，因此，它成为国际经济斗争与合作的一种手段，很多国际的贸易互惠协定都以相互减让进口关税或给以优惠关税为主要内容。

2. 我国农产品进口关税的特点

1）我国农产品进口关税税率远远低于世界平均水平

关税水平是一个国家进口关税的平均税率，用来衡量关税对一国经济整体或某一经济部门的保护程度，计算关税水平通常采用简单算术平均法或加权算术平均法。按简单算术平均法计算，我国农产品法定关税税率从 2002 年的 18.1%下降到 2012 年的 15.1%，远远低于世界农产品 62%的平均水平。若考虑商品进口额的占比情况，采用加权算术平均法计算，我国的实际关税水平则更低，已从 2002 年的 9.0%下降至 2012 年的 7.2%。

2）实征关税税率与法定关税税率的差距呈拉大趋势

法定关税税率是指海关税则规定的对课征对象征税时计算税额的比例，而实征关税税率是剔除各种减免税政策和协定优惠影响后实际征收税额占应税货值的比例。2002 年我国农产品进口法定税率与实征税率一致的商品比例为 4.18%。到 2012 年，在 960 种应税农产品中，仅 296 种商品的实征税率与法定税率保持一致，约占应税商品总数量的 30.8%。这说明我国进口农产品中享受税收优惠的品种和国家正在不断增加。2002~2012 年我国农产品实征关税税率与法定关税税率的差距大致可以分为三个阶段：2002~2004 年两者基本一致；2005~2008 年两者的差为 0.5%左右；2009~2012 年两者差距扩大，2012 年税率差达到 1.6%。农产品进口实征关税税率与法定关税税率的差距拉大与我国签署的自贸协定数量的增长有较大关系。2002 年我国与东盟签订自由贸易协定，2005~2006 年我国与智利、巴基斯坦签订自由贸易协定，2008~2009 年与新西兰、新加坡和秘鲁签订了自由贸易协定，这都与农产品进口实征关税税率与法定关税税率的差距拉大阶段相吻合。

3）关税水平对我国农产品进口的杠杆调节作用逐渐减弱

国际贸易理论认为，某种商品的关税税率降低，会刺激该商品的进口；反之，则会限制商品的进口。2002~2012 年我国农产品进口额与加权算术平均关税税率的走势呈现出两种趋势：2002~2010 年我国农产品进口关税税率与进口额的走势与国际贸易理论相吻合，而 2010 年后两者却呈同时增长态势，与国际贸易理论相背离。

（二）进口配额

进口配额（import quotas system）又称进口限额。它是一国政府在一定时间内，对于某些商品的进口数量或金额事先加以规定的限额。超过规定限额的不准进口。进口配额的形式有以下几种：全球配额，即适用于世界范围内任何国家或地区的配额，按进口商的申请先后批给一个不定期额度，直至额满为止；国别配额，即按国家和地区进行分配的固定配额，有的由单方面强制规定，有的由双方谈判达成协议确定；进口商配额，即按不同进口商分配给一定配额。有的国家还将进口配额与关税结合起来，在配额以内给予低税、减税或免税待遇，超过配额则征收较高关税或附加税，称为关税配额。

根据 WTO《农业协议》规定，因农产品的特殊性，各成员国须为农产品提供最低市场准入机会，即实行关税配额管理。在配额量内的农产品进口适用关税配额内税率；对于配额量外的农产品进口则适用关税配额外税率。加入 WTO 时我国承诺主要对九类大宗农产品的进口实行关税配额制度，这九类农产品分别为小麦、玉米、大米、棉花、食糖、豆油、棕榈油、菜籽油、羊毛。根据加入 WTO 的承诺，2005 年以后，我国取消了棕榈油、豆油、菜籽油的关税配额，目前实行关税配额的农产品就只有小麦、玉米、大米、棉花、食糖、羊毛。相对于我国种类繁多的进口农产品，我国实行进口配额的农产品种类不多，但其进口总额却占到我国农产品进口总额的 60%以上，进口量非常可观，对我国国内农产品的冲击非常大。但是，根据 WTO《农业协议》的规定，关税配额是在非关税措施关税化的过程中作为过渡性的贸易设限形式而存在的，关税配额管理将逐步被关税管理取代，最终转化为单一的关税管理。

进口配额对本国商品的价格、消费、生产以及整个社会经济的利益变动都会带来一定的影响。这种影响的大小不仅取决于进口国在国际市场上的地位，还取决于本国产品的市场结构。一般来说，进口配额措施使进口减少，国内生产增加。同时，也使实行这种措施的产品国内生产增加，但不一定使国内产品的供给总量增加。

四、其他对外贸易措施

（一）非关税壁垒

1. 进口许可证制度和国营贸易制度

进口许可证制度是指进口国家规定某些商品进口必须事先领取许可证，才能进口，否则一律不准进口。进口许可证制度是我国政府控制粮食和食油贸易的一种重要措施。目前，我国进口许可证由商务部管理，中粮集团有限公司和中国中纺集团公司等国营企业可以从商务部获得相关进口许可证。我国在加入 WTO 谈判时，达成协议保留我国国营贸易制度，对粮、油等部分关系国计民生、国家粮食安全的重要农产品进口实行一定比例国营贸易管理，除烟草外，我国允许私营企业从事部分国营贸易管理的商品的进出口。根据 WTO 的规则，对于实行国营贸易管理的农产品，我国国家从事国营贸易管理的商品的比例会逐年减少，私营企业从事国营贸易管理的商品比例会逐步增大。随着农产品多边贸易谈判的深入，我国实行国营贸易专有的农产品种类也在逐步减少，并最终取消国营贸易制度。

2. 自动进口许可管理

为加强国家对重要商品、大宗原材料和敏感性商品进口情况的宏观检测，我国对部分自由进口商品实行进口登记制度，在农产品贸易领域主要表现为自动进口许可管理。我国农产品贸易中实行自动进口许可管理的农产品有鸡肉、羊肉、牛肉等部分动物产品，植物油，烟草，奶制品等。实施进口登记制度是为了对进口农产品的数量进行宏观监测，确保农产品进口不会出现大幅度波动，有利于我国实时、有效地对进口农产品进行防范，维护国内农产品市场的稳定，但是不能对进口农产品进行数量控制和质量检验。

（二）技术性贸易壁垒

我国加入 WTO 以后，随着农产品进口关税的降低和传统非关税壁垒的削减，关税在调控农产品进口方面作用有限，进口许可证制度、关税配额制度只是针对特定的农产品，且随着自由贸易化其作用逐步削弱，进口登记制度主要对进口农产品的数量起监测作用。在这种情形下，我国也开始效仿美国、日本等发达国家利用技术法规、标准、合格评定程序等技术性保护措施提高了国外市场的准入条件，调控农产品进口，《技术性贸易壁垒协议》（Agreement on Technical Barriers to Trade，TBT）与《实施卫生与植物卫生措施协议》（Agreement on the Applications of Sanitary and Phytosanitary Measures，SPS）在农产品贸易领域中的作用也越来越大。在WTO框架下，涉及农产品技术性贸易壁垒的文件主要有《技术性贸易壁垒协议》和《实施卫生与植物卫生措施协议》，此外，还有WTO《农业协议》《关于服务贸易与环境的决定》《装运前检验协议》《原产地规则协议》《与贸易有关的知识产权协议》（TRIPS协议）等涉及农产品领域技术性贸易措施问题的文件。技术性贸易壁垒的形式主要有技术法规、技术标准和合格评定程序等。

1. 技术法规

我国现有的技术法规有《农业法》《中华人民共和国农产品质量安全法》《中华人民共和国食品卫生法》《中华人民共和国标准化法》《中华人民共和国进出口商品检验法》《中华人民共和国国境卫生检疫法实施细则》《进出口食品标签管理办法》《出入境检验检疫风险预警及快速反应管理规定》《进出境水产品检验检疫管理办法》等，相关法律法规比较全面。

2. 技术标准

目前，我国农业标准基本形成了一个四级的标准体系框架，即以国家标准作为基础标准，行业标准作为主导标准，地方和企业标准为补充标准的标准体系。标准化的对象可以分为基础标准、产品标准、方法标准、安全标准、卫生标准和环境保护标准。

3. 合格评定程序

合格评定程序一般有认证、认可和互认三种形式。目前，我国农产品安全认证分为质量体系认证（China National Accreditation Council for Registrars，CNACR）和产品质量认证（China National Accreditation Council for Products，CNACP）。本质的区别是认证的目标有所差异，质量体系认证的目标是生产部门的管理体系，更加看重产品生产过程中各个环节质量合格情况，体现的是保证能力，产品质量认证则看重最终产品的质量。质量体系认证主要有ISO 9000质量管理体系认证、ISO 14000环境管理体系认证，危害分析和关键控制点（hazard analysis and critical control point，HACCP）管理体系认证等；产品质量认证主要包括绿色食品认证、有机食品认证、无公害农产品认证等。但我国大部分质量认证体系是根据本国国情制定的，与国际农产品质量认证脱轨，又由于我国国内认证机构认证结果往往得不到国际权威认证机构的认可，导致部分已取得国内质量认证的农产品在国际市场上受到限制。

第四节　农产品市场政策

一、农产品市场概念及划分

（一）农产品市场概念

农产品市场（agricultural market）就是农产品或食品集中与销售的场所。农产品市场产生的主要原因在于农业生产和消费的零细分散的特性。农业是由无数农民在广大土地上生产具有生产性的产品，而每一个农民的生产数量只占总体产量的很小份额，无法形成一个经济的运输单位，因此必须有地区性的市场，以便产品集中并销售。而农产品作为人们生活的必需品，消费者数量可观，在人口众多的大中城市，必须有区域性的大市场，方便产品分散来满足生活所需。这种供需双方的需求就导致了农产品市场的产生。

（二）农产品市场特征

农产品市场内主要交易农产品，农产品的自身特征决定着农产品市场的特征，具体包括以下几个方面。

1. 农产品市场是比较典型的自由竞争的市场

农产品市场，是以农产品或食品为交易标的物的市场。因为农产品生产者和消费者都非常多而分散，加上产品没有太多的隐藏性本质，所以消费者对产品的属性具有相当高程度的认知，因而可以说是一种接近自由竞争的市场。

2. 农产品市场具有供给的季节性和周期性

农业生产具有季节性，农产品市场的货源随农业生产季节而变动，不同季节对应着不同种类产品的采购和销售。同时，农业生产有周期性，其供给在一年之中有淡旺季，数年之中有丰产、平产、欠产，不同产品在不同地区不同年份的生产量可能相差很大。这就使农产品市场的供给也有显著的季节性和周期性特点。

3. 农产品市场多为小型分散的市场

农产品生产分散在亿万农户中，农产品在集中交易时具有地域性特点，通常小规模的产地市场分散于产区各地。由于农产品消费主要以家庭为单位，且具有少量多次、零散购买等特点，消费地的农产品零售市场贴近消费者，多分散于各居民居住区。在大中城市、交通枢纽也有规模较大的集散市场。

（三）农产品市场划分

农产品市场可以按交易场所的性质、销售方式、交易形式、组织主体的种类和交易产品种类分别加以分类。

按照交易场所的性质分为：①产地市场（product’s market）；②销地市场（consumer’s market）；③集散与中转市场。

按照农产品销售方式分为：①批发市场（wholesale market）；②零售市场（retail market）。

按照农产品交易形式分为：①现货交易市场（cash market）；②期货交易市场（futures market）。

按照市场组织主体的种类分为：①国有商业组织的农产品交易市场，包括外贸、食品、粮食等部门或企业组织收购与销售的各类交易市场；②供销合作社组织的农产品交易市场，包括供销社自营和受有关方面委托代营的商品交易市场；③集体商业组织的农产品交易市场，包括农工商联合公司、农民集体组织的商业公司及合作商店等构成的商品交易市场；④农村个体商业组织的商品交易市场，类似于农民专业运输户的长途贩运、个体小商贩走乡串户收购和销售所购成的商品交易市场。

农产品市场按市场内交易产品种类分为：①综合市场；②粮油市场；③果品市场；④水产品市场；⑤蔬菜市场；⑥肉禽蛋市场；⑦土畜产品市场。

二、农产品市场体系

农产品市场体系，是流通领域内农产品经营、交易、管理、服务等组织系统与结构形式的总和，是沟通农产品生产与消费的桥梁与纽带，是现代农业发展的重要支撑体系之一。

（一）我国农产品市场体系现状

1. 市场规模不断扩大

2014 年，我国鲜活农产品总产量为 12.4 亿吨，同比增长 3%。随着农产品产量的增加，我国农产品市场交易规模不断扩大。全国农产品批发市场成交额达 39 785.3 亿元，同比增长 6%。

2. 基础设施逐步完善

2014 年，我国三分之二的农产品批发市场建有检验检测中心，53%的市场建有信息中心，42%的市场建有废弃物处理中心，29.8%的市场建有电子结算中心。全国冷库总容量 3 320 万吨，公路冷藏车 7.5 万辆，同比分别增长 24%和 39%。

3. 市场主体多元发展

在国家一系列惠农、支农政策支持下，各类农产品市场主体快速发展。2014 年，全国共有农产品批发市场 4 512 家，农业产业化龙头企业超过 12 万家，农民合作社 116 万个。

4. 流通模式多样并存

随着经济社会的发展，农超对接、电子商务等新型流通模式快速发展，农产品流通模式日益多样化。2014 年，农超对接在农产品流通中的占比已达 15%，超过 1 000 家连锁企业与约 1.6 万个农民合作社实现对接。2014 年全国农产品电子商务交易额超过 870 亿元，电子商务成为农产品流通创新的重要推动力。

总体上看，覆盖城乡的农产品市场体系已基本形成，但仍处于初级发展阶段，市场发展缺乏统筹规划、布局不合理，组织化和标准化程度低，市场信息不对称，市场制度建设滞后等问题依然存在。

（二）我国农产品市场体系发展目标

到 2020 年，初步建立起以产地集配中心和田头市场为源头，以农产品批发市场为中心，以农产品零售市场为基础，以高效规范的电子商务等新型市场为重要补充，有形和无形结合、线上和线下融合、产地和销地匹配，统一开放、竞争有序、布局合理、制度完备、高效畅通、安全规范的中国特色农产品市场体系。

（三）当前我国建设农产品市场体系的主要任务

1. 加强农产品流通基础设施建设

重点加强全国性、区域性农产品产地、集散地和销地批发市场，具有国际影响力的农产品交易（会展）中心以及物流节点建设。加快农产品产地预选分级、加工配送、包装仓储等基础设施建设，强化农产品产地集配中心、田头市场的仓储、物流、冷链设施建设。推进农产品批发市场转型升级，完善标准化交易专区、集配中心、冷藏冷冻、电子结算、检验检测等设施设备，鼓励市场应用节能设施设备，加强废弃物循环利用与处理、安全监控等设施建设，提升农产品批发市场综合服务功能。加大农产品冷链物流基础设施建设力度，鼓励大型农产品批发市场、连锁超市、农产品流通企业推广现代冷链物流管理理念、标准和技术，建设具有集中采购和跨区域配送能力的农产品冷链物流集散中心，配备预冷、低温分拣加工、冷藏运输、冷库等冷链设施设备，建立覆盖农产品生产、加工、运输、储存、销售等环节的全程冷链物流体系。鼓励各地建设或改造农贸市场、菜市场、社区菜店、生鲜超市等农产品零售市场网络基础设施建设，完善农产品零售网络。

2. 培育壮大农产品市场主体

鼓励农产品流通企业和批发市场通过参股控股、兼并收购、特许经营等方式实现跨区域发展。培育农产品物流企业，发展农产品第三方物流，优化整合农产品供应链，推动农产品物流集约化、规模化发展，为农产品流通提供社会化的公共物流服务。支持供销合作社和国有流通企业参与农产品产销体系建设，提升农产品流通服务水平。加强农产品流通合作组织建设，鼓励农民兴办合作社，积极培育农民经纪人队伍和经纪公司，引导农民合作社、家庭农场、专业大户的经营活动向加工、流通领域拓展，建设农产品初加工、仓储保鲜、集配中心等设施，提高农产品销售规模、议价能力和抵御风险能力。鼓励城镇从事农产品零售经营的小商小贩通过加入协会的形式提高组织化程度。鼓励从事运销批发经营的商贩向企业化方向发展，逐步培育批发、运销联合体。培育新型流通主体，促进农产品流通领域创业创新。

3. 完善农产品产销衔接体系

鼓励具备条件的农产品市场主体利用自身优势，向农产品生产和消费两端延伸经营链条，建立稳定的产销关系，减少流通环节，降低流通成本，提高流通效率。支持农产品批发市场、连锁超市和合作社积极开展“农批零对接”“农超对接”“农社对接”等各种形式的产销对接，以委托生产、订单农业等形式，与农产品生产企业和合作社建立利益联结机制，形成长期稳定的产销关系。支持农产品批发市场、农产品生产企业和合作社通过建设直供市场或菜店、在农产品销地批发市场和农贸市场设立农民和农民合作社免费直销专区等形式，发展直供直销，带动农产品基地发展和品牌建设。

4. 推动农产品流通信息化建设

加快移动互联网、物联网、二维码、无线射频识别等信息技术在农产品流通领域的应用，发展“互联网+农产品流通”，促进农产品商流、物流、信息流、资金流四流融合。鼓励传统农产品流通企业树立互联网思维，推动智慧型农产品批发市场发展，鼓励各类农产品流通主体完善信息化管理系统，整合各类涉农信息服务资源，构建覆盖生产、流通、消费的农产品流通大数据平台，建设互联互通的全国农产品流通信息服务体系。发展农产品电子商务，支持农产品批发市场和流通企业开展线上线下相结合的一体化经营，逐步扩大网上交易的品种和配送范围，完善网上交易技术标准、统计监测和信用体系，促进农产品产销与物联网、互联网协同发展。积极培育各类农产品电子商务平台，鼓励各类电商、物流、商贸流通、金融等企业，参与平台建设和运营。完善市场监测、预警和信息发布机制，重点对关系到居民日常生活、容易出现“卖难买贵”问题的农产品的供求、质量、价格等信息进行实时监测。鼓励有条件的地区和农产品流通企业建立区域性农产品信息数据库和企业网上信息平台。

5. 维护农产品市场安全稳定运行

加强市场交易和管理制度建设，规范交易行为，保障市场高效运行。支持第三方检测机构为农产品企业提供专业化服务，建立政府部门监督抽检和第三方检测相结合的农产品检验检测制度。积极推进农产品质量安全追溯管理。完善农产品市场准入、索证索票、信息传递与查询等管理制度。鼓励农产品批发市场、农贸市场利用绿色市场、有机产品、良好农业规范等认证手段提高农产品质量安全水平。加强农产品市场信用体系建设，推动农产品生产经营者建立信用记录，并纳入国家统一的信用信息平台，形成违法违规行为"黑名单"，实现全国农产品市场信用信息共享。建立健全重要农产品储备制度，依托农产品批发市场加强重要农产品商业储备，完善农产品跨区域应急调运、调剂机制。

6. 建立农产品市场公益性实现机制

开展公益性农产品市场建设试点，探索市场化环境下公益性的实现方式，以投资入股、股权回购等多种方式，建设改造一批公益性的全国骨干农产品批发市场，重点支持检验检测中心、消防安全监控中心、废弃物处理设施等公共服务设施建设，建立完善公益性农产品流通基础设施投资保障、运营管理、政府监管等长效运行机制和应急保供、稳定价格、食品安全保障等公益性功能刚性约束机制，在保障市场供应、稳定市场价格和促进食品安全等公益性功能方面发挥示范带动作用。各地合理规划布局，建设一批区域公益性农产品批发市场和平价菜市场、平价社区菜店等公益性零售网点。在生产组织化程度高的农产品生产基地及村镇，试点示范建设一批田头公益性市场。通过公益性农产品市场建设，增强政府对农产品市场的宏观调控能力和民生保障能力。

【思考题】

1. 农产品流通政策的含义及作用是什么？
2. 简述我国政府干预农产品价格的必要性。
3. 农产品价格干预的手段有哪些？每种手段又由哪些政策支持？
4. WTO 在国内支持和出口补贴上规定的"绿箱"政策、"黄箱"政策、"蓝箱"政策分别指的是什么？结合实际讨论它们之间的差别。
5. 请简述进口关税与进口配额的相关关系。
6. 我国建设农产品市场体系的主要任务是什么？

【推荐阅读】

国务院办公厅. 2011. 国务院办公厅关于加强鲜活农产品流通体系建设的意见.

豪克 J P. 1991. 农产品贸易政策原理. 马雨译. 北京：中国人民大学出版社.

胡冰川. 2015. 中国农产品市场分析与政策评价. 中国农村经济，4：4-13.

黄季焜，王丹，胡继亮. 2015. 对实施农产品目标价格政策的思考——基于新疆棉花目标价格改革试点的分析. 中国农村经济，（5）：10-18.

联合国粮食及农业组织. 1988. 农产品价格政策：问题和建议. 北京：中国农业科技出版社.

熊启泉，邓家琼. 2014. 中国农产品对外贸易失衡：结构与态势. 华中农业大学学报（社会科学版），（1）：60-68.

赵晓飞，李崇光. 2012. 农产品流通渠道变革：演进规律、动力机制与发展趋势. 管理世界，（3）：81-95.

参 考 文 献

谭向勇，肖海峰，李秉龙. 2012. 农业政策原理. 太原：山西经济出版社.
钟甫宁. 2011. 农业政策学. 北京：中国农业出版社.
周应恒. 2006. 农产品运销学. 北京：中国农业出版社.
Batzer E，武・铃木. 1985. 流通结构与流通政策. 东京：东洋经济新报社.
Ellis F. 1993. Peasant Economics：Farm Households and Agrarian Development. 2nd ed. New York：Cambridge University Press.

第十一章　农业财政与金融政策

【本章导读】

农业财政政策和农业金融政策是国家财政政策和货币政策的重要组成部分，是促进农村社会经济协调发展的财力保障。改革开放三十多年，我国农业财政政策与农业金融政策发生了重大变化。本章从农业税收政策、农业补贴政策和农业金融政策三方面来介绍相关政策目标、政策发展历程、政策内容以及政策效果。

【核心概念】

农业税收政策；农业补贴政策；农业金融政策

第一节　农业财政与金融政策目标及政策手段

一、农业财政政策目标及政策手段

农业财政政策是为实现农业的发展目标而调整农业财政收支规模和收支平衡的指导原则及相应措施。农业财政政策有广义和狭义之分，广义的农业财政政策包括农业税收政策和国家财政对农业的拨款和投资政策，狭义的农业财政政策是指财政对农业的拨款和投资政策。

（一）农业财政政策目标

农业财政政策的基本目标是稳定农业、发展农业以及协调工农、城乡之间的关系。在社会经济正常运行的情况下，农业财政政策的目标具体表现为如下几点。

1. 促进农业的发展

我国农业担负着国民经济基础的重任，但是由于农业的产业特性和我国资金稀缺等多种原因，农业发展中经常面临着资金短缺的困难。这就要求国家财政给予农业必要的支援，促进农业的发展。

2. 调节农业生产结构

农业生产各部门的发展与国民经济的发展往往存在矛盾，政府通过采用财政手段对农业生产进行调节，可以促使农业生产结构与国民经济发展和社会对农产品的需求相适应。对于那些发展慢、国民经济和社会发展急需的短线产品和部门，可以采取增加投资和减免税收的政策；而对于那些供过于求的产品和部门则通过减少投资和增加税收的政策加以限制。通过实施不同的财政政策调节农业生产各部门、各种生产中的资金流量，从而实现对农业生产结构的调控。

3. 调节农业收入分配

农业税收政策是将农民创造的部分国民收入集中于政府，而农业财政支农政策则是将一部分集中的国民收入用于农业发展。政府通过这种“取”和“予”实现其对政府与农民、城市居民与农民、农民与农民之间利益格局调整的目标。当财政取之于农的数额大于用之于农的数额时，实质上是农民支援政府和其他产业；反之，则是政府和其他产业支援农民。不同的财政政策还可以调节农民之间的利益格局。政府通过对不同地区农民、不同作物经营者、同一地区不同农民实施不同的农业财政政策可以调节农民的收入分配，实现农村收入分配的公平化。一般来说，政府对于自然条件好，经济水平高的农民和盈利的产品征税高一些，而对他们的财政支持则少一些。

4. 调节农产品流通

财政政策对农产品流通的调节主要是通过农业税收政策实现的。例如，政府通过有关税收政策对商品的各级批发零售环节征税，可以增加商品经营者的流通成本，从而促使农产品多渠道、少环节流通体系的建立，加速商品周转。又如，通过对国外进口农产品实施关税壁垒，限制其在国内的流通可以达到保护本国农产品市场和农民利益的目标。

5. 调节农民消费

政府通过各种税收政策可以对农民的消费进行引导。例如，对农民超标准住宅征税可以达到节约土地资源的目的；对高档消费品课征高税可以起到限制消费和引导农民合理消费，处理好生活消费和生产消费关系的作用。

6. 调节工农关系、城乡关系

政府通过运用适当的财政支出政策和税收政策可以调节工农关系、城乡关系。例如，政府通过对农业的投资倾斜政策可以促使农业开发的顺利进行；通过低税或减免税政策可以使农产品加工业得到优先的发展等。

农业财政政策的目标是服从于整个财政总目标的，因此，具体到一定的时期或条件下，农业财政的目标是有侧重点的。例如，在工业化初期，国家常常要求农业为工业提供资金积累，这时的农业财政政策目标就可能以牺牲农业或农民的局部或暂时利益为工业的起步提供积累为目的；而在工业化完成后，国家的农业财政政策目标就可能转移到支持农业、稳定农业的轨道上来。

（二）农业财政政策手段

农业财政政策手段就是为了实现既定的政策目标所选择的具体途径或具体的实现方式与方法。农业财政政策对农业实施宏观调控的政策手段主要包括农业税收政策和财政支农政策。

税收是国家为实现其职能、依照法律规定对应该纳税的单位和个人强制地、无偿地征收的实物和货币。它是国家凭借政治权力参与社会产品分配的价值形式，是国家组织财政收入的主要工具，是调节供求总量与供求结构，调节生产和消费，正确处理国家集体和个人之间关系的重要经济杠杆。税收政策主要通过税目的增减、税率的升降以及税收的附加、加成和减免的实施发生作用。

财政支农是财政支出中用于农业的部分。财政支出可分为购买支出和转移支出。购买支出是指政府在商品或劳务市场上购进商品或劳务时所发生的支出，它包括支援农村生产支出和水利气象等各项农业事业费、农村基本建设投资、科技三项事业费等，其结果是政府增加对国民产品的占有和使用，而相应地会减少其他方面对这些产品的占有和使用。因此，该类支出直接影响资源的配置和利用水平。转移支出是指政府单方面的资金支付，而不相应取得产品或劳务。它包括农产品价格补贴、财政贴息、农村救济等福利方面的支付。转移支出的结果会影响收入在个人之间的再分配，从而间接地影响资源配置。

二、农业金融政策目标及政策手段

（一）农业金融政策目标

农业金融是指农村货币资金的融通，是农业领域里进行的金融活动和金融关系的总称。农业金融不仅属于农村经济范畴，是农村经济的重要组成部分，同时也属于金融范畴，也是整个金融体系中的重要组成部分。农业金融政策是指国家为了实现一定的农业发展目标，运用金融手段控制、调节农业经济活动所遵循的准则及相应的措施。

农业金融政策的基本目标是通过资金的回笼与投放，调节农业生产的发展和农产品的供给。在正常情况下，农业金融政策的目标与农业财政政策的目标是基本一致的，但是农业金融政策的目标相对侧重于生产与流通领域的发展目标。具体来说有如下几点。

1. 支持粮、棉、油生产

粮、棉、油等主要农产品关系到国计民生，为了确保这些基本农产品生产的稳定增长，政府往往通过在信贷上采取优先鼓励的政策对其加以扶持。

2. 加强农业基础设施建设

农业面临着自然和市场的双重风险，农业天然的弱质性要求通过加强农业基本设施的建设增强农业抗御自然灾害的能力，而政府通过在信贷上采取优先考虑的政策，如建立农业水利专项建设基金、开辟长期水利建设贷款等，可以对农田水利设施等基本项目建设起到重要的作用。

3. 为农业生产调节资金余缺

农业生产具有强烈的季节性，时而有多余的资金闲置，时而又资金严重不足，这些问题如不能解决，将严重影响农业生产的发展和农业的经济效益。发达的农村金融市场和有效的农业信贷工作可以顺利地解决这些问题。

4. 确保农副产品的收购

为了保护农民的生产积极性和利益所得，政府在丰收年份的收购旺期，总要在信贷上采取专门的政策，即筹集和安排足够的资金来收购农副产品，使农产品的流通得以顺畅，确保农民的收益。

5. 支持贫困地区和老少边穷地区的经济开发，缩小地区间的贫富差距

我国农业信贷政策的一个重要目标，即通过实施优惠的信贷政策，如低息甚至是贴息的贷款来扶持这些地区的经济发展。

6. 大力发展农用工业

为了保证化肥、农药、农用薄膜、农业机械和柴油等农业生产资料的供应量逐年有所增加，并不断提高质量、降低生产成本，政府在信贷上对这些企业或新上项目常常实行投资倾斜和其他保护性政策。

7. 支持乡镇企业

积极支持农村中小企业，优化产业、产品结构，增强产品的市场竞争力，提高经济效益。发挥科技信贷的先导和示范作用，集中资金，对规模大、效益好、实行集团经营的骨干企业、项目和优势产品，给予重点扶持。

（二）农业金融政策手段

农业金融政策的政策手段是政府为了实现既定的政策目标，对农村金融信贷活动进行调控的各种措施。具体而言，农业信贷政策包括农业信贷规模政策、农业信贷结构政策、农业信贷优惠政策、农业信贷条件、利率政策等。

1. 农业信贷规模政策

农业信贷规模政策也可叫做农业信贷总量政策。农业信贷规模政策的基本内容包括扩张性农业信贷政策、紧缩性农业信贷政策和稳定性农业信贷政策。扩张性农业信贷政策是不断增加农业信贷资金总量，扩大农业信贷资金的总规模；紧缩性农业信贷政策是减少农业信贷资金供给量，缩小农业信贷资金的规模；稳定性农业信贷政策是指在一定时期内，将农业信贷总规模维持在大体相同的水平上。采用何种形式的农业信贷政策，不仅取决于农业本身的发展状况以及国家的产业政策，而且取决于整个国民经济的形势以及国家信贷规模和信贷结构的总政策。

常用的调整农业信贷规模的手段是法定存款准备金率。法定存款准备金率是指由中央银行规定的、商业银行和存款金融机构必须缴存中央银行的法定准备金占其存款总额的比率。也就是说，商业银行吸收的存款不能全部放贷出去，必须按照法定比率留存一部分作为随时应付存款人提款的准备金。收缩银根时，中央银行就会提高法定存款准备金率，反之，则会降低。通过法定存款准备金率的提高或降低，来调控农业信贷规模，对农业金融活动进行调控。

2. 农业信贷结构政策

农业信贷结构政策是国家为了保证农业信贷资金在农业生产各部门和各种生产之间实现合理配置而制定的原则。农业信贷结构政策在实践中往往通过“区别对待，择优扶植”的政策来体现。“区别对待，择优扶植”政策就是指银行和信用社对农业企业发放贷款时，在调查研究的基础上，区别不同对象决定是否贷款、贷款额度、贷款期限、贷款条件和优惠程度，从而做到有所鼓励、有所限制，实现农业信贷结构政策的总目标。

3. 农业信贷优惠政策

政府农业信贷优惠政策的主要内容有低利贴息、提供担保和豁免债务等。

（1）农业信贷低利政策和贴息政策。低利政策是指对农业贷款规定低于一般贷款的利息率，以支持农业的发展。贴息政策是政府对农民或农业单位取得贷款提供一部分的利息补贴，从而降低其利用贷款的成本。其目的和作用机制与低利政策手段基本一致，实质也是变相降低贷款利率的做法。在国家不直接经营银行的体制下，农业信贷低利政策的实行必须与贴息政策相结合。一般来说，贴息政策是由政府与银行协议发放的。银行按照政府确定的贷款数额、贷款范围、贷款对象、贷款用途、贷款利率、贷款期限等方面的原则发放贷款，政府向银行支付农业贷款利率与一般商业性贷款利率的差额，确保银行的利息收入。低利贴息政策不仅可以减轻农民的负担，满足农业生产的资金需求，支持农业发展，而且可以引导更多的信贷资金投向农业，是政府筹措农业资金扶持农业生产的有效措施之一。

（2）提供担保。农业经营者一般都拥有较少的资本，并且承担着来自市场和自然的双重风险，所以，农业经营者的商业信用度一般都比较低，不易在商业银行获得贷款。但他们又确实存在着现实的货币需求，因此，为了帮助农业经营者解决资金不足的困难，由政府出面，对于一些符合政府规定的担保对象，提供贷款担保。

（3）豁免债务。针对那些因天灾人祸等原因所导致的长期无力偿还债务的农民，政府为其豁免债务。在国家不直接经营银行的体制下，由此而给银行带来的损失由国家财政给予补偿。

第二节 农业税收政策

一、农业税收政策的发展历程

（一）农业支持工业化阶段

农业税是我国历史长期传承的一个税种。在传统农业社会中，农业是经济的主要部门和社会财富的主要来源，国家的赋税主要依赖农业，农民成为纳税的主要社会群体。中华人民共和国成立初期，确立并长期实行了重工业优先和偏向城市的发展战略。但当时，我国工商业由于长期受到战争的严重破坏，力量十分弱小，而农业仍是推动国民经济发展的主导产业。为了保障工业化的快速推进和国家政权的稳定，就延续了征收农业税的政策。

1958 年，国务院正式颁布了《中华人民共和国农业税条例》，标志着中华人民共和国统一的农业税制度初步建立。该条例确定了公平合理负担、鼓励增产、统一税制、简便征收、方便群众等征税原则。随着我国经济体制改革，农业税征收也发生了一些变化：一是适应农产品收购制度改革的需要，将农业税以征粮为主改为按粮食折征代金；二是适应农村家庭联产承包责任制改革的需要，将农业税缴纳结算方法由“队缴队结”改为“户缴户结”。1983 年，为了调节不同农作物收益水平，国务院发布了《关于对农林特产收入征收农业税的若干规定》，决定对农林特产品征收较高的农林特产税。除了农业税和农林特产税，我国征收的涉农税收还包括牧业税、屠宰税以及耕地占用税。具体如表 11-1 所示。

表 11-1 新中国农业税收制度的主要内容

项目	农业税	农林特产税	牧业税	屠宰税	耕地占用税
纳税人	从事农业生产并取得农业收入的企业、单位和个人	从事应税农业特产品生产的单位和个人	牧区、半农半牧区从事牧业生产、牧养规定应税畜牧的单位和个人	规定的应税单位和个人	占用耕地建房或从事其他非农建设的单位和个人
征收范围	粮食作物，薯类作物，棉花、麻类、烟叶、油料和糖料作物，园艺作物以及其他经济作物	烟叶收入、园艺收入、水产收入、林木收入、畜牧收入、食用菌收入等	大牲畜中的马、牛、骆驼和小牲畜中的绵羊、山羊五种牲畜	猪、菜牛、羊、有关部门批准屠宰的耕牛、马、骡、驴、骆驼等牲畜	种植粮食作物和经济作物的土地，菜地，园地，鱼塘，以及其他农用土地
税率	实行比例税率，全国平均为常年产量的 15.5%，各地根据情况分级规定税率	不同农业特产品适用不同税率	计税依据既可是畜牧收入，也可以是畜牧数量，因此税率分为比率税率和定额税率	原则上按照牲畜屠宰后的实际重量从价计税，税率 10%，1965 年 8 月后减半征收	实际从量计征的地区差别定额税制，根据人均占用耕地面积将税额标准分为 4 个档次
备注	各省市为了地方公益事业的需要，可随同农业税征收地方附加，但附加税率不得超过 15%	农业税和农林特产税不重复征收的原则		1994 年实行税制改革后，国务院将屠宰税下放给地方，征收与否由各省市自行决定	

资料来源：孔祥智. 农业政策学. 北京：高等教育出版社，2014

除了上述各种农业税，农民还要依法承担村提留、乡统筹费和担任农村义务工、劳动积累工。村提留是指公积金、公益金和管理费；乡统筹费是指用于本乡镇范围内的乡村两级办学、计划生育、优抚、民兵训练、修建乡村道路等民办公助事业的款项，简称“三提五统”。另外，还有各种行政事业性收费、政府基金或集资，更为严重的是在20世纪八九十年代后，农民还要承担乱收费、乱集资和乱罚款等负担。

（二）农村税费改革阶段

长期以来农民承担了大量的税费负担，特别是各种名目的非税负担种类繁多，有增无减。尽管20世纪80年代后中央三令五申，采取了多种措施，但农民负担过重的问题并没有从根本上解决，反而呈现出恶性增长的势头。资料显示，2000年与1990年比较，农民承担的税费总额（不含“三乱”）由469亿元增加到1 359亿元，其中农业“四税”由88亿元增加到465亿元，村级提留由216亿元增加到352亿元，乡统筹费由117亿元增加到268亿元，其他收费由48亿元增加到274亿元，农民人均承担的税费额由55.8元增加到168.4元（苏明，2009），比1990年增长了2倍多。农民负担问题引发的各种矛盾和冲突愈演愈烈，恶性事件和群体性上访事件时有发生，已经逐渐严重威胁到农村社会的稳定和发展。在这种背景下，2000年中央决定改革农村税费制度。这一改革经历了两个阶段。

1. “减轻、规范、稳定”阶段

这是农村税费改革的第一步，是“正税清费”时期。2000年，中共中央、国务院发布《关于进行农村税费改革试点工作的通知》，决定开展农村税费改革试点。最初是按照“减轻、规范、稳定”的目标选择安徽省作为试点，待取得经验后逐步在全国推开。试点的主要内容是“三个取消、两个调整、一个逐步取消和一项改革”，即取消乡统筹、农村教育集资等专门面向农民征收的行政事业性收费和政府性基金、集资；取消屠宰税；取消统一规定的劳动积累工和义务工；调整农业税和农业特产税政策；改革村提留征收使用办法，并配套推进乡镇机构、农村义务教育和县乡财政管理体制等改革。乡镇的“五统筹”和村里的“三提留”分别纳入农业税和农业税附加，农民除缴纳7%的农业税和1.4%的农业税附加外，不再承担任何费用。2001年，继安徽省改革试点之后，江苏省成为在全省范围内开展农村税费改革试点的第二个省份。2002年，在总结交流改革试点经验的基础上，综合考虑地方改革意愿、局部试点情况和财力条件等因素，经国务院批准，当年全国试点省份扩大到20个。2003年3月，国务院发布《关于全面推进农村税费改革试点工作的意见》，至此，农村税费改革在全国范围内全面推开。

为确保改革顺利推进，中央财政逐步扩大了对地方的农村税费改革转移支付力度，2003年度转移支付达到305亿元。农村税费改革试点的全面推开，有效贯彻了国家对农民“少取”“多予”的方针，扭转了长期以来农民负担过重的局面，初步实现了“三个确保”的目标，加快了城乡统筹发展步伐，促进了农业增产、农民增收和农村繁荣。

2. 逐步取消农业税阶段

党的十六大以来，我国国民经济结构出现了根本性变化。到2003年，我国人均GDP达到10 542元（约1 090美元），农业GDP比重降至12.8%，工农业GDP之比达到3.6∶1，农业就业比重降至50%以下，人口城市化率达到40.5%。按照国际经验，这些指标表明我国已进入工业化中期阶段。这表明我国初步具备了工业反哺农业、城市支持农村的财政实力，有条件对国民收入分配格局进行适当调整。

与此同时，我国农民收入增长仍然延续了 20 世纪 90 年代中期以来的低迷态势，农业生产日益萎缩，导致城乡差距进一步拉大。可以说，如果不能及时从根本上转变长期以来“农业支持工业、农村支援城市”的发展战略，我国极有可能落入“中等收入陷阱”。

基于上述背景，2004 年，按照“多予、少取、放活”的方针，围绕确保粮食安全和促进农民增收两大主题，中央决定加大改革力度，做出了取消除烟叶外的农业特产税和“五年内取消农业税”的重大决定，并率先在黑龙江、吉林两省进行免征农业税改革试点，河北、内蒙古、辽宁、江苏、安徽、江西、河南、山东、湖北、湖南、四川 11 个粮食主产省（区）的农业税税率降低 3 百分点，其余省份农业税税率降低 1 百分点。农业税附加随正税同步降低或取消。一些地方可根据本地的财力情况，自主决定多降税率或进行免征农业税改革试点。征收牧业税的地区，要按照本省（区）减免农业税的步骤和要求同步减免牧业税。根据中央的有关精神，北京、上海、天津、浙江、福建等省（市）自主免征了农业税。2005 年，中央决定进一步扩大农业税免征范围，加大农业税减征力度，全面取消牧业税。鼓励地方根据自身财力条件，自主扩大农业税免征范围。2005 年 12 月 29 日，第十届全国人民代表大会常务委员会第十九次会议通过决定，从 2006 年 1 月 1 日起，废止《中华人民共和国农业税条例》。2006 年，中央决定在全国农村彻底取消农业税，标志着具有 2 600 余年历史的农业税正式退出了历史舞台。

二、现阶段农业税收政策

我国农村税费改革，经历了从清费正税到降低农业税税率，直至取消面向农民征收的各种税费的过程，目前已进入建立覆盖城乡的公共财政制度和推进农村综合配套改革的新阶段。

（一）全面取消各种农业税费

农业税：从 2006 年 1 月 1 日起，在全国范围内取消。

农业特产税：从 2004 年起，取消除烟叶以外的农业特产税。

屠宰税：2006 年国务院正式废止《屠宰税暂行条例》。

牧业税：2005 年，在全国全面取消。

“三提五统”等费用：农村税费改革，取消“三提五统”费用，同时取消农村教育集资等专门面向农民征收的行政事业性收费、政府性基金、集资。

“两工”：税费改革后，取消统一规定的劳动积累工和义务工，村内进行农田水利基本建设、修建村级道路、植树造林等集体生产公益事业所需劳务，实行“一事一议”，由村民大会民主讨论决定。村内用工实行上限控制，除遇到特大防洪、抢险、抗旱等紧急任务，经县级以上政府批准可临时动用农村劳动力外，任何地方和部门均不得无偿动用农村劳动力。

（二）推进相关配套改革

为了巩固农村税费改革成果，进一步减轻农民负担，我国从 2003 年开始同步推进了农村税费配套改革。主要内容如下：

一是加快推进乡镇机构改革，大力精简机构、压缩人员、节俭开支。二是调整农村中小学网点布局，建立和完善政府投入办学、各级责任明确、财政分级负担、经费稳定增长的农村义务教育经费保障机制。三是推进县乡财政管理体制改革。新的县乡财政管理体制框架体现了财权与事权相匹配，以事权定财权，以责任定财权，对加强的职能增加财力支持，对弱化的职能减少支出，体现财力支出向公共服务倾斜，向基层倾斜，切实增强乡镇政府履行职责和提供公共服务的能力。试行“省直管县” 财政管理体制和“乡财乡用县管”财政管理方式。

（三）建立覆盖城乡的公共财政和推进基本公共服务均等化

2004 年 7 月召开的全国农村税费改革试点工作会议上，温家宝提出建立覆盖城乡的公共财政制度。2006 年 3 月，第十届全国人民代表大会第四次会议提出了“逐步推进基本公共服务均等化”的任务。国家财政把“让公共财政的阳光逐步照耀农村”作为新时期财政支持“三农”的基本指导思想，一个以全面建设小康社会为目标，以统筹城乡经济社会发展为方略，以确保国家粮食安全和农民增收、推进农村改革、加快农村社会事业全面进步等主要内容的新型农村公共财政框架体系初步显现。在社会事业方面，农村义务教育已全面纳入财政保障范围，政府对全国农村义务教育阶段学生全部免除学杂费、全部免费提供教科书，对家庭经济困难寄宿生提供生活补助。截至 2007 年，全国有 1.5 亿名农村中小学生全部免除了学杂费，平均每个小学生减少收费 140~180 元，初中生 180~230 元，同时，有 3 800 万名家庭经济困难学生得到了免费教科书，780 万名贫困寄宿生得到了生活补助。2003 年开始试点和推广以个人缴费、集体补助和政府资助为特征的新型农村合作医疗制度。农村最低生活保障制度基本建立，已全面覆盖有农业人口的县（市、区），正向“应保尽保”迈进。2009 年，试点新型农村养老保障制度。过去 10 年，我国中央财政投入农村社会事业发展和基础设施建设的资金达 4 万多亿元。

三、农业税收政策的评价

在农村税费改革之前，我国农民不仅要缴纳“明税”（农业税、农林特产税），还要缴纳来自各种政府部门的“杂税”（摊派、集资等）。在一些地方，农民负担的各种“杂税”比“明税”还要多。从理论上说，我国农村土地属于农民集体所有，因此农民不需要向政府缴纳地租，更不需要用缴纳农业税的形式来取得土地使用权。世界上没有任何一个国家向生产大田作物的农户征收增值税或营业税，因而，我国的农业税也难以解释为增值税或营业税的转化形式。对农民征收所得税的国家很多，但没有一个国家农民所得税的负担超过其他从业者，而我国绝大多数农民的收入远远低于国家规定的个人所得税起征点。

农村税费改革是继土地改革、家庭联产承包责任制之后，我国第三次重大的农村制度变革。这次变革用了 6 年的时间完成了既定任务，实现了预期目标，具有重大意义。

（1）减轻了农民负担。农村税费改革在正税清费的基础上，逐步取消了农业税、农业特产税及其附加，以及屠宰税，乡统筹、村提留和各种专门面向农民征收的政府性基金、行政事业性收费等，有效遏制了农村“三乱”现象。农业税费取消后，每年减轻农民负担 1 300 多亿元，农民人均减负 140 元。

（2）优化了国民收入分配结构。农村税费改革在减轻农民负担的同时，还推动了政府对“三农”投入的大幅增长，实行了对种粮农民的直接补贴、良种补贴、农机具购置补贴、农资综合补贴以及退耕还林补贴等一系列支持政策。国家与农民之间的分配关系由过去“多取少予”开始向“多予少取”转变，农民开始由“减负”向“增收”转变。

（3）推动了农村上层建筑的调整和完善。为巩固改革成果，推动解决导致农民负担过重的深层次问题，积极推进乡镇机构、农村义务教育、县乡财政管理体制、集体林权制度等改革，推动了农村上层建筑的调整和完善。

（4）有效缓解了农村矛盾。农村负担问题是长期以来农村各种矛盾积累的结果。农村税费改革通过减轻农民负担，规范政府行为，减少干群摩擦，密切了干群关系。涉及负担的群体性事件明显减少，恶性案件杜绝；通过增加农村投入，改善了农民生产生活条件，发展了农村社会事业，让广大农民真正分享到改革的成果，促进了社会公平。

（5）为统筹城乡发展奠定了重要基础。农村税费改革以来，各级财政按照统筹城乡发展和建立公共财政的需要，不断加大对农村基础政权组织和事业发展投入保障力度，初步形成全方位、多层次向农村倾斜的投入氛围。国家财政在加大对农民生产补贴的同时，用于农村义务教育、公共卫生、社会保障、农民工培训等方面的投入每年也都有大幅度增长。这些支农、惠农政策措施，不仅有力地推进了农村改革，也体现在向建立覆盖城乡的公共财政体制和统筹城乡发展方面迈出了步伐。

但造成农民负担过重的体制机制等深层次问题尚未得到根本解决，农民负担反弹的压力依然存在，全国取消农业税并不意味着农村改革的终结，这些深层次问题主要包括以下几点：

（1）基层行政管理体制改革不到位。乡镇是农村全部工作的基础，是政府管理农村、服务农民的直接载体。乡镇机构改革是巩固农村税费改革成果的一项根本措施，直接关系到农村税费改革的最终成败。目前，我国农村基层行政管理体制还存在不少问题，乡镇政府职能转变不到位，基层政府的社会管理和公共服务效能还没有充分发挥出来，乡镇政府依法行政能力有待加强。

（2）县乡财政比较困难。县乡财政是国家财政的基础，是基层政府履行职能的重要财力保障，也是落实国家惠农支农政策的载体，大部分农村公共产品的供给需要通过县乡财政来承担。出于历史和现实的原因，不少县乡财政还比较困难，自有财力增长较慢；县乡财政支出结构不合理，对农村经济社会发展的支持力度不够；县乡政府的财权与事权还不相匹配；财政支农资金条条分割，使用分散，难以发挥综合效益。

（3）农村社会公益事业发展相对较慢。由于历史欠账较多和基层财力不足等多方面的原因，农村教育、社会保障、医疗卫生、社会福利、基础设施等依然是农村社会事业发展的薄弱环节。仍有相当一部分村庄没有通油路，甚至不通公路，农村饮水困难问题还没有完全解决，农村饮水安全问题日益凸显。

（4）农村历史遗留问题沉重。乡村债务规模较大、涉及面广。农民减负增收的长效机制尚未建立，区域性、行业性农民负担仍然存在。这些农村历史遗留问题是多年以来农村矛盾的集中体现和直接反映，是农村税费改革后农村经济工作中的一个难点，也是农民负担反弹的一大隐患，直接影响农村社会的和谐稳定。

为巩固农村税费改革成果，贯彻中央“工业反哺农业、城市支持农村”的要求，2006年，农村税费改革转入农村综合改革的新阶段，继续将农村体制机制改革引向深入。经过近十年的发展，国家财政对“三农”的投入快速增长，农业补贴涵盖的范围越来越宽，已初步构建了一套适合我国国情的比较完整的农业支持保护体系。但我国农业已进入新常态，新时期又面临新的问题。因此，2015年中共中央、国务院又发布了《深化农村改革综合性实施方案》，当前和今后一个时期，深化农村改革要聚焦农村集体产权制度、农业经营制度、农业支持保护制度、城乡发展一体化体制机制和农村社会治理制度等五大领域。

第三节 农业补贴政策

一、农业补贴的含义及分类

（一）农业补贴的含义

“补贴”（subsidy），是指政府为促进公益，对私营企业、家庭或其他政府部门直接或间接给予的资金补助、经济特权或特殊优惠。其根本目的在于，改变与公共政策目标不相符的经济效果，使受补贴的产业比不受补贴的产业得到更大的发展，从而改变经济社会对资源的使用。

“补贴”应具备以下特点：一是必须由政府或公共机构提供，其中政府委托授权其他机构（如私营机构、企业等）实施，与政府直接实施并无本质区别；二是实际产生了某项“利益”，即补贴接受者实际获得了“人为”的竞争优势，这是构成补贴的必要条件；三是必须具有“专向性”，即补贴必须专门针对某一企业或产业实施；四是补贴的形式既可以是财政资助，也可以是收入支持措施，或者价格支持措施。

所谓农业补贴，是指针对农业生产者或农产品、农业部门的补贴。

（二）农业补贴的分类

经济合作与发展组织（Organization for Economic Co-operation and Development，OECD）根据发达国家经验，把农业补贴分为两类：

第一，对农业生产者的支持，包括：①价格支持，即通过价格政策、市场干预措施等向农民和农产品提供补贴支持，补贴成本由政府财政（源自纳税人）和农产品消费者共同负担；②直接补贴，即按照一定标准和条件直接给予农民的补贴，补贴支出由政府财政负担。其中，直接补贴可进一步分为与现期农产品产量、价格、种植面积、动物数量、投入品使用、农户经营收入等挂钩的直接补贴（简称“挂钩补贴”），以及与上述不挂钩的直接补贴（简称“脱钩补贴”，decoupling payments）。

第二，政府一般服务支持，即通过政府公共财政对整个农业部门的补贴支持，不针对农民和特定农产品，包括科研推广、培训、粮食安全储备、基础设施建设和资源环境保护等支持计划。

WTO《农业协议》根据是否对贸易形成扭曲的标准，将农业补贴分为“出口补贴”和“国内支持”。国内支持又可以进一步划分为“绿箱”政策、“黄箱”政策和“蓝箱”政策。

鉴于本教材其他章节已经有关于农产品价格政策的内容，而 OECD“一般服务支持”和 WTO“绿箱”政策中的一般服务补贴大致相同，这部分内容在其他章节也已经论述，同时，国内关于农业补贴的含义主要是指直接补贴措施。因此，本节农业补贴主要是指以农民“四项补贴”为主的直接补贴制度。

二、中国农业补贴政策内容

十六大以来，在“以工促农，以城带乡”和“多予、少取、放活”方针政策指导下，我国已经形成了综合补贴和专项补贴相结合的直接补贴政策体系。主要包括以下四项。

（一）粮食直补

粮食直补，全称粮食直接补贴，是为进一步促进粮食生产、保护粮食综合生产能力、调动农民种粮积极性和增加农民收入，国家财政按一定的补贴标准和粮食实际种植面积，对农户直接给予的补贴。2002 年，安徽、吉林、湖南、湖北、河南、辽宁、内蒙古、江西、河北等粮食主产区进行了粮食补贴方式改革试点。2004 年粮食直补制度全面推广。

补贴的原则是：按照谁种地补给谁的原则，承包地转包给他人的，按承包协议处理；抛荒地和非农业征（占）用的耕地不予补贴；补贴不得用于高效农业，成片粮田转为设施农业用地常年不种粮的，不予补贴。

补贴方式和兑付方式：粮食主产省、自治区（指河北、内蒙古、辽宁、吉林、黑龙江、江苏、安徽、江西、山东、河南、湖北、湖南、四川，下同）原则上按种粮农户的实际种植面积补贴，如采取其他补贴方式，也要剔除不种粮因素，尽可能做到与种植面积接近；其他省、自治区、直辖市要结合当地实际选择切实可行的补贴方式；具体补贴方式由省级人民政府根据当地实际情况确定。兑付方式可以采取直接发放现金的方式，也可以逐步实行“一卡通”或“一折通”的方式，向农户发放储蓄存折或储蓄卡。

（二）良种补贴

这里的良种补贴主要指农作物良种补贴。农作物良种补贴是为了支持农作物良种推广，提高农作物产品品质和产量，鼓励农民使用良种和调动农民生产积极性。农作物良种补贴于 2002 年开始实施，最初是大豆良种补贴，随后逐渐扩大良种补贴范围。目前，补贴的范围包括水稻、小麦、玉米、大豆、青稞、油菜、花生、棉花、马铃薯等农作物品种。补贴对象是在农业生产中使用农作物良种的农民。补贴方式有现金直接补贴或差价购种补贴两种方式，中央财政没有做统一要求，各地可以根据本地实际情况自行确定。

（三）农资综合补贴

农资综合补贴是指政府对农民购买的农业生产资料（包括化肥、柴油、种子、农机）实行的一种直接补贴制度。2006 年，为避免国际石油价格上涨带动国内柴油、化肥等生产资料价格上涨对农业生产造成不利影响，财政部下发了《关于对种粮农民柴油、化肥等农业生产资料增支实行综合直补的通知》，决定综合考虑柴油、化肥、农药、农膜等农业生产资料价格变动因素，对种粮农民的农业生产资料增支实行综合直补。补贴规模根据全年预计的农业生产资料价格变动幅度对农民种粮收益的影响确定。随后几年的中央一号文件均要求加大农资综合补贴力度。2009 年，财政部、国家发展和改革委员会、农业部又印发了《关于进一步完善农资综合补贴动态调整机制的实施意见》，提出农资综合补贴动态调整机制应坚持“价补统筹、动态调整、只增不减”的基本原则。

（四）农机具购置补贴

农机具购置补贴，又称农机购置补贴，是指国家对农民个人、农场职工、农机专业户和直接从事农业生产的农机作业服务组织，购置和更新农业生产所需的农机具给予的补贴，目的是促进提高农业机械化水平和农业生产效率。农机具购置补贴始于 1998 年，是“四项补贴”中实施时间最早的，但起初补贴的数额和范围都相对较小。根据 2004 年 11 月 1 日生效的《中华人民共和国农业机械化促进法》第二十七条规定：“中央财政、省级财政应当分别安排专项资金，对农民和农业生产经营组织购买国家支持推广的先进适用的农业机械给予补贴。”财政部、农业部于 2004 年再次共同启动实施了农机购置补贴政策，在 66 个县安排了 0.7 亿元补贴资金。此后，中央财政不断加大投入力度，补贴资金规模连年大幅度增长，实施范围扩大到全国所有农牧县和农场。2013 年开始推行农机报废更新补贴试点。到 2014 年中央财政农机购置补贴资金投入已超过 1 200 亿元，补贴各类农机具达 3 500 多万台。农机购置补贴政策实施以来，推动了全国农机总动力快速增长，耕种收综合机械化水平持续提高，为保障我国粮食安全和农民增收，巩固农业在国民经济中的基础地位发挥了重要作用。

除了上述四项补贴，近年来中央一号文件还陆续出台了畜牧良种补贴、农业防灾增产技术补贴、测土配方施肥补贴、土壤有机质提升补贴、草原生态保护补贴、退耕还林补贴等。

三、中国农业补贴政策评价

（一）政策成效

1. 农业补贴体系初步形成

十六大以来，根据“以工促农，以城带乡”“多予、少取、放活”的指导方针，我国涉农的财政补贴种类不断增加，范围逐渐扩大，标准稳步提高。我国已经初步形成了以粮食发展、农民增收、保护生态环境为目标，以农民“四项补贴”为核心，以其他补贴为补充的农业补贴体系。

2. 对粮食增产和农民增收发挥了重要作用

对农民实施直接补贴，给农民带来了实实在在的实惠，充分调动了农民种粮的积极性。从 2004 年到 2015 年，在一系列扶持政策的带动下，我国出现了粮食的“十二”连增，农民收入超过了万元大关。2015 年全国粮食总产量达到 12 428.7 亿斤，比上年增长 2.4%。粮食产量再次突破 1.1 万亿斤，标志着我国粮食综合生产能力连续多年稳定在 1.1 万亿斤水平，为我国粮食安全夯实了基础。

3. 对提高农业科技水平发挥了重要作用

良种补贴政策实施以来，在项目区，粮食单产水平明显提高。2015 年全国粮食作物平均单产每亩达到 365.5 千克，每亩比上年增长 6.5 千克，提高 1.8%，因单产提高增产粮食约 221 亿斤。目前，农作物良种覆盖率已稳定在 96%以上，标志着我国农业生产用种已全部实现了更新换代。农机具购置补贴激发了农民购买农机的热情，促进了农业机械化的快速发展。2015 年，全国主要农作物耕种收综合机械化水平超过 61%，标志着我国农业生产方式已由千百年来以人畜力为主转入以机械作业为主的新阶段。总之，“十二五”以来，农业科技进步贡献率已达到 56%，标志着我国农业发展已从过去主要依靠增加资源要素投入进入主要依靠科技进步的新时期。

（二）政策存在的问题

1. 农业补贴政策与其他相关农业政策尚未形成协调配合

例如，酝酿之中的目标价格补贴制度在政策表达上，只关注了某种农产品价格降低情况下的补贴机制。但是，农民遭遇农业灾害之后，农产品产量减少，价格反而可能上涨，农民收入也有可能减少。根据其制度设计，目标价格补贴却无法启动，这就失去了稳定农民收入的作用。又如，农业防灾减灾稳产增产关键技术补助政策本意是为了推广适用技术、落实联技计补，但在发放上也分为对南方早稻集中育秧、东北水稻大棚育秧和玉米“坐水种”、小麦“一喷三防”等，几乎成为某一地区某一产业的支持政策。

2. 财政补贴支农总量偏小

虽然我国财政支农总量快速增加，对农民的补贴水平也在不断提高，但与世界上发达国家相比较，我国农业补贴率仍然偏低。据有关专家测算，2000~2010 年我国农业补贴率从 3.5%上升至 16.1%，增加了 12.6 百分点，处于历史最高水平。其中 2007~2009 年，我国农业补贴率平均为 9.1%，而同时期，OECD 国家农业补贴率平均为 21.7%，挪威为 61.1%，韩国为 52.1%，日本为 47.3%，欧盟为 23.3%，在发展中国家，土耳其和墨西哥也分别为 34.2%和 12.5%，均远远高于我国（程国强，2011）。就 WTO 国内补贴政策而言，在“绿箱”政策上，我国补贴规模相对较小，在“黄箱”政策上，还达不到 WTO《农业协议》中“黄箱”补贴允许的 8.5%的水平。在“蓝箱”政策上，我国尚未启动该项补贴。

3. 补贴政策目标相对单一

我国现有的农业补贴政策，主要是在 20 世纪 90 年代中后期粮食生产连年下滑的宏观背景下制定实施的，因此政策的核心目标是调动农民种粮积极性，促进粮食生产稳定发展。在这些惠农补贴政策的激励下，我国粮食生产形势迅速好转，实现了连续多年的稳定增产，并基本维持在 1 万亿斤的水平。但是，也应该看到，近几年，我国粮食实现连年增产的同时，资源环境的约束和压力也越来越大，如耕地质量下降、农地污染严重、水资源开发不合理等。因此，原有的数量导向型的补贴政策已经不能适应我国经济社会发展的现实需要。现阶段我国农业补贴政策的核心目标是应该在保障粮食安全、确保主要农产品有效供给和促进农民增收的同时，兼顾食品安全、环境保护、农业竞争力、农业可持续发展和农业多功能等综合目标。

4. 补贴方式及结构不尽合理

就补贴领域而言，对农产品的补贴主要集中在粮棉产品上，虽然已开始有选择地补贴某些优质品种，但还不够普及、稳定；对投入品的补贴涉及化肥、农药、农膜和种子等农业生产资料的诸多方面，而且很少分地区和人群；对农业结构调整补贴的力度有限；农业产业化的龙头企业同样面临金融支持乏力的难题。这些均反映出补贴重点不够合理、明确。从补贴力度来看，在一般政府服务中，对农民培训的支出比例很低，仅占一般政府服务的 2.1%。其中没有或很少有补贴，导致农民的人力资本匮乏；农技推广补贴力度不大，进展迟缓。

另外，省际补贴标准相差过大。我国农业补贴政策是由中央政府推动、中央财政主导的，中央财政依据各省、自治区、直辖市耕地面积按照同一补贴标准每年将补贴资金拨付给省、自治区、直辖市财政；地方政府承担农业补贴政策的落实及地方财政对中央财政资金的补贴配套。在分税制体制下，由于地方财政财力状况不同，财力越雄厚的地区，其配套补贴标准越高，财力越薄弱的地区，其配套补贴标准越低，有些省份在一些补贴项目上甚至没有配套补贴，完全依赖于中央财政给予的补贴。例如，粮食直补中，种植小麦全国补贴标准最高的北京市为每亩 88 元，最低的甘肃省每亩仅为 6.51 元，高低之间相差 12.5 倍。

5. 补贴政策执行成本高

首先，关于农业补贴的政策，主要涉及财政、农业、外经贸、粮食、民政和银行等部门。因政出多门，协调困难，交易成本高，时滞长，加之部门本位主义、地方保护主义和寻租活动的影响，农业补贴中的“跑、冒、滴、漏”现象难以避免，从而降低了农业补贴的效率。其次，因中国农民数量庞大，在政府与农民之间缺乏一个有效的中介组织载体，许多针对农民的直接补贴政策，其运行成本都比较高。例如，粮食补贴中，一般一个乡镇的直接支出费用为 2 万~3 万元（不含人工），直补工作成本约占直补资金的 10%。一些省粮食风险基金按季均衡拨付和分两次发放直补款，既不方便农民，也增加了工作量和成本。再次，一些省按照当年实际播种面积进行补贴，在核实面积时需要三次张榜公布核实，工作量很大。最后，有些地方实施良种补贴政策时，多数农户已备足种子，给良种推广带来一定难度。少数省份在良种差价补贴中，因折价后的良种价格并不比市场价格低而广受指责。

第四节　农业金融政策

一、我国农村金融组织体系

（一）中国农业银行

中国农业银行前身是 1951 年成立的农业合作银行，是在新中国时期成立的第一家专业银行。1979 年恢复成立，初衷是为了支持农产品的生产、销售和乡镇企业发展。1993 年，国务院颁发了《关于金融体制改革的决定》，中国农业银行开始向商业化转变。1997 年后，中国农业银行加快剥离政策性业务，将一部分政策性业务重新划归中国农业发展银行。2008 年 10 月，中国农业银行股改方案获国务院通过。

（二）中国农业发展银行

中国农业发展银行成立于 1994 年，是直属国务院领导的国有政策性银行，也是我国唯一的一家农业政策性银行。其主要职责是以国家信用为基础，筹集资金，承担国家规定的农业政策性金融业务，代理财政支农资金的拨付，为农业和农村经济发展服务。截至 2013 年，形成了以支持国家粮、棉、油购销储业务为主体、以支持农业产业化经营和农业农村基础设施建设为两翼的业务发展格局，初步建立现代银行框架，经营业绩实现重大跨越，有效发挥了在农村金融中的骨干和支柱作用。

【知识链接】

中国农业发展银行的主要业务范围

（1）办理粮食、棉花、油料收购、储备、调销贷款。
（2）办理肉类、食糖、烟叶、羊毛、化肥等专项储备贷款。
（3）办理粮食、棉花、油料加工企业和农、林、牧、副、渔业的产业化龙头企业贷款。
（4）办理粮食、棉花、油料种子贷款。
（5）办理粮食仓储设施及棉花企业技术设备改造贷款。
（6）办理农业小企业贷款和农业科技贷款。

（7）办理农业基础设施建设贷款。支持范围限于农村路网、电网、水网（包括饮水工程）、信息网（邮政、电信）建设，农村能源和环境设施建设。

（8）办理农业综合开发贷款。支持范围限于农田水利基本建设、农业技术服务体系和农村流通体系建设。

（9）办理农业生产资料贷款。支持范围限于农业生产资料的流通和销售环节。

（10）代理财政支农资金的拨付。

（11）办理业务范围内企事业单位的存款及协议存款、同业存款等业务。

（12）办理开户企事业单位结算。

（13）发行金融债券。

（14）资金交易业务。

（15）办理代理保险、代理资金结算、代收代付等中间业务。

（16）办理粮、棉、油政策性贷款企业进出口贸易项下的国际结算业务以及与国际业务相配套的外汇存款、外汇汇款、同业外汇拆借、代客外汇买卖和结汇、售汇业务。

（17）办理经国务院或中国银行业监督管理委员会（简称中国银监会）批准的其他业务。

（18）办理投资业务。

资料来源：http://baike.baidu.com/link?url=KxzvsNsI6ZVYDsexg9vWZ7ubNckaXxSzbYB PDU9eFz3tjLucjWXpGIjVNZo0aNLOg4Aa76ki2R-jTJ2EYf1Rzq

（三）农村信用合作社

20 世纪 50 年代初期，全国普遍建立起合作制性质的农村信用社（简称农信社），其资本金由农民入股，干部由社员选举，面向社员提供生产、生活信贷服务。1958~1978 年，农信社先后被下放给人民公社、生产大队和贫下中农组织管理，基本上成了基层社队的财务部门。而后，农信社又被交由国家银行管理，成为国家银行在农村的基层金融机构，从此走上了“官办”道路。1979 年中国农业银行恢复后，农信社进入由中国农业银行代管时期。1996 年 8 月，国务院农村金融体制改革部际协调小组发布《农村信用社与中国农业银行脱离行政隶属关系实施方案》的通知，正式宣告农信社与中国农业银行脱钩，农信社重新走上独立发展之路。随后，对农信社进行产权改革的探索和呼声也开始日益高涨。2000 年 7 月，在江苏省进行农信改革试点。2003 年 6 月 27 日，国务院正式下发《深化农村信用社改革试点方案》的通知，新改革试点方案指出：由省级政府承担辖内农信社的管理和风险责任；可以选择股份制、股份合作制、继续维持合作制等制度形式，推行股权结构多样化、投资主体多元化，吸收各类经济主体和自然人入股。

（四）邮政储蓄银行

我国邮政储蓄是在 1986 年经济出现比较严重的通货膨胀形势下开始恢复并开办的，当初设立邮政储蓄，是将其作为回笼货币的一个手段。1986 年，邮电部、中国人民银行联合发出《关于开办邮政储蓄业务联合通知》，在 12 个城市的邮政网点开始办理个人活期、定期储蓄业务，即邮政储蓄“只存不贷”。2007 年 3 月 6 日，中国邮政储蓄银行有限责任公司正式成立，中国邮政储蓄银行是在改革邮政储蓄管理体制的基础上组建的商业银行。中国邮政储蓄银行的成立，同时也意味着邮政储蓄 20 多年“只存不贷”的单一经营模式宣告结束。2012 年，经国务院同意，中国邮政储蓄银行有限责任公司变更为中国邮政储蓄银行股份有限公司，开始向股权多元化迈进。

（五）村镇银行、农村资金互助组织、贷款公司等新型农村金融组织

2006 年 12 月 22 日，中国银监会公布了《关于调整放宽农村地区银行业金融机构准入政策更好支持社会主义新农村建设的若干意见》，启动了村镇银行、农村资金互助组织的试点工作。2007 年 1 月进一步出台了《村镇银行管理暂行规定》《农村资金互助社管理暂行规定》。2009 年 8 月出台了《贷款公司管理暂行规定》，规范了我国贷款公司的行为。

村镇银行是指经中国银监会依据有关法律、法规批准，由境内外金融机构、境内非金融机构企业法人、境内自然人出资，在农村地区设立的主要为当地农民、农业和农村经济发展提供金融服务的银行业金融机构。它采用“发起人制度”，即必须有一家符合监管条件，管理规范、经营效益好的商业银行作为主要发起银行，并且单一金融机构的股东持股比例不得低于 20%，此外，单一非金融机构企业法人及其关联方持股比例不得超过 10%。后为了鼓励民间资本投资村镇银行，中国银监会于 2012 年 5 月出台《关于鼓励和引导民间资本进入银行业的实施意见》，将主发起行的最低持股比例降至 15%，进一步促进了村镇银行多元化的产权结构。

农村资金互助社是指经中国银监会批准，由乡镇、行政村农民和农村小企业自愿入股组成，为社员提供存款、贷款、结算等业务的社区互助性银行业金融机构，实行社员民主管理，以服务社员为宗旨，谋求社员共同利益，只对本社社员开展存贷款业务。

贷款公司是指经中国银监会依据有关法律、法规批准，由境内商业银行或农村合作银行在农村地区设立的专门为县域农民、农业和农村经济发展提供贷款服务的银行业非存款类金融机构。贷款公司只发放贷款，不吸收存款，是由境内商业银行或农村合作银行全额出资的有限责任公司。

（六）政策性农业保险

1950 年，我国开始试办农业保险，由于 1958 年政社合一的人民公社的出现，全国农业保险工作全部停办，自此中国农业保险进入了长达 24 年的停办期。1982 年农业保险开始再次试办。20 世纪 90 年代后，中国市场化经济改革开始徐徐展开，在这样的背景下，人保开始转向商业化，人保开始对公司的农险业务进行整顿，对一些亏损严重的业务实行了“战略性收缩”，直接的后果就是保险规模连年萎缩，农业保险基本处在了崩溃的边缘。

2004 年，中国保险监督管理委员会（简称中国保监会）选取 9 个省（区、市）正式启动政策性农业保险试点工作。2007 年，财政部印发了《中央财政农业保险保费补贴试点管理办法》，又选取 6 个省区拿出 10 亿元进行农业保险保费补贴试点，在各级财政的政策扶持和财政补贴下，我国农业保险快速发展。2011 年财政部又选取四川省和内蒙古自治区进行农业保险保费补贴绩效评价试点工作。2012 年，财政部将试点范围扩大到 4 个省区，2013 年农业保险补贴绩效评价试点范围进一步扩大到了 10 个省区，同年，国务院颁布的《农业保险条例》开始实施。至此，我国政策性农业保险体系正式形成。

【知识链接】

我国政策性农业保险相关政策内容

中央财政提供农业保险保费补贴的品种有玉米、水稻、小麦、棉花、马铃薯、油料作物、糖料作物、能繁母猪、奶牛、育肥猪、天然橡胶、森林、青稞、藏系羊、牦牛，共计 15 个。对于种植业保险，中央财政对中西部地区补贴 40%，对东部地区补贴 35%，对新疆生产建设

兵团、中央直属垦区、中储粮北方公司、中国农业发展集团公司（简称中央单位）补贴65%，省级财政至少补贴25%。对能繁母猪、奶牛、育肥猪保险，中央财政对中西部地区补贴50%，对东部地区补贴40%，对中央单位补贴80%，地方财政至少补贴30%。对于公益林保险，中央财政补贴50%，对大兴安岭林业集团公司补贴90%，地方财政至少补贴40%。对于商品林保险，中央财政补贴30%，对大兴安岭林业集团公司补贴55%，地方财政至少补贴25%。

资料来源：http：//www.8breed.com/yangzhiye/yangzhiyebaoxian/20150430/14912.html

【专栏】

互联网金融+——打通农村金融最后一公里

2015年8月以来在中国人民银行广州分行的策划和推动下，PPmoney、广州e贷、点筹金融、正勤金融四家互联网金融企业以众筹方式解决农村农户贷款难问题，打通支农资金“最后一公里”的项目试点工作。所谓众筹，是指项目和投资者通过网络直接对接，任何人都可以将自己的创业构想或者是相关项目发送给众筹平台，经过众筹平台审核后发布，网友自愿给予资金支持，回报则是相应的产品或服务。

中国人民银行广州分行金融消费权益保护处处长张劲认为互联网金融+为农村居民和小微企业投融资开启了一扇新的大门，带来了金融服务三农发展的新变化。第一个转变，从传统金融由一家金融机构面对千百农户转变为众多投资者直接面对一个农民或者农户，效率高，成本低。第二个转变，从一家金融机构承担全部贷款风险转变为众多的投资人分担风险，投资小，风险低。第三个转变，从传统的方式需要提供抵押物或者担保转变为农户只需要提供社会信息、生产信用信息和征信信息。第四个转变，从农户到期现金支付本息转变为用农产品偿付本息，环节小，收益多样化。第五个，从农村的资金被抽往城市建设转变为吸引城市资金反哺支持农业发展，方式新，见效快。

资料来源：吴侨发. 农村金融服务“最后一公里”有待打通. 经济观察网，2015-11-17.

二、农村金融政策内容

（一）政策性金融、商业性金融和合作性金融共同发展的政策体系

目前，我国已经形成了政策性金融、商业性金融、合作性金融和其他新型金融组织共同发展的农村金融政策体系。政策性金融机构主要包括中国农业发展银行和政策性的农业保险公司。商业性金融机构主要包括中国农业银行、农村商业银行、村镇银行、邮政储蓄银行以及商业性保险公司等。合作性金融机构主要包括农村合作银行、农信社、农村资金互助组织等。其他金融机构主要包括贷款公司、小额信贷机构、民间金融形式等。

（二）农村信用贷款政策

2007年，中国银监会下发了《关于银行业金融机构大力发展农村小额贷款业务的指导意见》，突破了所有贷款必须实施担保、抵押的规定，对农户和农村中小企业实行信用贷款，并放宽了信用贷款额度，发达地区可提高到10万~20万元，欠发达地区可提高到1万~5万元，其他地区在此范围内视情况而定。中国银监会还下发了《银行开展小企业授信工作指导意见》和《小企业贷款风险分类办法（试行）》，不仅提出对小企业可发放信用贷款，而且扩大了抵押物范围，房产、商铺、知识产权、仓单、应收账款和存货均可抵押、质押。

（三）农村金融担保政策

2008 年，中共中央、国务院发布的《关于促进农业稳定发展农民持续增收的若干意见》中提出，要依法开展权属清晰、风险可控的大型农用生产设备、林权、“四荒地”使用权等抵押贷款。按照十八届三中全会（2013 年）“赋予农民更多财产权利”的改革部署，我国正在慎重稳妥地推进农村承包土地的经营权和农民住房财产权抵押贷款试点工作。2014 年，国务院又发布了《关于金融服务“三农”发展的若干意见》提出：鼓励组建政府出资为主、重点开展涉农担保业务的县域融资性担保机构或担保基金，支持其他融资性担保机构为农业生产经营主体提供融资担保服务；在创新农村抵（质）押担保方式方面，提出健全完善林权抵押登记系统，扩大林权抵押贷款规模。推广以农业机械设备、运输工具、水域滩涂养殖权、承包土地收益权等为标的的新型抵押担保方式。加强涉农信贷与涉农保险合作，将涉农保险投保情况作为授信要素，探索拓宽涉农保险保单质押范围。

（四）农业政策性保险

我国农业政策性保险的主要政策包括以下四项：一是实行保费补贴分级负担政策。财政部规定了中央承担部分，省级财政规定了省级承担部分，市县以下承担比例由市级财政确定。例如，目前对于种植业保险，中央财政对中西部地区补贴 40%，对东部地区补贴 35%，省级财政至少补贴 25%。2014 年发布的《关于金融服务“三农”发展的若干意见》中又提出“提高中央、省级财政对主要粮食作物保险的保费补贴比例，逐步减少或取消产粮大县的县级保费补贴”。二是扩大农业保险覆盖面。重点发展关系国计民生和国家粮食安全的农作物保险、主要畜产品保险、重要“菜篮子”品种保险和森林保险，推广农房、农机具、设施农业、渔业、制种保险等业务。三是创新农业保险产品。稳步开展主要粮食作物、生猪和蔬菜价格保险试点，鼓励各地区因地制宜开展特色优势农产品保险试点。创新研发天气指数、农村小额信贷保证保险等新型险种。四是加快建立财政支持的农业保险大灾风险分散机制，增强对重大自然灾害风险的抵御能力。

（五）农村资本市场政策

一是大力发展农村直接融资。支持符合条件的涉农企业在多层次资本市场上进行融资，鼓励发行企业债、公司债和中小企业私募债。逐步扩大涉农企业发行中小企业集合票据、短期融资券等非金融企业债务融资工具的规模。支持符合条件的农村金融机构发行优先股和二级资本工具。二是发挥农产品期货市场的价格发现和风险规避功能。积极推动农产品期货新品种开发，拓展农产品期货业务。完善商品期货交易机制，加强信息服务，推动农民合作社等农村经济组织参与期货交易，鼓励农产品生产经营企业进入期货市场开展套期保值业务。三是谨慎稳妥地发展农村地区证券期货服务。根据农村地区特点，有针对性地提升证券期货机构的专业能力，探索建立农村地区的证券期货服务模式，支持农户、农业企业和农村经济组织进行风险管理，加强对投资者的风险意识教育和风险管理培训，切实保护投资者合法权益。

三、完善我国农村金融政策

（一）进一步推进农村金融机构改革

对于农信社，进一步深化农信社改革，积极稳妥地组建农村商业银行，培育合格的市场主体，更好地发挥支农主力军作用。完善农信社管理体制，省级农信社联合社要加快淡出行政管理，强化服务功能，优化协调指导，整合放大服务“三农”的能力。对于中国农业发展银行，强化其政策性职能定位，明确政策性业务的范围和监管标准，补充资本金，建立健全治理结构，加大对农业开发和农村基础设施建设的中长期信贷支持。对于中国农业银行，深化中国农业银行“三农金融事业部”改革试点，探索商业金融服务“三农”的可持续模式。鼓励邮政储蓄银行拓展农村金融业务，逐步扩大涉农业务范围。稳步培育发展村镇银行，提高民营资本持股比例，开展面向“三农”的差异化、特色化服务。

（二）创新农村金融产品和服务方式

一是创新农村金融产品。推行“一次核定、随用随贷、余额控制、周转使用、动态调整”的农户信贷模式，合理确定贷款额度、放款进度和回收期限。加快在农村地区推广应用微贷技术。推广产业链金融模式。大力发展农村的电话银行、网上银行业务。创新和推广专营机构、信贷工厂等服务模式。鼓励开展农业机械等方面的金融租赁业务。二是改进服务方式。进一步简化金融服务手续，推行通俗易懂的合同文本，优化审批流程，规范服务收费，严禁在提供金融服务时附加不合理条件和额外费用，切实维护农民利益。

（三）完善农村金融基础设施

一是推进农村信用体系建设。继续组织开展信用户、信用村、信用乡（镇）创建活动，加强征信宣传教育，坚决打击骗贷、骗保和恶意逃债行为。二是发展农村交易市场和中介组织。在严格遵守《国务院关于清理整顿各类交易场所切实防范金融风险的决定》（国发〔2011〕38号）的前提下，探索推进农村产权交易市场建设，积极培育土地评估、资产评估等中介组织，建设具有国内外影响力的农产品交易中心。三是改善农村支付服务环境。推广非现金支付工具和支付清算系统，稳步推广农村移动便捷支付，不断提高农村地区支付服务水平。四是保护农村金融消费者权益。畅通农村金融消费者诉求渠道，妥善处理金融消费纠纷。继续开展送金融知识下乡、入社区、进校园活动，提高金融知识普及教育的有效性和针对性，增强广大农民风险识别、自我保护的意识和能力。

（四）加大对“三农”金融服务的政策支持

按照“政府引导、市场运作”原则，综合运用奖励、补贴、税收优惠等政策工具，重点支持金融机构开展农户小额贷款、新型农业经营主体贷款、农业种植业养殖业贷款、大宗农产品保险，以及银行卡助农取款、汇款、转账等支农惠农政策性支付业务。按照“鼓励增量，兼顾存量”原则，完善涉农贷款财政奖励制度。优化农村金融税收政策，完善农户小额贷款税收优惠政策。落实对新型农村金融机构和基础金融服务薄弱地区的银行业金融机构（网点）的定向费用补贴政策。完善农村信贷损失补偿机制，探索建立地方财政出资的涉农信贷风险补偿基金。对涉农贷款占比高的县域银行业法人机构实行弹性存贷比，优先支持开展“三农”金融产品创新。

【思考题】

1. 农业财政的政策目标是什么？
2. 试述我国农业税收政策的变迁过程。
3. 简述我国农村税费改革的主要内容。
4. 简述农业补贴政策的主要内容。
5. 如何评价农业补贴政策？
6. 简述我国农村金融体系。

【推荐阅读】

财政部，农业部. 2009. 财政部农业部关于印发中央财政农作物良种补贴资金管理办法的通知.

财政部，农业部. 2015. 关于调整完善农业三项补贴政策的指导意见.

国务院办公厅. 2012. 农业保险条例.

国务院办公厅. 2014. 关于金融服务“三农”发展的若干意见.

农业部办公厅，财政部办公厅. 2014. 农业部办公厅财政部办公厅关于做好2014年中央财政农作物良种补贴工作的通知.

参考文献

程国强. 2011. 中国农业补贴：制度设计与政策选择. 北京：中国发展出版社.
孔祥智. 2014. 农业政策学. 北京：高等教育出版社.
苏明. 2009. 中国农业财政政策的回顾与展望. 财政研究，（2）：11-19.

第十二章　农业可持续发展政策

【本章导读】

农业资源与环境是农业生产存在和发展的重要物质基础。如何管理、利用好农业资源与环境一直以来是我国农业发展中面临的首要问题。通过本章的学习，要掌握我国农业可持续发展政策的整体框架体系，熟悉农业可持续发展政策的内涵，了解当前我国现行的农业可持续发展政策与环境政策。

【核心概念】

农业可持续发展；农业环境保护政策；资源保护政策

第一节　农业可持续发展政策目标

一、农业可持续发展的政策背景

（一）可持续发展的内涵与理论发展

1. 可持续发展理论的提出

第二次世界大战之后，人口、资源、环境以及发展问题为人类所关注。1962 年美国女生物学家莱切尔·卡逊（Rachel Carson）发表了环境科普著作《寂静的春天》，对由于农药污染造成的可怕景象进行了描绘，惊呼人们将会失去“春光明媚的春天”，在世界范围内引发了人类关于发展观念上的争论。罗马俱乐部于 1972 年代发表了《增长的极限》，系统地论述了科学技术、生产技术、自然资源、生态环境之间的相互关系及对人类发展的影响，提出了增长是有限的论点。该报告明确指出人口的增加、资源的浪费、环境的恶化等问题如果一直加速发展的话，地球将很难保证人类的生存，在全世界范围内有必要从只求增长转向均衡发展的道路。该报告也是一部论述地球环境问题根本点的先驱性报告。1972 年联合国在瑞典召开了人类环境会议，成立了联合国环境规划署。1984 年，世界环境与发展委员会成立。1987 年世界环境与发展委员会在其所提交的《我们共同的未来》报告中，正式详细地阐述了可持续发展的基本概念、主要问题以及行动方案。1992 年世界环境与发展大会讨论并通过了《里约环境与发展宣言》（又称《地球宪章》）和《21 世纪议程》。随后各国研究机构纷纷开展对可持续发展思想与理论的研究工作。

可持续发展既是人类发展的一种模式，又是人类追求的发展目标。它是在总结了发展与环境相互关系的基础上，对人类今后选择的一个回答。世界环境与发展委员会在《我们共同的未来》报告中提出了可持续发展的定义：“既满足当代人的需要，又不对后代满足其自身需求的能力构成危害的发展。”这一定义得到普遍认可，并在 1992 年的世界环境与发展大会上达成共识。

2. 可持续发展的内涵

1）布氏可持续发展定义

既能满足当代人的需要，又不损害子孙后代满足其需求能力的发展，包括公平性原则（本代人的公平、代际间的公平、公平分配有限资源）、持续性原则、共同性原则。

2）从不同属性定义可持续发展

从自然属性对可持续发展定义为保护和加强环境系统的生产和更新能力；从社会属性定义为在生存不超出维持生态系统涵容能力的情况下，改善人类的生活品质；从经济属性定义为在保障自然资源的质量和其所提供服务的前提下，使经济发展的净利益增加到最大限度；从科技属性定义为转向更清洁、更有效的技术，尽可能接近零排放或密闭式的工艺方法，尽可能减少能源和其他自然资源的消耗。

3）从三维结构复合系统定义可持续发展

可持续发展是能动地调控自然-经济-社会复合系统，使人类在不超越资源与环境承载能力的条件下，促进经济发展，保持资源永续和提高生活质量。

4）从可持续发展观定义可持续发展

可持续发展观包括三个要素：生态、经济与社会。生态持续是基础，经济持续是条件，社会持续是目的。人类共同追求的应该是自然、生态与社会复合系统的持续、稳定、健康发展。可持续发展不仅重视增长数量，更追求改善质量、提高效益、节约能源、减少废物，改变传统的生产和消费模式，实施清洁生产和文明消费。可持续发展要以保护自然为基础，与资源和环境的承载能力相协调。因此，发展的同时必须保护环境，包括控制环境污染，改善环境质量，保护生命保障系统，保护生物多样性，保持地球生态的完整性，保证以持续的方式使用可再生资源，使人类的发展保持在地球承载能力之内。可持续发展要以改善和提高生活质量为目的，与社会进步相适应。可持续发展的内涵均应包括改善人类生活质量，提高人类健康水平，并创造一个保障人们享有平等、自由、教育、人权和免受暴力的社会环境。

（二）农业可持续发展的产生背景

可持续发展是在世界经济迅速增长的同时，又面临诸如人口、资源、环境等重大危机的双重背景下产生的一种新的发展思想。可持续农业是可持续发展思想在农业领域的体现。可持续农业这一概念是从20世纪80年代中期开始提出的，它与70年代以来提出的有机农业、生态农业、生物农业、石油农业、自然农业等有本质的不同。可持续农业的概念首先于1985年在美国提出。随后，世界环境与发展委员会于1987年提出了《2000年粮食：转向持续农业的全球政策》报告；1988年联合国粮食及农业组织制定了《持续农业生产：对国际农业研究的要求》的文件；1991年4月由联合国粮食及农业组织与荷兰政府联合召开的农业与环境国际会议上通过了《丹波宣言》，呼吁必须密切关注环境问题，必须重新研究农业与环境的关系，提出了“持续农业与农村发展战略”的新概念（简称SARD新概念）；1991年6月，联合国世界粮食理事会提出了《对付90年代及90年代以后发展中国家粮食生产的挑战》的报告，为了解决粮食安全和公平问题，强调要注意技术和持久性发展问题。1991年8月，东京国际农业经济学家大会的主题是“农业的持续发展与国际合作的作用”。1992年6月在巴西召开了联合国环境与发展会议，可持续农业为与会的183个国家和地区的代表团（包括来自100多个国家的元首或政府首脑）所接受。可持续农业的影响已经深入国际技术、经济和社会发展的重要领域。

可持续农业产生的背景是现代农业的发展面临着一系列的困难问题。发达国家主要是环境污染、农业投入增加、成本过高；发展中国家主要是人口膨胀、资源破坏和过度消耗、食物安全问题严重。具体表现在以下两方面：

一是世界农业蓬勃发展，农产品生产相对过剩。20世纪初西方发达国家开始由传统农业向现代农业转变，到六七十年代基本上实现了农业现代化。60年代以来，许多发展中国家也借助“绿色革命”的技术措施，加快了传统农业向现代农业的改造过程。世界农业的总态势已经由短缺农业转变为相对过剩农业，但主要是一些发达国家农产品过剩。可持续农业思潮源于西方发达国家，与这些国家由于农业发达而相对看轻农业的增产目标及转向关注环境保护和生活质量改善不无关系。

二是世界农业发展面临人口、资源、环境、经济、社会等多种危机的挑战：①世界人口急剧增长，尤其是发展中国家人口增长过快，从而对农业产出提出越来越多的要求；②自然资源日益短缺，表现为可再生资源严重退化和不可再生资源的过度消耗；③环境污染日趋严重，工业产生大量“三废”，农业生产不合理利用化学制品，造成农业环境和食品污染；④发达国家的农业财政负担越来越重，高投入农业的生产成本越来越高；⑤发展中国家日益增多的农村剩余劳动力缺乏就业机会，落后农村难以脱贫致富。

在吸取了国际农业与农村发展的经验的基础上，为解决农业进一步发展面临的一系列困难，中国政府结合本国国情提出了持续农业的发展战略。1992年继《21世纪议程》之后，中国率先制定了《中国21世纪议程》。1996年第八届全国人民代表大会第四次会议批准的《中华人民共和国国民经济和社会发展“九五”计划和2010年远景目标纲要》明确提出，要实施科教兴国和可持续发展战略。从此，持续农业发展战略成为中国农业和农村经济发展的根本出发点之一。

（三）可持续农业的内涵及特征

可持续农业是一种不造成环境退化、技术上适当、经济上可行、社会上能接受的农业。这一概念强调了三种平衡：一是经济平衡，即生产力与收入平衡；二是环境平衡，即资源利用与保护平衡；三是社会平衡，即农民富裕与农村文明进步平衡。

1. 可持续农业的内容

《丹波宣言》提出，为促进农村持久发展所需的基本变革和调整应包括以下内容：

（1）开创一种综合农业管理系统，能够适应于维护必需的生物学过程以及有关的培训活动。

（2）把决策管理权更多地移交到基层，加强地方管理能力。

（3）对自然资源的使用必须制定明确的和公正的责、权、利，包括实行土地改革。

（4）通过投资，改善、恢复和维护自然资源，改变对它们的压力，从而使自然资源能集约和安全地使用。

（5）调整宏观经济和农业政策，促进生产系统，利用有助于实现持久农业和农村发展的技术。

（6）鼓励对那些能够持久生产和加工的农作物扩大需求，并提供有利的生产激励。

（7）支持那些特别注意保护人类健康和环境质量的农业措施、生产和加工系统。

（8）为农村提供各种非农产品的就业机会，在有必要的地方，为移民提供基本的住宿条件。

2. 可持续农业的基本特征

可持续农业发展是可持续发展战略中的一个子系统，其内涵应该充分体现可持续发展战略的特点和要求。可持续农业具有如下特征。

1）经济可持续性

经济可持续性是指在经济上可以自我维持和自我发展。农业经营的经济效益和可获利状况，直接影响到农业生产是否能够维持和发展下去。作为一种产业，要求提高生产效率，能生产在市场上具有良好竞争力的农产品，才能真正实现经济再生产和可持续发展，一个缺乏经济可持续性的农业系统最终是不可持续的。

2）生产可持续性

农业生产可持续性是指高生产力水平的长期维持，主要着眼于未来生产率和产量。生产可持续性的特征是生产能良好地适应社会对食物安全的要求，农、林、牧、渔各业的产出水平都能保持稳定增长。如果农产品产量、质量下降，即使农村经济和农民收入水平两高，农业也是非可持续性的。

3）生态可持续性

生态可持续性是指农业自然资源的永续利用和农业生态环境的良好维护。其主要特征是维护可再生资源的质量，维持和改善其生产能力，尤其要保护耕地资源；合理利用不可再生资源，减少浪费和防止环境污染；加强水利和农田基本建设，提高防灾抗灾能力。

4）社会可持续性

社会可持续性是指满足人类衣、食、住、行等基本需求和农村社会环境的良性发展，持续不断地提供充足而优质的农产品，是可持续农业的一个主要目标。社会可持续发展直接影响着农村的社会稳定和农业的可持续发展。农村社会环境改善主要包括：人口的数量控制和素质提高，社会公平不断增加，资源利用逐渐改良，农村剩余劳动力就业机会不断增加和落后农村逐渐脱贫等。

（四）农业可持续发展的重要意义

农业生产是一个庞大而复杂的系统工程，实现农业可持续发展是农业生产的基本要求。农业生态系统是被人类驯化的自然生态系统，它不仅受自然的约束，还受到社会经济规律的支配。满足农业可持续发展要求的农业生态系统应该具有一定稳定性和持续性的生产力。

随着人类对资源和环境问题的重视，持续农业受到广泛关注。有的强调低外部收入、少化学污染，有的侧重水土保持，有的强调发展某些绿肥或护土植物，也有的强调多部门发展农业生态复合系统。虽然关注的形式有所不同，但其实质是一致的。发展可持续农业是我国农业的必然选择。

（1）发展可持续农业是我国农业完成三大任务的需要。当前我国农业的主要任务：一是保证农产品有效供给；二是保证农民收入稳定增长；三是保证农业生产发展有一个良好的生态环境。这三大任务从目前的客观形势看，艰巨而繁重。农产品有效供给面临人多、地少、水缺、资源供给不足的压力，农民收入增长面临农业生产比较效益低、劳动生产率低和劳动投入机会成本高的压力，农业生态环境面临工业化和城市化快速推进，石化能源等农业投入品减少与增产矛盾难以协调的压力，以致发展可持续农业成为农业完成三大任务的必然选择。

（2）发展可持续农业是顺应农业三大发展趋势的需要。农村工业化、农村城镇化和农业现代化是我国农业的三大发展趋势。农村工业化和农村城镇化一方面使社会对农产品的消费需求增加，另一方面促使农业资源迅速转移和消耗；农业现代化要求农业实现机械化、规模化和集约化经营，实现市场化和国际化，在给农业带来发展机遇的同时也给农业带来了压力和挑战，面对压力和挑战，农业只能选择可持续发展之路。

（3）发展可持续农业是我国农业克服"五低"矛盾的需要。我国农业目前存在五低：一是人均资源占有率低。我国人均耕地、淡水、林草都是世界上相对较低的国家。二是资源利用率低。我国土地生产率、水资源利用率和肥料利用率都相对较低。三是劳动生产率低。我国每个农业劳动者能养活的人口只相当于美国的1/5。四是科技贡献率低。五是农业抗灾能力低。我国农业灾害发生率高，成灾率高，农业因灾损失大。而要解决这"五低"矛盾，唯一的选择是实现农业的可持续发展。

（4）发展可持续农业是我国农业迎接三大挑战和实现农业现代化的需要。中国农业目前正面临着人口增长和经济发展对农产品需求增加、资源约束与生产发展、资源要素转移与现代农业发展的三大挑战。面对这三大挑战，要保证农产品的供给平衡，保证农业打破资源环境的束缚而稳定发展，要使农业从传统农业向现代农业转变，能与工业化和城市化协调发展，唯一的选择是实现农业的现代化和可持续发展。

（5）可持续农业发展是我国协调区域间农业资源利用关系的需要。农业资源具有公益性和公用性的特点，如果不能协调好资源在区域间、产业间和代际间的利用分配关系，就会产生难以持续的矛盾。例如，塔里木河因上游大量取水灌溉而导致下游沙化加剧；黄河因上游大量引水灌溉而导致下游出现断流和被迫兴建水库；长江流域由于上游乱砍滥伐和破坏林草资源以致引发水患灾害及泥石流、滑坡等地质灾害；当代人的乱占耕地，会使后代人无地可种。要解决这些问题，只有全面树立可持续发展的观念，认真协调各种关系，坚定不移地走可持续发展之路。

（五）我国可持续农业发展面临的问题

中国农业可持续发展必须为全体国民享有充足与健康的食物和清洁的环境做出贡献。中国农业已经持续发展了数千年，世世代代积累了丰富的农业发展经验。但是，由于一系列非持续发展因素的积累影响，中国农业也面临着一系列问题。农业、农村的可持续发展面临着众多难题。

1. 耕地占用速度过快

由于经济的发展，占用部分土地从事道路、水利工程和房屋建设是必需的，但占用过多，征占速度过快，必然造成土地资源丧失过快和不少土地资源的浪费。农民在经济条件改善后，建设自住房屋占地太多的问题极为突出，尤其是在经济发达地区，这一现象相当严重。

2. 水资源和耕地的污染日益加重

由于工业发展，工业废水、废渣、废气无控制排放，由此污染农业水资源并危及整个农业生态环境的现象日益加重。在经济发达地区，如江苏、浙江的环太湖地区及广东珠江流域，这一问题已非常突出。水资源的污染还有相当部分来自农业生产中大量施用的高毒性农药和除草剂，以及农民在生活条件改善后对粪便处理方式的改变。农村和城市大量排放的生活污水直接威胁着几千年传统农业已建立的农田生态系统。混乱的农业生态系统不仅会直接造成农业生产力的破坏，还会导致人类生存环境的破坏，长江和太湖水污染及由此引起的鱼类种群衰退、物种消失便与此有直接的关系。

3. 森林砍伐和植被破坏过快

严格说来，我国是一个森林资源极为贫乏的国家（日本森林面积占国土面积的 67%、瑞典占 52%，而我国仅占 20.36%）。在西部高寒山区，由于气候条件恶劣，不少地区缺乏良好的植被覆盖，草原地区也常常由于过度放牧，造成草原退化。由于以上种种原因，我国不少农耕地区水土流失严重，“有雨则涝，无雨就旱”，农业生态的自我调节能力薄弱。土壤被冲刷，不仅使大片农田生产性能降低，而且带走了大量的泥沙，导致了河道淤塞，诱发洪涝和其他灾害。

4. 耕作技术改变后，土壤肥力出现下降趋势

我国是一个农业大国，长期的传统农业已形成自己特有的耕作制度和相应的耕作技术，如重视使用有机肥料、精耕细作、注意轮耕轮作等。改革开放以后，随着经济的快速发展，劳动力单价提高，不少地区为降低生产成本，有机肥使用大量减少，化肥使用量大幅度增加，农田耕作粗放，造成土壤有机质下降，土壤肥力下降，物理性能减退。

二、农业可持续发展的政策目标

从环境保护和资源有效合理利用方面考虑，农业可持续发展应是在不断满足当代人在各个时期各种不同的要求，保证农业不断发展，同时又不妨碍将来的发展的情况下，着重解决农用土地资源数量的相对稳定及土地产出率的提高、农业生产方式和经营机制的改革、农业生产环境的改善等基本方面以及相关因素的配套协调，从而建立起农业可持续发展的良性循环的复合自然经济。

持续农业的目标是以现代工业和科学技术为基础，利用我国传统农业的有效技术精华，实现持续增长的生产率、持续提高的土壤肥力、持续协调的农村生态环境、持续利用的农业自然资源，实现高产、优质、高效、低耗，逐步建立起一个采用现代工业装备、现代科学技术和现代经营管理方法的农业综合体系。具体内容包括：

（1）积极增加粮食产量，确保粮食安全，消除饥荒。

（2）促进农村综合发展，增加农民收入，消除贫困。

（3）合理利用、保护和改善自然资源，创造良好环境，以利于子孙后代生存和发展。

（4）发展多种经营方式、多种生产类型、多层次的农业经济结构和发展模式。

（5）进一步依靠科技进步，将继承和发展我国传统农业技术的精华与吸收现代高科技相结合。

2015 年 5 月 27 日农业部正式发布《全国农业可持续发展规划（2015—2030 年）》，指出了农业可持续发展的具体目标：

到 2020 年，农业可持续发展取得初步成效，经济、社会、生态效益明显。农业发展方式转变取得积极进展，农业综合生产能力稳步提升，农业结构更加优化，农产品质量安全水平不断提高，农业资源保护水平与利用效率显著提高，农业环境突出问题治理取得阶段性成效，森林、草原、湖泊、湿地等生态系统功能得到有效恢复和增强，生物多样性衰减速度逐步减缓。

到2030年，农业可持续发展取得显著成效。供给保障有力、资源利用高效、产地环境良好、生态系统稳定、农民生活富裕、田园风光优美的农业可持续发展新格局基本确立。

三、实现我国农业可持续发展的政策措施

1. 树立农业可持续发展的战略思想

在进行农业生产决策时，决策者要用农业可持续发展的思想来指导农业生产，在项目选择、指挥生产等决策时要认真考虑，对不造成环境污染、技术上适当、经济上可行、社会上能接受的农业，可持续发展的措施才能推广施行。

2. 建立支撑农业持续发展的投入体系

增加农业投入是农业较高水平上持续稳定发展的先决条件。农业向高层次发展意味着农业生产投入的增加，这是农业稳定持续发展的必然趋势。农业持续发展的投入体系应该在国家投资的启动下，增加自我造血功能，形成自我积累机制。由国家、集体、农民和企业单位组成投入体系，根据项目的性质、类别、经营主体确保投入主体并形成配套体系。

3. 依靠科技进步，促进持续农业的发展

科技进步是持续农业发展的支柱。在加强基础理论研究的同时，加强生物技术、生态技术、农业系统工程技术的研究，重视研究和开发农业高新技术。健全有效的农技推广体系，在试点、示范上，因地制宜，大力推广新技术。搞好农业科技教育工作，办好各类专业院校，不断提高科技队伍的技术水平，增强科技队伍的可持续发展后劲。加强农村基础教育、成人教育，提高劳动者素质。

4. 加强农业基础设施建设，增强提高产出率的后劲

为实现土地产出率持续稳步提高，重点抓以下几方面的建设和治理：一是抓以更新改造、提高标准、完善配套、健全体系为主体的农田基本建设，进一步提高抗灾能力，减轻自然灾害对提高产出率的影响；二是以提高耕地基础地力为主体的改土增肥建设，提高土壤质量，增强土地产出率的后劲；三是加强农业生产条件的现代化建设，包括农业机械、农业化学、农业电力、良种、农业技术以及与此配套的农技体系建设，保证产出率的稳定提高。

5. 建立农业可持续发展的法律保障体系

健全农业非持续行为的约束机制，加强立法和执法，重点抓农业资源综合法规建设。对一切损害和破坏农业资源、污染和破坏农业生态环境的行为，要绳之以法。通过健全和完善农业法规，配套组织，建立起农业持续发展的法律和保障体系，保障农业可持续发展。

第二节　农业环境保护政策

一、我国面临的农村环境危机

农业资源环境是农业生产的物质基础，也是农产品质量安全的源头保障。随着人口增长、膳食结构升级和城镇化不断推进，我国农产品需求持续刚性增长，对保护农业资源环境提出了更高要求。目前，我国农业资源环境遭受着外源性污染和内源性污染的双重压力，已成为制约农业健康发展的瓶颈。一方面，工业和城市污染向农业农村转移排放，农产品产地环境质量堪忧；另一方面，化肥、农药等农业投入品过量使用，畜禽粪便、农作物秸秆和农田残

膜等农业废弃物不合理处置，导致农业面源污染日益严重，加剧了土壤和水体污染风险。加之长期以来农村建设没有具体规划，生产生活缺乏秩序，基础设施不健全，农村生活垃圾处理率低，几乎全部露天堆放。同时，务农人口年龄老化，不易接受新技术、新观念，缺乏环保意识，对于化肥、农药的依赖程度较高。长期大量使用农药和化肥等化学物质，导致全国约 1.5 亿亩耕地受到不同程度的污染，农村居民生活污水、乡镇企业污染排放、城市工业污染转移等直接威胁到农村居民的饮水安全，农村 3 亿多人喝不上干净的水。农村废弃物污染，畜禽养殖污染，化肥、农药污染，农村乡镇小企业污染，矿产资源的不合理开发等，都使农村的生态环境受到了一定的影响，生态质量也有所下降，因此对农民群众的身体健康和农村经济产生了负面的影响。

与工业污染点源不同，农业污染通常是无序的面源式分散排放，具有分散性、隐蔽性、随机性、不易监测性和空间异质性等特点。有机物（COD）、总氮（TN）、总磷（TP）是农村面源污染物负荷的主要来源。农业生产过程中产生的污染主要来自以下两方面：

一方面，农药、化肥、农膜等的过度使用，加之农药、化肥的利用率较低（农药利用率只有 10%~30%、化肥一般只有 30%~40%），导致大部分农药、养分流失进入环境，造成土壤、地表水、地下水等污染。化肥、农药、农膜等农用物资的使用促进了农业增产，但化肥、农药等不合理使用也给农村生态环境带来了严重的负面影响。化肥的使用导致土壤板结，耕作质量差，土壤中的肥料养分容易流失，进入河、湖、库等，污染了水体，使水体富营养化，水质恶化。大量农药散失于环境中，直接接触人类皮肤，可引起皮肤过敏、红肿、瘙痒等，一部分还可通过人体呼吸系统进入肺部，促使哮喘病的发生。值得注意的是，农药在杀死害虫的同时，害虫的天敌也无一幸免，从而破坏了自然界的生态平衡，如果农药使用不当，尤其是临近收获的农作物，会造成污染危害。例如，一些地区的蔬菜、水果有机农药含量超标，就是农药过量使用所致。农膜的污染是一个不容忽视的问题。农膜主要是用来覆盖种植庄稼的，因此庄稼收获后若不及时清理，就会被埋在土壤中使土壤的通透性变差，土壤中的水分运动受阻，不利于土壤空气的循环，引起土壤板结，由于大部分农膜使用非降解地膜，农膜在土壤中的分解过程很漫长，同时挥发出有害物质，使土壤活性降低，破坏了土壤的生态环境，使农作物减产。

另一方面，农村生活过程中产生的污染，包括村镇生活污水的随意排放，农村固体废弃物随意堆积对空气、土壤以及随暴雨进入水体造成的污染等。农村废弃物污染，农民的生活垃圾乱倒，生活垃圾多为混合垃圾，同时生活垃圾腐烂、发臭、发酵分解，给大气环境造成了严重的污染，而且垃圾在堆放过程中，有机物分解，产生了多种酸性的代谢产物，在雨水的淋浇下流入地表或渗入地下，引起饮用水源的污染，对土壤也造成了污染，进一步影响了农产品的质量，垃圾中的病原体可能导致农村传染病的发生。

二、农业环境政策目标

（一）开展农村环境综合整治

推动编制农村环境综合整治规划。开展农村改水、改厕工作，改善农村环境卫生条件；生活垃圾实现定点存放、统一收集、定时清理、集中处理；因地制宜推进乡镇生活污水处理；结合旧村改造、新村建设，美化村庄环境，改善村容村貌。完成 1 万个行政村的环境综合整治，建设 2 000 个环境优美乡镇。加大农村企业污染监管和治理力度，禁止工业固体废物、危险废物、城镇垃圾及其他污染物向农村转移。

（二）加强土壤污染防治

开展土壤污染现状调查，建立土壤环境质量评价和监测制度，开展污染土壤修复示范。搬迁企业必须做好原厂址土壤修复工作，对持久性有机污染物和重金属污染超标耕地实行综合治理；污染严重且难以修复的耕地应依法调整用途。严格控制主要粮食产地和菜篮子基地的污水灌溉，加大对菜篮子基地的环境管理。

（三）控制农村面源污染，发展生态农业

开展农村面源污染综合治理的试点、示范。推广科学施用农药、化肥，提高农药、化肥利用效率。开展小流域综合治理，控制水土流失。推动绿色食品和有机食品基地建设，大力发展节水农业和生态农业。推广农业资源节约和综合利用，大力发展农业循环经济。以沼气建设为纽带，合理利用秸秆资源，加强集中式畜禽养殖场污水、粪便综合利用和处理，提高农户沼气普及率。

2015 年农业部提出《关于打好农业面源污染防治攻坚战的实施意见》，力争到 2020 年农业面源污染加剧的趋势得到有效遏制，实现“一控两减三基本”。“一控”，即严格控制农业用水总量，大力发展节水农业，确保农业灌溉用水量保持在 3 720 亿立方米，农田灌溉水有效利用系数达到 0.55；“两减”，即减少化肥和农药使用量，实施化肥、农药零增长行动，确保测土配方施肥技术覆盖率达 90%以上，农作物病虫害绿色防控覆盖率达 30%以上，肥料、农药利用率均达到 40%以上，全国主要农作物化肥、农药使用量实现零增长；“三基本”，即畜禽粪便、农作物秸秆、农膜基本资源化利用，大力推进农业废弃物的回收利用，确保规模畜禽养殖场（小区）配套建设废弃物处理设施比例达 75%以上，秸秆综合利用率达 85%以上，农膜回收率达 80%以上。农业面源污染监测网络常态化、制度化运行，农业面源污染防治模式和运行机制基本建立，农业资源环境对农业可持续发展的支撑能力明显提高，农业生态文明程度明显提高。

三、农业环境保护政策措施

加强农业面源污染治理，是转变农业发展方式、推进现代农业建设、实现农业可持续发展的重要任务。2015 年中央 1 号文件对“加强农业生态治理”做出专门部署，强调要加强农业面源污染治理。2015 年的政府工作报告也提出了加强农业面源污染治理的重大任务。为贯彻落实好党中央、国务院一系列部署要求，坚决打好农业面源污染防治攻坚战，加快推进农业生态文明建设，不断提升农业可持续发展支撑能力，促进农业农村经济又好又快发展，农业部提出了《关于打好农业面源污染防治攻坚战的实施意见》，同时结合之前提出的《全国农业可持续发展规划（2015—2030 年）》和《农业环境突出问题治理总体规划（2014—2018 年）》，贯彻落实《农业法》《中华人民共和国环境保护法》《畜禽规模养殖污染防治条例》等有关农业面源污染防治要求，推动“中华人民共和国土壤污染防治法”的出台及《中华人民共和国农产品质量安全法》《农药管理条例》等修订工作，共同对农业环境保护提供政策保障。

（一）实施化肥、农药零增长行动

扩大测土配方施肥在设施农业及蔬菜、果树、茶叶等园艺作物上的应用，基本实现主要农作物测土配方施肥全覆盖；创新服务方式，推进农企对接，积极探索公益性服务与经营性服务结合、政府购买服务的有效模式。推进新型肥料产品研发与推广，集成推广种肥同播、化肥深施等高效施肥技术，不断提高肥料利用率。积极探索有机养分资源利用有效模式，鼓励开展秸秆还田、种植绿肥、增施有机肥，合理调整施肥结构，引导农民积造施用农家肥。结合高标准农田建设，大力开展耕地质量保护与提升行动，着力提升耕地内在质量。建设自动化、智能化田间监测网点，构建病虫监测预警体系。加快绿色防控技术推广，因地制宜集成推广适合不同作物的技术模式；选择“三品一标”农产品生产基地，建设一批示范区，带动大面积推广应用绿色防控措施。提升植保装备水平，发展一批反应迅速、服务高效的病虫害专业化防治服务组织；大力推进专业化统防统治与绿色防控融合，有效提升病虫害防治组织化程度和科学化水平。扩大低毒生物农药补贴项目实施范围，加速生物农药、高效低毒低残留农药推广应用，逐步淘汰高毒农药。

（二）加快农业环境突出问题治理

基本形成改善农业环境的政策法规制度和技术路径，确保农业生态环境恶化趋势总体得到遏制，治理明显见到成效。实施并完善农业环境突出问题治理总体规划。加大农业面源污染防治力度，实施化肥农药零增长行动，实施种养业废弃物资源化利用、无害化处理区域示范工程。积极推广高效生态循环农业模式。探索实行耕地轮作休耕制度试点，通过轮作、休耕、退耕、替代种植等多种方式，对地下水漏斗区、重金属污染区、生态严重退化地区开展综合治理。实施全国水土保持规划。推进荒漠化、石漠化、水土流失综合治理。

各地要统筹考虑环境承载能力及畜禽养殖污染防治要求，按照农牧结合、种养平衡的原则，科学规划布局畜禽养殖。推行标准化规模养殖，配套建设粪便污水贮存、处理、利用设施，改进设施养殖工艺，完善技术装备条件，鼓励和支持散养密集区实行畜禽粪污分户收集、集中处理。在种养密度较高的地区和新农村集中区因地制宜建设规模化沼气工程，同时支持多种模式发展规模化生物天然气工程。因地制宜推广畜禽粪污综合利用技术模式，规范和引导畜禽养殖场做好养殖废弃物资源化利用。加强水产健康养殖示范场建设，推广工厂化循环水养殖、池塘生态循环水养殖及大水面网箱养殖底排污等水产养殖技术。

加快地膜标准修订，严格规定地膜厚度和拉伸强度，严禁生产和使用厚度为 0.01 毫米以下地膜，从源头保证农田残膜可回收。加大旱作农业技术补助资金支持，对加厚地膜使用、回收加工利用给予补贴。开展农田残膜回收区域性示范，扶持地膜回收网点和废旧地膜加工能力建设，逐步健全回收加工网络，创新地膜回收与再利用机制。加快生态友好型可降解地膜及地膜残留捡拾与加工机械的研发，建立健全可降解地膜评估评价体系。在重点地区实施全区域地膜回收加工行动，率先实现东北黑土地大田生产地膜零增长。

（三）加强农业生态保护和修复

实施山水林田湖生态保护和修复工程，进行整体保护、系统修复、综合治理。扩大新一轮退耕还林还草规模。扩大退牧还草工程实施范围。实施新一轮草原生态保护补助奖励政策，适当提高补助奖励标准。实施湿地保护与恢复工程，开展退耕还湿。建立沙化土地封禁保护制度。加强历史遗留工矿废弃和自然灾害损毁土地复垦利用。开展大规模国土绿化行动，增加森林面积和蓄积量。加强三北、长江、珠江、沿海防护林体系等林业重点工程建设。继续推进京津风沙源治理。完善天然林保护制度，全面停止天然林商业性采伐。完善海洋渔业资源总量管理制度，严格实行休渔禁渔制度，开展近海捕捞限额管理试点，按规划实行退养还滩。加快推进水生态修复工程建设。建立健全生态保护补偿机制，开展跨地区跨流域生态保护补偿试点。编制实施耕地、草原、河湖休养生息规划。

（四）深入开展秸秆资源化利用

进一步加大示范和政策引导力度，大力开展秸秆还田和秸秆肥料化、饲料化、基料化、原料化和能源化利用。建立健全由政府推动、以秸秆利用企业和收储组织为轴心、经纪人参与、市场化运作的秸秆收储运输体系，降低收储运输成本，加快推进秸秆综合利用的规模化、产业化发展。完善激励政策，研究出台秸秆初加工用电享受农用电价格、收储用地纳入农用地管理、扩大税收优惠范围、信贷扶持等政策措施。选择京津冀等大气污染重点区域，启动秸秆综合利用示范县建设，率先实现秸秆全量化利用，从根本上解决秸秆露天焚烧问题。

（五）实施耕地重金属污染治理

加快推进全国农产品产地土壤重金属污染普查，启动重点地区土壤重金属污染加密调查和农作物与土壤的协同监测，切实摸清农产品产地重金属污染底数，实施农产品产地分级管理。加强耕地重金属污染治理修复，在轻度污染区，通过灌溉水源净化、推广低镉积累品种、加强水肥管理、改变农艺措施等，实现水稻安全生产；在中、重度污染区，开展农艺措施修复治理，同时通过品种替代、粮油作物调整和改种非食用经济作物等方式，因地制宜调整种植结构，少数污染特别严重区域，划定为禁止种植食用农产品区。实施好湖南省耕地重金属污染治理修复和种植结构调整试点工作。

（六）大力培育新型治理主体

大力发展农机、植保、农技和农业信息化服务合作社、专业服务公司等服务性组织，构建公益性服务和经营性服务相结合、专项服务和综合服务相协调的新型农业社会化服务体系。采取财政扶持、税收优惠、信贷支持等措施，加快培育多种形式的农业面源污染防治经营性服务组织，鼓励新型治理主体开展畜禽养殖污染治理、地膜回收利用、农作物秸秆回收加工、沼渣沼液综合利用、有机肥生产等服务。探索开展政府向经营性服务组织购买服务机制和PPP模式创新试点，支持具有资质的经营性服务组织从事农业面源污染防治。鼓励农业产业化龙头企业、规模化养殖场等，采用绩效合同服务等方式引入第三方治理，实施农业面源污染防治工程整体式设计、模块化建设、一体化运营。

（七）开展农村人居环境整治行动和美丽宜居乡村建设

遵循乡村自身发展规律，体现农村特点，注重乡土味道，保留乡村风貌，努力建设农民幸福家园。科学编制县域乡村建设规划和村庄规划，提升民居设计水平，强化乡村建设规划许可管理。继续推进农村环境综合整治，完善以奖促治政策，扩大连片整治范围。实施农村生活垃圾治理五年专项行动。采取城镇管网延伸、集中处理和分散处理等多种方式，加快农村生活污水治理和改厕。全面启动村庄绿化工程，开展生态乡村建设，推广绿色建材，建设节能农房。开展农村宜居水环境建设，实施农村清洁河道行动，建设生态清洁型小流域。发挥好村级公益事业一事一议财政奖补资金作用，支持改善村内公共设施和人居环境。普遍建立村庄保洁制度。坚持城乡环境治理并重，逐步把农村环境整治支出纳入地方财政预算，中央财政给予差异化奖补，政策性金融机构提供长期低息贷款，探索政府购买服务、专业公司一体化建设运营机制。加大传统村落、民居和历史文化名村名镇保护力度。开展生态文明示范村镇建设。鼓励各地因地制宜探索各具特色的美丽宜居乡村建设模式。

第三节　农业自然资源保护政策

一、我国面临的农业资源危机

（一）水资源环境危机

我国农业水资源总量丰富，但单位耕地占有量小，农业用水短缺形势严峻。我国年均降水量约 6 万亿立方米，年水资源总量约 2.7 万亿立方米，居世界第 6 位，但亩均只有 1 300 多立方米，只为世界平均水平的一半。随着经济社会发展的加快，工业用水、生活用水都明显增加，工业污染、城市生活污染以及农药、化肥造成的污染，都进一步加重了我国水资源的短缺程度。水资源浪费也是加重我国水资源短缺的重要原因之一。目前我国水资源短缺与粗放低利用的状况并存，而水资源的粗放低效利用又加剧了水资源短缺程度。由于输水方式、灌溉方式、农田水利基础设施、耕作制度、栽培方式等方面存在的问题，我国农业用水利用率很低。我国农业生产广泛采用“土渠输水、大水漫灌”的方式，而不少发达国家利用现代的先进灌溉技术进行节水灌溉。我国城乡居民的节水意识非常淡薄，在生活用水中的浪费也较严重。我国目前缺水量达 400 亿立方米，近 2/3 的城市存在不同程度的缺水，我国农村饮水不安全人口仍有 2.03 亿人，受水量及水质不安全影响的城镇人口近 1 亿人。近年来，我国畜禽养殖业发展迅速，为城乡居民提供了丰富的畜产品，满足了人民群众对肉、蛋、奶类产品的消费需求。同时畜禽养殖产生了数量巨大的污染物，主要包括水污染物、恶臭气体、废渣等。畜禽养殖的主要危害是，由于养殖场离水源距离较近，粪便、细菌、微生物等容易引起水源污染；养殖场离人类生活居住地较近，容易传播疾病，影响农村卫生环境。

水资源在我国农村地区属于公共财产资源。农民在水资源利用上的“消费不经济性”和在农业生产中的“生产不经济性”，常使农村地区的水资源逐步耗损和退化。例如，在共同使用同一水域水资源时，常会不计社会成本过量地使用，采用大水漫灌，没有节水动力。同时由于农业税的取消，大多数农村基层政府财力有限，政绩考核体系和公共物品项目绩效评价机制不完善，地方政府往往重视短期经济利益，比较重视本区域准公共产品的提供，因而对水资源保护缺乏动力。我国在水资源保护上较重视全国范围内的流域水资源保护，而对乡镇以下的水资源保护，地方政府无力承担或不愿承担，中央政府又缺乏相应监管和扶持机制，因而各级政府在农村水资源保护上的职责长期处于模糊状态，以致对广大农村和农业生产经营中的水资源保护长期提不上议事工程，甚至尚属空白。

（二）耕地资源危机

目前全世界有 33 亿公顷牧地和耕地不同程度沙漠化，100 多个国家程度不同地承受着沙漠化的威胁。但问题并不止于此，由于人类的过度放牧、无情砍伐以及大肆开荒，目前全球沙漠化的速度越来越快。据联合国估计，目前全世界每年大约有 600 万公顷的土地被沙漠吞没。土壤侵蚀的主要动力主要是来自风和雨水，风将土壤刮到远方，雨水则将土壤冲到江河湖海中。据科学家的估计，在自然力的作用下生成 1 厘米厚的土壤需要 100~400 年的时间，而在世界不少地方，一年损失的表土就超过 1 厘米；据联合国环境规划署估计，全世界由于土壤侵蚀而损失的土地每年达 600 万~700 万公顷，损失掉的土壤高达 240 亿吨。土壤侵蚀还导致土壤肥力的下降，降低土地养育人口的潜力。

我国水土流失导致土地退化，毁坏耕地。经研究测算，按现在的流失速度，50 年后东北黑土区 1 400 万亩耕地的黑土层将流失掉。水土流失还削弱生态系统的调节功能，严重威胁生态安全和饮水安全。随着水土流失的加剧，土层有效持水量降低、热量状况变劣，裸露土地温度升高，土壤调节水分的功能也随之下降，影响水资源利用，进而导致水旱灾害加剧。50 多年来，我国从南到北，旱灾发生的频率也呈现逐渐增加的趋势。近 10 年来全国平均耕地受旱面积达到 2.9 亿亩，成灾面积达到 1 亿多亩。而耕地资源是不可代替的农业生产资料。近年来，随着我国工业化、城市化进程的加快，国家、集体和个人每年要占用 900 万亩左右的土地（主要是耕地）。另外，由于乱砍森林、草原过牧、盲目开垦等，我国水土流失问题十分严重，而由于投入不足，土壤肥力下降又影响了耕地质量。我国耕地资源面临的问题非常严重，但随着我国经济和社会的不断发展，人们的生活水平不断提高，人们对于肉、蛋、奶等食品的需求增加，我国面临着满足人们不断增加的食品需求的巨大压力。由于我国耕地面积的不断减少和食品需求的不断增加，我国耕地更具稀缺性，土地价值上升也成为必然趋势。

二、农业可持续发展中的资源保护政策

推动农业可持续发展，必须确立发展绿色农业就是保护生态的观念，加快形成资源利用高效、生态系统稳定、产地环境良好、产品质量安全的农业发展新格局。

（一）加强农业资源保护和高效利用

基本建立农业资源有效保护、高效利用的政策和技术支撑体系，从根本上改变开发强度过大、利用方式粗放的状况。坚持最严格的耕地保护制度，坚守耕地红线，全面划定永久基本农田，大力实施农村土地整治，推进耕地数量、质量、生态“三位一体”保护。落实和完善耕地占补平衡制度，坚决防止占多补少、占优补劣、占水田补旱地，严禁毁林开垦。全面推进建设占用耕地耕作层剥离再利用。实行建设用地总量和强度双控行动，严格控制农村集体建设用地规模。完善耕地保护补偿机制。实施耕地质量保护与提升行动，加强耕地质量调查评价与监测，扩大东北黑土地保护利用试点规模。实施渤海粮仓科技示范工程，加大科技支撑力度，加快改造盐碱地。创建农业可持续发展试验示范区。划定农业空间和生态空间保护红线。落实最严格的水资源管理制度，强化水资源管理“三条红线”刚性约束，实行水资源消耗总量和强度双控行动。加强地下水监测，开展超采区综合治理。落实河湖水域岸线用途管制制度。加强自然保护区建设与管理，对重要生态系统和物种资源实行强制性保护。实施濒危野生动植物抢救性保护工程，建设救护繁育中心和基因库。强化野生动植物进出口管理，严厉打击象牙等濒危野生动植物及其制品非法交易。

（二）大力发展节水农业

确立水资源开发利用控制红线、用水效率控制红线和水功能区限制纳污红线。严格控制入河湖排污总量，加强灌溉水质监测与管理，确保农业灌溉用水达到农田灌溉水质标准，严禁未经处理的工业和城市污水直接灌溉农田。实施“华北节水压采、西北节水增效、东北节水增粮、南方节水减排”战略，加快农业高效节水体系建设。加强节水灌溉工程建设和节水改造，推广保护性耕作、农艺节水保墒、水肥一体化、喷灌、滴灌等技术，改进耕作方式，在水资源问题严重地区，适当调整种植结构，选育耐旱新品种。推进农业水价改革、精准补贴和节水奖励试点工作，增强农民节水意识。

【思考题】

1. 农业可持续发展的含义是什么？
2. 我国农业可持续发展的政策目标是什么？
3. 你认为目前我国农业可持续发展中面临的挑战有哪些？
4. 你认为我国还应从哪些方面完善和调试相关政策以促进农业的可持续发展？
5. 如何加强农村面源污染治理？
6. 如何加强农村水资源、耕地资源保护？

【推荐阅读】

吴敬琏等. 2016. 供给侧改革. 北京：中国文史出版社.

中华人民共和国第九届全国人民代表大会常务委员会. 2002. 中华人民共和国水法.

中华人民共和国第十二届全国人民代表大会常务委员会. 2014. 中华人民共和国环境保护法.

参 考 文 献

孔祥智. 2014. 农业政策学. 北京：高等教育出版社.
刘涛，吴刚，邓红兵. 2012. 流域水资源管理中政府角色与各国经验借鉴. 长江流域资源与环境，（8）：18-23.
谭向勇，肖海峰，李秉龙. 2012. 农业政策原理. 太原：山西经济出版社.
钟甫宁. 2011. 农业政策学. 北京：中国农业出版社.

第十三章　农村社会发展政策

【本章导读】

农村社会发展问题关系到国民素质、经济发展，关系到社会稳定、国家富强，也是全面建设小康社会进程中的关键问题，那么如何通过农村人口政策、农村教育政策、农村扶贫政策、农村社会保障政策促进农村社会发展？

【核心概念】

农村人口政策；农村教育政策；农村扶贫政策；农村社会保障政策

第一节　农村人口政策

一、我国农村人口发展问题现状

新中国成立以来，在经济发展、人口政策的影响下，我国农村人口的发展非常迅速。1949年全国人口为5.42亿，到1953年全国第一次人口普查时，农村人口已达5.34亿，占全国人口比重的88.7%；1964年全国第二次人口普查时，农村人口达到5.90亿，占全国人口比重的81.6%；1982年全国第三次人口普查时，农村人口就达到8.20亿，占全国人口比重的79.5%。随着计划生育政策的实施，加上城市化、城镇化和升学、招工，大量的农村人口转化为非农人口，农村人口增长速度放慢。2010年第六次人口普查，农村人口6.6亿，占全国人口比重49.6%。虽然人口比重大幅下降，但是我国农村人口的数量还是很大，人均资源的占有量远远低于加拿大、美国、法国、俄罗斯、日本等国家。

随着农村人口增长速度的放慢，加之生活条件、医疗条件的改善，农村人口的寿命不断延长，老龄化问题接踵而至。第五次人口普查，城市和农村60岁以上人口的比例分别为9.68%和10.91%，而10年之后的2010年第六次人口普查，城市和农村60岁以上人口的比例分别上升至11.68%和14.98%，农村老年人口比例提高了4.07百分点，而城市仅提高了2百分点。我国农村的经济发展比较缓慢，且老龄化的程度高于城市，所以农村的老龄化问题将更为复杂。

长期以来，由于城乡二元结构，城乡教育资源分配严重失衡。全国普通中小学财政性教育经费由2006年的3 280.77亿元增长到2011年的9 662.05亿元，农村普通中小学国家财政性教育经费由2006年的1 977.49亿元增长到2011年的5 955.77亿元，分别占同期国家普通中小学财政性教育经费总额的60.2%和61.6%。虽然期间总支出增加了很多，但比例并未发生太大变化，而农村中小学数量为全国中小学的80.3%。农村人口的整体文化素质较低，2010年我国农村文盲人口占15岁及以上农村人口的7.26%，而城镇文盲人口占15岁及以上城镇人口的2.6%。由于文化水平低，大多数农民只能从事简单的传统农业，对于新技术和新知识的接受能力普遍较低，不能适应新农村建设的需要。

由于经济发展慢，农村人口收入低，生活条件差。2015 年城镇居民年人均可支配收入 31 195 元，全年农村居民人均纯收入为 10 772 元，城镇居民是农村居民人均纯收入的 2.89 倍。农村医疗条件差，缺乏专业医护人员，卫生设施质量不高，农民的就医条件仍然十分简陋。

我国农村人口数量多，文化程度低，科技知识匮乏，医疗条件差，人口老龄化，造成这种现状的原因是多方面的，如历史、环境、政策、经济、教育等。

二、实现农村人口全面发展的建议

（一）“百年大计，教育为本”，加大教育投入，提高农村人口的文化素质

为了提高农村人口的文化素质，要做到以下四点：第一，要进一步加大对教育的投入，解决教育设备落后、办学经费缺乏等困扰农村教育发展的突出问题。第二，要加强农村教师队伍建设，即要提高农村教师的待遇和地位，吸引优秀人才到农村任教。第三，必须抓好九年制义务教育。改变农民传统落后的教育观念，保证适龄儿童、少年的入学率，保证九年义务教育得到真正落实。第四，加强农民科技知识培训，要以“实际、实用、实效”为原则，以推广实用技术为重点，采用各种渠道各种形式办学，加大对农民的技能培训。

（二）加快职业教育改革，加强农村人力资源开发

要通过农村职业教育改革，开发农村人力资源，变农村人口的数量压力为人力资源优势。第一，科学定位农村的职业教育办学方向。农村职业教育发展要适应建设社会主义新农村的要求，既要担负起培养新型农民的重任，更要在农村富余劳动力向非农产业转移中发挥重要作用。所以要更新农村职业教育观念，改变以升学为目的的办学定位，以技能培训为主，充分提高农村人口的科学务农水平，同时提高进城打工农民的技能，还要发挥城市职业教育资源的优势，为农村富余劳动力由劳动密集型产业向技术密集型产业转移创造条件。第二，建立多元化投资体系。促进农村职业教育发展，除政府投资主渠道外，还应建立多元化的资金来源体系，充分利用社会力量办学。在政府的统筹下，探索政府、企业、行业和社会各界联合办学的新体系，明确企事业单位和社会各界在发展教育中的责任、权利和义务，从根本上改变政府独办农村职业教育的局面。第三，改革人才培养模式。通过加强实践教学比例，改革课程设置，编写实用教材，改善实验设备条件，提高教师的实践教学水平，吸纳优秀教师任教，突出技术操作性、职业技能性和教学实践性，培养技能型应用人才。

（三）科学务农，调整产业结构，提高农民收入

第一，科学务农。让农民掌握更多的科学技术知识，运用科学技术发展农业，提高农业的产量和产值，利用本地优势发展特色农业，大力发展生态农业。第二，加大产业结构调整。要按照市场需求组织农业生产，利用区域资源优势实施农业产业化经营，搞好市场的开拓、龙头企业与基地建设等工作。要大力发展农产品加工业，增加农产品的附加值。要大力建立健全农产品流通体系，强化农业环节的连贯性，实现农业扩大再生产。要根据市场对畜牧产品的需求日益增长的状况，积极调整农业的内部结构，提升养殖业的比重。还要加强对农业多功能性的认识，发展旅游农业等经营性农业，促进农业产业的升级。第三，转移农村富余劳动力。针对农村人口多、资源少，农村出现富余劳动力的现状，要加大培训与引导，组织劳务输出，让农民一方面增加收入，一方面开阔视野、转变观念。

（四）加快养老、医疗保险改革，提高老年人生活保障

建立农村社会保障制度的目标和方向是根据建立农村社会保障的指导思想和原则要求，在全国范围内建立一个科学、系统、规范的，包括养老保险、医疗保险、工伤保险等社会保险和社会福利、社会救助等全方位的、城乡一体化的有中国特色的社会保障体系，使农村劳动者和全体社会成员在面临年老、疾病、丧失劳动能力以及其他各种困难时，能够得到最基本的生活保障和帮助，做到“老有所养”。目前，我们急需加快农村养老、医疗保险改革，加大政府的财政和政策支持力度，要逐步完善法律法规，建立保障形式多样化、资金来源多元化、基金管理规范化、服务水平标准化的制度体系。

（五）解放思想、创新观念，建立新型的人口理念

我国农村人口的增长虽然得到了有效控制，但由于基数大，而且又面临着新一轮的人口增长高峰，因而数量庞大的农村人口对经济发展造成的压力远未解除。而农村男女比例失衡也会带来一系列的社会问题，不利于农村的稳定与发展。所以，要通过大力宣传学习，让农民的思想从旧的观念中解脱出来，自觉遵守国家的计划生育政策，同时加大政策的引导力度，奖励和惩处并用，稳定目前的低生育水平，使男女比例逐步平衡。

第二节　农村教育政策

一、农村教育概述

教育是现代文明的基石。提高国民素质，增强综合国力，必须大力发展教育事业。农村教育影响广泛，关系到农村经济和社会发展的全局。改革开放以来，我国城乡面貌发生了巨大而深刻的变化，这同教育特别是农村教育的发展密不可分。农业先进实用技术之所以能得到大面积推广，乡镇企业之所以能异军突起，农村富余劳动力之所以能大量向沿海地区和城镇转移，其中一个根本原因，就是有数以亿计受过义务教育的农村劳动力作为基础和支撑。当前，我国农业和农村经济正处在关键的发展阶段，优质、高效、生态、安全农业的发展，农业产业化经营的扩大，农村富余劳动力的转移等，都迫切需要全面提高农村劳动力素质。世界新科技革命的兴起和全面建设小康社会的推进，对广大农村人口科学文化素质和思想道德素质提出更高的要求。

二、我国农村教育发展的状况

（一）农村教育发展概况

国家第六次人口普查数据显示，截至 2010 年 12 月我国总人口 13.39 亿，其中城镇人口 6.6 亿，占我国总人口的 49.68%；农村人口 6.7 亿，约占我国总人口的 50.3%。农村人口中，小学文化程度的有 2.32 亿人，占 38%；初中文化程度的有 2.74 亿人，占 45%；高中文化程度的有 0.47 亿人，占 7.71%；大专及以上文化程度的有 0.12 亿人，占 2%。从以上统计结果来看，我国农村劳动力中文盲半文盲、小学和初中文化程度人数占农村 6 岁以上人口总人数的 90.22%。

（二）教育机构分布状况

随着城镇化的进程，教学机构呈现出一种城市集聚的现象。从高中到小学，城市的学校数量均处于明显的增长趋势，而农村学校则反之，数量呈现逐年下降的趋势。尤其是高中学校，数量急剧减少，越来越多的农村地区面临没有高中的境地。随着国家“撤校并点”的不断推进，农村地区小学和初中数量也在不断减少。2002~2011 年，我国农村地区高中数量从 2 312 所减少到 848 所，减少了 63.3%；初中从 39 735 所减少到 15 135 所，减少了 61.9%；小学从 384 004 所减少到 169 045 所，减少了 56%。同一时期，城市地区高中和小学的数量呈现上升趋势，初中学校数量减少了 49.7%。

（三）农村教育财政性教育经费投入状况

我国财政经费对农村教育的支出逐年增加。2002~2011 年，我国农村中学财政性经费支出从 34.1 亿元增长到 223 亿元，增长了 554%，生均教育经费从 983.6 元增长到 17 610.3 元；农村小学财政性教育经费从 71 亿元增长到 372.5 亿元，增长了约 425%，生均教育经费从 923.3 元增长到 9 163.5 元。

（四）农村地区中小学教师队伍结构

师资结构主要包括教师的年龄结构、学历结构和专业技术职称结构。从年龄来看，农村地区专职教师中，中青年骨干教师数量相对较少，40 岁以上的老教师占大多数，中青年骨干教师数量逐年下降，40 岁以上的教师则刚好相反，呈现逐年上升的趋势。在学历层次上，农村教师中，各级学校高学历教师数量逐年上升。2002~2009 年，农村高中学校具有本科以上学历的教师从 67 967 人增加到 96 426 人，增长了 41.9%；初中学校具有本科以上学历的教师从 225 297 人上升到 697 035 人，增长了 209%；小学教师具有本科以上学历的教师从 51 340 人增加到 485 669 人，增长了 846%。但是，高中及以下学历的教师依然出现在农村初中和小学中。在专业技术职称上，农村地区具有中学高级和中学一级职称的教师数量逐年增加。2009 年具有中学高级职称的教师数为 17 335 人，只占农村高中教师总数的 16.4%；农村初中学校中，具有中学高级和中学一级职称的教师从 477 221 人增加到 622 268 人，2009 年具有中学高级职称的教师数为 113 450 人，占农村初中教师总数的 8.9%；农村小学中，具有中学高级和小学高级的教师数量从 1 192 162 人上升到 1 600 297 人，2009 年，具有中学高级职称的教师数为 24 029 人，占农村小学教师总数的 0.7%。

（五）农村地区教学设施条件

从 2001 年开始，一场“撤点并校”运动开始在我国农村地区广泛开展。这样一项旨在优化农村地区教育资源，提高办学条件的好政策却没有发挥其应有的作用，相反却带来不少的问题。2002~2009 年，农村地区学校面积、教室面积、实验室面积、体育运动场面积等均在逐年减少，而且减少的比例远远超过学生减少的比例，图书馆面积 8 年间只增长了 2.1 万平方米，微机室面积只增长了 1.8 万平方米，增长速度十分缓慢。甚至在一些偏远贫穷的地区根本没有微机室和语音室，或者面临微机室没有计算机的情况。各级学校体育运动场面积逐年缩小；各级学校图书馆藏书量增长缓慢，藏书更新不及时，由于缺少资金，藏书多为许多年前的旧书，已经破烂不堪；计算机配置数量无法满足正常的教学需要，许多学校面临多名学生共用一台的情况。

三、我国农村教育政策体制改革措施

（一）推进教学改革

农村中小学在实现国家规定的基础教育基本要求时，要紧密联系农村实际，突出农村特色。职业教育以就业为导向，成人教育以农民技能培训为重点，两者都要实行多样、灵活、开放的办学模式和培训方式，切实培养能真正服务于农村的各类人才，促进农业增效、农民增收，推动农村富余劳动力向二、三产业转移。要充分利用现代远程教育手段，促进城乡优质教育资源共享。

（二）推进办学体制改革

在我国广大农村，教育资源不足同农民群众教育需求日益增长的矛盾越来越突出，并将长期存在。各级政府要加大投入，积极发展公办教育，同时要鼓励和吸引社会力量参与农村办学。办好农村义务教育，是各级政府义不容辞的责任。农村高中阶段教育和幼儿教育，以政府投入为主、多渠道筹措资金，努力形成公办学校和民办学校共同发展的多元办学格局。

（三）推进农村中小学人事制度改革

办好农村学校，关键是要有好校长、好教师。中小学人事制度改革的出发点和落脚点，是提高农村师资队伍的质量，提高有限教育资源的利用效率。当前迫切需要建立健全同社会主义市场经济体制相适应、能进能出、富有活力的教师管理制度。要采取有效的政策措施，吸引优秀人才到西部任教，鼓励城镇教师到乡村任教，通过定向招生等方式培养乡村教师，切实解决“老少边穷”地区乡村学校缺少合格教师和骨干教师不稳定的问题。

（四）推进“农科教结合”和“三教统筹”的综合改革

要进一步建立和完善农业、科技、教育等部门的合作机制，有效统筹基础教育、职业教育和成人教育的资源，构建相互沟通、协调发展的农村教育培训网络和科技推广网络。要彻底转变鄙薄职业教育的传统观念，使农村职业教育在今后几年有一个较大发展。城市和农村是有机统一的整体，应该相互促进、共同发展。地方各级政府要充分发挥城市教育资源的优势，更积极、更有效地为农村和农民提供服务，特别是为西部地区培养输送合格教师。要扩大城市各类职业学校面向农村的招生，开展进城务工农民的职业技能培训。一定要让进城务工农民的子女有书读、有学上，和城里孩子同在蓝天下共同成长进步。发达地区城市应进一步做好对贫困地区教育的对口支援工作。

第三节　农村扶贫政策

一、贫困的含义及测量

（一）贫困的含义

因为贫穷而生活窘困，称为贫困，这是一种社会物质生活贫乏的现象。贫困是一种社会物质生活和精神生活的综合现象，其主要根源是物质生活条件缺乏与精神生活没有或缺乏出路，如平常所说的“哲学的贫困”“无产阶级的贫困”等。

1998年诺贝尔经济学奖获得者阿玛蒂亚·森认为：贫困的真正含义是贫困人口创造收入能力和机会的贫困；贫困意味着贫困人口缺少获取和享有正常生活的能力。

欧洲共同体在1989年《向贫困开战的共同体特别行动计划的中期报告》中也给贫困下了一个定义：“贫困应该被理解为个人、家庭和人的群体的资源（物质的、文化的和社会的）如此有限，以致他们被排除在他们所在的成员国的可以接受的最低限度的生活方式之外。”世界银行在以“贫困问题”为主题的《1990年世界发展报告》中，将贫困界定为“缺少达到最低生活水准的能力”。

在我国，国家统计局的《中国城镇居民贫困问题研究》课题组和《中国农村贫困标准》课题组在他们的研究报告中所作的贫困界定是，“贫困一般是指物质生活困难，即一个人或一个家庭的生活水平达不到一种社会可接受的最低标准。他们缺乏某些必要的生活资料和服务，生活处于困难境地”。

根据以上定义，贫困包括以下几层含义：

其一，贫困可以从物质贫困和精神贫困两方面进行考察。

其二，贫困是由于资源的匮乏，资源包括物质、文化、社会。

其三，贫困既是一个绝对的概念，也可以是一个相对的概念，与社会发展现状相关。绝对的贫困是指缺乏某些必要的生活资料和服务，生活处于困难境地，不能维持其基本生存需求；相对的贫困是指一个人或一个家庭的生活水平达不到一种社会可接受的最低标准。

（二）贫困线

贫困线是指，国家为救济社会成员因自然、社会、经济、生理和心理等方面的原因收入减少或中断，难以维持基本生活而制定的社会救济标准。国家根据这一标准给予社会成员经济或实物方面的救济，使其能维持基本生活的制度即贫困线救济制度。

作为衡量贫困的指标，贫困线必须能综合反映以下内容：

首先，要能反映结果贫困与过程贫困。贫困不仅仅是一种物质的缺乏状态，它还是一种机会与过程的贫困。

其次，要能将相对贫困与绝对贫困统一起来。

再次，要与不同国家不同地区的实际相结合，客观地反映地区间的差异。

最后，计算方法既要有科学性又要有可操作性。

因此，不同的国家有其相应的测定方法，我国常用的贫困线测定方法有以下几种。

1. 恩格尔系数法

这种方法根据满足人的生活需求的最低营养摄取量标准确定食品消费项目和数量，估值计算出饮食费用，用它除以计算期最低收入水平组的恩格尔系数，所得的商即为贫困标准。

2. 线性支出系统模型法

这种方法是把居民的各类消费品支出看成是居民收入的函数，建立线性支出系统模型，然后利用现有的统计数据估计模型，从而导出模型中设定的各类消费品的基本需求支出以及总的基本需求支出，以此作为贫困标准。

3. 基本需求法

该方法是根据各项消费对于居民生活的重要程度，确定生活必需消费的商品服务项目和最低需求量，再对每一项依据 5%最低收入户实际消费的混合平均单价计算金额，其全部之和即为贫困标准。

4. 比例法

从贫困居民的收入低于其他大多数居民的收入这一相对概念出发，把一定比例的最低收入居民定义为贫困居民，把他们的收入水平定为贫困标准，或者把全社会居民人均收入的一半定为贫困的标准。

5. 马丁法

马丁法是由在世界银行工作的经济学家马丁先生提出的一种计算贫困线的方法，有高、低贫困线之分（瑞沃林，2005）。

（1）低贫困线的测定方法。它是在首先测定食物贫困线的基础上，利用回归模型，把一些人均可支配收入或人均消费支出刚好能达到食物贫困线的居民户的非食品支出计算出来，由此得到贫困户的最低非食品支出。

（2）高贫困线的测定方法。高贫困线可根据居民的人均食品支出与人均可支配收入或人均生活费支出的关系建立回归模型求得。

我国最早有两个农村贫困线标准，即贫困标准和低收入标准，2008 年二者合而为一，设为年人均纯收入 1 196 元。其中，贫困标准是绝对贫困线。1995 年以前国家统计局利用恩格尔系数法确定非食物贫困线，1995 年以后，国家统计局利用马丁法确定非食物贫困线。利用家庭收支调查数据，选取人均纯收入在食物贫困线附近的农户为样本，通过食品消费支出函数回归模型得到非食物支出部分。国家统计局根据农村住户调查数据，分别对 1985 年、1990 年、1994 年、1997 年的贫困线进行了测定，其他年份的贫困线则根据消费价格指数进行调整。2011 年 11 月，国务院召开了农村扶贫工作会议，大幅度提高了农村贫困线标准，从 2010 年的年人均纯收入 1 274 元调至年人均纯收入 2 300 元。

国务院扶贫办主任刘永富认为，中国当前贫困标准已高于世界银行最新贫困标准。中国当前贫困标准为农民年人均纯收入 2 300 元（2010 年不变价），每年还将根据物价指数、生活指数等动态调整。2014 年贫困标准上升至 2 800 元，按购买力平价计算，约相当于每天 2.2 美元，略高于世界银行 1.9 美元的贫困标准。

二、我国农村贫困的现状

根据国家统计局公布的贫困线标准，我国农村贫困人口从 1978 年的 2.5 亿人减少到了 2010 年的 2 688 万人，贫困发生率也从 30.7%降到了 2.9%。但若按照 2011 年的新贫困标准，即年人均纯收入 2 300 元计算，我国还有 1.22 亿的农村贫困人口，约占农村总人口的 18.6%。随着全国各地贫困下降，剩余的贫困人口不是集中在一个特定的地区，而是更加分散，居住在偏远、交通不便的地区。中国的剩余赤贫人口大部分是农村居民，这些贫困人口中的 80%左右居住在中西部省份。

1986 年以来，国家先后三次确定和调整扶贫开发县级扶持单位。1986 年确定了 331 个国家级贫困县。1994 年，为了组织实施《国家八七扶贫攻坚计划》，国家级贫困县增加到 592 个。2001 年，配合《中国农村扶贫开发纲要（2001—2010 年）》的出台，取消了沿海发达地区的所有国家级贫困县，增加了中西部地区的贫困县数量，但总数仍为 592 个，同时将国家级贫困县改为国家扶贫开发工作重点县，西藏作为集中连片贫困区域全部享受重点县待遇。

2011 年《中国农村扶贫开发纲要（2011—2020 年）》明确了 14 个连片特困区，包括六盘山区、秦巴山区、武陵山区、乌蒙山区、滇桂黔石漠化区、滇西边境山区、大兴安岭南麓山区、燕山-太行山区、吕梁山区、大别山区、罗霄山区等区域和已明确实施特殊政策的西藏、四省藏区、新疆南疆三地州。这 14 个集中连片特困地区中，农民年人均纯收入 2 676 元，仅相当于全国平均水平的一半；在全国综合排名最低的 600 个县中，有 521 个在片区内，占 86.8%。除实施特殊政策的西藏、四省藏区、新疆南疆三地州外的六盘山区等 11 个集中连片特困区共涉及 19 个省（区、市）的 505 个县，区域面积 143.3 万平方千米，区域人口 2.28 亿人，其中乡村人口 1.96 亿人。这些地区自然条件恶劣，生态环境脆弱，资源较为丰富，开发相对滞后（范小建，2011）。

三、我国的扶贫政策及扶贫方式

（一）扶贫目标

继国务院 2001 年发布《中国农村扶贫开发纲要（2001—2010 年）》后，国务院又于 2011 年发布了《中国农村扶贫开发纲要（2011—2020 年）》。根据该纲要，今后中国农村扶贫开发的总体目标是，到 2020 年，稳定实现扶贫对象不愁吃、不愁穿，保障其义务教育、基本医疗和住房。贫困地区农民年人均纯收入增长幅度高于全国平均水平，基本公共服务主要领域指标接近全国平均水平，扭转发展差距扩大的趋势。

（二）我国当前扶贫政策

1. 专项扶贫

专项扶贫是指由政府主导的扶贫，即利用政府财政专项扶贫资金组织实施的扶贫项目。

（1）整村推进扶贫。以贫困村为基本单元，以贫困人口为主要扶持对象，以村级规划为依据，整合资源、集中扶持，通过改善农村生产生活条件，帮助群众发展生产，加快贫困村脱贫致富步伐。

（2）易地扶贫搬迁。通过易地扶贫搬迁从根本上解决偏远山区群众脱贫问题，对地理环境恶劣，不适合发展生产和生活居住，易发洪涝、地质等自然灾害，基础设施和公用事业建设滞后，产业发展受限，采取常规扶贫手段难以脱贫的贫困村实施搬迁。通过改善贫困人口的生存与发展环境，帮助搬迁对象彻底摆脱贫困。

（3）贫困村产业扶持项目。政府提供的扶贫资金主要用于发展产业项目，围绕培育和壮大特色优势产业，支持扶贫对象发展种植业、养殖业、农产品加工业、手工业、乡村旅游业等。

（4）金融扶贫。由政府设立专门基金，放入金融机构或担保公司，发挥财政资金的撬动作用，金融机构针对政府提供的担保资金额度，对参与产业扶贫的各类企业、新型农业经营主体和贫困户提供扶贫贷款。

（5）扶贫新型经营主体贷款贴息。对参与扶贫工作的农业产业化龙头企业、新型农业经济实体，完成对口帮扶任务，达到目标要求的给予贷款贴息奖励。

（6）雨露计划。利用财政专项扶贫资金进行中职学历、职业教育、劳动转移、创业、实用技术、政策业务等培训。培训的对象主要有建档立卡的青壮年农民、贫困户中的复员退伍士兵、贫困村致富带头人。

2. 行业扶贫

（1）发展特色产业。加强对农、林、牧、渔产业指导，发展各类专业合作组织，完善农村社会化服务体系。围绕主导产品、名牌产品、优势产品，大力扶持建设各类批发市场和边贸市场。按照全国主体功能区规划，合理开发当地资源，积极发展新兴产业，承接产业转移，调整产业结构，增强贫困地区发展内生动力。

（2）开展科技扶贫。积极推广良种良法。围绕特色产业发展，加大科技攻关和科技成果转化力度，推动产业升级和结构优化。培育一批科技型扶贫龙头企业。建立完善符合贫困地区实际的新型科技服务体系，加快科技扶贫示范村和示范户建设。继续选派科技扶贫团、科技副县（市）长和科技副乡（镇）长、科技特派员到重点县工作。

（3）完善基础设施。推进贫困地区土地整治，加快中低产田改造，开展土地平整，提高耕地质量。推进大中型灌区续建配套与节水改造和小型农田水利建设，发展高效节水灌溉，扶持修建小微型水利设施，抓好病险水库（闸）除险加固工程和灌溉排水泵站更新改造，加强中小河流治理、山洪地质灾害防治及水土流失综合治理。积极实施农村饮水安全工程。加大牧区游牧民定居工程实施力度。加快贫困地区通乡、通村道路建设，积极发展农村配送物流。继续推进水电新农村电气化、小水电代燃料工程建设和农村电网改造升级，实现城乡用电同网同价。普及信息服务，优先实施重点县村村通有线电视、电话、互联网工程。加快农村邮政网络建设，推进电信网、广电网、互联网三网融合。

（4）发展教育文化事业。推进边远贫困地区适当集中办学，加快寄宿制学校建设，加大对边远贫困地区学前教育的扶持力度，逐步提高农村义务教育家庭经济困难寄宿生生活补助标准。免除中等职业教育学校家庭经济困难学生和涉农专业学生学费，继续落实国家助学金政策。在民族地区全面推广国家通用语言文字。推动农村中小学生营养改善工作。关心特殊教育，加大对各级各类残疾学生的扶助力度。继续实施东部地区对口支援中西部地区高等学校计划和招生协作计划。贫困地区劳动力进城务工，输出地和输入地要积极开展就业培训。继续推进广播电视村村通、农村电影放映、文化信息资源共享和农家书屋等重大文化惠民工程建设。加强基层文化队伍建设。

（5）改善公共卫生和人口服务管理。提高新型农村合作医疗和医疗救助保障水平。进一步健全贫困地区基层医疗卫生服务体系，改善医疗与康复服务设施条件。加强妇幼保健机构能力建设。加大重大疾病和地方病防控力度。继续实施万名医师支援农村卫生工程，组织城市医务人员在农村开展诊疗服务、临床教学、技术培训等多种形式的帮扶活动，提高县医院和乡镇卫生院的技术水平和服务能力。加强贫困地区人口和计划生育工作，进一步完善农村计划生育家庭奖励扶助制度、“少生快富”工程和计划生育家庭特别扶助制度，加大对计划生育扶贫对象的扶持力度，加强流动人口计划生育服务管理。

（6）完善社会保障制度。逐步提高农村最低生活保障和五保供养水平，切实保障没有劳动能力和生活常年困难农村人口的基本生活。健全自然灾害应急救助体系，完善受灾群众生活救助政策。加快新型农村社会养老保险（简称新农保）制度覆盖进度，支持贫困地区加强社会保障服务体系建设。加快农村养老机构和服务设施建设，支持贫困地区建立健全养老服务体系，解决广大老年人养老问题。加快贫困地区社区建设。做好村庄规划，扩大农村危房改造试点，帮助贫困户解决基本住房安全问题。完善农民工就业、社会保障和户籍制度改革等政策。

（7）重视能源和生态环境建设。加快贫困地区可再生能源开发利用，因地制宜发展小水电、太阳能、风能、生物质能，推广应用沼气、节能灶、固体成型燃料、秸秆气化集中供气站等生态能源建设项目，带动改水、改厨、改厕、改圈和秸秆综合利用。提高城镇生活污水和垃圾无害化处理率，加大农村环境综合整治力度。加强草原保护和建设，加强自然保护区建设和管理，大力支持退牧还草工程。采取禁牧、休牧、轮牧等措施，恢复天然草原植被和生态功能。加大泥石流、山体滑坡、崩塌等地质灾害防治力度，重点抓好灾害易发区内的监测预警、搬迁避让、工程治理等综合防治措施。

3. 社会扶贫

（1）加强定点扶贫。中央和国家机关各部门各单位、人民团体、参照《中华人民共和国公务员法》管理的事业单位和国有大型骨干企业、国有控股金融机构、国家重点科研院校、军队和武警部队，要积极参加定点扶贫，承担相应的定点扶贫任务。支持各民主党派中央、全国工商联参与定点扶贫工作。积极鼓励、引导、支持和帮助各类非公有制企业、社会组织承担定点扶贫任务。

（2）推进东西部扶贫协作。东西部扶贫协作双方要制定规划，在资金支持、产业发展、干部交流、人员培训以及劳动力转移就业等方面积极配合，发挥贫困地区自然资源和劳动力资源优势，做好对口帮扶工作。国家有关部门组织的行业对口帮扶，应与东西部扶贫协作结对关系相衔接。积极推进东中部地区支援西藏、新疆经济社会发展，继续完善对口帮扶的制度和措施。

（3）发挥军队和武警部队的作用。把地方扶贫开发所需与部队所能结合起来。部队应本着就地就近、量力而行、有所作为的原则，充分发挥组织严密、突击力强和人才、科技、装备等优势，积极参与地方扶贫开发，实现军地优势互补。

（4）动员企业和社会各界参与扶贫。鼓励企业采取多种方式，推进集体经济发展和农民增收。加强规划引导，鼓励社会组织和个人通过多种方式参与扶贫开发。积极倡导扶贫志愿者行动，构建扶贫志愿者服务网络。鼓励工人联合会、中国共产主义青年团、中华全国妇女联合会、科学技术协会、中华全国归国华侨联合会等群众组织以及海外华人华侨参与扶贫。

（三）扶贫机制

1. 改进贫困县考核机制

由主要考核地区生产总值向主要考核扶贫开发工作成效转变，对限制开发区域和生态脆弱的国家扶贫开发工作重点县取消地区生产总值考核，把提高贫困人口生活水平和减少贫困人口数量作为主要指标，引导贫困地区党政领导班子和领导干部把工作重点放在扶贫开发上。同时，研究建立重点县退出机制，建立扶贫开发效果评估体系。

2. 建立精准扶贫工作机制

由国家制定统一的扶贫对象识别办法。在已有的工作基础上，坚持扶贫开发和农村最低生活保障制度有效衔接，按照以县为单位、规模控制、分级负责、精准识别、动态管理的原则，对每个贫困村、贫困户建档立卡，建设全国扶贫信息网络系统。专项扶贫措施要与贫困识别结果相衔接，深入分析致贫原因，逐村逐户制定帮扶措施，集中力量予以扶持，切实做到扶真贫、真扶贫，确保在规定时间内达到稳定脱贫目标。

3. 健全干部驻村帮扶机制

普遍建立驻村工作队（组）制度。可分期分批安排，确保每个贫困村都有驻村工作队（组），每个贫困户都有帮扶责任人。驻村工作队（组）要协助基层组织贯彻落实党和政府各项强农惠农富农政策，积极参与扶贫开发各项工作，帮助贫困村、贫困户脱贫致富。落实保障措施，建立激励机制，实现驻村帮扶长期化、制度化。

4. 创新社会参与机制

广泛动员社会各方面力量参与，建立和完善扶贫开发制度。充分发挥定点扶贫、东西部扶贫协作在社会扶贫中的引领作用。支持各民主党派中央、全国工商联和无党派人士参与扶贫开发工作，鼓励引导各类企业、社会组织和个人以多种形式参与扶贫开发。建立信息交流共享平台，形成有效协调协作和监管机制。

第四节 农村社会保障政策

一、社会保障制度的含义与功能

农村社会保障是我国社会保障体系的重要组成部分。完善的农村社会保障制度，有利于推动城乡协调发展，促进我国和谐社会的构建。

（一）社会保障制度的含义

社会保障制度是在政府的管理之下，以国家为主体，依据一定的法律和规定，通过国民收入的再分配，以社会保障基金为依托，对公民在暂时或者永久性失去劳动能力，以及因各种问题生活发生困难时给予物质帮助，用以保障居民的最基本的生活需要。社会保障制度是通过集体投保、个人投保、国家资助、强制储蓄的办法筹集资金，国家对生活水平达不到最低标准者实行救助，对暂时或永久失去劳动能力的人提供基本生活保障，逐步增进全体社会成员的物质和文化福利，保持社会安定，促进经济增长和社会进步。

（二）社会保障内容

1. 社会保险

社会保险是指国家通过法律强制实施，为工薪劳动者在年老、疾病、生育、失业以及遭受职业伤害的情况下，提供必要的物质帮助的制度。它是社会保障制度的核心内容。从社会保险的项目内容看，它是以经济保障为前提的。一切国家的社会保险制度，不论其是否完善，都具有强制性、社会性和福利性等特点。按照我国劳动法的规定，社会保险项目分为养老保险、失业保险、医疗保险、工伤保险和生育保险。

2. 社会救济

社会救济也称社会救助，是政府对生活在社会基本生活水平以下的贫困地区或贫困居民给予的基本生活保障。社会救济是基础的、最低层次的社会保障，其目的是保障公民的最低生活水平，给付标准低于社会保险。社会救济主要包括自然灾害救济、失业救济、孤寡病残救济和城乡困难户救济等。国家和社会以多种形式对因自然灾害、意外事故和残疾等原因而无力维持基本生活的灾民、贫民提供救济。包括提供必要的生活资助、福利设施，急需的生产资料、劳务、技术、信息服务等。

3. 社会福利

社会福利是指政府为社会成员举办的各种公益性事业及为各类残疾人、生活无保障人员提供生活保障的事业。社会福利包括的内容十分广泛，不仅包括生活、教育、医疗方面的福利待遇，而且包括交通、文娱、体育等方面的待遇。社会福利是一种服务政策和服务措施，其目的在于提高广大社会成员的物质和精神生活水平，使之得到更多的享受。同时，社会福利也是一种职责。我国颁布了《中华人民共和国老年人权益保障法》《中华人民共和国残疾人保障法》《农村五保供养工作条例》等法律法规，保障和促进了社会福利事业的发展。

4. 优抚安置

优抚安置是指政府对军属、烈属、复员转业军人、残废军人予以优待抚恤的制度。在我国，优抚安置的对象主要是烈军属、复员退伍军人、残疾军人及其家属；优抚安置的内容主要包括提供抚恤金、优待金、补助金，举办军人疗养院、光荣院，安置复员退伍军人等。

5. 社会互助

社会互助是指在政府鼓励和支持下，社会团体和社会成员自愿组织和参与的扶弱济困活动。社会互助具有自愿、非营利性的特点。其主要形式有：工会、妇联等团体组织的群众性互助互济；民间公益事业团体组织的慈善救助；城乡居民自发组成的各种形式的互助组织等。

（三）社会保障的作用

社会保障的根本原则就是社会公平，社会保障是所有社会成员效用的最大化。著名经济学家 A. C. 庇古（Pigou，1932）教授在《福利经济学》一书中指出："社会保障政策可以扩大一国的经济福利，因为穷人得到效用的增加要大于富人效用的损失，使社会总效用增加。"它通过设计一种制度，使人们不因没有特权而受到伤害，不因分工所形成的社会地位而变得卑贱。其作用有四个方面。

1. 保障权利公平

公民享受教育、健康和最低生活保障的权利，在西方被统称为"福利权利"或"社会权利"，被视为对基本公民权的拓展，或社会公民权的一部分。社会保障把保障每个人的生存权、发展权放在首位。享受了全民的社会保障，意味着基本生活得到了保证，从而在一个公平的起点上参与社会竞争。

2. 保障机会公平

机会公平是指，任何社会成员只要符合法律规定的条件，都应被覆盖在社会保障范围内，均等地获得社会保障的机会。在中国，一些富人把穷人当做智力低下、不负责任甚至天生懒惰的人，这是不对的。中国穷人绝大多数勤劳、本分、责任心强，他们之所以穷困在很大程度上是因为受到既得利益集团的阻挠，机会缺乏所致。社会保障制度可使他们中的悲观者前行，他们中的无力者有力，增加他们的机会，从而为他们创造一个尽可能公平竞争的起点。

3. 维护规则公平

规则公平是指一视同仁，既不能对弱势群体歧视，又不能对特权阶层倾斜。通过社会保障机制，重点保护社会的极端贫困人口（即在绝对生存需求线下的群体）。因为和高收入群体相比，低收入阶层和弱势群体，从风险管理中获得的保护也是最不完善的。这就意味着，不实施社会保障，他们可能落入所谓"贫困陷阱"之中，形成恶性循环。

4. 调节分配公平

我们说，分配公平提高效率，分配不公损害效率。当前，一些国有单位之所以效率低下，很大程度上与分配不公有关。那么，社会保障通过收入再分配的功能进行调节，可以在一定程度上减少差别，缓解社会矛盾，有利于社会稳定。

二、我国农村社会保障制度的现状

（一）新型农村合作医疗制度不断完善

2003 年，我国新型农村合作医疗（简称“新农合”）制度试点建设启动。“新农合”的筹资实行个人缴费、政府补贴和集体扶持相结合的方式，中央对中西部及贫困地区的农民不断加大财政转移支付的力度，以“大病统筹”方式实现了农民在疾病风险下的互助共济。国家卫生和计划生育委员会（2013）发布的 2012 年“新农合”进展情况及 2013 年工作重点的通报称，2012 年，全国参加“新农合”人数为 8.05 亿人，参合率超过 98%，实际住院补偿比为 55%，与上年相比提高了约 7 百分点，最高支付限额提高到不低于 6 万元；在门诊统筹地区，实际门诊补偿比约为 49%，比上年提高了约 9 百分点。2013 年将进一步提高“新农合”筹资标准和保障水平。参合率继续保持在 95%以上。各级财政对“新农合”的补助标准进一步提高到每人每年 280 元，人均筹资水平达到 340 元左右。优化统筹补偿方案，政策范围住院费用报销比例达到 75%左右，最高支付限额不低于 8 万元。“新农合”的全面实施标志着我国农村医疗保障制度体系基本建成。

（二）农村社会养老保险制度改革实现重大突破

2009 年，国务院发布了《关于开展新型农村社会养老保险试点的指导意见》，2014 年 2 月国务院印发《关于建立统一的城乡居民基本养老保险制度的意见》，部署在全国范围内建立统一的城乡居民基本养老保险制度，截至 2013 年年底，全国新农保、城镇居民社会养老保险参保人数已达 4.98 亿人，其中领取待遇人数达 1.38 亿人，加上职工养老保险，合计覆盖了 8.2 亿人。

（三）农村社会救助制度逐渐健全

2006 年新的《农村五保供养工作条例》实施，规定五保供养资金由地方财政专门预算安排，中央政府对贫困地区予以补助。2007 年，国务院决定在全国建立农村最低生活保障制度。按照《关于在全国建立农村最低生活保障制度的通知》要求，农村低保资金由地方政府负责，中央和省级政府予以适当支持。同时农村医疗救助工作也广泛开展。目前，“我国已基本建立了以农村居民最低生活保障制度和农村五保供养为基础，以医疗、住房、教育、司法等专项救助和临时救助为重要内容的新型社会救助制度体系”（张车伟和张士斌，2010）。

三、我国农村社会保障体系建设重点

（一）深化户籍制度改革，促进城乡社保一体化

目前，我国的户籍制度改革已颇具成效，但在社会保障方面，城镇户籍仍然掌握着较多有利资源，城乡社会保障资源分配仍有较大差距。要统筹推进城乡社会保障体系建设，坚持全覆盖、保基本、多层次、可持续的方针，以增强公平性、适应流动性、保证可持续性为重点，全面建成覆盖城乡居民的社会保障体系，改革我国特殊的二元社会保障制度。

（二）完善新型农村社会养老保险体系

要不断完善新农保需要坚持一个基本原则和三个适应：坚持十八大提出的“保基本、广覆盖、多层次、可持续”方针。新农保筹资和待遇发放标准要和当地农村经济发展水平相适应，坚持从实际出发，低水平起步；政府、集体、个人在新农保中坚持权利与义务相适应，合理分担责任；政府引导参保和农民自愿参保相适应，同时政府要引导农民普遍参保。最后，在坚持一个基本原则和三个适应的基础上，新农保要在全国先行试点，再逐步推展。

（三）全面推进新型农村合作医疗建设

推进“新农合”建设，主要从管理能力建设、医疗队伍建设、完善医疗救助制度三个方面来进行。首先，各试点县（市、区）要加强“新农合”经办机构的管理能力建设，努力提高新农合管理能力，定期对机构管理人员进行业务培训和思想道德教育，提升他们的专业能力和职业素养。其次，针对“新农合”中的农村基层医疗服务人员要定期分批地进行专业知识教育和专业技能培训，为农村基层医疗服务人员制定职称晋升政策，各大高等医学院应针对农村医疗开设相关专业，扩大定向招生规模，培养医学人才。最后，完善农村医疗救助制度。制定相关救助政策，将农村特困人口、三无人员、“五保”户纳入重点救助对象范围，设定救助标准，提高救助水平。充分发挥政府主导作用，加大资金投入力度，同时动员一切社会团体、社会力量对农村医疗救助投资，多渠道筹集资金。

（四）完善农村最低生活保障

完善农村最低生活保障，主要从以下三方面进行。首先要合理界定保障对象，全面充分地调查、了解农村贫困家庭的收入来源、负担人口数量、生活水平及支出结构等，根据农村最低生活保障标准，判断是否将被调查对象纳入低保范围，并根据保障对象的贫困程度制定出不同的低保档次。其次要做到应保尽保。应保尽保的目标是要达到低保待遇困难农民全覆盖，尽量做到不遗漏、不错保。对所有出于各种原因无法维持基本生活的农村贫困居民，政府采用补差的方式进行补贴，使应该享受到低保待遇的农村居民全都能获得低保金，避免生存危机。最后要不断提高农村低保水平，目前我国采用农村绝对贫困线（即是否能解决温饱）作为农村最低生活保障标准，这种做法符合我国具体国情，保证了农村贫困居民的基本生活水平。但随着农村经济发展水平的提高和物价的不断上涨，先前的低保标准已经无法满足农村困难群体的需要，政府必须逐渐提高当地农村最低生活保障标准，只有这样才能使更多的农村困难群体享受到低保待遇。当地政府要制定符合当地经济发展水平和财政承受能力的较高的最低生活保障标准，以便使当地农村困难群体恰如其分地享受到低保待遇。

（五）加强农村社会保障资金筹措

资金问题是我国农村社会保障的核心问题，加强农村社会保障资金筹措，主要包括以下几方面。首先，要加大政府财政投入力度。国家和政府应加大农村社会保障资金投入，不断完善农村社会保障体系。2014 年 2 月 7 日召开的国务院常务会议中提到，针对依法合并的城乡居民基本养老保险，中央财政按基础养老金标准，对中西部地区给予全额补助，对东部地区给予 50%的补助，地方政府为重度残疾人等缴费困难群体代缴部分或全部最低标准的养老保险。其次，要增加农民收入，提高农民社会保障负担能力。只有增加农民收入，才能增强农民个人缴费能力，从根本上解决我国农村社会保障资金来源不足的问题。再次，农村集体要不断增加社会保障基金补助，集体经济是农村社会保障得以发展的经济基础之一，农村社会保障基金可以通过集体经济来增加收益、扩大规模，集体经济重在发展乡镇企业，主要采取市场化的运作方式来运营农村社会保障基金，充分发挥农村社会保障基金的投资作用，在不断获得投资利润的同时，增加更多人的受保障机会。另外，乡镇企业应为农村务工人员建立社会保险，缴纳社会保险费。最后，通过建立多元化的筹资途径，缓解社保资金紧张局面。党的十八大明确指出：要扩大社会保障基金筹资渠道，建立社会保险基金投资运营制度，确保基金安全和保值增值。因此，农村社会保障筹资必须另辟蹊径。国家应放宽政策，就地方政府而言，鼓励地方政府对辖区内的经济发展模式进行组合，同时不断引进新的经济模式；就民间团体而言，鼓励民间团体建立新的经济合作组织以支持农村社会保障事业。

【思考题】

1. 简述我国当前农村人口发展存在的问题，如何促进我国农村人口全面发展。
2. 如何推进我国农村教育政策体制改革？
3. 什么是绝对贫困、相对贫困？
4. 贫困线应该如何制定？
5. 什么是专项扶贫？包括哪些方面？
6. 社会保障的含义及作用是什么？
7. 如何建立符合我国国情的农村社会保障体系？

【推荐阅读】

李迎生. 2013. 农村社会保障制度改革：现状与出路. 中国特色社会主义研究，(4)：76-80.
宋旭光. 2013. 中国人口政策改革的目标与政策体系重构. 改革，8：100-107.
张伟宾，汪三贵. 2013. 扶贫政策、收入分配与中国农村减贫. 农业经济问题，(2)：66-75.
中共中央，国务院. 2011. 中国农村扶贫开发纲要（2011—2020 年）.

参考文献

范小建. 2011-12-07. 集中连片特困地区成为主攻区. 人民日报，（002）.
国家统计局. 2010. 第六次全国人口普查.
国家卫生和计划生育委员会. 2013-05-03. 2013 年对新农合补助将提高到每人 280 元. 中新网. http://www.chinanews.com/ gn/2013/05-03/4785619.shtml.
瑞沃林 M. 2005. 贫困的比较. 赵俊超译. 北京：北京大学出版社.
张车伟，张士斌. 2010. 农村社会保障制度建设及其制度障碍. 湖南社会科学，（1）：82-88.
Pigou A C. 1932. The Economics of Welfare. 4th ed. London：MacMillan.

第十四章　世界贸易组织与中国农业政策

【本章导读】

农业曾经是中国加入 WTO 谈判的难点之一，也是对外开放影响预期最悲观的产业之一。那么，中国加入 WTO 后所必须遵守的农业规则是什么？新一轮的农业谈判经历了哪些过程？新一轮谈判对中国的影响是什么？如何影响中国农业政策？

【核心概念】

WTO 农业规则；多哈农业谈判；支持保护政策

第一节　WTO农业规则及新一轮农业多边贸易谈判

WTO 的前身是关税及贸易总协定（General Agreement on Tariffs and Trade，GATT）。

长期以来，农产品贸易一直作为一个特殊的领域游离于国际贸易纪律的有效约束之外，农业保护始终深深地植根于发达国家的国内农业政策之中，以至于在历轮关税及贸易总协定多边贸易谈判中，尽管农业贸易问题被试图纳入总协定的管理框架，却常常在实际中不能如愿以偿。因此，长期以来没有一个能够协调管理国际农产品贸易的国际农业规则供各成员遵循。

1986 年 9 月，关税及贸易总协定在乌拉圭启动了其历史上最重要的一轮谈判——乌拉圭回合谈判。经过八年的艰苦努力，各成员于 1994 年 4 月终于结束了乌拉圭回合谈判并达成协议。该协议取得了三项主要成果：一是正式成立了国际机构 WTO，以取代临时运行近半个世纪的关税及贸易总协定；二是协议不仅包括货物贸易，还包括服务和知识产权贸易；三是首次将纺织品和农产品纳入协议范围，并签订了 WTO《农业协议》。WTO《农业协议》不仅开启了全球农业贸易自由化的新纪元，也为 WTO 新一轮（多哈回合）谈判将农业作为主要议题奠定了基础。

一、WTO《农业协议》的基本框架

乌拉圭回合农业谈判的目标是削减扭曲贸易的国内支持和出口补贴，提高市场准入水平，以便将长期游离于国际贸易协定之外的农业贸易纳入多边贸易规则的约束和管理之中。

WTO《农业协议》即乌拉圭回合达成的农业协定及减让承诺。WTO《农业协议》文本共有 13 个部分，共分 21 个条款和 5 个附件，如表 14-1 所示。

表 14-1　WTO《农业协议》基本框架

序言	第 10 条　规避出口补贴承诺的防止	第 18 条　对承诺执行情况的审议
第一部分	第 11 条　加工产品	第 19 条　磋商和争端解决
第 1 条　术语定义	第六部分	第十二部分
第 2 条　产品范围	第 12 条　出口禁止和限制的纪律	第 20 条　改革进程的继续
第二部分	第七部分	第十三部分
第 3 条　减让和承诺的并入	第 13 条　适当的克制	第 21 条　最后条款
第三部分	第八部分	附件 1　产品范围
第 4 条　市场准入	第 14 条　动植物卫生检疫措施	附件 2　国内支持：免除消减承诺的基础
第 5 条　特殊保障条款	第九部分	附件 3　国内支持：综合支持量的计算
第四部分	第 15 条　特殊和差别待遇	附件 4　国内支持：支持等值的计算
第 6 条　国内支持承诺	第十部分	附件 5　有关第 4 条第 2 款的特别处理
第 7 条　国内支持的一般纪律	第 16 条　最不发达国家和粮食净进口	
第五部分	发展中国家	
第 8 条　出口竞争承诺	第十一部分	
第 9 条　出口补贴承诺	第 17 条　农业委员会	

资料来源：世界贸易组织. 世界贸易组织乌拉圭回合多边贸易谈判结果法律文本. 对外经济合作部国际经贸关系司译. 北京：法律出版社，2000

二、WTO《农业协议》的主要内容

WTO《农业协议》从 1995 年 1 月 1 日至 2000 年 12 月 31 日实施，发展中国家为 10 年。各谈判方同意在实施期结束前一年开始进行谈判继续这一改革进程。

（一）市场准入规则

由于许多国家（尤其是发达国家）用关税及名目繁多的非关税壁垒来限制他国农产品进入其国内市场，导致了世界农产品贸易的不公平竞争，妨碍了农产品贸易自由化的实现。为此，WTO《农业协议》要求各方尽力排除非关税措施的干扰，并通过了将非关税壁垒关税化，禁止使用新的非关税壁垒的规定，来削减农业贸易领域现存的非关税壁垒。此外，各方还达成了增加农产品市场准入机会的协定，以促进农产品贸易自由化的实现。具体规定有以下几点。

1. 关税化

WTO《农业协议》只允许使用关税手段对农产品贸易进行限制，所有进口数量限制、进口差价税、最低进口价格、任意性进口许可证、经营国家专控产品的单位所保持的非关税措施、自愿出口控制以及普通关税以外的同类边境措施等非关税措施均须转化为进口关税。

2. 关税削减

WTO《农业协议》要求各方承诺在实施期限内，将减让基期的关税（包括关税化后的新关税税率）削减到一定水平。

（1）减让基期：1986~1988 年。

（2）实施期限：从 1995 年开始，发达国家为 6 年，发展中国家为 10 年。

（3）减让承诺：WTO《农业协议》规定，从 1995 年开始，分年度执行减让承诺。具体包括三部分：①发达国家将以 1986~1988 年为基础，按简单算术平均计算的税率削减 36%，发展中国家削减 24%；②每项产品的关税税率至少削减 15%（发达国家至少削减 24%，发展中国家削减 10%）；③约束所有关税（包括关税化的关税），即各缔约方的任何一项农产品进口执行关税均不得超出其所承诺的减让水平。若有关关税税率已经是约束税率，则将其视为现行约束税率。否则，将 1986 年 9 月 1 日实施的关税税率视为约束税率。

3. 保证最低市场准入

WTO《农业协议》规定：①属于必须进行关税化的农产品，当基期（1986~1988 年）的进口不足国内消费量的 5%（发展中国家为 3%）时，则该国应承诺建立最低进口准入机会。在该协议实施的第一年，该国应给予的进口准入机会为基期国内消费量的 3%，在实施期限结束时，应扩大到 5%。②最低市场准入的实施通过关税配额来进行，即为确保最低市场准入量的农产品能进入本国市场，各方应保证所承诺的最低准入进口数量能享受较低的或最低的关税，但对超过该进口量的任何进口的农产品则可征收关税化后的高关税。

4. 维持现行市场准入

当出现与该协议规定的最低准入条件相反的情况时，即一国某种农产品（须进行关税化的产品）在基期（1986~1988 年）的进口超过其国内消费量的 5%（发展中国家为 3%）时，该协议要求该国维持基期已经存在的市场准入机会。也就是说，该国可保持其现行的关税等值。

5. 特殊保障条款

WTO《农业协议》对需要进行关税化的农产品建立了一个特殊保障机制（special safeguard mechanism），即当某种农产品进口突然增加，或价格骤跌到一定限度时，允许进口国对该产品征收一定的附加税。特殊保障机制有两种形式，一种是为对付数量激增的“数量触发”，另一种是为对付价格急剧下跌的“价格触发”。进口数量触发指：当农产品某年度的进口数量超过前 3 年进口量的平均水平（触发水平，是依据该进口国的进口量占消费量的比例而确定的），则该进口国可动用此特殊保障条款，但税额最高只能达到约束税率的 1/3，且加征期以当年为限。价格触发是指当进口产品价格下降且低于 1986~1988 年进口参考价格平均水平的 10%时，可动用特殊保障条款。

6. 特殊和差别待遇

WTO《农业协议》放宽了对发展中国家市场准入的要求，表现在三个方面：①发展中国家的平均关税减让承诺为 24%（发达国家为 36%），每项产品的最低减让为 10%（发达国家为 15%），实施期限为 10 年（发达国家为 6 年）。②发展中国家可灵活地建立关税上限约束（因国际收支困难而维持限制的发展中国家，可免除将数量限制关税化的义务，但必须约束其关税。实际上，发展中国家通常使用上限约束的方式，将关税约束在比现行关税税率高出许多的水平上）。③最不发达国家虽然也进行关税化及关税约束，但可免予减让承诺。

（二）国内支持规则

各国（地区）采取措施支持农业生产，既有其必要性，又是造成国际农产品贸易不公平竞争的主要原因之一。乌拉圭回合农产品贸易谈判就如何区分“贸易扭曲性生产措施”和“非贸易扭曲性生产措施”进行了艰苦而又细致的讨论，最终将不同的国内支持措施分为两类：一类是不引起贸易扭曲的政策，称“绿箱”政策，可免予减让承诺；另一类是产生贸易扭曲的政策，叫“黄箱”政策。该协议要求各方用综合支持量（aggregate measurement of support，AMS）来计算其措施的货币价值，并以此为尺度，逐步予以削减。

1. “绿箱”政策

“绿箱”政策是指由政府提供的、其费用不转嫁给消费者，且对生产者不具有价格支持作用的政府计划。这些措施没有或仅有最微小的贸易扭曲作用，成员方无须承担约束和削减义务。

“绿箱”政策主要包括以下内容：

（1）农业或农村公共服务有关支出（或放弃的税收），但不得涉及对生产者或加工者的直接支付。主要包括农业科研、病虫害控制、农业科技人员和生产操作者的培训服务、技术推广和咨询服务、农产品检验服务、农产品营销和促销服务、农业基础设施服务等。

（2）用于粮食安全目的的公共储备补贴。WTO《农业协议》允许政府直接以财政开支来维持粮食安全储备，或为私人储备提供财政补贴。但这类开支或补贴均不得表现为高价收购或低价销售储备粮（发展中国家例外）。并且，储备性补贴必须保持充分透明和符合储备需要（粮食储备性补贴不得过度）。

（3）国内食品援助补贴。赈济本国（地区）饥民是每个政府必须承担的责任，而为低收入居民保障粮食供给也是许多政府需要承担的义务。为此目的而做出的财政开支或对非政府援助行动减免税收均是正当的补贴。粮食援助补贴只能采取向符合受援资格的居民提供粮食或以补贴价格供应粮食的方式，政府所采购的援助粮食必须按市价采购（即不得高价采购），并且粮食援助行动还必须保持充分透明。

（4）与生产不挂钩的收入补贴。WTO《农业协议》规定此类补贴必须基于合理的和明确的标准（如收入标准、农业生产者身份或土地所有者身份标准、生产水平标准等），并且要保证不会使接受补贴者获得额外的生产优势。

（5）农业收入保障计划补贴。在农产品贸易自由化的环境下，市场变动或其他原因都有可能使农业从业者的收入严重减少，这对农业生产肯定不利，为此政府实施适当的补贴是正当的。但这类补贴必须符合以下规定：①接受补贴的生产者收入损失量必须为全体农业生产者平均收入的30%以上；②接受补贴的生产者收入损失量必须超过其正常年份收入的30%以上；③有关补贴应仅针对收入的减少，而不应针对产品或产量；④若收入减少有自然灾害因素，则可同时适用收入保障计划补贴和自然灾害补贴，但补贴总量必须低于收入损失量的100%。

（6）自然灾害救济补贴。这类补贴在符合以下规定的情况下属“绿箱”补贴：①必须基于实际发生的灾害（包括一切不可抗拒的突发事故）；②补贴必须基于实际损失（包括收入损失、牲畜损失、土地及其他生产要素损失等）；③补贴量不得超过实际损失量。

（7）通过生产者退休计划提供的结构调整援助补贴。属于农业生产结构调整性补贴。逐步使小型农户退出农业，有利于农业集约化生产和提高生产效率，但此项补贴必须基于合理的和明确的标准。

（8）通过资源停用计划提供的结构调整补贴。这类补贴应按照退出的农业资源，确立明确的补贴标准，如基于土地休耕的补贴应仅发放给休耕三年以上的土地。这类补贴措施不得以将有关资源投入特定的农产品生产作为补贴条件，或以干预农产品市场价格为目标。

（9）通过投资援助提供的结构调整补贴。这类补贴可根据政府的农业生产结构调整规划而进行相应调整，但补贴应基于明确的结构调整规划和标准，并不得以有关农产品的市场价格作为补贴措施的目标。

（10）农业环境补贴。这类补贴是指按照政府的环境保护计划进行生产或者投资，因增加生产成本或造成收入损失而给予的补贴，包括农业环境保护、林业生态工程建设、防沙治沙、水土保持等支出。

（11）地区援助补贴。这类补贴是向农业生产条件明显不利的地区所发放的，是对条件落后地区给予的财政补助。受援地区应基于明确的和合理的标准加以认定，所谓“不利的生产条件”必须是长期性的。为此而发放的补贴必须是受援地区农业生产者所能普遍获得的，补贴额应限于该地区的平均生产成本高出一般平均生产成本的部分。

2. “黄箱”政策

“黄箱”政策是指那些对生产和贸易产生扭曲作用的政策措施，包括政府对农产品的直接价格干预和补贴，种子、肥料、灌溉等农业投入品补贴，农产品营销贷款补贴，休耕补贴等。WTO《农业协议》要求各成员方必须承担约束和消减义务。

WTO《农业协议》规定用综合支持量来衡量“黄箱”政策补贴的大小，并要求在约束该类补贴的基础上，逐步予以削减。综合支持量是指，为支持农产品生产者而提供给某种农产品，或为支持广大农业生产者而提供非特定产品的年支持水平，一般用货币单位表示。

WTO《农业协议》规定：①自 1995 年开始，以 1986~1988 年为基期，发达国家在 6 年内逐步削减 20%的综合支持量，发展中国家在 10 年内逐步削减 13%的综合支持量，要求各国在执行期间，每年的总综合支持量不能超过该协议规定的综合支持量约束水平；②微量允许（de minimis），即对具体农产品（或所有农产品）的支持，只要其综合支持量不超过该产品生产总值（或农业生产总值）的 5%（发展中国家为 10%），就无须削减其国内支持；③为满足欧洲共同体和美国的要求，该协议规定，一些与农产品限产计划有关的“黄箱”政策（如休耕补贴等）可纳入“蓝箱”政策，列入基期总综合支持量的计算，但免予削减承诺，不受WTO《农业协议》的约束和限制，有关国家可以自行决定政策的调整以便按要求削减综合支持量；④发展中国家的一些“黄箱”政策也列入免予削减的范围，主要包括农业投资补贴、对低收入或资源贫乏地区生产者提供的农业投入品补贴、为鼓励生产者不生产违禁麻醉作物而提供的支持。

3. “蓝箱”政策

“蓝箱”政策属于价格支持的特例，是指在实行价格补贴时，以农民控制生产数量为前提。“蓝箱”政策必须是下列条件之一：

（1）按固定面积或产量提供的补贴。

（2）按固定的牲畜头数所提供的补贴。

（三）农产品出口补贴规则

出口补贴是指依出口行为而给予的补贴，是最容易产生不公平竞争（贸易扭曲）的政策措施。与国内支持所产生的间接影响相比，出口补贴是直接对农产品出口进行补贴。乌拉圭回合之前的各轮谈判只是成功地对工业品出口补贴进行了限制，本轮谈判才在削减农业出口补贴上取得进展，并达成了以减让基期的出口补贴为尺度，在一定的实施期内逐步削减的有关协定。具体如下：

（1）减让基期：1986~1990 年；实施期限：从 1995 年开始，发达国家为 6 年，发展中国家为 10 年。

（2）列入减让承诺的出口补贴措施范围：①政府或其机构给农产品出口提供的直接补贴，包括实物支付，不论是给予企业、行业、生产者或其所组成的社团；②政府或其机构以低于国内市场的价格销售或处理农产品库存以供出口；③给出口的农产品或用做出口产品原料的农产品融资付款；④为降低出口产品的营销成本而给予的补贴；⑤为降低出口农产品的交通费用而给予的补贴；⑥根据农产品在出口产品中的比重而给予的补贴。

（3）出口补贴减让承诺。出口补贴减让方式有两种，即数量减让和价值减让。数量减让，即以1986~1990年的平均水平为尺度，在实施期结束时，发达国家将有补贴的农产品出口数量减少21%，发展中国家减少14%；价值减让，即以1986~1990年的平均水平为尺度，在实施期结束时，发达国家将出口补贴的支出额减少36%，发展中国家减少21%。

WTO《农业协议》同时要求，数量减让与价值减让应以1986~1990年的平均水平为尺度（在某些出口补贴已经增加的条件下，以1991~1992年的平均水平为尺度），每年等量减让。

（4）控制补贴的扩大。WTO《农业协议》规定，如果在基期没有对某种农产品进行出口补贴，则禁止该国将来对该产品出口进行补贴。

（5）对农产品加工品的规定。WTO《农业协议》规定，农产品加工品的出口补贴只需削减预算开支。

（四）动植物卫生措施条款

农产品贸易中的环境保护和动植物卫生措施是指各成员（地区）出于保护居民、动物和植物的生命安全和健康的需要，而采取的某些限制农产品进口的措施。这类进口限制措施有其一定的合理性，但近年来在农产品贸易中存在着滥用这类措施以构筑贸易壁垒的现象。对此WTO《农业协议》特规定如下：①不得以环境保护或动植物卫生为理由变相限制农产品进口；②对进口农产品的卫生措施必须以科学证据（国际标准和准则）为基础，但在科学证据不充分时，成员可根据已有的有关信息，采取临时卫生措施；③所有这类进口限制措施都必须在充分透明的前提下实施。

三、新一轮农业多边贸易谈判

（一）新一轮农业谈判的原因

1. 新一轮农业多边贸易谈判的法律依据

1995年开始生效的WTO《农业协议》，在法律上规定应在1999年开始新一轮谈判，继续全球农业领域的改革进程。归纳而言，WTO《农业协议》关于进行新一轮农业谈判的法律依据如下（程国强，2001）：

（1）该协议第二十条规定，WTO各成员为达到逐步实质性地减少对农业支持和保护的长期目标，承诺于该协议实施期结束的前一年（即1999年）开始进行继续农业领域改革进程的谈判，并指出新一轮谈判应讨论的问题：①总结执行乌拉圭回合谈判减让承诺的实际经验；②乌拉圭回合减让承诺对世界农产品贸易的影响；③非贸易关注问题，给予发展中国家的特殊待遇和差别待遇，建立一个公正的、以市场导向为目标的农产品贸易体系；④为实现大幅度逐步削减支持和保护这一长期目标所需要的进一步承诺。

（2）该协议第五条第九款特别规定了“特殊保障条款”（special safeguard，SSG）的有效适用期，规定特殊保障条款应在第二十条确定的改革进程期限内有效，即意味着特殊保障条款在新的谈判期间有效。例如，新一轮农业谈判被拖延，将来是否能够继续使用特殊保障条款，须通过第二十条所规定的谈判结果决定。但实际上，根据某些成员目前的谈判立场看，特殊保障条款有可能随着第二十条所规定的谈判进展的艰难而被终止。

（3）该协议第十三条——和平条款，从法律角度来说，和平条款应是进行新一轮谈判更为重要的依据。该协议规定，和平条款只在 WTO《农业协议》实施期间有效，即将在 2003 年年底到期。这一条款对许多成员（特别是有补贴能力的发达国家）具有重要意义，因为和平条款能够使该协议的出口补贴、“绿箱”政策、“蓝箱”政策和最低国内支持条款对成员不产生约束作用——与此相反，1994 年关税及贸易总协定和《补贴和反补贴措施协定》规定，如果一个成员能够拿出显示其国内市场受其他成员补贴影响的证据，WTO《农业协议》允许的大多数补贴应受到 WTO 争端解决机制的约束。因此，在新一轮谈判中，那些使用农业补贴的成员有可能要求延期使用第十三条，但另外，深受农业补贴危害的成员则希望停止使用该协议第十三条。这样，第十三条将是新一轮谈判的一个重要议题。

2. 新一轮农业谈判的现实原因

（1）实施 WTO《农业协议》遇到一系列问题，如关税配额管理、关税化、承诺遵守出口补贴和国内支持减让规定等问题，如何严明纪律，严格执行其规则，需要作进一步的谈判。

（2）许多成员希望通过推动全球农业贸易自由化来扩大其农产品出口。WTO“千年回合”谈判是一个重要的渠道。目前许多国家（尤其是发达国家）的农业保护水平仍然很高，这使这些国家的政府和消费者负担沉重。当这些国家政府预算趋紧时，要求削减农业补贴的内部和外部呼声便越来越高。从要求削减农业补贴的外部压力来说，凯恩斯集团可能是最具代表性的一支力量。凯恩斯集团曾经发表声明指出，他们希望通过新一轮谈判来改善其农产品出口的市场准入机会。

（3）农业的“非贸易关注”问题越来越引起重视。WTO《农业协议》第二十条对“非贸易关注”问题规定，各成员应采取措施逐步削减其对农业的支持和保护，但同时也要考虑到与履行这些承诺有关的贸易和非贸易问题。该协议的序言也提及“非贸易关注”这一术语——是指成员包括粮食安全供给和环境保护的需要。但该协议并未对“非贸易关注”术语作具体的界定，如乌拉圭回合谈判并未明确“非贸易关注”的定义究竟指什么，它是在怎样的背景下提出来的。目前各种国际论坛对“非贸易关注”问题的争论也较多，特别是有人将其他非贸易关注问题，如农村社区和生活方式的变化等，也纳入对这一问题的争论，并提出了所谓的农业“多功能性”问题。而农业（包括食品和纤维生产）所具有的外部性和公共产品特征，则使人们主张应给予农业更多的支持和保护，以作为对农业外部性和提供公共产品服务的补偿。对于大多数发展中国家而言，农业的这些其他功能虽然也很重要，但满足粮食安全供给目标是其基本职能。所以，有人主张有必要把对粮食安全的非贸易关注与其他关注区分出来。

（二）新一轮农业谈判的进程

2001 年 11 月，在卡塔尔首都多哈举行的 WTO 第四次部长级会议启动了新一轮多边贸易谈判。新启动的多边贸易谈判又称“多哈发展议程”，或简称“多哈回合”。多哈回合谈判的宗旨是促进 WTO 成员削减贸易壁垒，通过更公平的贸易环境来促进全球，特别是较贫穷国家的经济发展。谈判包括农业、非农产品市场准入、服务贸易、规则谈判、争端解决、知识产权、贸易与发展以及贸易与环境八个主要议题。谈判的关键是农业和非农产品市场准入问题，主要包括削减农业补贴、削减农产品进口关税及降低工业品进口关税三个部分。

农业由于其多功能性，一直受到世界各国的高度重视和保护，农业市场准入被认为是最关键也是 WTO 成员分歧最集中的议题之一。

经过最初的两个阶段，即议题提案阶段（2000 年 3 月至 2001 年 3 月）和议题讨论阶段（2001 年 3 月至 2002 年 2 月），目前谈判已进入谈判模式阶段，这一阶段的目标是讨论具体技术性问题、削减方法、公式及时间表，最终达成新协议（李淑静，2014）。谈判模式阶段的主要进程如下：

2003 年坎昆部长会议。坎昆会议是多哈发展议程一个重要的里程碑。这次会议未能就谈判框架达成协议，失败的主要原因有三方面：①各方对于新加坡议题的态度不统一，欧盟希望就新加坡议题展开进一步的讨论，但是遭到一些发展中国家的拒绝；②发展中国家与发达国家在各个议题方面存在巨大矛盾，如美国-欧盟联合提案与 G20 提案在特殊与差别待遇方面存在严重分歧；③谈判议题过于复杂，以及一些成员缺乏谈判诚意。

2004 年 7 月框架协议。在坎昆会议之后，谈判一度陷入停滞状态，为了使谈判重回正轨，美国贸易代表佐利克在 2004 年年初以公开信方式表态愿意取消所有出口补贴，他强调应重视市场准入问题。在美国等国的积极推动下，农业谈判得以在 3 月重启，各成员展现了积极沟通的态度与适度妥协的精神，各方终于达成共识，在 2004 年 7 月 31 日通过了框架协议，该协议是农业谈判取得的重要进步之一，为今后农业的改革指明了方向，但是大多数技术问题未能得到解决，如缺乏具体的减让公式及明确的时间表。

2005 年香港部长会议。新任农业谈判主席福尔克纳为了应对 2005 年 12 月香港部长级会议召开的压力，提前于 9 月初重启谈判，并将谈判程序转向以非正式小型磋商会议为主。2005 年 10 月，美国、欧盟、G20、G10 相继提交了细化的提案，包括具体的模式（如时间表、公式、关税及补贴削减的其他标准等）。然而在后续的协商中，各方对于关税削减幅度、敏感产品待遇及特殊差别待遇方面分歧甚大，导致无法完成谈判减让模式，总理事会为了促进香港会议成功，不得不降低原本完成谈判减让模式的目标，改为对各谈判议题进行盘点。香港部长级会议于 12 月 13~18 日召开，会议在农业方面取得的成就在于各成员方同意在 2013 年年底前撤销对所有农产品的出口补贴，并且在棉花问题上取得了实质性进展，包括发达成员在 2006 年取消棉花的各种出口补贴，发达成员应将从农业改革协议达成后的执行阶段开始，对来自最不发达国家的棉花进口实行零关税和免配额；在国内支持方面，削减的速度和幅度要比今后达成一致的一般公式更快、幅度更大，并且削减国内支持的模式实施的时间要短于普遍适用的模式。

谈判暂停。2006 年 6 月 29 日至 7 月 3 日召开的 WTO 非正式部长会议，由于各方立场冲突，谈判以失败告终。紧接着，核心 5 国（包括美国、巴西、印度、澳大利亚、日本）和欧盟于 7 月 23 日召开了部长会议，由于各方未能在农业关税及补贴方面达成一致，谈判陷入僵局。欧盟指责美国未能在国内支持方面让步，而美国回应称其在国内支持方面的让步是建立在欧盟或 G20 市场准入扩大的基础上的。由于各成员互不妥协，在短时间内无磋商的空间，WTO 总干事拉米只能无奈地宣布将全面暂停多哈回合各议题的谈判。

谈判陷入僵局后，一些主要成员为恢复谈判做出了外交和技术性的努力和推动。2006 年 12 月，各方就谈判趋势进行了沟通和探讨，并全面恢复谈判。

农业谈判自 2007 年 2 月恢复以来，在多方努力下，《农业谈判减让模式修正草案》提出，这一草案在农产品、非农产品市场准入等问题上取得了一定程度的突破，使各成员又一次看到希望。于是，在 2008 年的日内瓦小型部长会议中对多哈回合谈判展开了“最后援助行动”，但最后仍因各成员在诸多问题上的不同立场导致谈判破裂。

为了应对金融危机，G20 于 2008 年 11 月 14~15 日在华盛顿召开会议，认为应在年底就模式草案达成协议。最新的模式草案于 2008 年 12 月提出，称为《农业模式修正草案（第四稿）》，是迄今为止最新的谈判案文。尽管成员对于此草案存在分歧，但是多数国家同意后续谈判应以此为基础。

尽管各方都呼吁尽快达成协议，但 2009 年和 2010 年，谈判基本没有进展。为了推进谈判，2011 年拉米提出采取由易到难的原则将议题分批次达成协议的提议，同时提出了将贸易便利化、农业和发展三大议题作为核心内容的“多哈回合早期收获路线图”计划。该计划得到各成员认可。最终，159 个成员在经过多次密集谈判之后，于 2013 年 12 月在印度尼西亚巴厘岛召开的 WTO 第九届部长级会议上达成了“巴厘一揽子协定”，由此打破了 12 年谈判毫无突破的僵局。巴厘会议成果为最终完成多哈回合谈判奠定基础，但多哈回合谈判毕竟还没有结束。

2015 年 12 月 15 日，WTO 第十届部长级会议在肯尼亚首都内罗毕举行，162 个 WTO 成员的贸易部长参加了会议，他们没有“重申”回归多哈回合谈判，这是 2001 年大张旗鼓启动该回合以来首次出现这种情况。与会各方达成了规模较小的一揽子措施，包括禁止对农产品提供出口补贴，农业出口融资的新指引，以及贫穷的棉花生产国获得进入发达市场的新渠道。有经济评论认为，WTO 内罗毕部长级会议也许将终结长期陷入僵局的多哈回合贸易谈判，为聚焦于一些更小、但成功概率更高的协定扫清了道路。

（三）新一轮农业谈判的内容

多哈回合农业谈判的内容主要是市场准入、国内支持和出口竞争三个方面，即通常所说的农业谈判三大支柱，以及贯穿于三大支柱的发展中成员特殊和差别待遇及新加入成员的灵活性待遇。

1. 市场准入

目前 WTO 成员在农产品市场准入方面存在的主要问题是高关税、关税高峰、关税升级、约束关税与实施关税的差异以及复杂关税形式。市场准入谈判的目的是减少影响农产品市场准入的各种壁垒和障碍，推动成员间市场的相互开放。市场准入谈判主要包括关税削减、敏感产品、特殊产品（special products）、特殊保障机制以及关税配额问题等，核心是关税削减问题。

2. 国内支持

乌拉圭回合虽然对成员扭曲贸易的国内支持做出了限制，并进行了一定的削减，但各成员特别是发达成员仍保留了进行大量补贴和支持的空间，使其扭曲贸易的农业国内支持居高不下。国内支持谈判的目标是实质性削减扭曲贸易的国内支持。

国内支持谈判的焦点集中在所有扭曲贸易的国内支持的削减方式和削减幅度，以及对“绿箱”的审议。扭曲贸易国内支持的削减包括扭曲贸易的国内支持总量（overall trade-distorting demestic support，OTDS）削减和对“黄箱”、微量允许、“蓝箱”的分别削减，OTDS，即“黄箱”+微量允许水平+“蓝箱”，OTDS 削减按分层方式进行，总量越多，削减幅度越大。对“绿箱”标准进行审议和澄清的目的是保证绿箱措施的基本概念、原则和效力符合没有或最低程度扭曲贸易的要求。

3. 出口竞争

出口竞争谈判的目标是规范成员的出口竞争行为，特别是削减直至取消成员的各种形式的出口补贴。出口竞争谈判的主要内容包括出口补贴、出口信贷、出口国营贸易和粮食援助等。谈判焦点是确定取消出口补贴的时间表，加严出口信贷、出口国营贸易企业垄断权使用和粮食援助纪律，平行削减各类出口竞争措施中的出口补贴成分。

第二节　中国加入WTO的农业谈判及政策调整

一、加入 WTO 农业承诺及履行情况

（一）加入 WTO 谈判中的农业承诺

中国农业在加入 WTO 过程中做出了巨大减让承诺，具体包括市场准入、出口补贴、国内支持、保障条款和过渡期特殊保障机制等。

1. 市场准入

中国在关税减让、关税配额、关税配额管理制度三方面做出相关承诺。

（1）关税减让。中国从 1986 年申请恢复关税及贸易总协定缔约国地位开始，就一直主动降低农产品进口关税。至 2004 年，中国按照加入 WTO 的承诺将农产品平均关税税率降到 15.1%。中国主要农产品关税减让承诺如表 14-2 所示。

表 14-2　2004 年中国主要农产品关税减让承诺（单位：%）

产品	关税税率	产品	关税税率
冻牛肉	12	葡萄	13
冻猪肉	12	苹果	10
冻鸡块及杂碎	10	西瓜	25
奶酪	12	花生	15
黄油	10	瓜子	20
蛋类	20	花生油	10
蜂蜜	15	酱油	28
大豆、大麦	3	未焙炒咖啡	8
马铃薯	13	已焙炒咖啡	15
萝卜类	13	茶	15
菜豆类	13	苹果汁、蔬菜汁	20
开心果	10	啤酒	0
核桃、板栗	25	葡萄酒	14
香蕉	10	烈酒类	10（2005 年）
柑橘	12	烟草	10
大米、小麦、玉米	65	卷烟	25
棉花	40	大豆油、棕榈油、菜籽油	9（2006 年）
羊毛	38	食糖	50

资料来源：对外贸易经济合作部世界贸易组织司. 中国加入世界贸易组织法律文件. 北京：法律出版社，2001

（2）关税配额。粮食（玉米、小麦、大米）、棉花、食用油（大豆油、棕榈油和菜籽油）、食糖和羊毛等产品进口实行关税配额管理。承诺从 2006 年 1 月 1 日起，取消所有植物油的关税配额，实行 9%的单一关税政策等。具体承诺的关税配额数量见表 14-3。

表 14-3　承诺的关税配额（单位：万吨）

主要产品	2001 年（最初配额量）	2004 年（最终配额量）
小麦	788.4	963.6
玉米	517.5	720
大米	332.5	532
棉花	78.1	89.4
食糖	168	194.5
羊毛	25.3	28.7
豆油	211.8	358.7
棕榈油	210	316.8
菜籽油	73.9	124.3

资料来源：农业部农产品贸易办公室. 2005 年中国农产品贸易发展报告. 北京：中国农业出版社，2005

（3）关税配额管理制度。WTO 相关法律文件没有对农产品关税配额分配管理方法做出统一的规定。但是在我国加入 WTO 的谈判中，却对我国农产品的配额发放等管理方法，提出了一系列承诺要求。国家根据对外承诺和工农业生产及市场需求情况，确定实行进口关税配额管理的农产品年度市场准入数量；确定数量内的农产品进口适用于关税配额内税率，确定数量外和超过确定数量的农产品进口适用于关税配额外税率；非国有企业有权直接参与关税配额分配，并要求保证一定比例配额，以保证充分使用关税配额。

2. 出口补贴

我国承诺在加入 WTO 之后，不对包括农产品在内的任何产品出口进行补贴。

3. 国内支持

我国承诺对农产品国内支持的“黄箱”微量许可为 8.5%，即特定产品补贴不得超过该产品总产值的 8.5%，非特定产品补贴不得超过农产品总产值的 8.5%。综合支持量为零。

4. 保障条款和过渡期特殊保障机制

我国承诺在加入 WTO 后的 12 年过渡期内，如果我国的出口对其他成员相关产业造成损害或损害威胁时，该成员可以对我国产品采取一种特殊的过渡期保障机制，即征收高额关税，且在 2~3 年内我国不能提出补偿要求。

（二）我国履行入世承诺情况

1. 市场准入

我国按照入世承诺大幅度削减了关税，到 2006 年我国农产品平均税率已降到 15.1%。同时，按入世承诺制定了关税配额管理办法。2006 年 1 月 1 日起，我国除继续对粮食、棉花等大宗农产品实行进口配额管理制度外，取消了豆油、棕榈油、菜籽油进口关税配额管理，实行自动进口许可管理，关税统一降至 9%。2003 年以来，我国还以低于配额外关税超配额大量进口棉花。

2. 国内支持

入世后，我国农业的国内支持以“绿箱”支持措施为主，“黄箱”支持措施没有超出微量允许水平。

3. 农业法律法规调整

2001 年以来，我国集中清理了 2 300 多部法律法规和部门规章。对其中不符合 WTO 规则和中国加入 WTO 承诺的，分别予以废止或修订。新修订的法律法规减少和规范了行政许可程序，建立健全了贸易促进、贸易救济法律体系。其中，和农业有关的，如修改了《农药管理条例》《兽药管理条例》《饲料和饲料添加剂管理条例》等管理办法，制定并出台了《肥料管理条例》等。

二、我国农业政策调整及体制改革

入世以后，我国农业政策不断发生变化，以适应 WTO 的要求，同时也是最大可能地利用农业规则推进我国农业发展。主要表现在以下几点。

1. 推行农村税费改革

可以分为两个阶段，即费改税阶段和取消农业税阶段。

费改税阶段。最早于 2001 年在安徽省进行了试点，然后逐步扩大试点范围，2003 年在全国展开。农村税费改革政策的目的是建立规范的农村税费制度，减轻农民负担。具体做法是：取消乡统筹费、农村义务教育集资等专门面向农民征收的行政事业性收费和政府性基金、集资；取消屠宰税；取消统一规定的劳动积累工和义务工，村内进行公益性事业，实行一事一议，由村民大会民主决定；调整农业税税率，将原农业税附加并入新的农业税，新的农业税最高不超过常年产量的 7%；调整农业特产税；改革村提留征收办法，采用新的农业税附加的办法统一征收，比例不超过新的农业税的 20%。为了推进农村税费改革政策，中央政府和一些地方政府都对试点区给予了财政补贴。实行了税费改革的地区，农村的税费负担大大减轻，税费负担一般下降 1/3 左右。

取消农业税阶段。2004 年首先全面取消除烟叶外的农业特产税，在黑龙江和吉林进行了全面取消农业税的试点。其他省份在费改税的基础上，降低了农业税的征收税率，其中 13 个粮食主产区的农业税税率由 8.4%（含农业税附加）降低到 4.8%，其他地区降低到 7.2%。中央财政对农业税减免造成的地方财政减少，给予了不同幅度的转移支付。实际执行时，北京、上海、天津、浙江和福建自行免除了农业税。2004 年的国务院《政府工作报告》提出要在 5 年之内全部免除农业税。实际发展情况快于这个计划。2005 年年初，各个省份纷纷自行全面取消农业税。当年只有山东等 5 个省尚没有全部取消农业税。2005 年的《政府工作报告》提出在 2006 年全部取消农业税。

2. 对农业生产者实行农业补贴

出于扩大粮食种植面积和确保我国粮食安全的目的，2004 年政府出台了对种粮农民的直接补贴政策。2004 年以来由于化肥、农药等农业生产资料的价格上涨，增加了农民的种粮成本，打击了农民的生产积极性，出于粮食安全和国内对粮食的需求量的考虑，政府出台了农业综合补贴政策，按照与粮食直补相同的发放办法，即对当期的实际播种面积进行补贴金额的发放。良种补贴是在 2004 年开始实施的，目的是让更多农民增加使用良种的频率，从而提高良种使用范围，增加粮食产量。2011 年良种补贴规模进一步扩大，范围包括了玉米、棉花、小麦、水稻以及部分地区的大豆、冬油菜。补贴方式采取现金直接补贴或按照招标或购种时的差价给予补贴的方式进行补贴。2004 年开始采取农机具购置补贴的政策，此后中央财政资金在此政策上的投入力度不断加大，使种粮农民有更多的资金用于农业机械的购买。

3. 放开粮食流通市场

2001 年经国务院批准，浙江、福建等八个粮食主销区率先开始放开粮食市场，促进订单粮食发展的粮食流通体制改革。这次粮食流通体制改革主要是通过改革建立市场调节为主，政府退出粮食流通主渠道，国家主要运用宏观控制来配置粮食生产、流通和消费资源的体制。2002 年开始放开土销区粮食购销市场和价格的改革，除少数粮食主产地区之外，大部分地区放开了粮食市场经营；仍然实行保护性收购的地方，保护价格也改为由地方自行确定。2004 年进一步放开主产区粮食购销市场和价格，实行购销市场化和经营主体多元化。

4. 粮食最低收购价政策

粮食最低收购价政策，是为保护农民利益、保障粮食市场供应实施的粮食价格调控政策。一般情况下，粮食收购价格受市场供求影响，国家在充分发挥市场机制作用的基础上实行宏观调控，必要时由国务院决定对短缺的重点粮食品种，在粮食主产区实行最低收购价格。当市场粮价低于国家确定的最低收购价时，国家委托符合一定资质条件的粮食企业，按国家确定的最低收购价收购农民的粮食。最低收购价政策始于 2004 年，国家规定稻谷的最低收购价格。2006 年，小麦也被纳入最低收购价范围。

5. 加快农业结构战略性调整

为加快我国农业区域布局调整，建设优势农产品产业带，推动农产品竞争力增强、农业增效和农民增收，2002 年农业部编制了《优势农产品区域布局规划（2003—2007 年）》，2003 年实施。该规划的基本思路是，充分发挥农业比较优势，实施非均衡发展战略，做大做强一批优势产区，重点培育一批优势农产品，尽快提高市场竞争力，抵御进口农产品冲击，扩大农产品出口，增加主产区农民收入。

实施 5 年后，农业部又编制了《全国优势农产品区域布局规划（2008—2015 年）》，目标是重点培育 16 个关系国计民生、具有重要战略地位、对农民增收带动作用明显的优势农产品，形成一批国内外有一定影响的优势农产品产业带，建设一大批高产、优质、高效、生态、安全的优势农产品生产重点县（市、区、旗、团、场，简称县），形成一批规模化、标准化、设施化、品牌化的现代农业产业示范区。

第三节　多哈农业谈判对中国农业的影响与支持保护政策

一、多哈农业谈判对中国农业的影响

从理论上看，多哈回合农业市场谈判通过削减农产品贸易壁垒，促进国际农产品贸易的自由化，提高了世界整体福利。然而由于各谈判方经济发展与农业发展水平存在很大差异，谈判结果对不同成员农业的影响差异很大。从目前的实际谈判结果看，发达国家成员在国内支持方面很难有实质性削减，市场准入改善也将因敏感产品灵活性条款而非常有限；发展中国家成员的关税削减多数限于削减水分。而我国的农产品关税水平低、关税结构简单，如果没有特殊灵活性，中国农产品关税将有较大的实质性削减，不利于消除中国与其他成员间已

经存在的不平衡（农业部农业贸易促进中心，2008）。可能出现以下几方面的影响。

（一）对扩大中国农产品出口作用有限

根据目前的谈判情况，可以得出以下基本判断：一是世界农产品关税不会有太多的实质性削减；二是发达国家成员对农业的补贴削减有限；三是发达国家成员还将利用其科技优势通过《实施卫生与植物卫生措施协议》或《技术性贸易壁垒协议》限制进口，这是目前中国农产品出口面临的主要障碍，但《实施卫生与植物卫生措施协议》或《技术性贸易壁垒协议》不在本轮谈判范围之内。

中国出口农产品的主要发达国家市场是日本、欧盟和美国。日趋严格的技术性贸易壁垒，增加了中国农产品出口的难度。

（二）农产品市场进一步开放的压力增大

中国有限的关税保护空间和关税配额制度是调控农产品进出口、合理平衡农产品加工和消费需要与农业发展和农民增收需要的极为重要的边境措施。在本轮谈判中，如果中国不最大限度地争取发展中成员和新成员的灵活性待遇，而是进一步实质性削减农产品关税、扩大关税配额，将大大降低中国业已有限的进出口调控能力，进而产生深远影响。

1. 对中国关税的影响

按照目前谈判草案中的各种可能的关税削减方案，总体上看，无论采用何种削减方式，中国农产品关税都将作实质性的削减；争取发展中成员和新成员的特殊灵活性待遇将使我国农产品关税实质性减少。

2. 对中国农产品进口的影响

关税削减将降低中国农业的保护水平。按照 G20 关税削减公式，中国总体关税将从目前的 15.1%削减到 11.16%，平均削减 25.74%，小麦、稻谷等大宗农产品的配额外关税将从 65%削减到 45.5%。如果放弃发展中成员和新成员的特殊灵活性待遇，完全按照 G20 公式削减关税，中国主要农产品玉米、大豆、小麦、大米和棉花进口将快速增长。如果考虑国际大宗农产品因全球气候变暖、生物质能源发展等因素导致价格上涨和波动，则削减关税的影响主要是压缩了宏观调控的政策空间，加大了市场波动的风险。

3. 对农民收入的影响

关税削减和配额扩大对生产量大、涉及面广的重要农产品价格和农民增收有很大影响。对于大豆、植物油等关税税率较低的农产品（税率分别为 3%和 9%），税率每下降 1 百分点，将使国内价格压低 0.8~0.9 百分点，不考虑其他影响，农民收入将分别减少 4 亿~5 亿元和 5 亿~6 亿元（农业部农业贸易促进中心，2008）。

（三）农业国内支持空间可望得到保留

随着中国财政实力的增强，中央财政支农规模不断扩大，对促进农业发展、改善农村生产生活条件、增加农民收入、推动农村经济社会协调发展发挥了重要作用。这就要求中国在 WTO 农业谈判中争取巨大的国内支持空间，力争不做新的减让承诺。对原来无法使用或难以使用的支持措施，如“蓝箱”和“绿箱”中的直接支付等，既要争取使用权利，又要推动原支持措施条款的修改。《7 月框架协议》和《香港部长宣言》规定，农业综合支持量为零的成员免于国内支持减让，我国可以保持 8.5%的微量许可支持空间。

二、农业支持保护政策体系建设

（一）加强完善农业支持体系

根据 WTO 规则，目前我国农业国内支持还有一些增长空间。要借鉴美欧等发达国家的农业支持政策具有明显的时代特征，服从于特定阶段农业发展目标以及支持手段多样化的经验，优化我国农业支持结构，从根本上提高我国农业竞争力和可持续发展能力。

加大“绿箱”支持。“绿箱”补贴对农业发展具有长效性，有助于从根本上提高农业综合生产能力，是今后国际农业支持发展的方向。近年来美、欧、日等发达国家都对其国内农业政策进行了改革，将一部分“黄箱”政策转变为“绿箱”支持。“绿箱”补贴涵盖的范围现已扩大到农业多功能性和动物福利等更广泛的领域。今后我国应加大“绿箱”补贴力度，以应对国际竞争。目前的重点领域包括中小型农业基础设施建设、农业科技投入、农产品质量安全体系建设、农业风险保障制度建设、农业公共服务体系建设、农业可持续发展体系建设。

用好“黄箱”支持。“黄箱”政策短期效果比“绿箱”补贴明显。现阶段，我国对粮食特定农产品的“黄箱”支持水平大幅上涨，但没有突破微量允许的“天花板”，符合 WTO 农业国内支持规则；对特定农产品的“黄箱”支持仍然留有政策空间，但微量允许的“天花板”已经开始对我国粮食价格、支持政策构成实质性约束；尽管对非特定农产品的“黄箱”支持水平持续快速增长，但未来的政策空间仍然较大（朱满德和程国强，2015）。

（二）建立健全农业保护体系

1. 珍惜我国现有关税资源，在今后的贸易谈判中应尽量少作削减承诺

由于目前我国关税“水分”少，尽可能维持现有保护水平是我国新一轮谈判应积极争取的目标，尤其是要力争实现关系我国国计民生的大宗农产品关税免减或少减，关税配额不作较大扩大。

2. 建立和完善农产品进口监测与产业损害预警系统，加强贸易救济

为尽量减少农产品（尤其是享受高补贴农产品）进口对国内产业的冲击，我国应尽快建立和完善农产品进口监测与产业损害预警系统，从定性定量两方面对农产品贸易影响进行分析、跟踪、监测、预测和评估，灵活有效地利用 WTO 规则，加强农产品贸易救济。

3. 重视技术性贸易壁垒等非传统贸易保护措施的运用，丰富我国边境保护手段

近年来，我国农产品出口遭遇国外日益增多的非关税壁垒的现象应该引起我国政府的反思，必须高度重视和研究技术性贸易壁垒和动植物卫生检验检疫的贸易保护作用，制定并实施符合我国国情和 WTO 规则的技术性贸易措施。同时要扩大相关领域的国际交流与合作，积极参与国际技术标准和技术规则的制定，维护我国的正当利益。

（三）进一步深化农村经济体制改革

1. 深化农业管理体制改革

建立健全集中、高效、协调的农业管理体制，是中国农业参与经济全球化进程，提高农业国际竞争能力的迫切要求。应借鉴国际经验，逐步建立适应新阶段和农业国际化要求的农业管理体制，加强中央对农业的统筹协调和宏观调控的职能，理顺中央各有关部门和地方条块的关系，逐步形成农产品生产、加工、营销和内外贸管理一体化，由一个部门综合管理的体制。

2. 培育能有效参与市场竞争的经营主体

第一，鼓励和规范农民专业合作经济组织，提高农民的组织化程度。第二，改善政策环境，扶持“龙头企业”、专业性服务组织和市场中介组织，大力培育民营企业，使其成为参与市场竞争的主体。第三，积极推动农业产业化经营，加强农业社会化服务体系建设，建议中央和地方列专项资金，扶持一批农业产业化经营的重点项目，发挥示范作用和带动效应。

3. 深化农产品流通体制改革

进一步搞活农产品流通，尽快形成开放、统一、竞争、有序的农产品市场体系。鼓励组建农业行业技术协会、商会等组织，培育农民自己的流通组织；加快农产品购销企业的市场化进程，加强内、外贸协作；重点抓好农产品产地批发市场、质量标准体系和市场信息网络建设，完善农产品市场体系。

4. 建立健全农业法规体系

加入 WTO 后，我们必须与世界多边贸易体制接轨，按国际规则办事。因此，目前应加紧清理和调整不符合 WTO 规则的法律、法规，制定和出台新的法律、法规，建立健全农业法规体系。同时，还要借鉴和利用有关国际农业法规保护和支持我国农业的发展（程国强，2001）。

【思考题】

1. WTO《农业协议》的主要内容是什么？
2. 我国加入 WTO 在农业方面的主要承诺是什么？
3. 加入 WTO 后，我国农业政策进行了哪些调整？
4. 多哈农业谈判对中国农业有哪些影响？

【推荐阅读】

程国强. 2011-11-19. 加入世贸组织与中国农业发展——中国农业国际化 10 年的经验、启示与战略选择. 农民日报，（03）.

程国强. 2012. 中国农业对外开放：影响、启示与战略选择. 中国发展评论，14（2）：41-54.

牛盾. 2011. 入世十周年与中国农业. 农村工作通讯，（18）：6-9.

石广生. 2001. 中国加入世界贸易组织知识读本. 北京：人民出版社.

唐忠，李众敏，江东坡. 2003. WTO 农业国内支持政策执行情况及其改革方向探讨. 管理世界，（1）：88-96.

参 考 文 献

程国强. 2001. WTO 农业规则与中国农业发展. 北京：中国经济出版社.
对外经济合作部国际经贸关系司. 2000. 世界贸易组织乌拉圭回合多边贸易谈判结果法律文本. 北京：法律出

版社.
李淑静. 2014. 多哈回合农业议题谈判与中国对策. 对外经济贸易大学博士学位论文.
农业部农业贸易促进中心. 2008. 多边贸易谈判与中国农业发展. 北京：中国农业出版社.
朱满德，程国强. 2015. 中国农业的黄箱政策支持水平评估：源于 WTO 规则一致性. 改革，(5)：58-66.

附　　录

附录Ⅰ　《中华人民共和国农业法》①

（1993年7月2日第八届全国人民代表大会常务委员会第二次会议通过）

目　录

第一章　总则

第一条　为了巩固和加强农业在国民经济中的基础地位，深化农村改革，发展农业生产力，推进农业现代化，维护农民和农业生产经营组织的合法权益，增加农民收入，提高农民科学文化素质，促进农业和农村经济的持续、稳定、健康发展，实现全面建设小康社会的目标，制定本法。

第二条　本法所称农业，是指种植业、林业、畜牧业和渔业等产业，包括与其直接相关的产前、产中、产后服务。

本法所称农业生产经营组织，是指农村集体经济组织、农民专业合作经济组织、农业企业和其他从事农业生产经营的组织。

第三条　国家把农业放在发展国民经济的首位。

农业和农村经济发展的基本目标是：建立适应发展社会主义市场经济要求的农村经济体制，不断解放和发展农村生产力，提高农业的整体素质和效益，确保农产品供应和质量，满

---

① 2002年12月28日第九届全国人民代表大会常务委员会第三十一次会议修订，根据2009年8月27日第十一届全国人民代表大会常务委员会第十次会议《关于修改部分法律的决定》第一次修正，根据2012年12月28日第十一届全国人民代表大会常务委员会第三十次会议《关于修改〈中华人民共和国农业法〉的决定》第二次修正。此为2012年修正稿。

足国民经济发展和人口增长、生活改善的需求，提高农民的收入和生活水平，促进农村富余劳动力向非农产业和城镇转移，缩小城乡差别和区域差别，建设富裕、民主、文明的社会主义新农村，逐步实现农业和农村现代化。

第四条　国家采取措施，保障农业更好地发挥在提供食物、工业原料和其他农产品，维护和改善生态环境，促进农村经济社会发展等多方面的作用。

第五条　国家坚持和完善公有制为主体、多种所有制经济共同发展的基本经济制度，振兴农村经济。

国家长期稳定农村以家庭承包经营为基础、统分结合的双层经营体制，发展社会化服务体系，壮大集体经济实力，引导农民走共同富裕的道路。

国家在农村坚持和完善以按劳分配为主体、多种分配方式并存的分配制度。

第六条　国家坚持科教兴农和农业可持续发展的方针。

国家采取措施加强农业和农村基础设施建设，调整、优化农业和农村经济结构，推进农业产业化经营，发展农业科技、教育事业，保护农业生态环境，促进农业机械化和信息化，提高农业综合生产能力。

第七条　国家保护农民和农业生产经营组织的财产及其他合法权益不受侵犯。

各级人民政府及其有关部门应当采取措施增加农民收入，切实减轻农民负担。

第八条　全社会应当高度重视农业，支持农业发展。

国家对发展农业和农村经济有显著成绩的单位和个人，给予奖励。

第九条　各级人民政府对农业和农村经济发展工作统一负责，组织各有关部门和全社会做好发展农业和为发展农业服务的各项工作。

国务院农业行政主管部门主管全国农业和农村经济发展工作，国务院林业行政主管部门和其他有关部门在各自的职责范围内，负责有关的农业和农村经济发展工作。

县级以上地方人民政府各农业行政主管部门负责本行政区域内的种植业、畜牧业、渔业等农业和农村经济发展工作，林业行政主管部门负责本行政区域内的林业工作。县级以上地方人民政府其他有关部门在各自的职责范围内，负责本行政区域内有关的为农业生产经营服务的工作。

第二章　农业生产经营体制

第十条　国家实行农村土地承包经营制度，依法保障农村土地承包关系的长期稳定，保护农民对承包土地的使用权。

农村土地承包经营的方式、期限、发包方和承包方的权利义务、土地承包经营权的保护和流转等，适用《中华人民共和国土地管理法》和《中华人民共和国农村土地承包法》。

农村集体经济组织应当在家庭承包经营的基础上，依法管理集体资产，为其成员提供生产、技术、信息等服务，组织合理开发、利用集体资源，壮大经济实力。

第十一条　国家鼓励农民在家庭承包经营的基础上自愿组成各类专业合作经济组织。

农民专业合作经济组织应当坚持为成员服务的宗旨，按照加入自愿、退出自由、民主管理、盈余返还的原则，依法在其章程规定的范围内开展农业生产经营和服务活动。

农民专业合作经济组织可以有多种形式，依法成立、依法登记。任何组织和个人不得侵犯农民专业合作经济组织的财产和经营自主权。

第十二条　农民和农业生产经营组织可以自愿按照民主管理、按劳分配和按股分红相结合的原则，以资金、技术、实物等入股，依法兴办各类企业。

第十三条　国家采取措施发展多种形式的农业产业化经营，鼓励和支持农民和农业生产经营组织发展生产、加工、销售一体化经营。

国家引导和支持从事农产品生产、加工、流通服务的企业、科研单位和其他组织，通过与农民或者农民专业合作经济组织订立合同或者建立各类企业等形式，形成收益共享、风险共担的利益共同体，推进农业产业化经营，带动农业发展。

第十四条　农民和农业生产经营组织可以按照法律、行政法规成立各种农产品行业协会，为成员提供生产、营销、信息、技术、培训等服务，发挥协调和自律作用，提出农产品贸易救济措施的申请，维护成员和行业的利益。

第三章　农业生产

第十五条　县级以上人民政府根据国民经济和社会发展的中长期规划、农业和农村经济发展的基本目标和农业资源区划，制定农业发展规划。

省级以上人民政府农业行政主管部门根据农业发展规划，采取措施发挥区域优势，促进形成合理的农业生产区域布局，指导和协调农业和农村经济结构调整。

第十六条　国家引导和支持农民和农业生产经营组织结合本地实际按照市场需求，调整和优化农业生产结构，协调发展种植业、林业、畜牧业和渔业，发展优质、高产、高效益的农业，提高农产品国际竞争力。

种植业以优化品种、提高质量、增加效益为中心，调整作物结构、品种结构和品质结构。

加强林业生态建设，实施天然林保护、退耕还林和防沙治沙工程，加强防护林体系建设，加速营造速生丰产林、工业原料林和薪炭林。

加强草原保护和建设，加快发展畜牧业，推广圈养和舍饲，改良畜禽品种，积极发展饲料工业和畜禽产品加工业。

渔业生产应当保护和合理利用渔业资源，调整捕捞结构，积极发展水产养殖业、远洋渔业和水产品加工业。

县级以上人民政府应当制定政策，安排资金，引导和支持农业结构调整。

第十七条　各级人民政府应当采取措施，加强农业综合开发和农田水利、农业生态环境保护、乡村道路、农村能源和电网、农产品仓储和流通、渔港、草原围栏、动植物原种良种基地等农业和农村基础设施建设，改善农业生产条件，保护和提高农业综合生产能力。

第十八条　国家扶持动植物品种的选育、生产、更新和良种的推广使用，鼓励品种选育和生产、经营相结合，实施种子工程和畜禽良种工程。国务院和省、自治区、直辖市人民政府设立专项资金，用于扶持动植物良种的选育和推广工作。

第十九条　各级人民政府和农业生产经营组织应当加强农田水利设施建设，建立健全农田水利设施的管理制度，节约用水，发展节水型农业，严格依法控制非农业建设占用灌溉水源，禁止任何组织和个人非法占用或者毁损农田水利设施。

国家对缺水地区发展节水型农业给予重点扶持。

第二十条　国家鼓励和支持农民和农业生产经营组织使用先进、适用的农业机械，加强农业机械安全管理，提高农业机械化水平。

国家对农民和农业生产经营组织购买先进农业机械给予扶持。

第二十一条　各级人民政府应当支持为农业服务的气象事业的发展，提高对气象灾害的监测和预报水平。

第二十二条　国家采取措施提高农产品的质量，建立健全农产品质量标准体系和质量检验检测监督体系，按照有关技术规范、操作规程和质量卫生安全标准，组织农产品的生产经营，保障农产品质量安全。

第二十三条　国家支持依法建立健全优质农产品认证和标志制度。

国家鼓励和扶持发展优质农产品生产。县级以上地方人民政府应当结合本地情况，按照国家有关规定采取措施，发展优质农产品生产。

符合国家规定标准的优质农产品可以依照法律或者行政法规的规定申请使用有关的标志。符合规定产地及生产规范要求的农产品可以依照有关法律或者行政法规的规定申请使用农产品地理标志。

第二十四条　国家实行动植物防疫、检疫制度，健全动植物防疫、检疫体系，加强对动物疫病和植物病、虫、杂草、鼠害的监测、预警、防治，建立重大动物疫情和植物病虫害的快速扑灭机制，建设动物无规定疫病区，实施植物保护工程。

第二十五条　农药、兽药、饲料和饲料添加剂、肥料、种子、农业机械等可能危害人畜安全的农业生产资料的生产经营，依照相关法律、行政法规的规定实行登记或者许可制度。

各级人民政府应当建立健全农业生产资料的安全使用制度，农民和农业生产经营组织不得使用国家明令淘汰和禁止使用的农药、兽药、饲料添加剂等农业生产资料和其他禁止使用的产品。

农业生产资料的生产者、销售者应当对其生产、销售的产品的质量负责，禁止以次充好、以假充真、以不合格的产品冒充合格的产品；禁止生产和销售国家明令淘汰的农药、兽药、饲料添加剂、农业机械等农业生产资料。

第四章　农产品流通与加工

第二十六条　农产品的购销实行市场调节。国家对关系国计民生的重要农产品的购销活动实行必要的宏观调控，建立中央和地方分级储备调节制度，完善仓储运输体系，做到保证供应，稳定市场。

第二十七条　国家逐步建立统一、开放、竞争、有序的农产品市场体系，制定农产品批发市场发展规划。对农村集体经济组织和农民专业合作经济组织建立农产品批发市场和农产品集贸市场，国家给予扶持。

县级以上人民政府工商行政管理部门和其他有关部门按照各自的职责，依法管理农产品批发市场，规范交易秩序，防止地方保护与不正当竞争。

第二十八条　国家鼓励和支持发展多种形式的农产品流通活动。支持农民和农民专业合作经济组织按照国家有关规定从事农产品收购、批发、贮藏、运输、零售和中介活动。鼓励供销合作社和其他从事农产品购销的农业生产经营组织提供市场信息，开拓农产品流通渠道，为农产品销售服务。

县级以上人民政府应当采取措施，督促有关部门保障农产品运输畅通，降低农产品流通成本。有关行政管理部门应当简化手续，方便鲜活农产品的运输，除法律、行政法规另有规定外，不得扣押鲜活农产品的运输工具。

第二十九条　国家支持发展农产品加工业和食品工业，增加农产品的附加值。县级以上人民政府应当制定农产品加工业和食品工业发展规划，引导农产品加工企业形成合理的区域布局和规模结构，扶持农民专业合作经济组织和乡镇企业从事农产品加工和综合开发利用。

国家建立健全农产品加工制品质量标准，完善检测手段，加强农产品加工过程中的质量安全管理和监督，保障食品安全。

第三十条　国家鼓励发展农产品进出口贸易。

国家采取加强国际市场研究、提供信息和营销服务等措施，促进农产品出口。

为维护农产品产销秩序和公平贸易，建立农产品进口预警制度，当某些进口农产品已经或者可能对国内相关农产品的生产造成重大的不利影响时，国家可以采取必要的措施。

第五章　粮食安全

第三十一条　国家采取措施保护和提高粮食综合生产能力，稳步提高粮食生产水平，保障粮食安全。

国家建立耕地保护制度，对基本农田依法实行特殊保护。

第三十二条　国家在政策、资金、技术等方面对粮食主产区给予重点扶持，建设稳定的商品粮生产基地，改善粮食收贮及加工设施，提高粮食主产区的粮食生产、加工水平和经济效益。

国家支持粮食主产区与主销区建立稳定的购销合作关系。

第三十三条　在粮食的市场价格过低时，国务院可以决定对部分粮食品种实行保护价制度。保护价应当根据有利于保护农民利益、稳定粮食生产的原则确定。

农民按保护价制度出售粮食，国家委托的收购单位不得拒收。

县级以上人民政府应当组织财政、金融等部门以及国家委托的收购单位及时筹足粮食收购资金，任何部门、单位或者个人不得截留或者挪用。

第三十四条　国家建立粮食安全预警制度，采取措施保障粮食供给。国务院应当制定粮食安全保障目标与粮食储备数量指标，并根据需要组织有关主管部门进行耕地、粮食库存情况的核查。

国家对粮食实行中央和地方分级储备调节制度，建设仓储运输体系。承担国家粮食储备任务的企业应当按照国家规定保证储备粮的数量和质量。

第三十五条　国家建立粮食风险基金，用于支持粮食储备、稳定粮食市场和保护农民利益。

第三十六条　国家提倡珍惜和节约粮食，并采取措施改善人民的食物营养结构。

第六章　农业投入与支持保护

第三十七条　国家建立和完善农业支持保护体系，采取财政投入、税收优惠、金融支持等措施，从资金投入、科研与技术推广、教育培训、农业生产资料供应、市场信息、质量标准、检验检疫、社会化服务以及灾害救助等方面扶持农民和农业生产经营组织发展农业生产，提高农民的收入水平。

在不与我国缔结或加入的有关国际条约相抵触的情况下，国家对农民实施收入支持政策，具体办法由国务院制定。

第三十八条　国家逐步提高农业投入的总体水平。中央和县级以上地方财政每年对农业总投入的增长幅度应当高于其财政经常性收入的增长幅度。

各级人民政府在财政预算内安排的各项用于农业的资金应当主要用于：加强农业基础设施建设；支持农业结构调整，促进农业产业化经营；保护粮食综合生产能力，保障国家粮食安全；健全动植物检疫、防疫体系，加强动物疫病和植物病、虫、杂草、鼠害防治；建立健全农产品质量标准和检验检测监督体系、农产品市场及信息服务体系；支持农业科研教育、农业技术推广和农民培训；加强农业生态环境保护建设；扶持贫困地区发展；保障农民收入水平等。

县级以上各级财政用于种植业、林业、畜牧业、渔业、农田水利的农业基本建设投入应当统筹安排，协调增长。

国家为加快西部开发，增加对西部地区农业发展和生态环境保护的投入。

第三十九条　县级以上人民政府每年财政预算内安排的各项用于农业的资金应当及时足额拨付。各级人民政府应当加强对国家各项农业资金分配、使用过程的监督管理，保证资金安全，提高资金的使用效率。

任何单位和个人不得截留、挪用用于农业的财政资金和信贷资金。审计机关应当依法加强对用于农业的财政和信贷等资金的审计监督。

第四十条　国家运用税收、价格、信贷等手段，鼓励和引导农民和农业生产经营组织增加农业生产经营性投入和小型农田水利等基本建设投入。

国家鼓励和支持农民和农业生产经营组织在自愿的基础上依法采取多种形式，筹集农业资金。

第四十一条　国家鼓励社会资金投向农业，鼓励企业事业单位、社会团体和个人捐资设立各种农业建设和农业科技、教育基金。

国家采取措施，促进农业扩大利用外资。

第四十二条　各级人民政府应当鼓励和支持企业事业单位及其他各类经济组织开展农业信息服务。

县级以上人民政府农业行政主管部门及其他有关部门应当建立农业信息搜集、整理和发布制度，及时向农民和农业生产经营组织提供市场信息等服务。

第四十三条　国家鼓励和扶持农用工业的发展。

国家采取税收、信贷等手段鼓励和扶持农业生产资料的生产和贸易，为农业生产稳定增长提供物质保障。

国家采取宏观调控措施，使化肥、农药、农用薄膜、农业机械和农用柴油等主要农业生产资料和农产品之间保持合理的比价。

第四十四条　国家鼓励供销合作社、农村集体经济组织、农民专业合作经济组织、其他组织和个人发展多种形式的农业生产产前、产中、产后的社会化服务事业。县级以上人民政府及其各有关部门应当采取措施对农业社会化服务事业给予支持。

对跨地区从事农业社会化服务的，农业、工商管理、交通运输、公安等有关部门应当采取措施给予支持。

第四十五条　国家建立健全农村金融体系，加强农村信用制度建设，加强农村金融监管。

有关金融机构应当采取措施增加信贷投入，改善农村金融服务，对农民和农业生产经营组织的农业生产经营活动提供信贷支持。

农村信用合作社应当坚持为农业、农民和农村经济发展服务的宗旨，优先为当地农民的生产经营活动提供信贷服务。

国家通过贴息等措施，鼓励金融机构向农民和农业生产经营组织的农业生产经营活动提供贷款。

第四十六条　国家建立和完善农业保险制度。

国家逐步建立和完善政策性农业保险制度。鼓励和扶持农民和农业生产经营组织建立为农业生产经营活动服务的互助合作保险组织，鼓励商业性保险公司开展农业保险业务。

农业保险实行自愿原则。任何组织和个人不得强制农民和农业生产经营组织参加农业保险。

第四十七条　各级人民政府应当采取措施，提高农业防御自然灾害的能力，做好防灾、抗灾和救灾工作，帮助灾民恢复生产，组织生产自救，开展社会互助互济；对没有基本生活保障的灾民给予救济和扶持。

第七章　农业科技与农业教育

第四十八条　国务院和省级人民政府应当制定农业科技、农业教育发展规划，发展农业科技、教育事业。

县级以上人民政府应当按照国家有关规定逐步增加农业科技经费和农业教育经费。

国家鼓励、吸引企业等社会力量增加农业科技投入，鼓励农民、农业生产经营组织、企业事业单位等依法举办农业科技、教育事业。

第四十九条　国家保护植物新品种、农产品地理标志等知识产权，鼓励和引导农业科研、教育单位加强农业科学技术的基础研究和应用研究，传播和普及农业科学技术知识，加速科技成果转化与产业化，促进农业科学技术进步。

国务院有关部门应当组织农业重大关键技术的科技攻关。国家采取措施促进国际农业科技、教育合作与交流，鼓励引进国外先进技术。

第五十条　国家扶持农业技术推广事业，建立政府扶持和市场引导相结合，有偿与无偿服务相结合，国家农业技术推广机构和社会力量相结合的农业技术推广体系，促使先进的农业技术尽快应用于农业生产。

第五十一条　国家设立的农业技术推广机构应当以农业技术试验示范基地为依托，承担公共所需的关键性技术的推广和示范等公益性职责，为农民和农业生产经营组织提供无偿农业技术服务。

县级以上人民政府应当根据农业生产发展需要，稳定和加强农业技术推广队伍，保障农业技术推广机构的工作经费。

各级人民政府应当采取措施，按照国家规定保障和改善从事农业技术推广工作的专业科技人员的工作条件、工资待遇和生活条件，鼓励他们为农业服务。

第五十二条　农业科研单位、有关学校、农民专业合作社、涉农企业、群众性科技组织及有关科技人员，根据农民和农业生产经营组织的需要，可以提供无偿服务，也可以通过技术转让、技术服务、技术承包、技术咨询和技术入股等形式，提供有偿服务，取得合法收益。农业科研单位、有关学校、农民专业合作社、涉农企业、群众性科技组织及有关科技人员应当提高服务水平，保证服务质量。

对农业科研单位、有关学校、农业技术推广机构举办的为农业服务的企业，国家在税收、信贷等方面给予优惠。

国家鼓励和支持农民、供销合作社、其他企业事业单位等参与农业技术推广工作。

第五十三条　国家建立农业专业技术人员继续教育制度。县级以上人民政府农业行政主管部门会同教育、人事等有关部门制定农业专业技术人员继续教育计划，并组织实施。

第五十四条　国家在农村依法实施义务教育，并保障义务教育经费。国家在农村举办的普通中小学校教职工工资由县级人民政府按照国家规定统一发放，校舍等教学设施的建设和维护经费由县级人民政府按照国家规定统一安排。

第五十五条　国家发展农业职业教育。国务院有关部门按照国家职业资格证书制度的统一规定，开展农业行业的职业分类、职业技能鉴定工作，管理农业行业的职业资格证书。

第五十六条　国家采取措施鼓励农民采用先进的农业技术，支持农民举办各种科技组织，开展农业实用技术培训、农民绿色证书培训和其他就业培训，提高农民的文化技术素质。

第八章　农业资源与农业环境保护

第五十七条　发展农业和农村经济必须合理利用和保护土地、水、森林、草原、野生动植物等自然资源，合理开发和利用水能、沼气、太阳能、风能等可再生能源和清洁能源，发展生态农业，保护和改善生态环境。

县级以上人民政府应当制定农业资源区划或者农业资源合理利用和保护的区划，建立农业资源监测制度。

第五十八条　农民和农业生产经营组织应当保养耕地，合理使用化肥、农药、农用薄膜，增加使用有机肥料，采用先进技术，保护和提高地力，防止农用地的污染、破坏和地力衰退。

县级以上人民政府农业行政主管部门应当采取措施，支持农民和农业生产经营组织加强耕地质量建设，并对耕地质量进行定期监测。

第五十九条　各级人民政府应当采取措施，加强小流域综合治理，预防和治理水土流失。从事可能引起水土流失的生产建设活动的单位和个人，必须采取预防措施，并负责治理因生产建设活动造成的水土流失。

各级人民政府应当采取措施，预防土地沙化，治理沙化土地。国务院和沙化土地所在地区的县级以上地方人民政府应当按照法律规定制定防沙治沙规划，并组织实施。

第六十条　国家实行全民义务植树制度。各级人民政府应当采取措施，组织群众植树造林，保护林地和林木，预防森林火灾，防治森林病虫害，制止滥伐、盗伐林木，提高森林覆盖率。

国家在天然林保护区域实行禁伐或者限伐制度，加强造林护林。

第六十一条　有关地方人民政府，应当加强草原的保护、建设和管理，指导、组织农（牧）民和农（牧）业生产经营组织建设人工草场、饲草饲料基地和改良天然草原，实行以草定畜，控制载畜量，推行划区轮牧、休牧和禁牧制度，保护草原植被，防止草原退化沙化和盐渍化。

第六十二条　禁止毁林毁草开垦、烧山开垦以及开垦国家禁止开垦的陡坡地，已经开垦的应当逐步退耕还林、还草。

禁止围湖造田以及围垦国家禁止围垦的湿地。已经围垦的，应当逐步退耕还湖、还湿地。

对在国务院批准规划范围内实施退耕的农民，应当按照国家规定予以补助。

第六十三条　各级人民政府应当采取措施，依法执行捕捞限额和禁渔、休渔制度，增殖渔业资源，保护渔业水域生态环境。

国家引导、支持从事捕捞业的农（渔）民和农（渔）业生产经营组织从事水产养殖业或者其他职业，对根据当地人民政府统一规划转产转业的农（渔）民，应当按照国家规定予以补助。

第六十四条　国家建立与农业生产有关的生物物种资源保护制度，保护生物多样性，对稀有、濒危、珍贵生物资源及其原生地实行重点保护。从境外引进生物物种资源应当依法进行登记或者审批，并采取相应安全控制措施。

农业转基因生物的研究、试验、生产、加工、经营及其他应用，必须依照国家规定严格实行各项安全控制措施。

第六十五条　各级农业行政主管部门应当引导农民和农业生产经营组织采取生物措施或者使用高效低毒低残留农药、兽药，防治动植物病、虫、杂草、鼠害。

农产品采收后的秸秆及其他剩余物质应当综合利用，妥善处理，防止造成环境污染和生态破坏。

从事畜禽等动物规模养殖的单位和个人应当对粪便、废水及其他废弃物进行无害化处理或者综合利用，从事水产养殖的单位和个人应当合理投饵、施肥、使用药物，防止造成环境污染和生态破坏。

第六十六条　县级以上人民政府应当采取措施，督促有关单位进行治理，防治废水、废气和固体废弃物对农业生态环境的污染。排放废水、废气和固体废弃物造成农业生态环境污染事故的，由环境保护行政主管部门或者农业行政主管部门依法调查处理；给农民和农业生产经营组织造成损失的，有关责任者应当依法赔偿。

第九章　农民权益保护

第六十七条　任何机关或者单位向农民或者农业生产经营组织收取行政、事业性费用必须依据法律、法规的规定。收费的项目、范围和标准应当公布。没有法律、法规依据的收费，农民和农业生产经营组织有权拒绝。

任何机关或者单位对农民或者农业生产经营组织进行罚款处罚必须依据法律、法规、规章的规定。没有法律、法规、规章依据的罚款，农民和农业生产经营组织有权拒绝。

任何机关或者单位不得以任何方式向农民或者农业生产经营组织进行摊派。除法律、法规另有规定外，任何机关或者单位以任何方式要求农民或者农业生产经营组织提供人力、财力、物力的，属于摊派。农民和农业生产经营组织有权拒绝任何方式的摊派。

第六十八条　各级人民政府及其有关部门和所属单位不得以任何方式向农民或者农业生产经营组织集资。

没有法律、法规依据或者未经国务院批准，任何机关或者单位不得在农村进行任何形式的达标、升级、验收活动。

第六十九条　农民和农业生产经营组织依照法律、行政法规的规定承担纳税义务。税务机关及代扣、代收税款的单位应当依法征税，不得违法摊派税款及以其他违法方法征税。

第七十条　农村义务教育除按国务院规定收取的费用外，不得向农民和学生收取其他费用。禁止任何机关或者单位通过农村中小学校向农民收费。

第七十一条　国家依法征收农民集体所有的土地，应当保护农民和农村集体经济组织的合法权益，依法给予农民和农村集体经济组织征地补偿，任何单位和个人不得截留、挪用征地补偿费用。

第七十二条　各级人民政府、农村集体经济组织或者村民委员会在农业和农村经济结构调整、农业产业化经营和土地承包经营权流转等过程中，不得侵犯农民的土地承包经营权，不得干涉农民自主安排的生产经营项目，不得强迫农民购买指定的生产资料或者按指定的渠道销售农产品。

第七十三条　农村集体经济组织或者村民委员会为发展生产或者兴办公益事业，需要向其成员（村民）筹资筹劳的，应当经成员（村民）会议或者成员（村民）代表会议过半数通过后，方可进行。

农村集体经济组织或者村民委员会依照前款规定筹资筹劳的，不得超过省级以上人民政府规定的上限控制标准，禁止强行以资代劳。

农村集体经济组织和村民委员会对涉及农民利益的重要事项，应当向农民公开，并定期公布财务账目，接受农民的监督。

第七十四条　任何单位和个人向农民或者农业生产经营组织提供生产、技术、信息、文化、保险等有偿服务，必须坚持自愿原则，不得强迫农民和农业生产经营组织接受服务。

第七十五条　农产品收购单位在收购农产品时，不得压级压价，不得在支付的价款中扣缴任何费用。法律、行政法规规定代扣、代收税款的，依照法律、行政法规的规定办理。

农产品收购单位与农产品销售者因农产品的质量等级发生争议的，可以委托具有法定资质的农产品质量检验机构检验。

第七十六条　农业生产资料使用者因生产资料质量问题遭受损失的，出售该生产资料的经营者应当予以赔偿，赔偿额包括购货价款、有关费用和可得利益损失。

第七十七条　农民或者农业生产经营组织为维护自身的合法权益，有向各级人民政府及其有关部门反映情况和提出合法要求的权利，人民政府及其有关部门对农民或者农业生产经营组织提出的合理要求，应当按照国家规定及时给予答复。

第七十八条　违反法律规定，侵犯农民权益的，农民或者农业生产经营组织可以依法申请行政复议或者向人民法院提起诉讼，有关人民政府及其有关部门或者人民法院应当依法受理。

人民法院和司法行政主管机关应当依照有关规定为农民提供法律援助。

第十章　农村经济发展

第七十九条　国家坚持城乡协调发展的方针，扶持农村第二、第三产业发展，调整和优化农村经济结构，增加农民收入，促进农村经济全面发展，逐步缩小城乡差别。

第八十条　各级人民政府应当采取措施，发展乡镇企业，支持农业的发展，转移富余的农业劳动力。

国家完善乡镇企业发展的支持措施，引导乡镇企业优化结构，更新技术，提高素质。

第八十一条　县级以上地方人民政府应当根据当地的经济发展水平、区位优势和资源条件，按照合理布局、科学规划、节约用地的原则，有重点地推进农村小城镇建设。

地方各级人民政府应当注重运用市场机制，完善相应政策，吸引农民和社会资金投资小城镇开发建设，发展第二、第三产业，引导乡镇企业相对集中发展。

第八十二条　国家采取措施引导农村富余劳动力在城乡、地区间合理有序流动。地方各级人民政府依法保护进入城镇就业的农村劳动力的合法权益，不得设置不合理限制，已经设置的应当取消。

第八十三条　国家逐步完善农村社会救济制度，保障农村五保户、贫困残疾农民、贫困老年农民和其他丧失劳动能力的农民的基本生活。

第八十四条　国家鼓励、支持农民巩固和发展农村合作医疗和其他医疗保障形式，提高农民健康水平。

第八十五条　国家扶持贫困地区改善经济发展条件，帮助进行经济开发。省级人民政府根据国家关于扶持贫困地区的总体目标和要求，制定扶贫开发规划，并组织实施。

各级人民政府应当坚持开发式扶贫方针，组织贫困地区的农民和农业生产经营组织合理使用扶贫资金，依靠自身力量改变贫穷落后面貌，引导贫困地区的农民调整经济结构、开发当地资源。扶贫开发应当坚持与资源保护、生态建设相结合，促进贫困地区经济、社会的协调发展和全面进步。

第八十六条　中央和省级财政应当把扶贫开发投入列入年度财政预算，并逐年增加，加大对贫困地区的财政转移支付和建设资金投入。

国家鼓励和扶持金融机构、其他企业事业单位和个人投入资金支持贫困地区开发建设。

禁止任何单位和个人截留、挪用扶贫资金。审计机关应当加强扶贫资金的审计监督。

第十一章　执法监督

第八十七条　县级以上人民政府应当采取措施逐步完善适应社会主义市场经济发展要求的农业行政管理体制。

县级以上人民政府农业行政主管部门和有关行政主管部门应当加强规划、指导、管理、协调、监督、服务职责，依法行政，公正执法。

县级以上地方人民政府农业行政主管部门应当在其职责范围内健全行政执法队伍，实行综合执法，提高执法效率和水平。

第八十八条　县级以上人民政府农业行政主管部门及其执法人员履行执法监督检查职责时，有权采取下列措施：

（一）要求被检查单位或者个人说明情况，提供有关文件、证照、资料；

（二）责令被检查单位或者个人停止违反本法的行为，履行法定义务。

农业行政执法人员在履行监督检查职责时，应当向被检查单位或者个人出示行政执法证件，遵守执法程序。有关单位或者个人应当配合农业行政执法人员依法执行职务，不得拒绝和阻碍。

第八十九条　农业行政主管部门与农业生产、经营单位必须在机构、人员、财务上彻底分离。农业行政主管部门及其工作人员不得参与和从事农业生产经营活动。

第十二章　法律责任

第九十条　违反本法规定，侵害农民和农业生产经营组织的土地承包经营权等财产权或者其他合法权益的，应当停止侵害，恢复原状；造成损失、损害的，依法承担赔偿责任。

国家工作人员利用职务便利或者以其他名义侵害农民和农业生产经营组织的合法权益的，应当赔偿损失，并由其所在单位或者上级主管机关给予行政处分。

第九十一条　违反本法第十九条、第二十五条、第六十二条、第七十一条规定的，依照相关法律或者行政法规的规定予以处罚。

第九十二条　有下列行为之一的，由上级主管机关责令限期归还被截留、挪用的资金，没收非法所得，并由上级主管机关或者所在单位给予直接负责的主管人员和其他直接责任人员行政处分；构成犯罪的，依法追究刑事责任：

（一）违反本法第三十三条第三款规定，截留、挪用粮食收购资金的；

（二）违反本法第三十九条第二款规定，截留、挪用用于农业的财政资金和信贷资金的；

（三）违反本法第八十六条第三款规定，截留、挪用扶贫资金的。

第九十三条　违反本法第六十七条规定，向农民或者农业生产经营组织违法收费、罚款、摊派的，上级主管机关应当予以制止，并予公告；已经收取钱款或者已经使用人力、物力的，由上级主管机关责令限期归还已经收取的钱款或者折价偿还已经使用的人力、物力，并由上级主管机关或者所在单位给予直接负责的主管人员和其他直接责任人员行政处分；情节严重，构成犯罪的，依法追究刑事责任。

第九十四条　有下列行为之一的，由上级主管机关责令停止违法行为，并给予直接负责的主管人员和其他直接责任人员行政处分，责令退还违法收取的集资款、税款或者费用：

（一）违反本法第六十八条规定，非法在农村进行集资、达标、升级、验收活动的；

（二）违反本法第六十九条规定，以违法方法向农民征税的；

（三）违反本法第七十条规定，通过农村中小学校向农民超额、超项目收费的。

第九十五条　违反本法第七十三条第二款规定，强迫农民以资代劳的，由乡（镇）人民政府责令改正，并退还违法收取的资金。

第九十六条　违反本法第七十四条规定，强迫农民和农业生产经营组织接受有偿服务的，由有关人民政府责令改正，并返还其违法收取的费用；情节严重的，给予直接负责的主管人员和其他直接责任人员行政处分；造成农民和农业生产经营组织损失的，依法承担赔偿责任。

第九十七条　县级以上人民政府农业行政主管部门的工作人员违反本法规定参与和从事农业生产经营活动的，依法给予行政处分；构成犯罪的，依法追究刑事责任。

第十三章　附则

第九十八条　本法有关农民的规定，适用于国有农场、牧场、林场、渔场等企业事业单位实行承包经营的职工。

第九十九条　本法自 2013 年 1 月 1 日起施行。

附录Ⅱ　《中华人民共和国土地管理法》[①]

（1986 年 6 月 25 日第六届全国人民代表大会常务委员会第十六次会议通过）

目　录

第一章　总则

第一条　为了加强土地管理，维护土地的社会主义公有制，保护、开发土地资源，合理利用土地，切实保护耕地，促进社会经济的可持续发展，根据宪法，制定本法。

① 1988 年 12 月 29 日第七届全国人民代表大会常务委员会第五次会议第一次修正，1998 年 8 月 29 日第九届全国人民代表大会常务委员会第四次会议修订，2004 年 8 月 28 日第十届全国人民代表大会常务委员会第十一次会议第二次修正。此为 2004 年修正稿。

第二条　中华人民共和国实行土地的社会主义公有制，即全民所有制和劳动群众集体所有制。

全民所有，即国家所有土地的所有权由国务院代表国家行使。

任何单位和个人不得侵占、买卖或者以其他形式非法转让土地。土地使用权可以依法转让。

国家为了公共利益的需要，可以依法对土地实行征收或者征用并给予补偿。

国家依法实行国有土地有偿使用制度。但是，国家在法律规定的范围内划拨国有土地使用权的除外。

第三条　十分珍惜、合理利用土地和切实保护耕地是我国的基本国策。各级人民政府应当采取措施，全面规划，严格管理，保护、开发土地资源，制止非法占用土地的行为。

第四条　国家实行土地用途管制制度。

国家编制土地利用总体规划，规定土地用途，将土地分为农用地、建设用地和未利用地。严格限制农用地转为建设用地，控制建设用地总量，对耕地实行特殊保护。

前款所称农用地是指直接用于农业生产的土地，包括耕地、林地、草地、农田水利用地、养殖水面等；建设用地是指建造建筑物、构筑物的土地，包括城乡住宅和公共设施用地、工矿用地、交通水利设施用地、旅游用地、军事设施用地等；未利用地是指农用地和建设用地以外的土地。

使用土地的单位和个人必须严格按照土地利用总体规划确定的用途使用土地。

第五条　国务院土地行政主管部门统一负责全国土地的管理和监督工作。

县级以上地方人民政府土地行政主管部门的设置及其职责，由省、自治区、直辖市人民政府根据国务院有关规定确定。

第六条　任何单位和个人都有遵守土地管理法律、法规的义务，并有权对违反土地管理法律、法规的行为提出检举和控告。

第七条　在保护和开发土地资源、合理利用土地以及进行有关的科学研究等方面成绩显著的单位和个人，由人民政府给予奖励。

第二章　土地的所有权和使用权

第八条　城市市区的土地属于国家所有。

农村和城市郊区的土地，除由法律规定属于国家所有的以外，属于农民集体所有；宅基地和自留地、自留山，属于农民集体所有。

第九条　国有土地和农民集体所有的土地，可以依法确定给单位或者个人使用。使用土地的单位和个人，有保护、管理和合理利用土地的义务。

第十条　农民集体所有的土地依法属于村农民集体所有的，由村集体经济组织或者村民委员会经营、管理；已经分别属于村内两个以上农村集体经济组织的农民集体所有的，由村内各该农村集体经济组织或者村民小组经营、管理；已经属于乡（镇）农民集体所有的，由乡（镇）农村集体经济组织经营、管理。

第十一条　农民集体所有的土地，由县级人民政府登记造册，核发证书，确认所有权。

农民集体所有的土地依法用于非农业建设的，由县级人民政府登记造册，核发证书，确认建设用地使用权。

单位和个人依法使用的国有土地，由县级以上人民政府登记造册，核发证书，确认使用权；其中，中央国家机关使用的国有土地的具体登记发证机关，由国务院确定。

确认林地、草原的所有权或者使用权，确认水面、滩涂的养殖使用权，分别依照《中华人民共和国森林法》、《中华人民共和国草原法》和《中华人民共和国渔业法》的有关规定办理。

第十二条　依法改变土地权属和用途的，应当办理土地变更登记手续。

第十三条　依法登记的土地的所有权和使用权受法律保护，任何单位和个人不得侵犯。

第十四条　农民集体所有的土地由本集体经济组织的成员承包经营，从事种植业、林业、畜牧业、渔业生产。土地承包经营期限为三十年。发包方和承包方应当订立承包合同，约定双方的权利和义务。承包经营土地的农民有保护和按照承包合同约定的用途合理利用土地的义务。农民的土地承包经营权受法律保护。

在土地承包经营期限内，对个别承包经营者之间承包的土地进行适当调整的，必须经村民会议三分之二以上成员或者三分之二以上村民代表的同意，并报乡（镇）人民政府和县级人民政府农业行政主管部门批准。

第十五条　国有土地可以由单位或者个人承包经营，从事种植业、林业、畜牧业、渔业生产。农民集体所有的土地，可以由本集体经济组织以外的单位或者个人承包经营，从事种植业、林业、畜牧业、渔业生产。发包方和承包方应当订立承包合同，约定双方的权利和义务。土地承包经营的期限由承包合同约定。承包经营土地的单位和个人，有保护和按照承包合同约定的用途合理利用土地的义务。

农民集体所有的土地由本集体经济组织以外的单位或者个人承包经营的，必须经村民会议三分之二以上成员或者三分之二以上村民代表的同意，并报乡（镇）人民政府批准。

第十六条　土地所有权和使用权争议，由当事人协商解决；协商不成的，由人民政府处理。

单位之间的争议，由县级以上人民政府处理；个人之间、个人与单位之间的争议，由乡级人民政府或者县级以上人民政府处理。

当事人对有关人民政府的处理决定不服的，可以自接到处理决定通知之日起三十日内，向人民法院起诉。

在土地所有权和使用权争议解决前，任何一方不得改变土地利用现状。

第三章　土地利用总体规划

第十七条　各级人民政府应当依据国民经济和社会发展规划、国土整治和资源环境保护的要求、土地供给能力以及各项建设对土地的需求，组织编制土地利用总体规划。

土地利用总体规划的规划期限由国务院规定。

第十八条　下级土地利用总体规划应当依据上一级土地利用总体规划编制。

地方各级人民政府编制的土地利用总体规划中的建设用地总量不得超过上一级土地利用总体规划确定的控制指标，耕地保有量不得低于上一级土地利用总体规划确定的控制指标。

省、自治区、直辖市人民政府编制的土地利用总体规划，应当确保本行政区域内耕地总量不减少。

第十九条　土地利用总体规划按照下列原则编制：

（一）严格保护基本农田，控制非农业建设占用农用地；

（二）提高土地利用率；

（三）统筹安排各类、各区域用地；

（四）保护和改善生态环境，保障土地的可持续利用；

（五）占用耕地与开发复垦耕地相平衡。

第二十条　县级土地利用总体规划应当划分土地利用区，明确土地用途。

乡（镇）土地利用总体规划应当划分土地利用区，根据土地使用条件，确定每一块土地的用途，并予以公告。

第二十一条　土地利用总体规划实行分级审批。

省、自治区、直辖市的土地利用总体规划，报国务院批准。

省、自治区人民政府所在地的市、人口在一百万以上的城市以及国务院指定的城市的土地利用总体规划，经省、自治区人民政府审查同意后，报国务院批准。

本条第二款、第三款规定以外的土地利用总体规划，逐级上报省、自治区、直辖市人民政府批准；其中，乡（镇）土地利用总体规划可以由省级人民政府授权的设区的市、自治州人民政府批准。

土地利用总体规划一经批准，必须严格执行。

第二十二条　城市建设用地规模应当符合国家规定的标准，充分利用现有建设用地，不占或者尽量少占农用地。

城市总体规划、村庄和集镇规划，应当与土地利用总体规划相衔接，城市总体规划、村庄和集镇规划中建设用地规模不得超过土地利用总体规划确定的城市和村庄、集镇建设用地规模。

在城市规划区内、村庄和集镇规划区内，城市和村庄、集镇建设用地应当符合城市规划、村庄和集镇规划。

第二十三条　江河、湖泊综合治理和开发利用规划，应当与土地利用总体规划相衔接。在江河、湖泊、水库的管理和保护范围以及蓄洪滞洪区内，土地利用应当符合江河、湖泊综合治理和开发利用规划，符合河道、湖泊行洪、蓄洪和输水的要求。

第二十四条　各级人民政府应当加强土地利用计划管理，实行建设用地总量控制。

土地利用年度计划，根据国民经济和社会发展计划、国家产业政策、土地利用总体规划以及建设用地和土地利用的实际状况编制。土地利用年度计划的编制审批程序与土地利用总体规划的编制审批程序相同，一经审批下达，必须严格执行。

第二十五条　省、自治区、直辖市人民政府应当将土地利用年度计划的执行情况列为国民经济和社会发展计划执行情况的内容，向同级人民代表大会报告。

第二十六条　经批准的土地利用总体规划的修改，须经原批准机关批准；未经批准，不得改变土地利用总体规划确定的土地用途。

经国务院批准的大型能源、交通、水利等基础设施建设用地，需要改变土地利用总体规划的，根据国务院的批准文件修改土地利用总体规划。

经省、自治区、直辖市人民政府批准的能源、交通、水利等基础设施建设用地，需要改变土地利用总体规划的，属于省级人民政府土地利用总体规划批准权限内的，根据省级人民政府的批准文件修改土地利用总体规划。

第二十七条　国家建立土地调查制度。

县级以上人民政府土地行政主管部门会同同级有关部门进行土地调查。土地所有者或者使用者应当配合调查，并提供有关资料。

第二十八条　县级以上人民政府土地行政主管部门会同同级有关部门根据土地调查成果、规划土地用途和国家制定的统一标准，评定土地等级。

第二十九条　国家建立土地统计制度。

县级以上人民政府土地行政主管部门和同级统计部门共同制定统计调查方案，依法进行土地统计，定期发布土地统计资料。土地所有者或者使用者应当提供有关资料，不得虚报、瞒报、拒报、迟报。

土地行政主管部门和统计部门共同发布的土地面积统计资料是各级人民政府编制土地利用总体规划的依据。

第三十条　国家建立全国土地管理信息系统，对土地利用状况进行动态监测。

第四章　耕地保护

第三十一条　国家保护耕地，严格控制耕地转为非耕地。

国家实行占用耕地补偿制度。非农业建设经批准占用耕地的，按照“占多少，垦多少”的原则，由占用耕地的单位负责开垦与所占用耕地的数量和质量相当的耕地；没有条件开垦或者开垦的耕地不符合要求的，应当按照省、自治区、直辖市的规定缴纳耕地开垦费，专款用于开垦新的耕地。

省、自治区、直辖市人民政府应当制定开垦耕地计划，监督占用耕地的单位按照计划开垦耕地或者按照计划组织开垦耕地，并进行验收。

第三十二条　县级以上地方人民政府可以要求占用耕地的单位将所占用耕地耕作层的土壤用于新开垦耕地、劣质地或者其他耕地的土壤改良。

第三十三条　省、自治区、直辖市人民政府应当严格执行土地利用总体规划和土地利用年度计划，采取措施，确保本行政区域内耕地总量不减少；耕地总量减少的，由国务院责令在规定期限内组织开垦与所减少耕地的数量与质量相当的耕地，并由国务院土地行政主管部门会同农业行政主管部门验收。个别省、直辖市确因土地后备资源匮乏，新增建设用地后，新开垦耕地的数量不足以补偿所占用耕地的数量的，必须报经国务院批准减免本行政区域内开垦耕地的数量，进行易地开垦。

第三十四条　国家实行基本农田保护制度。下列耕地应当根据土地利用总体规划划入基本农田保护区，严格管理：

（一）经国务院有关主管部门或者县级以上地方人民政府批准确定的粮、棉、油生产基地内的耕地；

（二）有良好的水利与水土保持设施的耕地，正在实施改造计划以及可以改造的中、低产田；

（三）蔬菜生产基地；

（四）农业科研、教学试验田；

（五）国务院规定应当划入基本农田保护区的其他耕地。

各省、自治区、直辖市划定的基本农田应当占本行政区域内耕地的百分之八十以上。

基本农田保护区以乡（镇）为单位进行划区定界，由县级人民政府土地行政主管部门会同同级农业行政主管部门组织实施。

第三十五条　各级人民政府应当采取措施，维护排灌工程设施，改良土壤，提高地力，防止土地荒漠化、盐渍化、水土流失和污染土地。

第三十六条　非农业建设必须节约使用土地，可以利用荒地的，不得占用耕地；可以利用劣地的，不得占用好地。

禁止占用耕地建窑、建坟或者擅自在耕地上建房、挖砂、采石、采矿、取土等。

禁止占用基本农田发展林果业和挖塘养鱼。

第三十七条　禁止任何单位和个人闲置、荒芜耕地。已经办理审批手续的非农业建设占用耕地，一年内不用而又可以耕种并收获的，应当由原耕种该幅耕地的集体或者个人恢复耕种，也可以由用地单位组织耕种；一年以上未动工建设的，应当按照省、自治区、直辖市的规定缴纳闲置费；连续二年未使用的，经原批准机关批准，由县级以上人民政府无偿收回用地单位的土地使用权；该幅土地原为农民集体所有的，应当交由原农村集体经济组织恢复耕种。

在城市规划区范围内，以出让方式取得土地使用权进行房地产开发的闲置土地，依照《中华人民共和国城市房地产管理法》的有关规定办理。

承包经营耕地的单位或者个人连续二年弃耕抛荒的，原发包单位应当终止承包合同，收回发包的耕地。

第三十八条　国家鼓励单位和个人按照土地利用总体规划，在保护和改善生态环境、防止水土流失和土地荒漠化的前提下，开发未利用的土地；适宜开发为农用地的，应当优先开发成农用地。

国家依法保护开发者的合法权益。

第三十九条　开垦未利用的土地，必须经过科学论证和评估，在土地利用总体规划划定的可开垦的区域内，经依法批准后进行。禁止毁坏森林、草原开垦耕地，禁止围湖造田和侵占江河滩地。

根据土地利用总体规划，对破坏生态环境开垦、围垦的土地，有计划有步骤地退耕还林、还牧、还湖。

第四十条　开发未确定使用权的国有荒山、荒地、荒滩从事种植业、林业、畜牧业、渔业生产的，经县级以上人民政府依法批准，可以确定给开发单位或者个人长期使用。

第四十一条　国家鼓励土地整理。县、乡（镇）人民政府应当组织农村集体经济组织，按照土地利用总体规划，对田、水、路、林、村综合整治，提高耕地质量，增加有效耕地面积，改善农业生产条件和生态环境。

地方各级人民政府应当采取措施，改造中、低产田，整治闲散地和废弃地。

第四十二条　因挖损、塌陷、压占等造成土地破坏，用地单位和个人应当按照国家有关规定负责复垦；没有条件复垦或者复垦不符合要求的，应当缴纳土地复垦费，专项用于土地复垦。复垦的土地应当优先用于农业。

第五章　建设用地

第四十三条　任何单位和个人进行建设，需要使用土地的，必须依法申请使用国有土地；但是，兴办乡镇企业和村民建设住宅经依法批准使用本集体经济组织农民集体所有的土地的，或者乡（镇）村公共设施和公益事业建设经依法批准使用农民集体所有的土地的除外。

前款所称依法申请使用的国有土地包括国家所有的土地和国家征收的原属于农民集体所有的土地。

第四十四条　建设占用土地，涉及农用地转为建设用地的，应当办理农用地转用审批手续。

省、自治区、直辖市人民政府批准的道路、管线工程和大型基础设施建设项目、国务院批准的建设项目占用土地，涉及农用地转为建设用地的，由国务院批准。

在土地利用总体规划确定的城市和村庄、集镇建设用地规模范围内，为实施该规划而将农用地转为建设用地的，按土地利用年度计划分批次由原批准土地利用总体规划的机关批准。在已批准的农用地转用范围内，具体建设项目用地可以由市、县人民政府批准。

本条第二款、第三款规定以外的建设项目占用土地，涉及农用地转为建设用地的，由省、自治区、直辖市人民政府批准。

第四十五条　征收下列土地的，由国务院批准：

（一）基本农田；

（二）基本农田以外的耕地超过三十五公顷的；

（三）其他土地超过七十公顷的。

征收前款规定以外的土地的，由省、自治区、直辖市人民政府批准，并报国务院备案。

征收农用地的，应当依照本法第四十四条的规定先行办理农用地转用审批。其中，经国务院批准农用地转用的，同时办理征地审批手续，不再另行办理征地审批；经省、自治区、直辖市人民政府在征地批准权限内批准农用地转用的，同时办理征地审批手续，不再另行办理征地审批，超过征地批准权限的，应当依照本条第一款的规定另行办理征地审批。

第四十六条　国家征收土地的，依照法定程序批准后，由县级以上地方人民政府予以公告并组织实施。

被征收土地的所有权人、使用权人应当在公告规定期限内，持土地权属证书到当地人民政府土地行政主管部门办理征地补偿登记。

第四十七条　征收土地的，按照被征收土地的原用途给予补偿。

征收耕地的补偿费用包括土地补偿费、安置补助费以及地上附着物和青苗的补偿费。征收耕地的土地补偿费，为该耕地被征收前三年平均年产值的六至十倍。征收耕地的安置补助费，按照需要安置的农业人口数计算。需要安置的农业人口数，按照被征收的耕地数量除以征地前被征收单位平均每人占有耕地的数量计算。每一个需要安置的农业人口的安置补助费标准，为该耕地被征收前三年平均年产值的四至六倍。但是，每公顷被征收耕地的安置补助费，最高不得超过被征收前三年平均年产值的十五倍。

征收其他土地的土地补偿费和安置补助费标准，由省、自治区、直辖市参照征收耕地的土地补偿费和安置补助费的标准规定。

被征收土地上的附着物和青苗的补偿标准，由省、自治区、直辖市规定。

征收城市郊区的菜地，用地单位应当按照国家有关规定缴纳新菜地开发建设基金。

依照本条第二款的规定支付土地补偿费和安置补助费，尚不能使需要安置的农民保持原有生活水平的，经省、自治区、直辖市人民政府批准，可以增加安置补助费。但是，土地补偿费和安置补助费的总和不得超过土地被征收前三年平均年产值的三十倍。

国务院根据社会、经济发展水平，在特殊情况下，可以提高征收耕地的土地补偿费和安置补助费的标准。

第四十八条　征地补偿安置方案确定后，有关地方人民政府应当公告，并听取被征地的农村集体经济组织和农民的意见。

第四十九条　被征地的农村集体经济组织应当将征收土地的补偿费用的收支状况向本集

体经济组织的成员公布，接受监督。

禁止侵占、挪用被征收土地单位的征地补偿费用和其他有关费用。

第五十条　地方各级人民政府应当支持被征地的农村集体经济组织和农民从事开发经营，兴办企业。

第五十一条　大中型水利、水电工程建设征收土地的补偿费标准和移民安置办法，由国务院另行规定。

第五十二条　建设项目可行性研究论证时，土地行政主管部门可以根据土地利用总体规划、土地利用年度计划和建设用地标准，对建设用地有关事项进行审查，并提出意见。

第五十三条　经批准的建设项目需要使用国有建设用地的，建设单位应当持法律、行政法规规定的有关文件，向有批准权的县级以上人民政府土地行政主管部门提出建设用地申请，经土地行政主管部门审查，报本级人民政府批准。

第五十四条　建设单位使用国有土地，应当以出让等有偿使用方式取得；但是，下列建设用地，经县级以上人民政府依法批准，可以以划拨方式取得：

（一）国家机关用地和军事用地；

（二）城市基础设施用地和公益事业用地；

（三）国家重点扶持的能源、交通、水利等基础设施用地；

（四）法律、行政法规规定的其他用地。

第五十五条　以出让等有偿使用方式取得国有土地使用权的建设单位，按照国务院规定的标准和办法，缴纳土地使用权出让金等土地有偿使用费和其他费用后，方可使用土地。

自本法施行之日起，新增建设用地的土地有偿使用费，百分之三十上缴中央财政，百分之七十留给有关地方人民政府，都专项用于耕地开发。

第五十六条　建设单位使用国有土地的，应当按照土地使用权出让等有偿使用合同的约定或者土地使用权划拨批准文件的规定使用土地；确需改变该幅土地建设用途的，应当经有关人民政府土地行政主管部门同意，报原批准用地的人民政府批准。其中，在城市规划区内改变土地用途的，在报批前，应当先经有关城市规划行政主管部门同意。

第五十七条　建设项目施工和地质勘查需要临时使用国有土地或者农民集体所有的土地的，由县级以上人民政府土地行政主管部门批准。其中，在城市规划区内的临时用地，在报批前，应当先经有关城市规划行政主管部门同意。土地使用者应当根据土地权属，与有关土地行政主管部门或者农村集体经济组织、村民委员会签订临时使用土地合同，并按照合同的约定支付临时使用土地补偿费。

临时使用土地的使用者应当按照临时使用土地合同约定的用途使用土地，并不得修建永久性建筑物。

临时使用土地期限一般不超过二年。

第五十八条　有下列情形之一的，由有关人民政府土地行政主管部门报经原批准用地的人民政府或者有批准权的人民政府批准，可以收回国有土地使用权：

（一）为公共利益需要使用土地的；

（二）为实施城市规划进行旧城区改建，需要调整使用土地的；

（三）土地出让等有偿使用合同约定的使用期限届满，土地使用者未申请续期或者申请续期未获批准的；

（四）因单位撤销、迁移等原因，停止使用原划拨的国有土地的；

（五）公路、铁路、机场、矿场等经核准报废的。

依照前款第（一）项、第（二）项的规定收回国有土地使用权的，对土地使用权人应当给予适当补偿。

第五十九条　乡镇企业、乡（镇）村公共设施、公益事业、农村村民住宅等乡（镇）村建设，应当按照村庄和集镇规划，合理布局，综合开发，配套建设；建设用地，应当符合乡（镇）土地利用总体规划和土地利用年度计划，并依照本法第四十四条、第六十条、第六十一条、第六十二条的规定办理审批手续。

第六十条　农村集体经济组织使用乡（镇）土地利用总体规划确定的建设用地兴办企业或者与其他单位、个人以土地使用权入股、联营等形式共同举办企业的，应当持有关批准文件，向县级以上地方人民政府土地行政主管部门提出申请，按照省、自治区、直辖市规定的批准权限，由县级以上地方人民政府批准；其中，涉及占用农用地的，依照本法第四十四条的规定办理审批手续。

按照前款规定兴办企业的建设用地，必须严格控制。省、自治区、直辖市可以按照乡镇企业的不同行业和经营规模，分别规定用地标准。

第六十一条　乡（镇）村公共设施、公益事业建设，需要使用土地的，经乡（镇）人民政府审核，向县级以上地方人民政府土地行政主管部门提出申请，按照省、自治区、直辖市规定的批准权限，由县级以上地方人民政府批准；其中，涉及占用农用地的，依照本法第四十四条的规定办理审批手续。

第六十二条　农村村民一户只能拥有一处宅基地，其宅基地的面积不得超过省、自治区、直辖市规定的标准。

农村村民建住宅，应当符合乡（镇）土地利用总体规划，并尽量使用原有的宅基地和村内空闲地。

农村村民住宅用地，经乡（镇）人民政府审核，由县级人民政府批准；其中，涉及占用农用地的，依照本法第四十四条的规定办理审批手续。

农村村民出卖、出租住房后，再申请宅基地的，不予批准。

第六十三条　农民集体所有的土地的使用权不得出让、转让或者出租用于非农业建设；但是，符合土地利用总体规划并依法取得建设用地的企业，因破产、兼并等情形致使土地使用权依法发生转移的除外。

第六十四条　在土地利用总体规划制定前已建的不符合土地利用总体规划确定的用途的建筑物、构筑物，不得重建、扩建。

第六十五条　有下列情形之一的，农村集体经济组织报经原批准用地的人民政府批准，可以收回土地使用权：

（一）为乡（镇）村公共设施和公益事业建设，需要使用土地的；

（二）不按照批准的用途使用土地的；

（三）因撤销、迁移等原因而停止使用土地的。

依照前款第（一）项规定收回农民集体所有的土地的，对土地使用权人应当给予适当补偿。

第六章　监督检查

第六十六条　县级以上人民政府土地行政主管部门对违反土地管理法律、法规的行为进行监督检查。

土地管理监督检查人员应当熟悉土地管理法律、法规，忠于职守、秉公执法。

第六十七条　县级以上人民政府土地行政主管部门履行监督检查职责时，有权采取下列措施：

（一）要求被检查的单位或者个人提供有关土地权利的文件和资料，进行查阅或者予以复制；

（二）要求被检查的单位或者个人就有关土地权利的问题作出说明；

（三）进入被检查单位或者个人非法占用的土地现场进行勘测；

（四）责令非法占用土地的单位或者个人停止违反土地管理法律、法规的行为。

第六十八条　土地管理监督检查人员履行职责，需要进入现场进行勘测、要求有关单位或者个人提供文件、资料和作出说明的，应当出示土地管理监督检查证件。

第六十九条　有关单位和个人对县级以上人民政府土地行政主管部门就土地违法行为进行的监督检查应当支持与配合，并提供工作方便，不得拒绝与阻碍土地管理监督检查人员依法执行职务。

第七十条　县级以上人民政府土地行政主管部门在监督检查工作中发现国家工作人员的违法行为，依法应当给予行政处分的，应当依法予以处理；自己无权处理的，应当向同级或者上级人民政府的行政监察机关提出行政处分建议书，有关行政监察机关应当依法予以处理。

第七十一条　县级以上人民政府土地行政主管部门在监督检查工作中发现土地违法行为构成犯罪的，应当将案件移送有关机关，依法追究刑事责任；尚不构成犯罪的，应当依法给予行政处罚。

第七十二条　依照本法规定应当给予行政处罚，而有关土地行政主管部门不给予行政处罚的，上级人民政府土地行政主管部门有权责令有关土地行政主管部门作出行政处罚决定或者直接给予行政处罚，并给予有关土地行政主管部门的负责人行政处分。

第七章　法律责任

第七十三条　买卖或者以其他形式非法转让土地的，由县级以上人民政府土地行政主管部门没收违法所得；对违反土地利用总体规划擅自将农用地改为建设用地的，限期拆除在非法转让的土地上新建的建筑物和其他设施，恢复土地原状，对符合土地利用总体规划的，没收在非法转让的土地上新建的建筑物和其他设施；可以并处罚款；对直接负责的主管人员和其他直接责任人员，依法给予行政处分；构成犯罪的，依法追究刑事责任。

第七十四条　违反本法规定，占用耕地建窑、建坟或者擅自在耕地上建房、挖砂、采石、采矿、取土等，破坏种植条件的，或者因开发土地造成土地荒漠化、盐渍化的，由县级以上人民政府土地行政主管部门责令限期改正或者治理，可以并处罚款；构成犯罪的，依法追究刑事责任。

第七十五条　违反本法规定，拒不履行土地复垦义务的，由县级以上人民政府土地行政主管部门责令限期改正；逾期不改正的，责令缴纳复垦费，专项用于土地复垦，可以处以罚款。

第七十六条　未经批准或者采取欺骗手段骗取批准，非法占用土地的，由县级以上人民政府土地行政主管部门责令退还非法占用的土地，对违反土地利用总体规划擅自将农用地改为建设用地的，限期拆除在非法占用的土地上新建的建筑物和其他设施，恢复土地原状，对符合土地利用总体规划的，没收在非法占用的土地上新建的建筑物和其他设施，可以并处罚款；对非法占用土地单位的直接负责的主管人员和其他直接责任人员，依法给予行政处分；构成犯罪的，依法追究刑事责任。

超过批准的数量占用土地，多占的土地以非法占用土地论处。

第七十七条　农村村民未经批准或者采取欺骗手段骗取批准，非法占用土地建住宅的，由县级以上人民政府土地行政主管部门责令退还非法占用的土地，限期拆除在非法占用的土地上新建的房屋。

超过省、自治区、直辖市规定的标准，多占的土地以非法占用土地论处。

第七十八条　无权批准征收、使用土地的单位或者个人非法批准占用土地的，超越批准权限非法批准占用土地的，不按照土地利用总体规划确定的用途批准用地的，或者违反法律规定的程序批准占用、征收土地的，其批准文件无效，对非法批准征收、使用土地的直接负责的主管人员和其他直接责任人员，依法给予行政处分；构成犯罪的，依法追究刑事责任。非法批准、使用的土地应当收回，有关当事人拒不归还的，以非法占用土地论处。

非法批准征收、使用土地，对当事人造成损失的，依法应当承担赔偿责任。

第七十九条　侵占、挪用被征收土地单位的征地补偿费用和其他有关费用，构成犯罪的，依法追究刑事责任；尚不构成犯罪的，依法给予行政处分。

第八十条　依法收回国有土地使用权当事人拒不交出土地的，临时使用土地期满拒不归还的，或者不按照批准的用途使用国有土地的，由县级以上人民政府土地行政主管部门责令交还土地，处以罚款。

第八十一条　擅自将农民集体所有的土地的使用权出让、转让或者出租用于非农业建设的，由县级以上人民政府土地行政主管部门责令限期改正，没收违法所得，并处罚款。

第八十二条　不依照本法规定办理土地变更登记的，由县级以上人民政府土地行政主管部门责令其限期办理。

第八十三条　依照本法规定，责令限期拆除在非法占用的土地上新建的建筑物和其他设施的，建设单位或者个人必须立即停止施工，自行拆除；对继续施工的，作出处罚决定的机关有权制止。建设单位或者个人对责令限期拆除的行政处罚决定不服的，可以在接到责令限期拆除决定之日起十五日内，向人民法院起诉；期满不起诉又不自行拆除的，由作出处罚决定的机关依法申请人民法院强制执行，费用由违法者承担。

第八十四条　土地行政主管部门的工作人员玩忽职守、滥用职权、徇私舞弊，构成犯罪的，依法追究刑事责任；尚不构成犯罪的，依法给予行政处分。

第八章　附则

第八十五条　中外合资经营企业、中外合作经营企业、外资企业使用土地的，适用本法；法律另有规定的，从其规定。

第八十六条　本法自 1999 年 1 月 1 日起施行。

附录Ⅲ　《中华人民共和国农村土地承包法》

（2002 年 8 月 29 日第九届全国人民代表大会常务委员会第二十九次会议通过）

目　录

第一章　总则

第一条　为稳定和完善以家庭承包经营为基础、统分结合的双层经营体制，赋予农民长期而有保障的土地使用权，维护农村土地承包当事人的合法权益，促进农业、农村经济发展和农村社会稳定，根据宪法，制定本法。

第二条　本法所称农村土地，是指农民集体所有和国家所有依法由农民集体使用的耕地、林地、草地，以及其他依法用于农业的土地。

第三条　国家实行农村土地承包经营制度。

农村土地承包采取农村集体经济组织内部的家庭承包方式，不宜采取家庭承包方式的荒山、荒沟、荒丘、荒滩等农村土地，可以采取招标、拍卖、公开协商等方式承包。

第四条　国家依法保护农村土地承包关系的长期稳定。

农村土地承包后，土地的所有权性质不变。承包地不得买卖。

第五条　农村集体经济组织成员有权依法承包由本集体经济组织发包的农村土地。

任何组织和个人不得剥夺和非法限制农村集体经济组织成员承包土地的权利。

第六条　农村土地承包，妇女与男子享有平等的权利。承包中应当保护妇女的合法权益，任何组织和个人不得剥夺、侵害妇女应当享有的土地承包经营权。

第七条　农村土地承包应当坚持公开、公平、公正的原则，正确处理国家、集体、个人三者的利益关系。

第八条　农村土地承包应当遵守法律、法规，保护土地资源的合理开发和可持续利用。未经依法批准不得将承包地用于非农建设。

国家鼓励农民和农村集体经济组织增加对土地的投入，培肥地力，提高农业生产能力。

第九条　国家保护集体土地所有者的合法权益，保护承包方的土地承包经营权，任何组织和个人不得侵犯。

第十条　国家保护承包方依法、自愿、有偿地进行土地承包经营权流转。

第十一条　国务院农业、林业行政主管部门分别依照国务院规定的职责负责全国农村土地承包及承包合同管理的指导。县级以上地方人民政府农业、林业等行政主管部门分别依照各自职责，负责本行政区域内农村土地承包及承包合同管理。乡（镇）人民政府负责本行政区域内农村土地承包及承包合同管理。

第二章　家庭承包

第一节　发包方和承包方的权利和义务

第十二条　农民集体所有的土地依法属于村农民集体所有的，由村集体经济组织或者村民委员会发包；已经分别属于村内两个以上农村集体经济组织的农民集体所有的，由村内各该农村集体经济组织或者村民小组发包。村集体经济组织或者村民委员会发包的，不得改变村内各集体经济组织农民集体所有的土地的所有权。

国家所有依法由农民集体使用的农村土地，由使用该土地的农村集体经济组织、村民委员会或者村民小组发包。

第十三条　发包方享有下列权利：

（一）发包本集体所有的或者国家所有依法由本集体使用的农村土地；

（二）监督承包方依照承包合同约定的用途合理利用和保护土地；

（三）制止承包方损害承包地和农业资源的行为；

（四）法律、行政法规规定的其他权利。

第十四条　发包方承担下列义务：

（一）维护承包方的土地承包经营权，不得非法变更、解除承包合同；

（二）尊重承包方的生产经营自主权，不得干涉承包方依法进行正常的生产经营活动；

（三）依照承包合同约定为承包方提供生产、技术、信息等服务；

（四）执行县、乡（镇）土地利用总体规划，组织本集体经济组织内的农业基础设施建设；

（五）法律、行政法规规定的其他义务。

第十五条　家庭承包的承包方是本集体经济组织的农户。

第十六条　承包方享有下列权利：

（一）依法享有承包地使用、收益和土地承包经营权流转的权利，有权自主组织生产经营和处置产品；

（二）承包地被依法征用、占用的，有权依法获得相应的补偿；

（三）法律、行政法规规定的其他权利。

第十七条　承包方承担下列义务：

（一）维持土地的农业用途，不得用于非农建设；

（二）依法保护和合理利用土地，不得给土地造成永久性损害；

（三）法律、行政法规规定的其他义务。

第二节　承包的原则和程序

第十八条　土地承包应当遵循以下原则：

（一）按照规定统一组织承包时，本集体经济组织成员依法平等地行使承包土地的权利，也可以自愿放弃承包土地的权利；

（二）民主协商，公平合理；

（三）承包方案应当按照本法第十二条的规定，依法经本集体经济组织成员的村民会议三分之二以上成员或者三分之二以上村民代表的同意；

（四）承包程序合法。

第十九条　土地承包应当按照以下程序进行：

（一）本集体经济组织成员的村民会议选举产生承包工作小组；

（二）承包工作小组依照法律、法规的规定拟订并公布承包方案；

（三）依法召开本集体经济组织成员的村民会议，讨论通过承包方案；

（四）公开组织实施承包方案；

（五）签订承包合同。

第三节　承包期限和承包合同

第二十条　耕地的承包期为三十年。草地的承包期为三十年至五十年。林地的承包期为三十年至七十年；特殊林木的林地承包期，经国务院林业行政主管部门批准可以延长。

第二十一条　发包方应当与承包方签订书面承包合同。

承包合同一般包括以下条款：

（一）发包方、承包方的名称，发包方负责人和承包方代表的姓名、住所；

（二）承包土地的名称、坐落、面积、质量等级；

（三）承包期限和起止日期；

（四）承包土地的用途；

（五）发包方和承包方的权利和义务；

（六）违约责任。

第二十二条　承包合同自成立之日起生效。承包方自承包合同生效时取得土地承包经营权。

第二十三条　县级以上地方人民政府应当向承包方颁发土地承包经营权证或者林权证等证书，并登记造册，确认土地承包经营权。

颁发土地承包经营权证或者林权证等证书，除按规定收取证书工本费外，不得收取其他费用。

第二十四条　承包合同生效后，发包方不得因承办人或者负责人的变动而变更或者解除，也不得因集体经济组织的分立或者合并而变更或者解除。

第二十五条　国家机关及其工作人员不得利用职权干涉农村土地承包或者变更、解除承包合同。

第四节　土地承包经营权的保护

第二十六条　承包期内，发包方不得收回承包地。

承包期内，承包方全家迁入小城镇落户的，应当按照承包方的意愿，保留其土地承包经营权或者允许其依法进行土地承包经营权流转。

承包期内，承包方全家迁入设区的市，转为非农业户口的，应当将承包的耕地和草地交回发包方。承包方不交回的，发包方可以收回承包的耕地和草地。

承包期内，承包方交回承包地或者发包方依法收回承包地时，承包方对其在承包地上投入而提高土地生产能力的，有权获得相应的补偿。

第二十七条　承包期内，发包方不得调整承包地。

承包期内，因自然灾害严重毁损承包地等特殊情形对个别农户之间承包的耕地和草地需要适当调整的，必须经本集体经济组织成员的村民会议三分之二以上成员或者三分之二以上村民代表的同意，并报乡（镇）人民政府和县级人民政府农业等行政主管部门批准。承包合同中约定不得调整的，按照其约定。

第二十八条　下列土地应当用于调整承包土地或者承包给新增人口：

（一）集体经济组织依法预留的机动地；

（二）通过依法开垦等方式增加的；

（三）承包方依法、自愿交回的。

第二十九条　承包期内，承包方可以自愿将承包地交回发包方。承包方自愿交回承包地的，应当提前半年以书面形式通知发包方。承包方在承包期内交回承包地的，在承包期内不得再要求承包土地。

第三十条　承包期内，妇女结婚，在新居住地未取得承包地的，发包方不得收回其原承包地；妇女离婚或者丧偶，仍在原居住地生活或者不在原居住地生活但在新居住地未取得承包地的，发包方不得收回其原承包地。

第三十一条　承包人应得的承包收益，依照继承法的规定继承。

林地承包的承包人死亡，其继承人可以在承包期内继续承包。

第五节　土地承包经营权的流转

第三十二条　通过家庭承包取得的土地承包经营权可以依法采取转包、出租、互换、转让或者其他方式流转。

第三十三条　土地承包经营权流转应当遵循以下原则：

（一）平等协商、自愿、有偿，任何组织和个人不得强迫或者阻碍承包方进行土地承包经营权流转；

（二）不得改变土地所有权的性质和土地的农业用途；

（三）流转的期限不得超过承包期的剩余期限；

（四）受让方须有农业经营能力；

（五）在同等条件下，本集体经济组织成员享有优先权。

第三十四条　土地承包经营权流转的主体是承包方。承包方有权依法自主决定土地承包经营权是否流转和流转的方式。

第三十五条　承包期内，发包方不得单方面解除承包合同，不得假借少数服从多数强迫承包方放弃或者变更土地承包经营权，不得以划分“口粮田”和“责任田”等为由收回承包地搞招标承包，不得将承包地收回抵顶欠款。

第三十六条　土地承包经营权流转的转包费、租金、转让费等，应当由当事人双方协商确定。流转的收益归承包方所有，任何组织和个人不得擅自截留、扣缴。

第三十七条　土地承包经营权采取转包、出租、互换、转让或者其他方式流转，当事人双方应当签订书面合同。采取转让方式流转的，应当经发包方同意；采取转包、出租、互换或者其他方式流转的，应当报发包方备案。

土地承包经营权流转合同一般包括以下条款：

（一）双方当事人的姓名、住所；

（二）流转土地的名称、坐落、面积、质量等级；

（三）流转的期限和起止日期；

（四）流转土地的用途；

（五）双方当事人的权利和义务；

（六）流转价款及支付方式；

（七）违约责任。

第三十八条　土地承包经营权采取互换、转让方式流转，当事人要求登记的，应当向县级以上地方人民政府申请登记。未经登记，不得对抗善意第三人。

第三十九条　承包方可以在一定期限内将部分或者全部土地承包经营权转包或者出租给第三方，承包方与发包方的承包关系不变。

承包方将土地交由他人代耕不超过一年的，可以不签订书面合同。

第四十条　承包方之间为方便耕种或者各自需要，可以对属于同一集体经济组织的土地的土地承包经营权进行互换。

第四十一条　承包方有稳定的非农职业或者有稳定的收入来源的，经发包方同意，可以将全部或者部分土地承包经营权转让给其他从事农业生产经营的农户，由该农户同发包方确立新的承包关系，原承包方与发包方在该土地上的承包关系即行终止。

第四十二条　承包方之间为发展农业经济，可以自愿联合将土地承包经营权入股，从事农业合作生产。

第四十三条　承包方对其在承包地上投入而提高土地生产能力的，土地承包经营权依法流转时有权获得相应的补偿。

第三章　其他方式的承包

第四十四条　不宜采取家庭承包方式的荒山、荒沟、荒丘、荒滩等农村土地，通过招标、拍卖、公开协商等方式承包的，适用本章规定。

第四十五条　以其他方式承包农村土地的，应当签订承包合同。当事人的权利和义务、承包期限等，由双方协商确定。以招标、拍卖方式承包的，承包费通过公开竞标、竞价确定；以公开协商等方式承包的，承包费由双方议定。

第四十六条　荒山、荒沟、荒丘、荒滩等可以直接通过招标、拍卖、公开协商等方式实行承包经营，也可以将土地承包经营权折股分给本集体经济组织成员后，再实行承包经营或者股份合作经营。

承包荒山、荒沟、荒丘、荒滩的，应当遵守有关法律、行政法规的规定，防止水土流失，保护生态环境。

第四十七条　以其他方式承包农村土地，在同等条件下，本集体经济组织成员享有优先承包权。

第四十八条　发包方将农村土地发包给本集体经济组织以外的单位或者个人承包，应当事先经本集体经济组织成员的村民会议三分之二以上成员或者三分之二以上村民代表的同意，并报乡（镇）人民政府批准。

由本集体经济组织以外的单位或者个人承包的，应当对承包方的资信情况和经营能力进行审查后，再签订承包合同。

第四十九条　通过招标、拍卖、公开协商等方式承包农村土地，经依法登记取得土地承包经营权证或者林权证等证书的，其土地承包经营权可以依法采取转让、出租、入股、抵押或者其他方式流转。

第五十条　土地承包经营权通过招标、拍卖、公开协商等方式取得的，该承包人死亡，其应得的承包收益，依照继承法的规定继承；在承包期内，其继承人可以继续承包。

第四章　争议的解决和法律责任

第五十一条　因土地承包经营发生纠纷的，双方当事人可以通过协商解决，也可以请求村民委员会、乡（镇）人民政府等调解解决。

当事人不愿协商、调解或者协商、调解不成的，可以向农村土地承包仲裁机构申请仲裁，也可以直接向人民法院起诉。

第五十二条　当事人对农村土地承包仲裁机构的仲裁裁决不服的，可以在收到裁决书之日起三十日内向人民法院起诉。逾期不起诉的，裁决书即发生法律效力。

第五十三条　任何组织和个人侵害承包方的土地承包经营权的，应当承担民事责任。

第五十四条　发包方有下列行为之一的，应当承担停止侵害、返还原物、恢复原状、排除妨害、消除危险、赔偿损失等民事责任：

（一）干涉承包方依法享有的生产经营自主权；

（二）违反本法规定收回、调整承包地；

（三）强迫或者阻碍承包方进行土地承包经营权流转；

（四）假借少数服从多数强迫承包方放弃或者变更土地承包经营权而进行土地承包经营权流转；

（五）以划分“口粮田”和“责任田”等为由收回承包地搞招标承包；

（六）将承包地收回抵顶欠款；

（七）剥夺、侵害妇女依法享有的土地承包经营权；

（八）其他侵害土地承包经营权的行为。

第五十五条　承包合同中违背承包方意愿或者违反法律、行政法规有关不得收回、调整承包地等强制性规定的约定无效。

第五十六条　当事人一方不履行合同义务或者履行义务不符合约定的，应当依照《中华人民共和国合同法》的规定承担违约责任。

第五十七条　任何组织和个人强迫承包方进行土地承包经营权流转的，该流转无效。

第五十八条　任何组织和个人擅自截留、扣缴土地承包经营权流转收益的，应当退还。

第五十九条　违反土地管理法规，非法征用、占用土地或者贪污、挪用土地征用补偿费用，构成犯罪的，依法追究刑事责任；造成他人损害的，应当承担损害赔偿等责任。

第六十条　承包方违法将承包地用于非农建设的，由县级以上地方人民政府有关行政主管部门依法予以处罚。

承包方给承包地造成永久性损害的，发包方有权制止，并有权要求承包方赔偿由此造成的损失。

第六十一条　国家机关及其工作人员有利用职权干涉农村土地承包，变更、解除承包合同，干涉承包方依法享有的生产经营自主权，或者强迫、阻碍承包方进行土地承包经营权流转等侵害土地承包经营权的行为，给承包方造成损失的，应当承担损害赔偿等责任；情节严重的，由上级机关或者所在单位给予直接责任人员行政处分；构成犯罪的，依法追究刑事责任。

第五章　附则

第六十二条　本法实施前已经按照国家有关农村土地承包的规定承包，包括承包期限长于本法规定的，本法实施后继续有效，不得重新承包土地。未向承包方颁发土地承包经营权证或者林权证等证书的，应当补发证书。

第六十三条　本法实施前已经预留机动地的，机动地面积不得超过本集体经济组织耕地总面积的百分之五。不足百分之五的，不得再增加机动地。

本法实施前未留机动地的，本法实施后不得再留机动地。

第六十四条　各省、自治区、直辖市人民代表大会常务委员会可以根据本法，结合本行政区域的实际情况，制定实施办法。

第六十五条　本法自 2003 年 3 月 1 日起施行。

附录Ⅳ　WTO《农业协议》

各成员方：

已决定建立为开始与《埃期特角宣言》所确定的谈判目标相一致的农产品贸易改革进程的基础；

忆及它们在对乌拉圭回合的中期评审上所达成一致的长期目标是"建立一个公平的、市场导向的农产品贸易体制，改革进程应从开展关于承担支持和保护义务的谈判，从建立已得到加强和更行之有效的关贸总协定规则和纪律"开始；

又忆及"上面提到的长期目标是为了实质性地、逐渐地减少在达成一致的时期内所保持的对农业的支持和保护，最终纠正和防止世界农产品市场存在的种种限制和扭曲现象"；

保证在下列每个方面承担具体的约束义务：市场准入、国内支持、出口竞争，并保证达成卫生和植物检疫协议；

已一致同意发达国家成员方在履行其对市场准入所承担的义务时，要通过为对发展中国家成员方有特殊利益的农产品和对将生产从种植非法麻醉品作物转为多样化生产有特殊意义的产品，提供大为改善的准入机会和条件，包括在中期评审上达成一致的使热带农产品贸易完全自由化，来充分考虑发展中国家成员方的特定需求和准入条件。

注意到根据改革计划承担的义务在所有成员方之间应是平等的，顾及到非贸易因素，包括粮食安全和保护环境的需要，顾及对发展中国家的特殊待遇与差别待遇是谈判的有机组成部分这样一种共识，考虑到实行改革计划可能给最不发达国家和粮食净进口国带来不利影响；

兹达成如下协议：

第一部分

第 1 条　术语定义

在本协议中，除非文中另有要求，否则：

（1）"总量支持措施"和"AMS"系指以货币名称表示的，向有利于基本农产品生产者的农产品提供的年支持水平或向有利于全体农业生产者所提供的非特定产品支持，而不是指按本协议附件 2 规定的可以免除减让的计划提供的支持，它是：

①一成员方减让表第四部分的旁注所包括的有关辅助资料时间表中具体规定的在基期内应提供的支持；

②按本协议附件 3 规定计算的在实施期任何一年内以及此后提供的支持，它考虑了该成员方减让表第四部分的旁注所包括的辅助资料时间表中所使用的基本数据和方法；

（2）与国内支持减让有关的“基本农产品”被定义为成员方减让表和有关辅助资料中具体规定的，尽量接近首次销售量的产品；

（3）“预算支出”或“支出”，包括已支出的财政收入；

（4）“等量支持”系指用货币名称表示的，通过运用一项或多项措施向基本农产品生产者提供的无法根据总量支持方法计算的年支持水平，而不是指按本协议附件 2 规定的可以免除减让的计划所提供的支持，它是：

①按成员一方减让表第四部分中的旁注所包括的有关辅助资料时间表中具体规定的在基期内所提供的支持；和

②按本协议附件 4 规定计算的在实施期任何一年内以及此后提供的支持，它考虑了该成员方减让表第四部分的旁注所包括的辅助资料时间表中所使用的基本数据和方法；

（5）“出口补贴”是指视出口实绩给予的补贴，其中包括本协议第 9 条中所列的出口补贴；

（6）“实施阶段”原指于 1995 年开始的为期 6 年的阶段，第 13 条中所指于 1995 年开始的为期 9 年的阶段除外；

（7）“市场准入减让”包括所有根据本协议承担的市场准入义务；

（8）“全部总量支持”和“全部 AHS”系指提供的有利于农业生产者的按对基本农产品总量支持总和计算的所有国内支持总和，所有非特定产品总量支持以及对所有农产品等量支持；它是：

①成员方减让表第四部分中具体规定的在基期内所提供的支持（即基础总量支持总和）和在实施阶段中任何一年或此后被准予提供的最大限度的支持（即“约束承诺年水平和最后水平”）；

②根据本协议规定，包括第 6 条的规定和根据成员方减让表第四部分的旁注所包括的在辅助资料时间表中所使用的基本数据和方法计算的，在实施阶段任何一年中及此后实际提供的支持水平（即“现行的全部总量支持”）；

（9）上文第（6）子款中的“年度”和与成员一方的特别承诺有关的“年度”系指与该成员方相关的减让表中具体规定的公历年度，财政年度或销售年度。

第 2 条　产品范围

本协议适用于本协议附件 1 中所列产品，以下称农产品。

第二部分

第 3 条　减让与承诺的一体化

1. 每一成员方减让表第四部分中的国内支持和出口补贴承诺构成限制补贴的义务，并在此成为 1994 关贸总协定不可分割的组成部分。

2. 受第 6 条规定的约束，成员方提供的有利于国内生产者的支持不应超出该成员方减让表第四部分中具体规定的承诺水平。

3. 受第 9 条第 2 款第（2）子款和第 4 款规定的约束，成员方对其减让表第四部分第 2 节中具体规定的农产品或一组农产品所提供的第 9 条第 1 款中所列出口补贴不应超出其减让表中具体规定的预算支出和数量承诺水平，也不应对其减让表未具体规定的任何农产品提供这类补贴。

第三部分

第 4 条　市场准入

1. 减让表中所含之市场准入减让既与关税约束和减让有关又与该表中具体规定的其他市场准入承诺有关。

2. 成员各方不得维持，诉诸或重新使用已按规定转换成普通关税的任何措施。第 5 条和附件 5 中另有规定者除外。

第 5 条　特别保障规定

1. 虽然有 1994 关贸总协定第 2 条第 1 款（2）项的规定，任一成员方仍可援用与某种农产品进口有关的下述第 4、第 5 两款的规定，本协议第 4 条第 2 款所述及的关于那项农产品进口的措施已被转换成普通关税，该关税在成员方减让表中被标以“SSG”的符号，表明是本条各项规定可能被援用的减让对象，引用的条件是：

（1）在任何年度内，进入已同意关税减让成员方关境的那项产品进口数量超出与第 4 款中规定的现行市场准入机会有关启动水平，或者，但两者未必同时发生；

（2）根据该货物的成本费加运费加保险费的进口价格确定并用本国货币表示的可能进入已同意关税减让成员方关境的该产品的进口价格低于等同于该产品在 1986 年至 1988 年参考平均价格的启动价格。

2. 在作为上文第 1 款所述及的减让部分而建立起来的现行和最低准入承诺保证下的进口，为确定进口量之目的应加以计算，该进口量是为援用第 4 款和第 1 款第（1）子款的规定所必需的。但在承诺保证下的进口不应受到由或者下文第 4 款和子款 1（1）项或者第 5 款或子款 1（2）项规定征收的任何附加税的影响。

3. 根据在按照第 1 款第（1）子款和第 4 款规定征收附加税之前签订的合同供应的正在运输途中的该产品应免征此种附加税，条件是，在随后的一年里，为当年启动第 1 款第（1）子款规定之目的，该产品可以被计算在这类产品的进口数量内。

4. 按第 1 款第（1）子款规定征收的任何附加税只能维持到征收该税的当年年底，且只能按不得超出在采取行动当年有效的普通关税水平 1/3 的水平征收。应根据下列以市场准入机会为基础的减让表来确定启动价格水平，该市场准入机会的定义为按有数据可资利用的前 3 年国内相应消费百分比计算的进口：

（1）若产品的市场准入机会低于或等于 10%，则启动价格基础水平应等于 125%；

（2）若产品的市场准入机会高于 10%但低于或等于 30%，则启动价格基础水平应等于 110%；

（3）若产品的市场准入机会高于 30%，则启动价格基础水平应等于 105%。

在所有情况下，若进入已同意关税减让成员方关境的产品进口绝对量超出由在有数据可资利用的前三年中平均进口量乘以上述启动基础水平所得积数（X）与在有数据可资利用的最近三年中国内该产品消费与前一年相比绝对数量的变化（Y）之和，则可在任何一年内征收附加税，条件是启动水平不应低于上文（X）中进口平均数量的 105%。

5. 按第 1 款第（2）子款规定征收的附加税应按照下表确定：

（1）若以国内货币表示的货物成本费加运费加保险费的进口价（以下称“进口价”）与按那项子款定义的启动价格之差额低于或等于该启动价格的 10%，则不得征收附加税；

（2）若进口价与启动价格之间的差额（以下称“差额”）高于 10%，但低于或等于启动价格的 40%，则附加税应等于差额超出 10%的超出量的 30%；

（3）若差额高于 40%，但低于或等于启动价格的 60%，则所征收的附加税应等于差额超出 40%的超出量的 50%，另加第（2）子款允许征收的附加税；

（4）若差额高于 60%，但低于或等于 75%，则所征附加税应等于差额超出启动价格 60%的超出量的 70%，另加第（2）和第（3）子款允许征收的附加税；

（5）若差额高于启动价格的 75%，则所征收的附加税应等于差额超出 75%的超出量的 90%，另加第（2）、第（3）和第（4）子款分别允许征收的附加税。

6. 对易腐烂和季节性产品，上文规定的条件将在考虑这类产品的特性的情况下采用。特别是关于基期内相应周期的第 1 款第（1）子款和第 4 款下的较短周期可以考虑使用，不同时期的不同参考价格可以在第 1 款第（2）子款下使用。

7. 特别保障条款的应以透明的方式来执行。任何根据上文第 1 款第（1）子款采取行动的成员方均应以书面形式向农业委员会发出通知，通知中包括相关资料。通知应尽量提前发出，最晚不得迟于实施该行动后 10 天。若消费数量的变化必须按根据第 4 款所采取的行动分摊到各个关税细目内，则在相关资料中应包括分配这些变量的信息资料与方法。按第 4 款规定采取行动的成员方应向有利害关系的成员方提供就此类行动适用条件与其进行磋商的机会。任何一个按上文第 1 款第（2）子款规定采取行动的成员方应在首次实施这类行动后 10 天内或在任何时期对易腐烂和季节性产品而采取的第一次行动后，以书面形式向农业委员会发出通知，通知中应包括相关资料。成员方保证从实际出发，尽量不在有关产品进口量正在下降时诉诸第 1 款第（2）子款的规定。在两种情况中的任何一种情况下，采取这种行动的成员方应向任何有利害关系的成员方提供就此类行动适用条件与其进行磋商的机会。

8. 若采取的措施符合上文第 1 款至第 7 款的规定，成员方保证不对这些措施诉诸 1994 关贸总协定第 19 条第 1 款第（1）子款和第 3 款的规定或保障协议第 8 条第 2 款的规定。

9. 本条规定在按第 20 条规定的改革进程持续时间里一直有效。

第四部分

第 6 条　国内支持承诺

1. 包含在其减让表第四部分中的每个成员方的国内支持减少承诺应适用于所有有利于农产品生产者的国内措施，但不在本协议附件 2 及本条标准的减少之列的国内措施除外。这些承诺以“支持总量单位总和”和“承诺约束年水平与最终水平”表示。

2. 根据乌拉圭回合中期评审协议即政府为鼓励农业和农村发展而采取的直接或间接援助措施均为发展中国家成员方的发展规划、发展中国家成员方农业普遍获得的投资补贴和发展中国家成员方低收入或缺乏财力的生产者普遍获得的农业投入补贴的一个组成部分，应免于承担否则在其他情况下将适用于这些措施的国内支持减少的义务。发展中国家为鼓励从种植非法麻醉品作物转向多样化生产而给予生产者的国内支持也应免于承担减少的义务。不应要求将符合本节规定标准的国内支持计入每一成员方的现行支持总量单位内。

3. 如果一成员方在任何一年中的用现行支持总量单位表示的有利于农产品生产者的国内支持措施未超出该成员方减让表第四部分中具体规定的相应承诺约束年水平或最终水平，则该成员一方应被视为在这年内遵守了其承担的国内支持减少义务。

4. （1）不应要求一成员方在其现行支持总量单位中计入，也不应要求减少：

①未超出该成员方在相关年度内基本农产品生产总值 5%的对特定产品的国内支持，这种

支持在其他情况下是会被要求计入成员方现行支持总量单位的；和

②未超出该成员方农产品生产总值5%的非特定产品的国内支持，这种支持在其他情况下是会被计入成员一方现行支持总量单位的。

（2）对发展中国家成员方而言，本节所规定的最低百分比应为10%。

5.（1）根据限产计划给予的直接支付不应受减少国内支持承诺的约束，

如果：

①这种直接支付是根据指定地区并根据产量给予的；或

②这种直接支付是按生产基础水平的85%或以下的条件给予的；或

③对牲畜的直接支付是按限定的头数给予的。

（2）应通过在一成员方现行支持总量单位中扣除上述直接支付价值的方式来表示符合上文规定标准的直接支付减少义务的免除。

第7条　国内支持的一般纪律

1. 每一成员方均应确保因具有本协议附件2中的标准所规定的资格而不在减少义务之列的任何有利于农产品生产者的任何国内支持措施始终符合本协议附件2中规定的标准。

2.（1）凡无法证明符合本协议附件2的标准或无法按本协议其他任何条文规定免除减让义务的任何有利于农产品生产者的国内支持措施、包括对这类措施所作的任何修改在内，以及日后采用的任何措施应一概计入成员方现行支持总量单位内。

（2）若成员一方减让表第四部分中没有包含支持总量单位的承诺义务，则该成员方不得向农产品生产者提供超出第6条第4款中规定的相关的最低水平的支持。

第五部分

第8条　出口竞争义务

每一成员方均承诺不提供与本协议和成员方减让表中具体规定的义务不符的出口补贴。

第9条　出口补贴减让义务

1. 下列出口被贴服从本协议下的减少义务：

（1）政府或其代理根据出口实绩向企业、行业、农产品生产者、由这些生产者组建的合作社或其他协会，或者向销售委员会提供的直接补贴，包括实物支付；

（2）政府或其代理以低于相同产品的可比价格向国内市场买主出口销售或处理的非商业性农产品库存；

（3）不论是否由公共开支的以官方行动资助的对出口农产品的支付，包括资金来源于向有关农产品或转化为出口产品的农产品征收的税赋收入的支付在内；

（4）提供的系为包括处理、分级和其他加工成本，以及国际运输成本与运费在内减少农产品出口的销售成本（而不是普遍提供的出口促销和咨询服务）的补贴；

（5）由政府提供或明令规定的，其条件比国内货物运输优惠的出口货物的国内运输费用；

（6）向合并入出口产品的农产品视程度而提供的补贴。

2.（1）关于本条第1款所列的出口补贴，第（2）子款规定者除外，如成员方减让表中所具体规定的实施期每一年的出口补贴削减义务的水平，代表：

①在预算支出削减义务中，当年可能被分摊或支付的有关一种农产品或一组农产品的此种补贴开支的最高水平；

②在出口数量削减义务中，当年可能给予这类出口补贴的一种农产品或一组农产品的最

大数量。

（2）在实施期第二年至第五年的任何一年内，成员方可以在既定年度内提供上文第 1 款中所列的出口补贴，该种补贴可以超出该成员方减让表第四部分所具体规定的一种农产品或一组农产品相应的减让年水平，条件是：

①自实施期起至既定年度，这类补贴的预算支出累计数额超出由严格遵守该成员方减让表中所具体规定的相关支出削减承诺的年水平而产生的累计数据的量不高于这类预算支出基期水平的 3%；

②自实施期起至该既定年度，享有这类出口补贴利益的累计出口数量超出由严格遵守该成员方减让表中所具体规定的相关数量削减承诺年水平而产生的累计数量的量不高于基期数量的 1.75%；

③在整个实施期内这类出口补贴的预算支出与从这类出口补贴中得益的数量的累计数额总和决不高于由严格遵守该成员方减让表中具体规定的相关承诺年水平而产生的累计数额总和；

④在实施期满时，该成员方出口补贴的预算支出和自这类补贴中利益的数量分别不高于 1986 年至 1990 年基期水平的 64%和 79%。对发展中国家成员方而言，这两个百分比应分别为 76%和 86%。

3. 与限制扩大出口补贴范围有关的义务在减让表中有具体规定。

4. 在实施期间内，不应要求发展中国家承担列入上文第 1 款第（4）和第（5）子款中的出口补贴减让义务，条件是这些补贴的实施不会规避削减义务。

第 10 条　防止规避出口补贴削减义务

1. 实施未列入第 9 条第 1 款中的出口补贴不应导致或将要导致对出口补贴削减义务的规避；也不应使用非商业性交易规避该义务。

2. 各成员方保证为制定国际间一致赞同的管理出口信贷、出口信贷担保或保险计划的纪律而努力，并且在对此类纪律达成协议后，保证只提供符合这类纪律的出口信贷、出口信贷担保或保险计划。

3. 声称对超出削减承诺水平的出口量未予补贴的任一成员方必须证明这类出口数量未得到任何补贴，不论这类补贴列入第 9 条与否。

4. 无偿提供国际食品援助的成员方应保证：

（1）提供的国际食品援助与对受援国的商业性农产品出口无直接或间接关系；

（2）应根据粮农组织制订的“剩余食品处理原则和磋商义务”的规定，若合适，包括根据“通常销售要求”制度的规定，开展国际食品援助交易，包括货币形式的双边食品援助；以及

（3）这种援助应尽可能以完全赠与的形式或按不低于“1986 年食品援助公约”第 4 条规定的减让水平的条件提供。

第 11 条　合并产品

对合并的初级农产品的单位补贴一概不可超过支付给此种出口初级产品的单位出口补贴。

第六部分

第 12 条　出口禁止与限制纪律

1. 若任一成员方按 1994 关贸总协定第 11 条第 2 款第（1）子款规定制订任何对食品出口禁止或限制的新规定，则该成员方须遵守下列规定：

（1）制订出口禁止或限制规定的成员方应充分考虑这类禁限规定对进口国成员方粮食安全的影响；

（2）任一成员方在制订出口禁限规定以前应尽量提前以书面形式向农业委员会发出通知，该通知内容应包括此种禁限措施的性质及实施期限等资料。该成员方并应根据请求与作为进口方有实质利害关系的任何其他成员方就该禁限措施有关的任何事宜进行磋商。制订有这类出口禁限规定的成员方应根据请求向此一成员方提供必要的资料。

2. 本条规定不应适用于任何发展中国家成员方，除非该措施系由本身是有关的特定食品净出口国的发展中国家成员方采取的。

第七部分

第 13 条　正当限制

在实施期间内，虽然有 1994 关贸总协定的规定和补贴与反贴补措施协议（在本条中称“补贴协议”），但是，

（1）完全符合本协议附件 2 规定的国内支持措施仍应：

①就反补贴税而言，是不导致诉讼的补贴；

②免于按 1994 关贸总协定第 24 条和补贴协议第三部分规定提出的起诉；和

③免于以在 1994 关贸总协定第 23 条第 1 款（2）项意义上的非违反规定地取消或损害另一成员方在 1994 关贸总协定第 2 条下所获得的从关税减让中所得之利益的行为为由所提出的起诉；

（2）如每一成员方减让表所反映的完全符合本协议第 6 条规定，包括符合协议中第 5 款规定要求的直接支付的国内支持措施，以及在最低水平内和符合第 6 条第 2 款规定的国内支持应：

①免征反补贴税，除非按 1994 关贸总协定第 4 条和补贴协议第五部分规定作出有损害或损害威胁的判定，且在发起任何征收反补贴税调查时应证实是正当限制；

②免于按 1994 关贸总协定第 14 条第 1 款或补贴协议第 5 条和第 6 条规定提出的起诉，条件是这类措施未给予特定商品以超出 1992 市场销售年期间所决定之水平的支持；以及

③免于以在 1994 关贸总协定第 23 条第 1 款第（2）子款意义上的非违反规定地取消或损害另一成员方在 1994 关贸总协定第 2 条下所获得的从关税减让中所得之利益的行为为由所提出的起诉，条件是这类措施未给予特定商品以超出 1992 市场销售年期间所决定之水平的支持。

（3）如每一成员方减让表所反映的完全符合本协议第五部分规定的出口补贴应：

①根据 1994 关贸总协定第 6 条和补贴协议第五部分的规定，只有在根据数量对价格的影响或者后续影响对损害或损害威胁作出确定时方能稽征反补贴税，且在发起任何稽征反补贴税调查时应证明是正当限制；以及

②免于按 1994 关贸总协定第 16 条或补贴协议第 3 条、第 5 条和第 6 条提出的诉讼。

第八部分

第 14 条　卫生和植物检疫措施

各成员方同意实施适用卫生和植物检疫措施协议。

第九部分

第 15 条　特殊待遇与差别待遇

1. 与对发展中国家成员方以差别待遇和更优惠待遇是贸易谈判不可分割的组成部分这一认识相一致，本协议有关条款所规定的以及减让与承诺表中所包含的关于减让义务的特别待遇与差别待遇应予以提供。

2. 发展中国家成员方应享有在长达 10 年的时期内实施削减承诺的灵活性。不应要求最不发达国家成员方承担削减义务。

第十部分

第 16 条　最不发达国家与粮食净进口发展中国家

1. 各发达国家成员方应采取在关于对改革计划可能对最不发达国家与粮食净进口发展中国家产生负面影响之措施的决议框架内规定的行动。

2. 若适宜，农业委员会应监督本决议的后续行动。

第十一部分

第 17 条　农业委员会

兹建立农业委员会。

第 18 条 对执行削减承诺的评审

1. 乌拉圭回合改革计划谈判达成的减让义务落实的进展情况应由农业委员会评审。

2. 评审进程应根据与此类事项有关的各成员方提交的通报在应被有关成员方决定的时间，以及根据秘书处可能被请求为便于评审而准备的文件进行。

3. 除按第 2 款提交的通报外，任何新的国内支持措施，或对现行措施的修改，凡要求免于减让的均应立即发出通报。该通报应包括新措施或被修改措施的细节以及其与附件 2 或第 6 条中所规定的达成一致的标准的一致性。

4. 在评审进程中，各成员方应对严重的通货膨胀率对任一成员方坚持国内支持削减义务能力的影响给予充分考虑。

5. 各成员方同意就其在根据本协议承担的出口补贴削减义务框架内参与正常扩大世界农产品贸易的事项，每年在农业委员会内进行磋商。

6. 评审进程应为各成员方提供提出与执行根据本协议中规定的改革计划所承担的削减义务之履行有关的任何问题的机会。

7. 任一成员方均可就其认为另一成员方本应通报的任何措施提请农业委员会予以注意。

第 19 条　磋商与争端解决

由争端解决谅解所详尽阐释和运用的 1994 关贸总协定第 22 条和第 23 条的规定，应适用于本协议下的磋商和争端解决。

第十二部分

第 20 条　改革进程的继续

认识到最终导致根本性变革的实质性的、逐步的减少支持和保护的长期目标，是一个不断进行的过程，各成员方同意继续改革进程的谈判应在实施时期结束前 1 年开始，考虑到：

（1）届时实施削减承诺的经验；

（2）削减承诺对世界农产品贸易的影响；

（3）非贸易事务，给予各发展中国家成员方的特别待遇和差别待遇，建立一个公平的、以市场为导向的农产品贸易体制的目标和本协议前言中提到的其他目标和事务；以及

（4）为实现上述长期目标所必需的进一步的承诺。

第十三部分

第 21 条　最后条款

1. 1994 关贸总协定的规定和世界贸易组织附件 1A 中其他多边贸易协议的规定应按本协议规定适用。

2. 本协议的各项附件为本协议不可分割的组成部分。

附件 1　产品范围

1. 本协议应包括下列产品：

（1）协调商品种类和编码系统（以下称“HS”）第 1 至 24 章少量的鱼及鱼类产品，另加

（2）协调税目 29—05．43 （甘露糖醇）

协调税目 29—05．44 （清凉茶醇）

协调税号 33．01 （香油精）

协调税号 35．01 至 35．05 （白蛋白质改性淀粉，胶）

协调税目 38— —09．10 （整理剂）

协调税目 38——23．60 （子目号 29．05．44 以外的清凉茶醇）

协调税号 40．01 至 41．03 （兽皮与革制品）

协调税号 43．01 （生毛皮）

协调税号 50．01 至 50．03 （生丝与丝废料）

协调税号 51．01 至 51．03 （羊毛与动物毛）

协调税号 52．01 至 52．03 （原棉、废料与经过梳理的棉纱）

协调税号 53．01 （生麻）

协调税号 53．02 （生大麻纤维）

2. 适用卫生和植物检疫措施的协议的产品范围不受前述者限制。

附件 2　国内支持：免除削减承诺的基础

1. 已被要求免除削减承诺的国内支持措施应满足这样一种基本要求，即它们没有任何贸易扭曲影响或对生产造成的影响，或者只有最低限度的影响。据此所有要求免除削减承诺的措施均应符合下列基本标准：

（1）所述支持应通过不包括消费者转让费的由公共基金建立的政府计划（包括政府已开支财政收入）来提供。

（2）所述支持不应具有为生产商提供价格支持的作用。

另加下文列出的特定政策标准和各项条件。

政府服务计划

2. 一般服务

本类别中的政策包含与向农业或农村提供服务或有益于农业或农村的各类计划有关的预算开支（或已开支财政收入）。这些政策不应涉及对生产者或加工者直接支付款项。这类虽包含但又不限于下列清单的计划，应符合上文第 1 款及下文列出的各项特定政策条件中的一般

标准。

（1）研究，包括一般研究，与环境项目有关的研究和与特定产品有关的研究项目；

（2）虫害和疾病控制，包括一般或特定产品的虫害和疾病控制措施，譬如，早期预报制度、检疫和根除工作；

（3）培训服务，包括一般培训和专业培训设施；

（4）延期和咨询服务，包括提供便利向生产者和加工者转让资料和研究结果的手段；

（5）检验服务，包括一般检验服务和为卫生、安全、分类或标准化之目的而检验特定产品；

（6）营销和促销服务，包括与特定产品有关的市场信息，咨询和促销，但可被卖主用来降低销售价格或向买主转让直接经济利益的目的不明的预算开支除外；以及

（7）基础设施服务，包括：电网、道路和其他运输工具，市场和港口设施，供水设施，堤坝和排水规划，以及与环境项目有关的基础设施工程。在所有这些情况下，只应对基本建设工程的准备或施工拨款，且不应向所有人均可利用的公共事业网之外的农场设施提供补贴款项。支出也不应包括对投入或操作费用或使用者的优惠收费的补贴。

3. 为粮食保障目的的公共库存与构成按国内立法确定的食品保障计划组成部分的产品库存拥有和累积有关的预算开支（或已开支财政收入）。它可以包括政府对作为为这类计划一部分的产品私人库存提供的援助。这类库存的数量与累积应与事先确定的仅与食品保障有关的指标相一致。在财务方面，库存的积压和处置过程应一目了然。政府的粮食采购应按市场现行价格购买。用于粮食保障目的的库存产品的销售应按不低于市场上对所述商品及其质量设定的现行价格成交。

4. 国内食品援助与对部分需要援助的人口提供食品援助有关的预算开支（或已支出的财政收入）。获得食品援助的资格应受与营养目的有关的明确规定的标准制约。这种援助应采用向有关方面直接提供食品或提供能使有资格接受援助的人或者以市场价格或者以补贴价格购买粮食的手段的形式。政府的粮食采购应按市场现行价格进行，这类食品援助的融资及管理情况应当明确公开。

5. 直接向生产商付款

通过直接付款（或已开支的财政收入，包括各种实物支付，给生产商提供的被要求从削减承诺中豁免的支持应符合上述第 1 款中确定的基本标准，另加适用于下述第 6 至第 13 款规定中确定的各个类型直接付款之特定标准。免除削减义务要求若针对的是第 6 至 13 款中具体规定的那些支付以外的任何现有的或新类型的直接支付，则除符合第 1 款所确定的一般标准之外，还应符合第 6 款（2）至（5）项中规定的标准。

6. 对去耦收入的支持

（1）这类付款的资格应按明确定义的诸如收入、生产者或土地所有人的身份，生产要素使用或在已确定的基期内的生产水平等标准加以确定。

（2）任何特定年度内的这类付款的数额不应与生产商在基期过后的任何年度内承担的生产之类别或数量（包括畜牧业单位）有关，或以其为根据。

（3）任何特定年度内的这类付款的数额不应与适用于在基期过后的任何年度内进行的一切生产的国际或国内价格有关，或不应以此为根据。

（4）任何特定年度内的这类付款的数额不应与在基期过后的任何年度内使用的生产要素

有关，或不应以此为根据。

（5）不得为获取这类款项而要求生产。

7. 政府在财政上参与收入保险和净收入保障项目

（1）这类付款的资格应按收入损失程度确定，要考虑的仅仅是得自于农业的超过前三年总平均收入 30%的或用净收入表示的同等的收入（相同或类似方案的任何款项除外），或在前五年基础上得出的 3 年平均收入，除去其最高和最低数。凡符合此项条件的生产商均应有资格获取这类款项。

（2）这类付款的数额应弥补生产商在获得接受援助资格的年度内遭受的低于 70%的收入损失。

（3）任何这类付款的数额只应与收入有关，不应与生产商所承担的生产种类或生产数量（包括畜产品单位）有关，或与适用于这类生产的国际或国内价格有关，或与所使用的生产要素有关。

（4）若生产商根据本款和根据下述第 8 款（自然灾害救济款）在同一年获得了付款，则这类付款的总额应低于生产商收入损失总额的 100%。

8. 自然灾害（以直接方式或以政府在财政上参与农业保险方案的方式提供的）救济付款

（1）只有在政府当局正式承认已发生或正在发生自然灾害或类似灾害（包括暴发疾病，虫害侵扰，核事故及在有关成员方领土上发生战争）后才具有获得这类款项的资格；并应按超过前 3 年生产平均数 30%或在前 5 年的基础上，除去最高和最低数后 3 年平均的生产损失确定资格。

（2）灾害后所支付的款项应仅适用于收入损失、牲畜损失（包括与动物兽医治疗有关的款项）、由自然灾害造成的土地或其他生产要素损失方面。

（3）付款应弥补不超过替代此类损失的费用总数，且不应要求或具体规定日后生产的种类或数量。

（4）发生灾害期间所支付的款项不应超出为阻止或减轻本款第（2）子款标准中定义的进一步损失所需要的水平。

（5）若生产者按本款和上述第 7 款（收入保险和净收入保障项目）的规定在同一年获得了付款，则此类付款的总额应低于生产商收入损失总额的 100%。

9. 通过生产者退休计划提供的在结构调整上的援助

（1）应参照旨在便利从事市场所需农产品生产的人员退休或方便其转入非农业生产活动的计划中明确定义的标准来确定获取这类付款的资格。

（2）此类付款应视接受付款人员总数或终身退出市场所需农业产品生产的情况而定。

10. 通过资源退出计划提供的在结构调整上的援助

（1）应参照旨在从市场所需农业品生产中转移土地或其他资源包括畜牧业的计划中明确定义的标准来确定获取此类付款的资格。

（2）付款应视土地从市场所需农业品生产中退出耕种至少 3 年，和牲畜宰杀或永久性处理的情况而定。

（3）付款不得要求或具体规定对该片土地或与市场所需农产品生产有关的其他资源作任何变通使用。

（4）付款不应与生产种类或生产数量有关，也不应与适用于使用该片土地或生产中遗留下来的其他资源所承担之生产的国内或国际价格有关。

11. 通过投资援助提供的在结构调整上的援助

（1）应参照旨在协助对生产商的经营作资金或物质方面调整以解决客观上已被证实的结构弊端的政府计划中明确定义的标准来确定获得这类付款的资格。获得这一项目的资格也可根据政府已明确订立的农用土地重新私有化的计划确定。

（2）任何特定年度内这类付款的数额不应与生产商在基期过后的任何年度内的生产种类和生产数量有关，或不应以此为基础，根据下文（5）的规定除外。

（3）任何特定年度内这类付款的数额不应与适用于在基期过后的任何年度内生产商所承担生产的国际或国内价格有关，或不应以此为基础。

（4）这类付款只应在为作为拨款对象的投资之落实所必需的时限内给予。

（5）这类付款不应明文规定或以任何方式指定由受款人生产的农产品，要求受款人不生产特定产品者除外。

（6）这类付款应限于为弥补结构弊端所需的数额。

12. 按环保计划支付的款项

（1）获得这类付款的资格应作为已明确订立的政府环境保护或自然保护计划的一部分加以确定，并应取决于是否符合政府计划规定的特定条件，包括与生产方法或生产投入有关的各项条件。

（2）付款数额应限于在服从政府计划时所涉及的额外费用或收入损失的数额。

13. 按区域性协助计划支付的款项

（1）获得这类付款的资格应限于那些处于贫困地区的生产商。每个这样的区域必须是一个具有可界定的经济上及行政上的同一性的、明确划定的地理上连成一片的区域。对贫困地区的认定应基于中立客观的标准，该标准由法律或规章详加阐释，指明该地区的困难非由暂时情况所致。

（2）任何特定年度内这类付款的数额不应与生产商在基期过后的任何年度内承担的生产种类或生产数量有关或不应以此为基础，减少生产者除外。

（3）任何特定年度内这类付款的数额不应与适用于在基期过后的任何年度内承担的生产之国内或国际价格有关，或不应以此为基础。

（4）这类付款只有在有此资格的区域内的生产商可以获得，但是此类区域内所有生产商普遍可以获得。

（5）若这类付款与生产要素有关，则付款应在有关的生产要素的基本水平之上以递减比率支付。

（6）这类付款应限于在规定地区内在承担农业生产时涉及的额外费用或收入损失的数额。

附件 3　国内支持：支持总量的计算

1. 按第 6 条的规定，应在特定产品基础上计算正得到市场价格支持。应减让的直接支付，或者不能免除减让义务的其他任何补贴（“应减让的其他政策”）的每种基本农产品的支持总量（AMS）。属于非特定产品的支持其总和应计入用货币总额表示的非特定产品支持总量内。

2. 第 1 款中的补贴既应包括预算支出，也应包括政府或其代理人已开支的财政收入。

3. 国家一级和国家以下一级的支持均应包括在内。

4. 生产者支付的特别农业税费应从支持总量中扣除。

5. 如下文概述的被计算的基期支持总量应为实施国内支持削减义务的基础水平。

6. 应对每一种基本农产品确定用币值总额表示的具体的支持总量。

7. 支持总量的计算应尽量接近基本农产品的首次销量。针对农产品加工者所采取的措施应包括在内，从而使这类措施有益于基本农产品生产者。

8. 市场价格支持：市场价格支持的计算应用固定的外部参考价格与实际管理价格之间的差幅乘以有资格接受实际管理价格的产品数量所得之积数。为维持该差幅而作出的预算支付，如购进或储存费用等不应计入支持总量内。

9. 固定的外部参考价格应以 1986 年至 1988 年为基期，一般应为基期内基本农产品净出口国离岸价的平均单位价格，和基本农产品净进口国成本费加运费加保险费价的平均单位价格。若有必要，可按品质差异调整该固定的外部参考价格。

10. 应减让的直接支付：对取决于一种价格差幅的应减让的直接支付的计算应使用固定的参考价格与实际管理价格之间的差幅乘以有资格接受该实际管理价格的产品数量所得之积数，或者应使用预算支出数。

11. 固定的参考价格应以 1986 年至 1988 年为基期，一般应是为确定支付率所使用的实际价格。

12. 以价格以外的生产要素为依据的应减让的直接支付，应使用预算支出数加以衡量。

13. 其他应减让的措施，包括生产投入补贴以及诸如市场销售成本削减措施等其他措施，这类措施的价值应使用政府预算支出数加以衡量，或者若使用预算支出数不能反映有关的补贴程度，则计算补贴的依据应为含有补贴的商品或服务的价格与相似商品或服务有代表性的市场价格之间的差幅乘以该商品或劳务数量所得之积数。

附件 4　国内支持：支持等量的计算

1. 应按第 6 条的规定，若附件 3 所定义的市场价格支持存在，但计算支持总量的这一成分实际上又不可行，则对所有基本农产品应计算支持等量。对于这些产品来说，国内支持削减义务实施的基础水平应由下文第 2 款规定的以支持等量表示的市场价格支持成分，以及应按下文第 3 款规定估价的任何应减让直接支付和应减让其他支持组成。国家一级和国家以下一级的支持均应包括在内。

2. 对所有获得市场价格支持、实际中很接近首次销量的且实际上无法计算其支持总量中市场价格支持这一成分的基本农产品，应以特定产品为基础计算第 1 款中所规定的支持等量。对于这些基本农产品，应以应用的管理价格和有资格接受此价格的生产数量计算市场价格支持等量或者，若此种做法不可行，则按用于维持生产者价格的预算支出计算。

3. 若列入第 1 款之中的基本农产品为应减让直接支付或其他任何无法免除削减义务的特定产品补贴的对象，则关于这些措施的支持等量的依据应是支持总量相应成分的计算结果（具体规定见附件 3 第 10 款至第 13 款）。

4. 支持等量应按尽量接近基本农产品首次销量的补贴数量计算。针对农产品加工者所采取的措施应包括在内，从而使这类措施有益于基本农产品生产者。生产者支付的特别农业税、费应从支持等量中减去相应数量。

附件 5　关于第 4 条第 2 款的特别待遇

A 节

1. 第 4 条第 2 款的规定不应随世界贸易组织协定的正式生效而适用于任何符合下列条件（以下称“特别待遇”）的初级农产品及其转形产品和／或加工产品（“指定产品”）:

（1）在 1986 年至 1988 年这段基期内（称“基期”），仅占国内相应消费量不到 3%的指定产品的进口；

（2）自基期开始未向指定产品提供任何出口补贴；

（3）有效的限产措施被适用于初级农产品；

（4）被马拉喀什议定书所附的成员方减让表第一部分 1—B 节中用“ST—附件”的符号指定为应享受反映了诸如粮食保障和环境保护等非贸易因素的特别待遇的产品；和

（5）指定产品的最低限度准入机会，如有关成员方减让表第一部分 1—B 节所具体规定，相当于指定产品自实施期第一年年初开始的基期国内消费的 4%，此后在实施期的其余年度每年增加额为基期内国内相应消费的 0.8%。

2. 成员方在实施期内任何一年的开头都可通过遵守下文第 6 款规定而停止对指定产品适用特别待遇。在此情况下，该成员方仍应维持此时已有效的最低限度准入机会并且应在实施期的其余年度将最低限度准入机会每年增加相当于基期内国内相应消费 0.4%的额度。此后由这个公式导出的实施期最后一年的最低限度准入机会水平，应在该成员方减让表中保持下去。

3. 关于实施期满后能否继续给予第 1 款中规定的特别待遇的任何谈判都应在作为本协议第 20 条中所规定谈判一部分的实施期时间框架内完成，这类谈判应对非贸易因素加以考虑。

4. 若因第 3 款所述及的谈判而达成一成员方可以继续适用特别待遇的协议，则该成员方应给予谈判所决定的可接受的附加减让。

5. 若实施期满后没有继续给予特别待遇，该成员方应实施第 6 款的规定。在此情况下，实施期满后仍应把该成员方减让表中指定产品最低限度准入机会维持在相当于基期内国内相应消费 8%的水平上。

6. 指定产品所保留的普通关税以外的边境措施应自特别待遇停止适用当年年初起受第 4 条第 2 款规定约束。此类产品应纳普通关税，该普通关税在该成员方减让表中应受到约束，并且若已在实施期内每年平均实施至少 15%的减让，则应自停止给予特别待遇当年年初起及此后按可能适用的税率适用之。应在根据减让表附件中规定的指导原则计算出的关税等量基础上确定这类税额。

B 节

7. 第 4 条第 2 款的规定不应随世界贸易组织协定的正式生效而适用于在发展中国家成员方传统饮食中作为主食的初级农产品。这类产品除了符合由适用于这类产品的第 1 款第（1）至（4）子款具体规定的那些条件外，还须符合下列条件：

（1）如发展中国家成员方减让表第一部分 1—B 节所具体规定，此类产品最低限度准入机会自实施期第一年年初起相当于该类产品基期国内消费量的 1%，并在实施期第五年年初按每年平均增长量增至相当于基期内国内相应消费量的 2%。自实施期第六年年初起，此类产品最低限度准入机会相当于基期内国内相应消费量的 2%并按每年平均的增长量增至相当于基期内国内相应消费量的 4%，一直持续至第十年年初。此后，由此公式导出的在第十年年内的最低限度准入机会应在发展中国家成员方减让表中保持下去；

（2）已向本协议中其他产品提供有适宜的市场准入机会。

8. 关于在自实施期起至第十年期满之后能否继续给予第 2 款中所述及的特别待遇事项的任何谈判应在自实施期开始的第十年内开始并完成。

9. 若因第 8 款所述及的谈判而达成一成员方可以继续适用特别待遇的协议，则该成员方应提供谈判中所决定的可接受的附加减让。

10. 若在自实施期开始的第十年期满以后没有继续提供第 7 款中的特别待遇，则此类产品应纳在根据附件所规定的指导原则计算出的关税等量的基础上确定的普通关税。该关税应在该成员方减让表中受到约束。在其他方面，第 6 款的各项规定应如按本协议由给予发展中国家成员方的相关特别待遇和差别待遇所修改那样地适用。

附件 5 的附录 关于为本附件第 6 款和第 10 款中所具体规定之特定目的计算关税等量的指导原则

1. 对关税等量的计算，无记关税等量是用从价税率表示的还是用从量税率表示的，均应取外部价格与内部价格之间的实际差价，使人一目了然。

所使用的数据应以 1986 年至 1988 年为基期。关税等量：

（1）应主要以协调制度 4 位数的水平计算；

（2）必要时应以协调制度 6 位数或更细的水平计算；

（3）应为转形和／或加工农产品普遍建立，方法是以转形和／或加工农产品中初级农产品所占之适当金额或物质比例乘以初级农产品之具体关税等量，必要时考虑目前对该行业提供保护的其他因素。

2. 外部价格一般应为进口国成本费加保险费价的实际平均单位价值。若没有该价值或该价值不合适，则外部价格可以是：

（1）附近一个国家合适的成本费加运费加保险费价的平均单位价值，或

（2）由加上保险费、运费和进口国其他有关成本估算价值所调整的（一个）合适的主要出口商离岸价的平均单位价值的估算价格。

3. 以与价格数据资料同期的年平均市场汇率外部价格一般应转换成国内货币。

4. 内部价格一般应是国内市场上有代表性的批发价格或无充分数据资料时批发价格的估计价。

5. 必要时最初关税等量可加以调整，以便使用适当的参数考虑品质和种类的差异。

6. 若根据这些指导原则得出的关税等量是负数或低于现行约束税率，则最初关税等量可以按现行约束税率确定，也可以按该产品的国家关税确定。

7. 若对由上述指导原则带来的关税等量水平进行调整，成员方应按请求提供充分磋商机会以便商谈适当的解决方法。

附录V　改革开放以来18个涉农一号文件简述

中央一号文件原指中共中央每年发的第一份文件，现在已经成为中共中央重视“三农”（农业、农村、农民）问题的专有名词。波澜壮阔的中国改革，发端于农村。自 1982 年中共中央批转《全国农村工作会议纪要》起，三十多年来，围绕农业、农村、农民问题，中央出台了一系列重要政策文件，包括数个中央全会文件和 18 个中央一号文件。其中在 1982~1986

年连续 5 年发布以“三农”为主题的中央一号文件，对农村改革和农业发展做出具体部署。2004~2016 年又连续 13 年发布以“三农”为主题的中央一号文件。在不同历史阶段，中央农村工作文件准确把握了保护农民物质利益、尊重农民民主权利、不断解放和发展社会生产力的改革主线，加速了城乡协调发展的历史进程。

回顾改革开放的历程，站在一个新的历史起跑线上，重温这 18 个一号文件，对于辨识农村改革发展的政策轨迹和未来走向，意义重大。

1982 年 1 月 1 日，中央批转改革开放后第一个关于“三农”问题的一号文件，即《全国农村工作会议纪要》，对迅速推开的农村改革进行了总结。文件明确指出包产到户、包干到户或大包干“都是社会主义生产责任制”，同时还说明它“不同于合作化以前的小私有的个体经济，而是社会主义农业经济的组成部分”。核心是包产到户，姓“社”。

1983 年 1 月，中央一号文件《当前农村经济政策的若干问题》正式颁布。文件从理论上论述了家庭联产承包责任制“是在党的领导下中国农民的伟大创造，是马克思主义农业合作化理论在我国实践中的新发展”。核心是中国特色的联产承包。

1984 年 1 月 1 日，中央发出《关于一九八四年农村工作的通知》。文件强调要继续稳定和完善联产承包责任制，规定土地承包期一般应在 15 年以上，生产周期长的和开发性的项目，承包期应当更长一些。核心是农地承包期要在 15 年以上。

1985 年 1 月，中央发出《关于进一步活跃农村经济的十项政策》。文件取消了 30 年来农副产品统购派购的制度，对粮、棉等少数重要产品施行国家计划合同收购的新政策。核心是农副产品市场化。

1986 年 1 月 1 日，中央下发了《关于一九八六年农村工作的部署》。文件肯定了农村改革的方针政策是正确的，必须继续贯彻执行。核心是继续推进农村改革。

2004 年 1 月，针对农民人均纯收入连续增长缓慢的情况，中央下发了《中共中央国务院关于促进农民增加收入若干政策的意见》，要求调整农业结构，扩大农民就业，加快科技进步，深化农村改革，增加农业投入，强化对农业支持保护，力争实现农民收入较快增长，尽快扭转城乡居民收入差距不断扩大的趋势。核心是促进农民增收。

2005 年 1 月 30 日，《中共中央国务院关于进一步加强农村工作提高农业综合生产能力若干政策的意见》下发。文件要求，坚持“多予少取放活”的方针，稳定、完善和强化各项支农政策。当前和今后一个时期，要把加强农业基础设施建设，加快农业科技进步，提高农业综合生产能力，作为一项重大而紧迫的战略任务，切实抓紧抓好。核心是加大农业技术、农业设施投入。

2006 年 2 月，《中共中央国务院关于推进社会主义新农村建设的若干意见》下发，确定“以工业反哺农业、城市支持农村”为基本策略，要求完善强化支农政策，加强基础设施建设，推进农村综合改革，促进农民持续增收。核心是工业反哺农业，推进农村综合改革。

2007 年 1 月 29 日，《中共中央国务院关于积极发展现代农业扎实推进社会主义新农村建设的若干意见》下发。文件要求，发展现代农业是社会主义新农村建设的首要任务，要用现代物质条件装备农业，用现代科学技术改造农业，用现代产业体系提升农业，用现代经营形式推进农业，用现代发展理念引领农业，用培养新型农民发展农业，提高农业水利化、机械化和信息化水平，提高土地产出率、资源利用率和农业劳动生产率，提高农业素质、效益和竞争力。核心是发展现代农业，运营三农。

2008 年 1 月 30 日，《中共中央国务院关于切实加强农业基础建设进一步促进农业发展农民增收的若干意见》下发。文件要求，加快构建强化农业基础的长效机制；切实保障主要农产品基本供给；突出抓好农业基础设施建设；着力强化农业科技和服务体系基本支撑；逐步提高农村基本公共服务水平；稳定完善农村基本经营制度和深化农村改革；扎实推进农村基层组织建设；加强和改善党对“三农”工作的领导。核心是深化农村改革，加强党对“三农”工作的领导。

2009 年 2 月 1 日，《中共中央国务院关于 2009 年促进农业稳定发展农民持续增收的若干意见》下发，新土改启动，允许农民流转土地承包权。文件要求，加大对农业的支持保护力度；强化现代农业物质支撑和服务体系；稳定完善农村基本经营制度；推进城乡经济社会发展一体化；明确了旨在促进农业稳定发展、农民持续增收的一系列措施。核心是推进城乡经济社会发展一体化。

2010 年 1 月 31 日，《中共中央国务院关于加大统筹城乡发展力度进一步夯实农业农村发展基础的若干意见》下发。把建设社会主义新农村和推进城镇化作为保持经济平稳较快发展的持久动力；扩大农村需求，推动资源要素向农村配置；引导信贷资金投向“三农”，三年内消除基础金融服务空白乡镇；适时出台刺激农村消费需求的新措施。核心是扩大农村需求，开展农村金融服务。

2011 年 1 月 29 日，《中共中央国务院关于加快水利改革发展的决定》下发，力争通过 5~10 年努力，从根本上扭转水利建设明显滞后的局面；同时将推进水价改革，稳步实行阶梯式水价制度。力争未来 10 年水利年均投入较 2010 年高出一倍，并将从土地出让收益中提取 10%用于农田水利建设；将水利作为公共财政投入的重点领域；各级财政对水利投入的总量和增幅要有明显提高，进一步提高水利建设资金在国家固定资产投资中的比重；核心是对水利工作进行全面部署。

2012 年 2 月 1 日，《中共中央国务院关于加快推进农业科技创新持续增强农产品供给保障能力的若干意见》下发，把农业科技摆在更加突出的位置，持续加大财政用于“三农”支出，以及国家固定资产投资对农业农村的投入，持续加大农业科技投入，确保增量和比例均有提高。核心是农业科技创新。

2013 年 2 月 1 日，《中共中央国务院关于加快发展现代农业进一步增强农村发展活力的若干意见》下发。文件对过去十年我国的农业农村工作进行了总结，突出强调围绕现代农业建设，充分发挥基本经营制度的优越性；以改革、创新、稳定、完善、健全体制机制制度的方式，着力构建新型农业经营体系；创新农业生产经营体制，要求坚持依法自愿有偿原则，引导农村土地承包经营权有序流转，鼓励和支持承包土地向专业大户、家庭农场、农民合作社流转，发展多种形式的适度规模经营。核心是围绕农业现代化，构建新型农业经营体系。

2014 年 1 月 19 日，《中共中央国务院关于全面深化农村改革加快推进农业现代化的若干意见》下发。文件包括：一个主题、工作目标三新、建设现代农业三导向、四大看点、五大惠农亮点、八项工作重点。

一个主题：全面深化农村改革。要坚持社会主义市场经济改革方向；鼓励探索创新，支持地方先行先试，尊重农民群众实践创造；因地制宜、循序渐进，不搞“一刀切”、不追求一步到位；城乡统筹联动，赋予农民更多的财产权利，让农民平等参与现代化进程、共同分享现代化成果。工作目标三新：体制机制创新上取得新突破，在现代农业发展上取得新成就，在社会主义新农村建设上取得新进展。建设现代农业三导向：以解决好怎么种地为导向加快构建新型农业经营体系；以解决好地少水缺的资源环境约束为导向深入推进农业发展方式转变；以满足吃得好吃得安全为导向大力发展优质安全农产品。四大看点：看点一，从农田到餐桌，农产品数量和质量都要保安全；看点二，抓紧划定生态保护红线，建立农业可持续发展长效机制；看点三，健全城乡发展一体化体制机制，不让乡村成故园；看点四，承包地“三权分离”，相关法律待修订。五大惠农亮点：亮点一，国家投入三农资金总量持续加大；亮点二，加大农业补贴力度，带动农民生产积极性；亮点三，发展农村金融，增加信贷投放；亮点四，推进现代农业，农村水利、农业科技创新成热门；亮点五：加强农村基础设施建设。八项工作重点：完善国家粮食安全保障体系、强化农业支持保护制度、建立农业可持续发展长效机制、深化农村土地制度改革、构建新型农业经营体系、加快农村金融制度创新、健全城乡发展一体化体制机制、改善乡村治理机制。

2015 年 2 月 1 日，《中共中央国务院关于加大改革创新力度加快农业现代化建设的若干意见》下发。主题是加大改革创新力度加快农业现代化建设。文件包括五大部分，前三部分是农业农村发展的主要目标，即中国要强、农业必须强，中国要富、农民必须富，中国要美、农村必须美。后两部分包括：深化农村改革是动力，农村法治建设为保障。文件要求，主动适应经济发展新常态，围绕在提高粮食生产能力上挖掘新潜力，在优化农业结构上开辟新途径，在转变农业发展方式上寻求新突破，在促进农民增收上获得新成效，在建设新农村上迈出新步伐。

2016 年 1 月 27 日，《中共中央国务院关于落实发展新理念加快农业现代化实现全面小康目标的若干意见》下发。主要内容包括：持续夯实现代农业基础，提高农业质量效益和竞争力；加强资源保护和生态修复，推动农业绿色发展；推进农村产业融合，促进农民收入持续较快增长；推动城乡协调发展，提高新农村建设水平；深入推进农村改革，增强农村发展内生动力；加强和改善党对“三农”工作的指导。

文件有五大核心：农业现代化连续三年写入标题，供给侧结构改革首次写入中央一号文件，以“绿色发展”保护资源修复生态，补齐农村这个全面建设小康社会的短板，“产业融合”支撑农民增收。